여와의 오색돌

인문사회과학총서 78

여와의 오색돌

중국 문화의 신화적 원형

선정규

고려대학교출판부
KOREA UNIVERSITY PRESS

이 책은 고려대학교출판부가 조성한
인문사회과학출판기금으로 만들어졌습니다.

머리말

중국 신화에 대한 나의 관심은 굴원(屈原)의 《초사》(楚辭)로부터 시작되었다. 〈이소〉(離騷)의 상징과 은유의 세계, 〈구가〉(九歌)의 신들을 위한 가무제가, 〈천문〉(天問)의 우주와 인간, 역사와 사회에 대한 수많은 물음은 중국 신화에 대한 이해 없이는 접근하기 어려웠기 때문이다. 그러니 나를 중국 신화의 신비 세계로 내몬 사람은 바로 굴원이라고 해도 과언이 아니다.

대학 강단에서 중국 전통 문화를 강의하면서부터 나의 학문적 관심은 중국 신화와 중국 문화가 어떤 관계를 갖고 있는가에 집중되었다. 민족 문화란 민족의 영혼과 경험이 오랜 시간에 걸쳐 축적되어 형성된 것이다. 또한 신화는 원시 문화의 복합체이다. 그렇다면 중국의 전통 문화 전반을 관통하거나, 아니면 그 근저를 이루고 있는 민족 집단의 공통된 사유체계, 즉 신화적 원형이 중국 문화에도 뿌리내리고 있을 것이란 생각 때문이었다.

중국 문화와 중국 신화라고 하는 두 마리 토끼를 함께 잡겠다고 나선 지, 이미 강산이 세 번 변하고도 남을 시간이 흘렀다. 이제는 무언가 정리해서 남겨야 되겠다는 조급한 마음을 가지고 있던 차에 고려대학교출판부가 출간의 기회를 부여하였다. 그러나 저술 계획을 제출하고도 상당한 시간이 흘렀다. 아직도 모든 것이 미비하다는 생각 때문에 원고를 쉽게 마무리할 수가 없었다. 작년, 이순을 넘기면서 이제는 무언가 매듭을 짓고 또 새롭게 출발해야겠다는 생각과 더불어 숙제를 완성해야 한다는 각오로 원고를 정리하였다.

이 책의 주제는 바로 중국 고대 신화와 중국 문화가 어떤 관계를 가지고 있는가를 고찰하는 것이다. 바꾸어 말하면 중국 고대 신화를 통해서 중국 전통 문화의 원류 내지 원형을 이해하고자 하는 것이 가장 기본적인 편찬 목적이라고 할 수 있다. 그러나 신화와 문화와의 관계를 이해하고자 하면 필수적으로 신화학의 역사와 연구의 방법은 물론, 중국 신화의 기본적인 특징에 대한 이해 역시 반드시 선행되어야 한다고 믿는다. 이런 관점에서 I부 〈서설〉과 II부 〈중국 신화와 중국 문화〉 두 부분으로 크게 나누어 편찬하였다. I부는 주로 신화의 정의와 기원으로부터 시작하여 보존과 전승, 신화 연구의 역사와 방법, 중국 신화의 범위와 분류, 그리고 중국 신화의 특징 등에 관해서, 그리고 II부는 중국 고대 신화가 중국의 민족정신, 철학, 종교, 문학, 역사, 정치, 민속, 그리고 과학 등과 어떤 유기적인 관계를 가지고 있는 가를 서술한 부분이다.

중국 문화의 세계도 광활할 뿐만 아니라, 중국 신화의 세계 역시 끝없는 심연이다. 이 끝없이 넓고 깊은 두 세계를 동시에 이해한다는 것은 어쩌면 근본적으로 나의 능력 밖이었는지도 모르겠다. 그래서 두려운 마음이 앞선다. '여와의 오색돌'은 인류 구원을 위한 신의 상징적 도구이다. 여와가 구멍 난 하늘을 오색의 돌을 구워서 메움으로써 인류를 홍수의 재난에서 구제한 것과 같이, 현학들께서 졸저의 부족하고 허술한 부분을 수정하고 보완해 주기를 염원하는 바이다.

한여름 무더위 속에서 난삽한 원고를 한 글자 한 글자 세심하게 챙기느라 고려대학교출판부 관계자들의 노고가 컸다. 지면을 빌려서 감사의 말씀을 드린다.

2013년 9월

선정규

차례

제5장 중국 신화의 특징

제II부

중국 문화와 중국 신화

제1부

서설

제1장

신화의 정의

1. 신화의 가치

21세기에 들어선 오늘에 이르기까지, 인류의 정신세계에 중대한 영향을 끼친 모든 학자들이 예외 없이 가장 중요한 관심사 중의 하나로 신화를 언급한 것은 무슨 이유에서일까? 또 그처럼 많은 석학들이 신화를 연구하고 이야기했음에도 불구하고 신화에 대한 유일한 정의를 내지 못하는 것은 무슨 이유이며, 그럼에도 불구하고 우리가 신화에 대해 열중하는 이유는 무엇일까? 다시 말해서 물질적으로 조금도 부족할 것이 없어 보이고, 첨단 과학 문명의 시대에 살고 있으며, 이성과 합리를 가장 중요한 가치 기준으로 삼고 있는 현대인들이 왜 그처럼 황당무계하게 보이는 신화에 열광하고 있는가? 과학과 이성으로 대표되는 21세기를 살고 있는 우리가 아직도 신화에 관심을 두는 이유는 무엇인가? 인류의 정신사를 대표하는 석학들이 너 나 할 것 없이 신화를 연구하고 신화의 중요성을 말하는 것은 무슨 이유에서인가?

어쩌면 신화가 잃어버린 우리 삶의 진정한 가치와 의미를 다시 새롭게 깨우쳐 주고 있기 때문은 아닐까? 신화라고 하는 것이 결국은 은유와 상징의 방법으로 인류가 경험해 온 자연 현상과 삶의 원리를 설명하고 있고, 그것은 바로 우리 자신의 삶의 반영이기 때문에 신화에 대한 관심은 한 시기라도 단절되지 않는 것이라 답할 수도 있다. 나아가 서구 문화가《성경》과 그리스·로마 신화를 바탕으로 그 기본적 사유 체계가 성립되었다고 한다면 신화는 결국 인류 문화의 모태이자 근원이라고 할 수 있다.

우리는 신화를 통하여 우리의 먼 조상들이 어떻게 그들의 꿈과 현실 사이에서 생활하였는가를 알 수 있으며, 그들이 자연 현상과 삶의 과정에서 나타나는 각종 기이한 현상들에 대해 어떻게 설명하고 해석하였는가를 이해할 수 있고, 신에 대한 경외와 반역, 인간으로서는 불가항력적인 운명에 대한 몸부림, 반항, 환상 그리고 희망을 엿볼 수 있다.[1] 결국 신화는 우리 인류를 낳고 키워 온 자연의 섭리와 삶의 이치를 신(神)이라고 불리는 초자연적인 성령의 의지 활동으로 설명하는 것이다.

기본과 원칙이 망각되고 방기된 사회라고 한다면 그것은 마치 나무의 뿌리가 부실한 것과 같이 결코 진정한 번영을 구가할 수 없을 것이다. 우리들 개인의 삶도 그와 다르지 않다. 일회적 존재로 짧은 순간을 살다 가는 생명체일 뿐이지만 우리들이 분명한 삶의 목표와 가치를 인식하고 지켜 나간다면 어떤 경우에서도 그 인생이 아름답고 보람된 것이라고 할 수 있지 않을까? 바꾸어 말하자면 우주는 어떻게 존재하며, 그 우주 속의 우리들 인간은 어떤 존재인가, 그리고 나와 우주의 관계는 무엇인가를 신화는 소위 신화적 사고로 설명하고 있는 것이다. 미르체아 엘리아데(Mircea Eliade)가 '신화는 어떤 의미로 세계가 어떻게 존재하는가를 말해 준다. 우주 발생론적 현현(顯現)이며, 존재의 완전한 드러남이다. 그리고 모든 신화

1 王孝廉,《神話與小說》(臺北: 時報文化出版社, 1986), p. 13.

는 일종의 우주개벽설적인 형태를 띠기 때문에 신화는 존재론적 현현이라고 말할 수 있다. 그때 일어난 것을 기술한 역사들은 어떻게 이 세계가 존재하게 되었는가에 대해 각각 다른 방식으로 답변을 제시한다. 신화는 세상 속에서 다중적인 존재 방식과 실재의 구조를 드러낸다. 그렇기 때문에 신화는 인간행동의 전거가 되는 것이다. 신화는 현실을 반영하는 참된 역사가 되는 것이다'[2]라고 말한 것은 바로 이런 이유에서일 것이다.

인류의 역사는 전쟁의 역사다. 봉건왕조의 시대도 그랬고, 현대에서도 마찬가지이다. 냉전의 시대엔 동서가 서로 편을 나누어 목숨을 건 투쟁을 일삼아 왔고, 그 냉전의 시대가 지나자 이제는 무역전쟁, 경제전쟁으로 첨예한 갈등을 계속하여 이어가고 있다.

종교는 영혼의 안식과 평안을 위한 것이지만 오히려 그 종교로 인해서 지금도 수많은 사람들이 서로 증오하고 전쟁마저도 불사하고 있다. 왜곡된 가르침으로 인하여 현대 사회는 이미 종교의 실패를 증거하는 무서운 본보기가 되고 있다고 조지프 캠벨은 말하지 않았는가?[3] 과학이 발달하였다고 하지만 인류는 아직도 우주의 생성이나 인류의 기원에 대해서 명확하게 설명하지 못하고 있다. 겨우 빅뱅이니 블랙홀이니 하는 아주 막연한 가설만이 제기되고 있을 뿐이다. 첨단 과학도 사후 세계가 과연 존재하는지, 인간이 죽으면 어디로 가는지를 말해 주지는 못한다. 과학 문명의 발달은 오히려 인간의 존엄성을 심각하게 훼손하고 말았다.

과학이 발달하여 생명이 연장되었다고 하나 행복은 담보되지 않고 있다. 자연과 환경의 보호를 그 어느 때보다 강조하지만, 안타깝게도 그 어느 시대보다 자연과 환경은 끊임없이 파괴되고 있다.

인류의 미래는 어디로 갈 것인가? 아무도 대답을 제시하지 못하고 있

2 미르치아 엘리아데 지음/강응섭 옮김,《신화·꿈·신비》(서울: 도서출판 숲, 2006), p. 10.
3 조셉 캠벨·빌 모이어스 지음/이윤기 옮김,《신화의 힘》(서울: 이끌리오, 2007), p. 64.

다. 길을 잃었으면 원점으로 돌아가야 한다. 신화가 혼돈(Chaos)으로부터 질서(Cosmos)로 나아갔듯이, 현대 인류가 겪고 있는 이러한 혼돈을 종식시키고 진정한 평화와 안정을 되찾을 수 있는 방법을 신화는 제공할 수도 있을 것이다. 인류와 더불어 시작된 신화의 길로 되돌아가는 것이 인류가 잃어버린 길을 되찾는 유일한 방법일지도 모른다. 신화는 어쩌면 과학이 하지 못하는 일을 대신 해 줄 수도 있는 것이다.

신화는 인간과 우주의 기본과 원리를 무수하게 쌓아놓은 보물창고와 같다. 그러나 그러한 보물창고에 누구나 들어갈 수 있는 것은 아니다. 은유와 상징으로 점철된 수수께끼를 풀어야만 비로소 그 보물창고에 들어갈 수 있고, 또 보물들을 향유할 수 있다. 그리고 이 수수께끼를 풀 수 있는 열쇠는 결국 과학이 아니라 신화적 사유, 신화적 상상력이라고 믿는다. 과학이 지식이라면 신화는 지혜이기 때문이다.

> 신화는 인간 삶의 영적 잠재력을 찾는 데 필요한 실마리요, 인류 안에 있는 영적 잠재력을 비유적으로 나타낸 것이다. 지나치게 외적 가치를 지닌 목적에만 너무 집착해서 움직이는 바람에, 가장 중요한 것이 내적 가치임을, 즉 살아 있음과 밀접한 관계가 있는 삶의 황홀이라는 것을 그만 잊어버리게 된 우리들에게 내면으로 돌아가는 길을 가르쳐 준다. 또 우리가 사는 삶과 구조에 어울리는 수준으로도 삶의 본을 제공해 준다.[4]

결국 신화는 우리가 잊어버린 과거의 기억을 되살려 생명의 세계로 되돌아가게 하는 힘을 가지고 있다. 이는 개인이나 국가 그리고 민족도 마찬가지이다. 신화가 없는 민족은 과거의 발자취를 알 수 없고, 과거를 모르는 민족은 결국 미래도 알 수 없기 때문이다. 이것은 또한 우리가 한 민족의 신화를 탐구하고 이해하고자 하는 이유이기도 하다.

---

4 위의 책, pp. 25-61.

2. 신화의 정의

세계의 모든 민족은 문명과 문화의 우열과 상관없이 모두 고유의 신화를 가지고 있다. 이런 의미에서 신화의 탄생과 전승은 인류의 가장 보편적인 문화 현상이라고 할 수 있다. '인간은 오랫동안 신화를 통하여 우주와 인류, 그리고 문화에 대하여 그들의 세계관이라고도 할 수 있는 기본적인 생각을 표현해 왔다.'[5] 이와 같이 한 민족의 문화적 특징이나 사유 체계를 집약적으로 내포하고 있는 것이 바로 신화라고 할 수 있다. 신화는 우리 현대인들과 우리들의 먼 조상들과의 대화를 연결하는 유일한 통로이기도 하고, 또 우리로 하여금 인류적 동감 의식을 가질 수 있도록 하는 매개체이기도 하다.

그러나 '신화가 과연 무엇인가?'라는 질문에 대해 분명하고 정확하게 답변하기는 참으로 어렵다. 왜냐하면 '신화가 지칭하는 대상이 너무 많기도 하고 모순적이어서 신화라는 이름을 가진 어떤 무엇이 존재한다고 말하기 어렵기 때문이다'. 신화 연구의 흐름에 따라 기존의 학파가 교체되고 새로운 학설과 해석이 나타날 때마다 신화의 정의가 변화한 것은 그래서 당연한 일일 수도 있다. 이는 신화라는 것이 갖가지 상호 보완적인 관점으로부터 연구·해석되는, 지극히 복잡한 문화체라는 데서 기인하는 것이다. 때문에 학문 영역에 따라서 신화는 '인류의 태곳적 삶의 흔적, 원시 과학, 인간의 상상력의 가장 풍부한 발현, 인간 무의식의 비밀을 밝혀 줄 중요한 단서, 인류의 보편적인 염원이 투사된 곳, 집단의 정신을 통제하고 이끌어 가는 강력한 이데올로기 등'[6]의 다양한 모습으로 정의된다. 때문에 모든

5 王彬,《神話學入門》(서울: 金蘭出版社, 1980), p. 17.
6 김현자,《신화, 신들의 역사 인간의 이미지》(서울: 책세상, 2004), p. 39.

전통적 고대 사회의 신화의 형태와 기능을 망라하는 하나의 정의, 즉 모든 신화 사례의 척도나 규범 형식은 존재할 수 없다. 신화는 형태나 사회적 기능 면에서 민족과 그 민족이 처한 역사·지리 등의 문화 환경에 따라 크게 상이하기 때문이다.[7]

이반 스트렌스키(Ivan Strnski) 같은 사람은 신화를 둘러싼 혼란스러운 입장을 다음과 같이 설명하고 있다.

> 신화는 모든 것인 동시에 아무것도 아니다. 그것은 정말로 진실한 이야기이거나 거짓말일 수도 있고, 계시이거나 속임수일 수도 있고, 성스러운 것이거나 저속한 것일 수도 있고, 참이거나 허구일 수도 있고, 상징이거나 도구일 수도 있고, 신선한 원형이거나 진부한 반복형일 수도 있다. 그것은 대단히 구조적이고 논리적인 것이거나 아니면 감정적이고 전-논리적인(pre-logical) 것일 수도 있고, 전통적이고 원시적인 것이거나 현대의 이데올로기의 일부일 수도 있다. 신화는 신들에 대한 이야기이지만, 위대한 조상들에 대한 그리고 때로는 어떤 인간에 대한 이야기일 수도 있다. 그것이 다루는 영역은 '세계 창조'와 '총파업', '20세기'와 '카우보이', '오이디푸스'와 '프랑켄슈타인', '지배 충족'과 '선택된 백성', '새천년'과 '영원 회귀' 등에 폭넓게 걸쳐 있다.[8]

스트렌스키의 신화에 대한 이러한 서로 모순된 정의들은 신화 해석의 문제와 직결되어 있다. 사실 B.C. 6세기 이래로 오늘날까지 수많은 종교학자, 인류학자, 신화학자 등 소위 신화를 연구의 대상으로 삼았던 무수한 사람들은 모두 자신들의 특정한 학문 영역에서 신화의 기원이나 본질에 대해서 서로 다른 정의를 내려왔다. 이런 이유로 20세기 최고의 종교학자

7 王彬,《신화학 입문》(서울: 金蘭出版社, 1980), p. 22.

8 이반 스트렌스키 지음/이용주 옮김,《20세기 신화 이론》(서울: 이학사, 2008), pp. 11-12.

라고 하는 엘리아데(Mircea Eliade) 역시, 모든 학자를 이해시키는 동시에 문외한들도 이해시킬 만한 신화의 정의를 내린다는 것이 대단히 어렵다고 토로한 바 있다.

서양에서 흔히 사용하는 'Myth'(영어), 'Mythe'(프랑스어), 'Mythus'(독일어) 등 신화를 의미하는 언어들은 그리스어 'Mythos'(미소스)에서 기원한 것[9]이며, 그 어근인 M(μ)의 의미는 '사람의 입으로 내는 소리(A Sound)'를 뜻한 것으로 이것이 점차 '신에 관한 혹은 신이(神異)한 사물에 관한 이야기'로 전화되었다고 한다. 또 동양에서는 이를 번역하여 '神話'(신화)라고 하였는데, 이때의 '話'(화)는 '설화'(說話/Narrative), 즉 '이야기'(Story)로서의 신화라는 의미이다. 결국 그리스어에서의 신화의 의미는 신(神)이나 신무(神巫)들이 '의식(儀式)에서 말하는 것'(ta legomena epi tois dromenois)이다. 때문에 신화를 단순하게 사전적인 의미로만 말한다면 '신들의 말씀(speech)' 혹은 '신들에 관한 이야기(story)'라고 할 수 있다.[10]

그러나 이러한 정의는 단순히 그리스 신화를 중심으로 어원적 측면에서 규정한 개념일 따름이다. 민족과 지역에 따라서 하나의 정의로 규정할 수 없는 각기 다른 종류와 특성을 가진 신화가 존재할 뿐만 아니라 시대의 변천에 따라서 신화에 대한 새로운 연구 방법이 끊임없이 새롭게 제시되기도 하며, 신화 연구자의 연구 목적과 방법에 따라서 그 특성이 제각기 다르게 정의되기도 한다. 그래서 '신화를 연구하는 학자 수만큼이나 신화에 대한 많은 정의가 내려졌다'.[11] 이것은 신화가 문화적 복합체로서 인류학과 종교학은 물론 문학·철학·역사학·언어학 등 모든 학문 분야와 서로 관련되어 있기 때문이다.

---

9 이유경,《원형과 신화》(서울: 이끌리오, 2004), p. 19.

10 蕭兵,《神話學引論》(臺北: 文津出版社, 2001), p. 3.

11 王彬, 앞의 책, pp. 13-22.

예를 들면 인류학적 관점에서 한 민족의 원시 사회의 구조와 기능에 대해 말하고자 한다면 필수적으로 그 민족의 원시 신화를 살펴보아야 하고, 또 민족 종교의 기원과 변천의 과정을 살피고자 한다면 역시 그 민족의 신화와 종교와의 관계를 규명해야만 한다. 그런가 하면 신화는 하나의 서사 구조로서 민족 문학의 근원이자 원천으로, 민족의 신화적 전통은 그 민족이 영위한 역사와 경험에 따라 결정되고 완성된다.

이처럼 복잡한 문화체인 신화를 하나의 어휘로 정의한다는 것은 근본적으로 불가능한 일이다. 다만 어떤 민족 어떤 형태의 신화도 모두 기원에 관한 이야기를 빠트리지 않고 있다는 관점에서 보면, '신화를 안다는 것은 결국 사물들의 기원에 대한 비밀을 배우는 것이다'[12]라고 한 엘리아데의 말이 우리가 비교적 수월하게 받아들일 수 있는 신화의 정의일 수도 있다.

엘리아데에 따르면, 신화는 실재와 창조를 설명하는 것이므로, 이로 말미암아 언제나 신성한 이야기, 나아가서는 진실한 역사로 생각되어 온 것이며, 전통적인 사회의 집단 생활에 대한 모든 현실적 체험을 거의 망라하는 것으로, 주술적·종교적 신앙이며, 풍속과 관습이며, 생활 양식이기도 하다.[13] 한마디로 '신적 존재들의 창조적 활동에 관한 신성한 이야기'[14]라고 할 수 있으며, 또 원시 사회에 인류가 환상적 형식을 통해 자신의 심리와 원망에 따라 자연과 사회 잠재력에 대해 진행하는 묘사적·해석적 그리고 전술적 이야기가 신화라고 할 수 있을 것이다.[15]

현대적 관점의 신화에 대한 가장 일반적인 정의는 신화를 오래되고 신기한 사건에 관한 상징적 서술로 보거나, 사람과 자연의 오랜 관계에 대한 환상적 이야기로 보는 것이다. 신화가 서술적(narrative)이라는 점에서 일부

---

12 김동섭,《신화 어떻게 이해할 것인가》(서울: 만남, 2006), p. 6에서 재인용.

13 王彬, 앞의 책, p. 19.

14 김현자, 앞의 책, p. 78.

15 陶陽·鐘秀,《中國創世神話》(上海: 人民出版社, 1989), p. 2.

사학자들은 신화를 자연계의 변천 과정이나 우주의 기원, 종교, 풍속 등에 관한 역사적 이야기로 보기도 한다. 이는 신화가 비록 역사는 아니지만 상당 부분의 역사를 반영하고 있다고 보는 것이며 동시에 신화의 핵심이 바로 서술에 있음에 동의하는 것으로 신화를 원시적이며 민간적인 문학 양식의 일종으로 보는 것과 동일한 관점이다.

인류학파의 대표학자인 앤드류 랭(Andrew Lang, 1844-1912) 역시 신화가 '이야기'(narrative=stories)임을 강조하였다. 즉 역사와 관련되어 있으며, 우주와 만물의 기원을 서술하고, 조상의 신령과 영웅에 관한 이야기가 바로 신화라고 보았다. 이러한 '신성한 이야기'는 우주와 우주 만물의 원인과 질서를 설명하는 이야기이며, 더욱 중요한 것은 바로 의식과 불가분의 관계를 가지고 있다는 점이다.

이런 관점에서 보면 신화의 핵심은 역시 설명과 서술 즉 강술(講述)에 있으며, 또한 말씀(話)이나 '이야기'(story)에 있다고 본다. 다만 이러한 이야기가 상징 서술이고 환상 서술이며 또한 신의 말씀이라는 점에서 민담(民譚)이나 전설(傳說)과는 다르다.[16]

신화가 인간만이 가지고 있는 상징 형식임을 강조한 사람은 에른스트 카시러(E. Cassirer, 1874-1945)이다. 그는 '인간만이 가지고 있는 상징 형식(symbolic form)을 통해서 인간이 어떻게 살아왔는지, 어떤 존재인지, 무슨 본질을 가지고 있는지 알 수 있다는 것이다. 그래서 그는 이성, 과학, 합리주의 법, 제도만으로 인간을 이해할 수 없다고 말하며, 고도로 상징화되어 있는 예술, 종교, 신화, 언어, 역사 등을 통하여 인간의 본질을 인식하고 이해할 수 있다고 단언했다'.[17] 때문에 그는 신화를 선논리적이고 비합리적

16 蕭兵, 앞의 책, p. 4.

17 김승환, 〈상징적 동물〉(*Symbolic Animal* / 符號的動物). http://blog.naver.com/mim00/90107714839(2012_01_26).

이며 신비적인 성격을 갖는 것으로 해석하는 입장을 비판하였다. 그에 따르면 신화란 원시인들이 세계에 대한 느낌을 근거로 세계 이해를 이루려한 노력의 산물이며, 신화에는 그 느낌을 통한 조직화나 객관화에 의해 실현되는 일관성이 포함된다고 말한다. 또한 신화는 객관화 과정의 산물로서 신화가 그 특유의 상징 형식을 근간으로 하고 있으며, 그것에는 다른 문화 형식들과 구분되는 시간·공간적 결합이 포함된다고 말한다.[18]

예를 들어 고대 중국인들은 춘하추동의 시간의 흐름과 동서남북의 공간, 그리고 적청백흑의 색깔을 하나로 통합하여 생각하였다. 말하자면 봄(春)의 색은 적(赤)이고 그 방향은 남쪽이며, 여름(夏)의 색깔은 청(靑)이고 그 방향은 동쪽이다. 그리고 가을(秋)의 색깔은 백(白)이며 그 방향은 서쪽이고, 겨울(冬)의 색깔은 흑(黑)이고 그 방향은 북쪽이다.

신화는 시와 예술과 같이 일종의 상징 형식이며, 이러한 상징 형식의 공통 특징은 바로 어떤 객체에도 적용할 수 있다는 데 있다. 이는 사물이건 객체이건, 현실적이건 아니면 초현실적이건, 경험적이건 아니면 가상적이건 신화는 언제나 상징 서술로 구성되어 있으며, 또한 환상적으로 반영되고 있음을 말하는 것이다. 한마디로 '신화는 가시적 세계의 배후를 설명하는 메타포'[19]로서, 상상의 역사이기도 하고, 또 어떤 시기에 발생한 적이 있는 사건에 관한 허구의 이야기라고도 할 수 있다.[20] "신화란 상징적인 이미지들과 이야기들을 조합해 놓은 것이며, 인간 경험의 가능성들에 대한 '은유'이고, 특정한 시대에 이루어진 특정한 문화적 성취라고 할 수 있다."[21] 신화가 겉으로는 대단히 황당무계하여 거짓말처럼 보이는 것은 바로 그것이 이와 같은 '은유'이기 때문이라고 조지프 캠벨(Joseph Campbell,

18 박일호,《예술과 상징 상징 형식》(서울: 예전사, 2006), pp. 67-68.

19 조셉 캠벨·빌 모이어스, 앞의 책, p. 18.

20 蕭兵, 앞의 책, p. 5.

21 조셉 캠벨 지음/박경미 옮김,《네가 바로 그것이다》(서울: 해바라기, 2004), p. 30.

1904-1987)은 말한다.

3. 신화 발생의 시기

신화는 원시 인류의 정신 활동의 문화적 결정(結晶)이자, 모든 민족 문화의 근원이다. 때문에 인류 문화의 진보 과정을 이해하는 데 있어 신화는 대단히 중요한 지위를 차지하고 있다. 그러나 신화가 언제 발생하였는가를 확정하여 말한다는 것은 대단히 어려운 문제이다. 신화 발생 시기의 문제는 바로 신화의 기원과 정의라는 문제와 직결되는 것이기 때문이다.

신화는 대체로 원시 사회(primitive society)에 출현하였다고 한다. 원시 사회는 원시 공동체 사회라고도 한다. 문화인류학적 관점에서 말하자면 우리가 흔히 말하는 구석기, 중석기, 신석기 등의 석기 시대를 망라하는 개념이다. 시간적으로 인류 역사의 대부분을 차지한 사회 형태로, 문자 기록을 통해 사실을 알 수 있는 역사 시대가 시작되기 이전의 사회이다.

원시 사회에서 신화가 출현했다고 보는 것은 그 사회가 신화의 발생을 충족시킬 수 있는 조건이 갖추어져 있었다고 보기 때문이다. 신화의 발생에는 다음과 같은 조건이 전제되어야 한다.[22]

첫째는 일정한 수준의 언어가 출현해야 한다. 신화는 사유 체계일 뿐만 아니라 일종의 언어 예술이다. 언어가 있었기에 원시 인류들은 비로소 신화를 창조할 수 있었으며 또한 그것을 전파할 수 있었다. 또한 신화의 출현은 인류의 언어 발전의 수준이 이미 상당히 높은 수준에 도달하였음을 말해 주는 것이다. 언어 발전의 일반적인 규율에 따르면 가장 일찍이 출현한

22 鐘健,《創世神話》(北京: 中國社會出版社, 2008), pp. 7-9.

간단한 언어는 통상적으로 인류의 일상의 교류와 교제, 그리고 생활을 위해서 사용되다가 그런 다음 비로소 예술로 발전하였다.

둘째는 원시 종교가 출현하고 발전해야 한다. 신화와 원시 종교가 불가분의 관계에 있음은 주지의 사실이다. 원시 종교의 신들이 바로 신화 작품의 주인공인 경우는 허다하다. 신화는 원시 종교를 구성하는 중요한 요소로서, 신화의 발생과 원시 종교의 발생은 공통된 심리적 기초를 가지고 있다. 인류의 원시 종교 중의 대표적인 것이 애니미즘과 토테미즘이다. 세상의 만물이 모두 영혼을 가지고 있다고 믿었기 때문에 원시인은 그것들을 숭배의 대상으로 삼았다. 이러한 애니미즘과 토테미즘의 영향으로 원시 인류들은 영감을 얻게 되었고, 마침내 상상을 통해 세계를 해석함으로써 신화가 발생하였다.

셋째, 비교적 안정된 사회 조직과 풍부한 사회 생활이 마련되어야 한다. 신화의 원형은 인간과 사회이다. 신화의 기본적인 주제는 모두 인간과 사회 생활의 투영이다. 신화는 자연을 인간에 적합하도록 사회화하는 영상이다. 때문에 사회의 모든 기본적인 특징을 비롯하여 사회의 조직과 구조, 그리고 구역의 구분 등 사회 생활 전반이 신화를 통해서 반영되고 투사된다.

넷째, 상상력(想像力)이 풍부하고 이성적 사유를 할 수 있어야 한다. 신화는 언어를 기초로 창조되고 전파된다. 언어를 운용하고 부릴 수 있어야 이성적 사유가 발달한다. 이성이 충분하게 발달하지 못하면 자신이 처한 세계나 또 인류 기원 등의 추상적 문제를 사고할 수 있는 능력을 가지지 못한다. 풍부한 상상력은 신화의 발생에 극히 중요한 문제이다. 신화는 결코 과학이 아니라 환상과 상상의 결과이다. 신화가 세계에 대해서 행한 해석은 모두가 상상력의 산물이다.

이상의 신화 발생 조건과 원시 사회의 상황을 비교해 보자. 먼저 언어의 사용과 발달 부분과 관련하여 브라이언 페이건(Brian M. Fagan) 교수는, 고 인류인 네안데르탈인은 '강력한 힘과 용기를 가졌으며 가장 단순한 옷차림에 무기를 소지한 원시적인 인류로, 그들은 말로 정확하게 의사를 전달하는 능력이 부족하고 지적 능력에 한계가 있었다. 반면 현생 인류인 크로마뇽인은 최초의 해부학적 현대 유럽인으로, 그들은 잘 발달된 뇌와 언어 능력, 혁신적인 성향, 그리고 호모 사피엔스(Homo Sapiens)가 가진 모든 놀라운 인지 능력을 가지고 있었다'라고 설명한다.[23] 네안데르탈인은 중기 구석기 시대의 인류요, 크로마뇽인은 후기 구석기 시대의 인류이다. 그렇다면 인류는 이미 구석기 시대부터 언어를 자유롭게 구사하였음을 알 수 있다.

다음으로 원시 종교의 출현과 관련해서는, 많은 학자들에 의해서 원시 사회의 가장 대표적인 종교가 바로 애니미즘과 토테미즘이었다는 것이 이미 밝혀진 바 있다. 또한 네안데르탈(Neanderthal)인들의 군묘(群墓)에서 무기와 도구를 비롯하여 제사에 사용했던 것으로 추정되는 동물의 해골이 발굴되었다. 이는 매장과 동시에 헌제(獻祭) 활동을 거행했다는 것이며, 또한 이 시기에 이들은 이미 자신이 거주하는 세계와는 다른 또 하나의 세계에 대한 신앙을 가지고 있었다는 것을 의미한다. 헌제는 의식의 일종이다. 의식은 종교와 불가분의 관계를 가진다.[24] 따라서 이미 원시 사회에서 신화의 발생에 충족되는 종교 활동이 널리 거행되고 있었다고 말할 수 있다.

사회 조직의 구성과 관련하여 '원시 사회에서 인간은 공동체를 바탕으로 자급자족적인 하나의 소우주를 이루고 살아갔으며, 생산 수단에 대한 공동 소유, 노동 과정의 공동 노동, 그 결과물인 생활물자에 대한 공동 분배가 특징이었다. 노동 도구가 유치한 단계에서는 개인의 힘만으로는 살

23 브라이언 페이건 지음/김수민 옮김,《크로마뇽》(서울: 더숲, 2012), p. 5.

24 Karen Armstrong 지음/胡亞豳 譯,《神話簡史/*A Short History of Myth*》(重慶: 重慶出版社, 2005), p. 2.

아갈 수 없었고, 생존을 위해서는 공동으로 노동해야 했기 때문에 인간 관계는 평등했다. 신석기 시대에 농업이 발달하면서 원시 사회는 서서히 변질되었다. 즉 생산력의 발전으로 잉여 생산물이 발생해 사적 소유가 성립하면서 빈부의 격차가 생기고 계급이 분화되었다'.[25] 이는 원시 사회의 사회 조직과 구조가 이미 일정한 단계에까지 발전했다는 것을 설명하는 것이다.

마지막으로 상상력과 이성의 발달과 관련하여, 원시 사회는 크로마뇽인의 예에서 보듯이 잘 발달된 뇌와 인지 능력을 가지고 있었다. 이 또한 신화의 발생 조건에 부합된다고 할 수 있다. 특히 네안데르탈인이나 크로마뇽인은 모두 매장의 문화를 가지고 있었다. 이는 이들이 이미 죽음에 대한 분명한 의식을 가지고 있었음과 아울러 내세에 대한 믿음을 갖고 있었다는 것을 말한다.

사망 의식은 인간만이 가진 이성적 사유로서 동물의 세계에서는 찾아볼 수 없는 것이다. 또한 내세에 대한 인식은 상상력이 바탕이 되지 않으면 형성될 수 없는 것이다. 생물의 죽음을 단순하게 살아 있는 것의 단절이라고만 생각하면 죽음과 삶은 단순한 부호에 불과하다. 그러나 죽음이 삶의 종결이자 또 다른 시작이라고 본다면 그것은 생명과 죽음에 대한 의미를 인식하는 것이다. 죽음에 대한 의미가 부여될 때에 비로소 영혼의 존재, 사후 세계에 대한 인식을 가질 수 있다. 바로 죽음에 관한 신화가 생겨날 수 있는 환경이 만들어진 것이다.

상상력은 실제로 경험하지 않은 현상이나 사물에 대하여 마음속으로 그려 보는 힘을 말한다. 그러나 그것은 결코 근거 없이 만들어지는 것은 아니다. 이미 존재하는 형상(形象)을 기초로 하여 머릿속에서 새로운 형상을 창조해 내는 능력이다. 때문에 상상력은 일정한 지식과 이성이 전제된 다

---

25 같은 곳.

음에 비로소 발휘된다. 네안데르탈인들이 내세에 대한 인식을 가졌다는 것은 결국 상당 수준의 이성과 상상력을 운용하였다는 의미인 것이다.

특히 프랑스 라스코 동굴(Grotte de Lascaux)이나 스페인의 알타미라 동굴(Cueva de Altamira)의 벽화는 모두 후기 구석기 시대의 크로마뇽인에 의해서 제작된 것이다. 높은 예술적 수준으로 볼 때 크로마뇽인은 원시적인 아마추어가 아니라 다양한 예술적 매개와 형식을 실험했던 것이 분명하다. 정교하게 장식된 도구와 무기를 보면 이들이 종교적인 이유에서만이 아니라 미학적인 목적에 예술을 활용했음을 알 수 있다.

우리가 오늘날 알고 있는 모든 신화는 서로 다른 영역들을 연결시켜, 그 영역들 사이를 유동적으로 움직이는 지성 활동을 특징으로 하고 있다. 단군 신화를 예로 들어보자. 환인과 환웅은 하늘(天)의 영역이다. 곰과 호랑이는 지상의 영역이다. 환웅과 웅녀가 합해져서 인간을 대표하는 단군의 탄생이 이루어졌다. 하늘과 땅 그리고 인간, 소위 천지인(天地人)이 하나로 연결되고 있음을 보여 주고 있다.

원시 인류들이 남긴 벽화는 어쩌면 신화의 서사 구조 이전의 단편 영역의 표현일 수 있다. 즉 각종 동물, 하늘의 별, 초목, 그리고 사람 등 이러한 별도의 영역들이 하나로 합해지면서 비로소 신화가 발생하였다고 본다. 뇌 속에 서로 다른 인식 영역을 연결시켜 자유자재로 움직이는 뉴런(neuron: 신경세포) 네트워크가 형성되고 나서야 비로소 그때까지 상이한 인식 영역에 축적되어 왔던 많은 지식이 신화로 구성되기에 이르렀다. 기호로만 존재했던 원시 인류들의 인식의 세계가 의미로 조직화될 때, 비로소 신화는 시작되었다고 본다. 구석기에서 신석기로 넘어가는 시기는 인류 문명사에서 가장 거대한 혁명의 시대였고, 그 혁명의 시대를 이끌어 낸 것은 바로 인류의 사고 영역에서 조직화가 이루어졌기 때문이다. 그로부터 인류 안에 최초의 철학 형태인 신화가 만들어졌으며, 이것이 바로 오늘날

우리가 알고 있는 신화의 토대가 되었다고 나카자와 신이치(中澤新一) 교수는 말하고 있다.[26]

4. 신화 발생의 전통 이론

신화는 어떻게 발생하였으며 인류는 왜 신화를 보유하게 되었는가? 신화의 기원의 문제에 대해서는 서로 다른 많은 주장과 견해들이 존재한다. 대표적인 몇 가지 견해들을 소개하면 다음과 같다.

1) 원시 종교 기원설

신화 기원설 가운데서 가장 일찍이 제시된 주장으로 신화는 신령에 관한 활동과 사적(事蹟)이며, 내용은 원시 종교의 범위에 속해 있다고 보는 견해이다. 대표적으로 인류학의 아버지라고 불리는 영국의 문화인류학자 에드워드 타일러(Edward B. Tylor, 1832-1917)는 그의 역저《원시 문화》(*Primitive Culture*, 1871)에서 애니미즘(animism/萬物有靈論/精靈崇拜)이 원시 종교의 원천이자, 동시에 신화를 발생시킨 근본 원인이라고 주장하였다.[27]

애니미즘(animism)의 어원은 라틴어의 'anima'로 그 본래의 뜻은 존재물이나 자연 현상에 존재하는 모든 신비한 속성 즉, 신령(supreme being)을 가리키는 말이다. 그러나 타일러는 인류를 비롯한 생물이나 무생물을 막

26 나카자와 신이치 지음/김옥희 옮김,《신화, 인류 최고의 철학》(서울: 동아시아출판사, 2002), pp.16-18.

27 王彬, 앞의 책, p. 24. 王增永,《神話學概論》(北京: 中國社會科學出版社, 2007), p. 20.

론한 모든 만물이 영혼을 가지고 있어 이를 숭배하는 신앙의 의미로 애니미즘을 사용하였으며, 이를 이용하여 원시 부족에게도 영혼과 신령에 대한 보편적인 신앙이 존재한다는 것을 설명하였다.

타일러는 애니미즘은 원시 인류의 일상생활의 경험에서 생성된 것으로, 원시 인류들이 삶과 죽음의 차이와 꿈과 현실 등 인생의 여러 가지 모습에서 살아 있는 육체 외에 또 다른 생명 원리를 감지하게 되었고 이것이 바로 애니미즘에 대한 최초의 인식이라고 생각하였다. 그에 따르면 원시 인류들은 사망과 수면 등의 상태를 관찰하여 영혼의 존재를 인식하였다. 사망과 수면은 영혼이 영구 혹은 잠시 동안 육체를 떠나는 현상으로 영혼은 육체와 상대되는 제2의 나의 형태이다. 영혼은 우리들 육체 내에서 만들어진 생명을 가진 인격 형태의 영상이며, 이러한 영혼의 관념이 점차 확대되어 인류 영혼을 표준으로 삼아 만물까지 확대되어 마침내 모든 자연 현상, 자연물, 생물, 무생물 등이 모두 영혼을 가지고 있다고 믿게 되었으며, 이는 원시 인류의 정신 생활에서 가장 특징적인 표현이라고 생각하였다.

실제로 인도의 시야(西亞)인들은 벼가 영혼을 가지고 있으며, 이 영혼은 벼의 생명의 원천으로 벼의 성장, 번식 등과 긴밀한 관계를 가지고 있다고 여긴다. 벼가 자라는 것은 바로 사람이 임신을 한 것과 마찬가지이며, 벼의 싹을 바로 유아로 생각한다. 때문에 벼를 수확할 때도 이 영혼이 상처를 입지 않도록 하기 위해 특별히 제작한 칼을 사용하여 벼의 영혼이 통증을 느끼지 않도록 해야 한다고 믿는다.[28]

애니미즘이 바로 신화 발생의 동인(動因)이라는 견해는 자연 현상에 대한 원시 인류들의 지식이 결핍되었음을 전제로 하는 것이다. 다시 말해서 신화는 주로 원시 사회에서 발생되었는데, 당시는 생산력이 대단히 낮았

28 http://blog. roodo. com/g_m/archives/4111443. html(2012_01_26).

고, 원시 인류들은 지식이 부족하여 자연현상을 해석할 방법이 없었다. 천둥과 번개·폭풍·홍수·혹한·혹서·질병, 그리고 해가 지고 해가 뜨는 우주의 운행 질서와 같은 대자연에서 발생하는 각종 현상을 그들이 지배할 수도 없었고 항거할 방법도 없었기 때문에 오로지 경이로운 감각만을 가질 수 있었다는 것이다.

눈앞에서 펼쳐지고 있는 자연 현상이나 우주 질서의 원인을 이해할 수도 없었고, 해석할 수도 없었기 때문에 그들 원시 인류들은 자신들이 설정한 어떤 인격화된 존재가 그것들을 제어하고 통제한다고 생각하였다. 그래서 바람이 부는 것은 풍신(風神), 천둥이 치는 것은 뇌신(雷神), 비가 오는 것은 우신(雨神)의 의지이며, 그 외 일월성신(日月星辰)의 운행 역시 특정한 신격들에 의해서 진행된다고 본 것이 바로 신화 발생의 기원이라는 것이다. 때문에 신화는 곧 원시 인류의 자연에 대한 소박한 세계관의 표현이며, 자연 현상에 대한 대담한 탐색이자 천진한 해석이라고 보는 것이다.

신화와 원시 종교가 밀접한 관계가 있음은 누구도 부인하지 않는 사실이다. 그러나 신화와 종교의 기원의 문제에 있어서는 과연 무엇인 먼저인가에 대한 논쟁이 없지 않다. 종교가 신화에서 파생되었다고 보는 견해도 있고, 또 신화가 종교에서 파생되었다는 주장도 있다. 그러나 지금까지 밝혀진 원시 종교와 원시 신화와 관련한 역사적 문헌이나 고고학 자료 또는 문화인류학 자료로서는 단지 신화와 종교가 밀접한 관계가 있다는 것만 증명할 수 있을 따름이지, 과연 어느 것이 먼저였는가를 규정하는 증거는 실정이다.

신화와 원시 종교 중에서 어느 것이 먼저 발생했는가를 확정지을 수 없는 가장 큰 이유는 양자가 가지고 있는 사상적 내용과 표현의 형식 등이 대부분 동일하기 때문이다. 말하자면 신화와 원시 종교는 모두 원시 인류들 특유의 관념 형태의 산물로, 자연과 인간에 대한 인식을 상상과 환상의 방식으로 반영하고 있다. 단지 차이가 있다면 자연에 대한 태도가 적극적인가 아니면 소극적인가의 차이만 있을 따름이다.

원시 인류들은 생존을 위하여 언제나 대자연과 투쟁해야 하였다. 때문에 자연을 이해하거나 정복하고자 하는 소망이 더없이 절박하였다. 신화는 바로 그들의 자연과의 투쟁 생활과 자연을 지배하고 정복하고자 하는 이상이나 소망이 상상과 환상의 형식으로 반영된 것이다. 때문에 신화는 본질적으로 원시 인류의, 자연계와 생활에 대한 적극적인 태도를 반영하고 있다고 할 수 있다.

그러나 당시의 상황에서 원시 인류는 자연 앞에서 무력한 존재였다. 그들의 투쟁은 언제나 좌절과 실패를 거듭할 수밖에 없었다. 그들의 이상과 소망은 언제나 잔혹한 현실 앞에서 산산조각으로 부서졌다. 그들은 부득불 자연의 힘이 은혜를 베풀어 주기를 기도하였고 신령의 보우를 갈구하였다. 이것이 바로 원시 종교가 발생하게 된 배경이다. 대부분의 종교에는 일상생활을 지배하는 외계의 힘이 환상적으로 반영되어 있다. 그래서 원시 종교는 바로 원시 인류들의 생활에 대한 소극적인 태도를 반영하고 있다고 할 수 있다.

한마디로 자연을 지배하고자 하였지만 오히려 자연에 의해 지배당하고만 현실이 원시 인류들이 신화를 창조한 계기이자 동시에 원시 종교가 발생하게 된 원인이라고 할 수 있다. 양자가 본질적으로 구분이 없는 것은 아니지만 그 관계가 밀접하여 서로 불가분의 관계를 가지고 있다는 것은 사실이다. 신화와 원시 종교는 언제나 서로 연계되어서 상호 영향을 주고받았으며 혼합된 상태로 존재하였기에 분리할 수 없었다. 이러한 상황은 세계 여러 민족의 신화와 원시 종교에 공통적으로 존재하는 현상이다.

이러한 관점에서 신화와 원시 종교 동시 기원설이 제기되었다. 《아폴로》(*Apollo*)와 《오르페우스》(*Orpheus*)란 제목으로 예술과 종교사에 관한 많은 저서를 남겼으며, 특히《아폴로 예술사》(*Apollo: An Illustrated Manual of the History of Art Throughout the Ages,* 1910)로 저명한 독일 태생의 프랑스 고고학자 살로몽 레이나슈(Salomon Reinach, 1858-1932)는 예술과 종교가 동시에 기원한 것과 마찬가지로, 종교와 신화 역시 동시에 출현하였다고 말한다. 시가·벽화·음악·무용 등의 원시 예술과 원시 종교와의 관계에 비해서 신화와 원시 종교가 하나라는 관계는 더욱더 분명하게 나타난다고 그는 강조하였다.[29] 예를 들면 고대 그리스 아테네의 중요한 종교 축제 중의 하나인 엘레우시스(Eleusis) 신비 의식에서는 반드시 지하 세계의 왕인 하데스(Hades)가 페르세포네를 납치하였다가 훗날 그녀의 어머니 데메테르의 노력으로 다시 인간 세계로 되돌아오는 신화를 강술한다. 신화가 바로 종교 의식의 해설이며, 종교 의식은 바로 신화에 대한 표현인 것이다.

원시 종교와 원시 신화가 하나의 통일체라고 하는 것은 원시 신화와 자연 종교 관계에서도 쉽게 알아볼 수 있다. 원시 신화의 신은 바로 자연 종교의 신이다. 고대 그리스 신화에서 대다수의 신들은 완전하게 인격화되어 있지만 상당수 신들은 자연신의 흔적을 그대로 보유하고 있다. 예를 들면 그리스 신화의 최고의 신인 제우스는 근본적으로 빛과 창공의 신이며 벼락의 신이다. 아폴론은 태양의 신이고, 포세이돈은 바다의 신이다. 그러나 이들은 모두 하늘이나 태양 그리고 바다 자체와 동일시되지 않는다. 자연을 숭배하였던 원시의 자연 종교와 신화가 하나의 통일체로 존재하였으나 이후 차츰 종교적 색채는 사라지고 신화만이 남아서 전해졌기 때문이다.

29 Reinach, Salomon, *Apollo: An Illustrated Manual of the History of Art Throughout the Ages* (上海: 上海書店出版社, 2004), p. 45.

2) 언어질병 기원설

언어의 질병(A disease of language)에 의한 신화의 기원은 자연신화학파 내지 비교신화학파의 대표적인 인물인 막스 뮐러(Max Muller, 1823-1900)에 의해서 제시된 주장이다. 언어질병설이란 고대의 언어가 후대에 전승되는 과정에서 와전(訛傳)되거나 오해를 불러일으킨 데서 신화가 발생했다는 견해이다.

뮐러는 《비교신화학》(*Comparative Mythology*, 1856)에서 '인도유럽어족의 조상이 되는 가상적인 인도유럽어족을 아리안족이라고 불렀다'.[30] 아리안족의 원시언어는 다른 고대의 언어와 마찬가지로 추상적이고 은유적인 단어가 매우 적었다. 반면에 실질적이고 묘사적인 단어는 많았다. 때문에 추상적인 개념을 표시하는 단어도 애초에는 구체적인 함의를 가지고 있어서 고대인들이 이러한 종류의 단어를 창조할 때는 언제나 그것들을 어떤 능력이나 어떤 특성을 가진 구체적 사물과 연계시켰다. 봄이나 여름, 또 하늘과 땅 그리고 낮과 밤 등의 개념을 표시할 때도 이런 단어들에 개별적인 성질이나 성별 혹은 기타의 특징을 부여하였다.

예를 들면, 우리들이 단순하게 '동녘이 밝았다'거나 '아침 해가 떴다'라고 말하는 것을 이들 고대인들은 마치 시인들처럼 '해가 여명을 사랑한다'거나 아니면 '해가 여명을 가슴에 품었다'고 말하거나 또는 그렇게 생각하였다. 우리들이 보기에는 해가 지는 것이지만, 고대인들은 해가 늙었거나 또는 쇠로하거나 죽었다고 생각하였다. 해가 뜨는 것은 하나의 현상이지만, 그들은 '어둠이 찬란하게 빛나는 아들을 낳았다'고 생각하였다.

특히 고대의 언어에는 한 단어가 여러 의미를 가지고 있거나, 여러 개

30 정재서·전수용·송기정, 《신화적 상상력과 문화》(서울: 이화여자대학교출판부, 2010), p. 315.

의 다른 단어가 동일한 하나의 의미를 가지고 있는 경우가 허다하였다. 오랜 시간이 지나감에 따라서 이러한 단어 속의 은유는 잊히거나 의미가 모호해지거나 심지어 완전히 변해 버려서 새로운 의미가 생겨나게 된다. 아리안족의 확산에 따라서 그들이 사용하던 시와 같았던 옛날의 언어 역시 대대로 전승되었지만, 이 과정에서 원래의 의미가 그대로 보존되기보다는 대부분이 옛날과 전혀 다르게 변해 버려서 고유의 의미는 점차 잊히고 말았다. 조부와 아버지는 기억할 수 있었겠지만 아들에게는 생소하고 기이하기만 하였다. 그러다가 손자에 이르면 완전히 와전되거나 오해되어서 옛날의 의미는 잊히고 새로운 의미가 생겨나게 되었다.

그리스 신화에는 아폴론이 다프네(Daphne)를 쫓아가는 다음과 같은 신화가 있다. 아폴론은 테살리아(Thessalia)의 하신(河神) 페네이오스(Peneius)의 딸인 다프네를 사랑했다. 그러나 다프네는 아폴론의 사랑에 응하지 않았다. 그녀는 산으로 달아나다가 아폴론에게 잡히려는 순간 아버지인 페네이오스에게 자신을 변신시켜 아폴론의 손아귀에서 벗어나게 해 달라고 간청했다. 그러자 페네이오스는 다프네를 월계수로 변신시켰다.

이 신화에 등장하는 인물들의 어원을 추적해 보면 아폴론의 어원은 고대 그리스어에서 '발광'(發光)을 나타내는 헬리오스(Helios)이며 이는 또 원래 아리안족의 언어에서는 '태양'이라는 의미이다. 범어(梵語)에서 '연소'(燃燒)라는 의미의 'ahana' 나 'dahana'는 원래 아리안족의 언어에서는 여명(黎明)이라는 의미였다. 이 헬리오스(Helios)라는 단어와 훗날의 아폴론(Apollon)이 서로 혼동되었다. 다프네(Daphne)는 원래 나무의 일종인데 잘 연소하기 때문에 다프네라고 불렸다. 이런 단어들이 일정 기간을 거쳐 변화를 거듭하다가 마침내 변화의 과정은 잊히고 아폴론이 다프네를 쫓는 이야기가 탄생하게 된 것이다. 다프네가 아폴론을 피해서 변신한 것이 바로 월계수인데, 그리스어에서는 월계수를 다프네라고 한다. 아폴론과 다프네에 관한 신화는 아폴론과 다프네 등이 가진 원래의 의미들이 후세에 전승되는 과정에 서로 혼동되고 와전되면서 생겨난 신화라는 것이다.

뮐러는 언어의 비교만이 신화를 정확하게 이해하는 유일한 방법이라고 생각했다. 그는 아리안족의 언어 계통에 속하는 크레타, 게르만, 라틴, 그리스 그리고 범어를 사용한 고대 페르시아의 언어와 문자는 모두 하나의 어원에서 나온 것으로 보았다. 때문에 그리스 신화 속 신들의 이름의 기원과 의미, 그리고 그것이 가지고 있는 우의를 이해하기 위해서는 반드시 라틴어, 게르만어, 범어, 그리고 고대 페르시아어를 연구해야 한다고 보았다. 그에 따르면 제우스라고 하는 명칭을 범어와 비교하면 그것이 바로 하늘이라는 뜻이기 때문에 그리스 신화에서 제우스는 하늘을 주재하는 신이 되었다. 또한 제우스(Zeus)의 원래의 뜻은 범어의 'Dyaus'에 상당하는 것으로, 그 뜻은 바로 하늘이다. 만약 고대 사람들이 '하늘이 비를 내린다'고 말하고자 하면 그들은 바로 '제우스가 비를 내린다'고 표현했다. 이러한 화법이 제우스의 신격화를 거치면서 제우스에 관한 신화 역시 탄생하게 되었다는 것이다.[31]

결국 뮐러는 신화의 탄생은 후세 사람들이 전대의 명사들을 서로 혼동하거나 오용한 결과로 생각하였다. 특히 하나의 신이 여러 개의 이름을 가지고 있는 일신다명의 현상(一神多名/Polyonymy)과 여러 명의 신이 하나의 이름을 가지고 있는 다신일명의 현상(多神一名/Homonymy)으로 인해서 신의 이름에 혼란이 일어나게 되었다. 결과적으로 후대로 갈수록 수많은 신들이 하나로 혼합되거나 하나의 신이 여러 개의 신으로 분리되었으며, 아울러 고대 언어가 가지고 있는 성별의 분리에 따라 신이 인격화됨으로써 신화가 생겨나게 되었다고 생각하였다. 그는 고대 언어의 단어의 의미나 성별, 그리고 다의사(多義詞), 동의사(同義詞) 및 시의 은유 등의 특성이 서

31 朱狄,《原始文化研究》(北京: 北京三聯書店出版, 1988), pp. 668-669.

로 착오를 일으켜서 신화가 발생하였다고 본 것이다. 이는 마치 조개에 병이 들어 진주가 생기듯이 신화 역시 언어의 질병으로부터 발생하였다는 것이다.

중국 신화에서도 언어질병설을 적용할 수 있는 부분이 상당수 있다. 그 중의 하나가 바로 고대 동이족의 서언왕(徐偃王)에 관한 신화이다.《순자》(荀子)〈비상편〉(非相篇)에 의하면 서언왕은 서족(徐族) 역사에서 매우 빼어난 군주로 공자와 주공, 그리고 요·순·우·탕 등의 전설적인 중국의 고대 군주들과 어깨를 나란히 할 수 있는 인물이다. 그런데 약간씩 차이가 있기는 하지만 서언왕의 사적을 기록한 대부분의 문헌을 보면 그의 신체적 특징을 태어나면서부터 '힘줄만 있고 뼈가 없었기'(筋而無骨) 때문에 그의 이름을 엎드려서 우러러 본다(仰仆)는 의미의 '언'(偃)이라 하였다고 적고 있다.

'언'(偃)에는 본디 쓰러지다는 의미의 '강'(僵)이나 엎드리다는 뜻의 '부'(仆) 등의 의미가 있는 것은 확실하다. 그러나 서언왕(徐偃王)의 언(偃)은 서족의 국성(國姓)일 따름이다. 서(徐)는 동이 소호(少皞)의 후예로 영성(嬴姓)이다. 서언왕은 원래 서영왕(徐嬴王)으로, 선진 시대의 관습에 따라서 국명과 족성을 병기한 것이다. 제국(齊國)의 강성(姜姓)이란 의미로 제강(齊姜)이라 하고, 채국(蔡國)의 희성(姬姓)이라고 해서 채희(蔡姬)라고 한 것과 동일한 형식인 것이다. 서언왕은 고대의 역사에 주나라를 위협할 정도로 한때 혁혁한 위명을 날렸다. 그러나 후세 사람들이 그의 사적을 입에서 입으로 전할 때 그의 본명인 서영왕(徐嬴王)은 망각해 버리고 단지 영성(嬴姓)인 서국(徐國)의 어떤 왕이라고 하다가, 훗날에는 마침내 서언왕(徐偃王)이라고 불렀다. 그러다가 언(偃)이란 글자가 쓰러지다는 의미의 강(僵)이나 엎드리다는 의미의 부(仆) 등의 의미를 가지고 있었기 때문에 마침내 나면서부터 근육만 있고 뼈가 없다는 소위 근이무골(筋而無骨)이라는 신화 전설이 만들어졌다. 거기다가 이러한 신체적 특징에 근거하여 이름을 명명했다는 식으로 원인과 결과가 서로 뒤바뀐 억설들이 널리 퍼지게 되었다. 이는 전형적인 언어질병설에 의해 만들어진 신화라고 할 수 있다.[32]

3) 주술 의식(呪術儀式/magic rites) 기원설

자연 환경이나 사회적 규범 등은 대부분 일상적 경험의 범주에 속한다. 원시 인류들이 생존을 위해서 가장 먼저 수행해야 했던 것은 바로 자연 환경에 순응하는 것이었다. 이러한 순응의 과정에서 그들은 자연 환경에 대한 경험적 지식을 획득하게 되었다. 의식주를 비롯한 생존에 필요한 생활필수품을 조달하기 위해서 인류는 이러한 지식을 기술적으로 이용하여 생활을 영위하고, 그러한 과정에서 문화가 형성된다.

영국의 인류학자 프레이저(James George Frazer, 1854-1941)는《황금의 가지》(*The Golden Bough :A Study in Magic and Religion*, 1890)에서 인류 역사의 가장 초기에 주술(呪術/magic)의 시대가 있었고 주술에 바탕하여 종교(religion)가 생성되었으며, 다시 과학의 시대가 도래했다고 말한다. 또한 인간이 생존하는 자연 환경이 예측할 수 있는 경험의 영역을 벗어나서 변화하였을 때나 제도화되고 규범화되어 있는 사회 환경이나 언어 생활에서 경험적 환경을 벗어나는 돌발적인 사태가 발생하였을 때는 모두 심리적 불안이나 공포를 느끼게 되고, 이러한 일상적 경험 생활을 초월한 세계에 대한 초자연적 순응이 바로 주술과 종교가 발생하는 원인이라고 보았다.[33]

그는 종교와 주술의 차이점을 초자연적인 존재에 대한 인간의 태도, 즉 제어인가 아니면 화해와 복종인가에 있다고 생각하였다. 자연의 운행과 인간 생명의 움직임에 대해서 명령을 내리고, 또 그것을 지배한다고 믿는

32 賈雯鶴,〈徐偃王神話傳說辯誣〉,《中華文化論壇》(1998年 第2期), pp. 110-111.
33 프레이저 지음/김상일 옮김,《黃金의 가지》(서울: 乙酉文化社, 1980), pp. 4-5.

초인간적 힘에 대한 화해 혹은 조정이 종교라고 한다면, 다시 말해서 초자연적인 갖가지 힘에 대한 신앙과 그 힘과 화해를 하며 즐겁게 하려는 기도에서 종교가 성립되었다고 한다면, 주술은 종교와는 달리 이러한 초인간적인 존재와 화해하거나 그 존재를 위무(慰撫)하려 하지 않고, 오히려 그것을 강제하거나 협박하는 것이다. 존재의 일체를 지배하고 있으나, 그럼에도 불구하고 적당한 의식이나 주문에 의해서 그것을 구사(驅使)할 줄 아는 자에 의해서 이용될 수 있는 비인격적인 힘 앞에, 인간적이건 신적이건 간에 모든 인격적 존재는 결국은 굴복하고 마는 것이 주술이라고 프레이저는 말한다. 다시 말해서 신이나 초인적 존재를 의식(儀式)이나 주문(呪文)으로 제어하는 것이 바로 주술이다. 샤먼이나 무당이 무속 행위를 통해서 신령을 강신하게 하는 행위가 가장 좋은 예이다.

신화를 원시 인류가 무자각적으로 생성한 예술로서, 그들의 자연과 문화 현상에 대한 이해와 상상을 반영하고 있는 것이라고 본다면, 신화는 인류가 창조한 가장 오래된 문화 중의 하나이다. 이런 관점에 근거하여 제의학파(Ritual School)를 중심으로 상당수 신화학자들이 주술 의식과 신화의 관계를 설명하였다.

예를 들면 해리슨(Jane Ellen Harrison, 1850-1928)은 《그리스 종교 연구 도론》(*Prolegomena to the Study of Greek Religion*, 1908)에서 의식(儀式)은 종교나 신화가 서로 표리를 이루는 것으로, 한 민족의 신화나 사상에 관한 연구는 그 민족이 보유한 의식으로부터 가장 명확하게 고찰할 수 있음을 강조하고 있다. 카시러(Ernst Cassirer, 1874-1945) 역시 신화적 동기(mythical motives)는 일관되게 원시 집단의 생명 운동 및 생명 형식과 관련되어 있으며, 그들의 제전(祭典)이나 의식에서 가장 명백하게 나타난다고 보았다. 그런가 하면 웨스턴(Jessie L. Weston, 1850-1928)은 《의식에서 전기까지》(*From Ritual to Romance*, 1920)에서 고대 서사 문학의 신은 그리스의 주신제전(酒神祭典/

Dionysos Festival)과 같이 사망과 재생의 신비 의식과 연계되어 공연되며, 이러한 의식의 신성(神聖)은 실질적으로는 토지의 비옥과 곡물의 풍요한 수확의 재현이자 창조로서, 제사의 희생(犧牲)을 나누어 먹거나 땅속에 매장함으로써 성년과 곡물의 번성을 획득할 수 있다고 생각하였음을 말하고 있다. 또한 길버트 머레이(Gilbert Murray, 1866-1957)는 희극의 기원을 논함에 있어, 희극은 종교 의식에서 뿌리가 자랐으며 그 중심은 신(자연)의 사망과 재생이라고 생각하였다. 때문에 그리스 비극(Tragoidia)의 본의는 '산양의 노래'(디오니스 등의 주신이나 농신이 산양으로 화현되었음)로, 직접적으로 주신찬가(Dithyrambs)에서 기원하였음을 밝히고 있다.[34]

신화의 주술 의식 기원을 가장 상세하게 설명한 학자는 프레이저이다. 그의 저서《황금의 가지》〈아도니스의 신화〉편에서 아도니스의 탄생-죽음-부활의 신화와 의식(儀式)이 본질적으로 일치 대응하고 있음을 다음과 같이 논술하고 있다.

> 인간들은 매년의 변화의 주기를, 첫째는 그들 신들의 대응적 변화라고 생각하게 되었고, 그들은 역시 주술 의식을 행함으로써, 대적하는 죽음의 원리와의 싸움에 있어, 생명의 진리였던 신을 도울 수가 있다고 믿었기 때문이다. 그들은 쇠약해 가는 신들의 생명력을 보강하고, 신을 죽음에서 소생시킬 수 있다고까지 믿었다. 이 목적 밑에 그들이 행한 의식은, 그 본질상 그들이 촉진하려고 소원했던 자연 현상의 극적 재현이었다. 왜냐하면 인간이 단순히 그것을 모방함으로써 무엇인가 소원한 결과를 가져올 수 있는 것은, 정평이 있는 예의 주술의 원리였기 때문이다. 그리고 그들은 이제, 생육과 쇠퇴의, 생육과 사멸의 변화를, 신들의 결혼, 죽음 그리고 재생 혹은 부활에 의해서 설명했기 때문에, 그들의 종교적인 연극, 혹은 주술적인 극은, 거의가 그와 같은 주제를 취

34 蘇兵,《神話學引論》(臺北: 文津出版, 2001), pp. 222-223.

하게 되었던 것이다. 그들은 다산풍요의 갖가지 힘의 효과적인 결합이나, 신적 배우자의 적어도 어느 편인가의 슬픈 죽음과, 그 환희에 넘친 부활을 연출했다. 그리하여 종교적 이론이 주술적 습관과 혼합된 것이다.[35]

프레이저는 주술의 형식을 두 가지로 분류하였다. 하나는 공감 주술(共感呪術) 또는 모방 주술(模倣呪術)이요, 다른 하나는 접촉 주술(接觸呪術) 혹은 전파 주술(傳播呪術)이다. 기우(祈雨)을 위해 항아리의 물을 뿌리는 것이 공감 주술이요, 증오의 대상을 가해할 목적으로 모발이나 손톱과 같은 그 사람의 신체 일부를 기름 속에 넣고 삶는 것 등이 접촉 주술이다.[36]

프레이저의 지대한 영향을 받은 말리놉스키(Bronisław Kasper Malinowski, 1884-1942)는 신화 발생의 제의적인 측면을 충분히 수용하면서도, '원시 신앙과 도덕적인 지혜의 실용적인 헌장'[37]으로서 신화가 '상징적인 것이 아니라 그 주제를 직접적으로 표현하는 것'[38]으로 보았다. 때문에 그는 '신화는 과학적 관심을 만족시켜 주는 설명이 아니라 심각한 종교적 욕구·도덕적 요청·사회에 대한 복종과 자기주장, 그밖에 일상적인 요구까지도 만족시켜 주기 위해 이야기되어지는 태고적 진실의 서술적인 부활'[39]이라고 주장하였다.

신화의 '신'을 종교 의식의 내용을 서술 또는 설명한 것이라거나, 모든 신화는 제의를 수반한다거나 제의에서 발생했다고 주장하는 이들 제의학파의 학설은 자체 내에서 반론이 제기되기도 하였다. 원시의 제의에서 신

35 프레이저 지음/김상일 옮김, 앞의 책, pp. 407-408.
36 위의 책, pp. 86-90
37 말리노우스키 지음/서영대 옮김, 《말리노우스키의 원시 신화론》(서울: 민속원, 2001), p. 25.
38 같은 곳.
39 같은 곳.

화가 발생한 것이 아니라, 주술 의식이 단순히 신화의 표현 방식 중의 하나라고 보는 것으로, 마치 극본과 공연의 관계와 같이 신화는 극본이고 주술 의식은 공연으로, 먼저 극본이 있은 다음에 비로소 공연이 있는 것과 마찬가지라는 견해이다.[40]

원시 사회의 일체의 행위를 모두 신성한 의식과 관련이 있다고 보는 이들 제의학파의 주장은 20세기 전반의 신화학에 있어서 가장 우세를 떨치기는 하였지만, 모순점이 없는 것도 아니다. 그들의 말대로 원시 사회의 모든 행위(衣食住, 경작, 전쟁)가 신성 행위와 관련이 있다면, 그러한 의식의 탄생이 신화보다 빠른지 여부를 보아야 하는데 이는 마치 달걀이 먼저인지 닭이 먼저인지와 마찬가지로 그 선후를 분명히 구분할 방법이 없으며, 만약 신화보다 늦었다고 한다면 신성 의식이 아무리 많고 아무리 보편화되었다 하더라도 신화의 기원에 어떤 작용을 하였는지를 설명한 방법이 없다는 것이다.

이들의 한계는 주술 의식을 인류의 정신 문화의 원천으로 간주하였으나 실제로는 이를 증명할 방법이 없다는 것이다. 때문에 신화학계에서는 미국 캘리포니아 출신의 고전학자 폰텐로즈(Joseph Eddy Fontenrose, 1903-1986)와 케임브리지 고전학자인 커크(Geoffrey Stephen Kirk, 1921-2003) 등을 중심으로 이들의 주장을 비판하기 시작하였다. 이들은 ① 신화와 제의는 일정한 관계가 있지만 일관된 보편적인 관계는 발견되지 않는다, ② 신화와 제의 사이에 구체적인 일치를 보이는 세부사항은 없다, ③ 신화가 선행하고 난 다음 이를 보강하는 제의가 발달하였지, 제의에서 신화가 발생하였다는 증명된 구체적인 사례가 거의 없다는 점을 들어서 제의학파의 주장을 지지할 수 없음을 분명히 하였다.[41]

40 王增水, 앞의 책, p. 22.
41 왕빈, 앞의 책, pp. 121-122.

레비스트로스(Levi-Strauss, 1908-1991) 역시 모든 신화는 모두 어떤 구체적 의식(儀式)이 의식(意識) 형태로 투사된 것이라고 보았다. 먼저 출현한 것이 신화이든지 아니면 의식이든지 이 양자가 서로 중복되어 있다는 것은 분명한 사실이다. 단지 신화는 개념의 단계에 존재하며, 의식은 행동의 단계에 존재할 뿐이라고 보았다.

장광즈(張光直) 역시 신화와 종교 의식은 상호의 기초가 되며, 의식은 행위이고 신화는 설명으로, 양자는 그 선후가 나누어지지 않는다고 보았다. '신화는 종교 의식의 증서가 된다. 모든 사회 제도에서 의식과 신화의 관계는 아주 밀접하다. 신화와 의식은 상호의 기초가 되며, 서로를 설명한다. 신화가 신념의 일면이라면, 의식은 행위의 일면이다. 신화의 작용은 특히 의식의 성립을 원고(遠古)까지 끌어올리며, 그 성립의 필연성을 증가시킨다. 또한 사람들로 하여금 의식에 대해서 진실감을 갖게 한다. 이 때문에 신화와 의식은 나란히 놓인 이중 파이프와 같이 인류 행동의 준칙에 안정적인 기초를 제공한다.'[42]

신화가 원시 종교나 주술 의식에서 기원하였다는 이들 제의학파가 신화 연구에 공헌한 점을 꼽으라면, 원시 주술과 원시 종교의 기원과 내용, 특히 원시 주술의 심리 분석에 대해서 심도 있게 연구하여, 오늘날까지도 여전히 원시 문화를 연구하는 이론적 무기를 제공하였다는 점이다.

42 張光直, 〈中國創世神話之分析與古史研究〉, 《民族學研究所集刊》, 第8冊(中央研究院民族學研究所, 1959), pp. 47-79.

4) 인류 심리에 의한 기원설

제의나 종교와의 관계로부터 신화를 해석하고 이해하는 것은 주로 사회적 측면에서의 고찰이라고 할 수 있다. 그러나 신화가 특정한 사회적 조건의 토대에서 발생한 것이라고 하더라도 그것이 사회적 기능을 발휘하기 위해서는 반드시 신화를 구술하거나 신화를 전승시키는 개인의 창의력이 시 필수불가결한 요소가 된다. 사회적 조건보다는 오히려 원시 인류의 개인 내면 세계의 창조력, 즉 심리학적 측면에서 신화의 발생을 탐구하고 또 신화를 해석한 학자들이 있다. 대표적으로 니체(Nietzsche, 1844-1900), 분트(Wundt, 1832-1920), 프로이트(Freud, 1856-1939), 융(Jung, 1875-1961) 등이 바로 이들이다.

'니체는 신화를 권력을 향한 의지를 가진 인간 영혼이 부담을 덜기 위해 만들어 낸 환상으로 보았다.'[43] '그리스인은 존재의 공포와 끔찍함을 알고 있었고 느끼고 있었다. 즉 살아갈 수 있기 위해서라도, 그리스인은 그러한 공포와 끔찍함에 대해서 올림포스라는 찬란한 꿈의 산물을 내세워야만 했다.'[44] 동적이고 본능적이며 극단성·광란·환상·무질서와 관련된 디오니소스적인 것은 바로 삶 그 자체요, 반면 정적이자 개별적이며 절제·질서·조화·통일을 지향하는 아폴론적인 것은 우리들 인간이 갈구하는 꿈이며, 그것은 바로 꿈속에 안주하는 올림포스 신들의 모습이다. 이 신들은 그리스인들이 고통스러운 삶의 현실에서 벗어나고자 꿈꾸었던 아름다운 가상일 뿐이다. 결국 니체에게 있어서 '호메로스의 올림포스 신화는 영적 고통의 승화일 뿐 현실성이 없는 이야기이다'.[45]

---

43 유재원, 〈신화학의 어제와 오늘, 그리고 내일〉, 건국대학교대학원 학술연구단체연합 편, 《새천년 인문학의 新패러다임》(서울: 도서출판 오름, 2002), p. 37.

44 프리드리히 니체 지음/박찬국 옮김, 《비극의 탄생》(서울: 아카넷, 2007), p. 73.

45 유재원, 앞의 책, p. 174.

'프로이트에 의하면 신화는 꿈과 마찬가지로 인간의 심저(心底)에 잠재해 있던 무의식적 원망(願望) 즉 성적 콤플렉스가 설화 형식으로 표현된 것에 지나지 않는다. 그러므로 신화의 올바른 해석을 위해서는 신화의 잠재적 내용인 무의식적 원망을 파악하지 않으면 안 된다고 하였다. 그에 의하면 그리스의 비극적인 신화 오이디푸스(Oedipus) 신화는 남아의 무의식적인 원망인, 모친에 대한 성애와 이로 인해 생기는 부친에 대한 증오 및 제거원망(除去願望)이 신화로서 나타난 것에 지나지 않는다.'[46]

시공을 상격한 민족들 사이에서 서로 유사하거나 동일한 신화적 모티프가 거듭 발견되는 것은 인류학자와 신화학자들이 직면했던 난제 중의 하나였다. 본질적으로 동일한 종교 표상이 고대 그리스에서도 나타나고 오늘날의 인도네시아 제도의 미개 민족 사회에서도 출현하는 것은 어떻게 해석할 것인가? 특정 지역에서 형성된 신화가 지상의 광범위한 지역으로 전파되었다고 보기에는 문화사적으로 상관 관계가 없는 서로 다른 지역들의 동일한 신화소들을 심리학에 의하여 해석하려 했던 대표자가 바로 융이다.

융에 따르면 무의식에는 개인적인 무의식(無意識/unconsciousness)과 집단무의식이 있다. 그 집단의 무의식을 구성하고 있는 것을 원형(Archetype)이라고 하는데, 이는 전 인류 공통의 기억이나 이미지의 모티프가 된 것을 말한다. 결국 '신화는 집단 무의식이 만들어 내는 것으로 영적 삶의 원형이나 구조를 보여 준다.'[47]

'인간의 마음은 그 개인의 역사를 가질 뿐 아니라 인류 문화의 최초의 단계로부터 남겨진 인류 공통의 심리적 유산을 잠재의식 속에 이어받는다. 이 원시 시대의 정신적 유산은 모든 시대 모든 민족의 신화 체계 속에

46 왕빈, 앞의 책, p. 32.

47 유재원, 앞의 책, p. 175

표현되어 있는 독특한 이미지를 동반하고 있다. 이들 이미지 전체는 집단 무의식을 형성하고 있으며, 그것은 모든 개인에게 잠재적으로 유전된다. 이 사실이야말로 어떻게 해서 신화적 이미지가 자연 발생적으로 상호일치하며 지구상의 모든 지역, 모든 시대를 통하여 새로이 발생할 수 있는가를 설명할 수 있는 근거가 되는 것이다. 신화적 이미지는 항상 그리고 어디나 존재한다. 그러므로 우리들이 시간적으로나 공간적으로나 모두 멀리 떨어진 신화소(神話素/Mytheme: 신화를 구성하는 최소 단위)를 개인의 상상력의 체계에 관계 지을 수 있는 것은 아주 자명한 일이라고 말하고 있다.'[48]

신화를 심리적인 관점에서 그 기원과 본질을 탐구한 학자로는 에른스트 카시러, 미르체아 엘리아데 등이 있다. 먼저 카시러의 신화에 대한 관점은 한마디로 '선험적 직관에 의한 신화의 탄생'이라고 할 수 있다.

인간에게는 경험에 앞선 인식이 존재하며, 그 인식은 경험에서 생기는 것이 아니고 선천적인 직관 및 사고에 따라 이루어진다고 보는 것이 철학의 선험주의(先驗主義)이다. 이러한 선험주의에 따르면 원시 인류들이 '경험을 통해 터득한 자연에 대한 의미를 체계화한 선험적(apriori) 의식 형식으로 필연적이고 불가피한 존재'[49]가 바로 신화이다. 바꾸어 말하면 신화에는 경험적인 검증이 필요 없는 선험적 직관과 개념 체계가 숨어 있다. 헤겔(Hegel, 1770-1831)과 에른스트 카시러(Ernst Cassirer, 1874-1945) 등이 선험주의적 신화 해석을 시도하였던 대표적인 학자이다.

카시러에 따르면 신화의 유래는 인간성의 심층과 밀접한 관계를 가지고 있다. 신화는 단지 경험적인 층을 훨씬 넘어서는 심층적인 현상이며, 그 심층성은 곧 보편성으로 나아간다. '인간의 정신에서 자발적으로 만들어진 정서적으로 만족스러운 코스모스의 모습이 외부 세계에 투사된 것이

48 왕빈, 앞의 책, pp. 34-35.

49 유재원, 앞의 책, p. 175.

바로 신화라고 주장한다.'[50] 특히 신화도 시와 예술처럼 하나의 상징 형식이다.[51] 다만 신화의 상징 형식은 추상적 사유와 구별되는 구상적이고 정감적인 사유 그리고 생명일체화의 교감 사유를 바탕으로 할 따름이다. 때문에 카시러는 '신화적 사유는 문자 그대로 구체적인 것을 표현하는 사유이다. 그것은 무엇이든 구체성이라는 특징을 통해 파악한다. 신화적 사유와 구체성은 함께 성장한다. 과학적 인식은 현저하게 차이가 있는 요소들의 종합으로 보이는 반면, 신화적 직관은 궁극적으로 그것이 결합시키는 모든 요소의 일치(coincidence/합일)를 가능하게 한다. […] 그것이 신화적 사유 안에서의 관계 요소들 사이의 합일 혹은 일치의 법칙이다'[52]라고 말한다.

또한 인간의 지식을 매개하는 상징이 그 나름의 형식과 문법을 내장할 수밖에 없듯이, 신화의 상징 체계 역시 진리 인식을 전제로 하는 선험적 직관과 개념 체계가 숨어 있다. 때문에 신화는 학문과 마찬가지로 결정적이고 상세한 존재론적 구조를 가지고 있으며, 이 구조 안에서 다양한 신화적 경험이 나열된다. 신화에서 직관과 범주 형식에 일치하는 것을 찾아내는 일이 신화 연구의 기본이다.

철학자이자 종교학자인 미르체아 엘리아데는 세계의 신화들을 역사 이전의 유일무이의 창조적 시대가 물려준 성스러운 이야기로 보았다. 그에 따르면, 신화는 기원, 시작, 창조에 관한 이야기이다. 또 신화는 신성한 것, 그들 자신의 기원, 시작 혹은 창조라고 하는 외적인 사건을 이야기함으로써 인간에게 실존적, 존재론적 방향성을 부여하는 기능을 한다. 또 신화는 그러한 근원적 방향성을 갈구하는 인간의 경험에 기원을 둔다.

---

50 스티픈 앨 해리스·글로리아 플래츠너 지음/이영순 옮김, 《신화의 미로찾기 I》(서울: 도서출판 동인, 1995), pp. 89-90.

51 에른스트 카시러 지음/최명관 옮김, 《국가와 신화》(서울: 서광사, 1988), pp. 51-56.

52 이용주, 《20세기 신화 이론》(서울: 이학사, 2008), p. 61.

5) 사망 의식(死亡意識)에 의한 기원설

카시러는 두려움을 느끼는 본능, 특히 죽음에 대한 두려움을 신화 기원 중의 하나로 보았다. 그는 인류의 생명 가운데서 가장 중요한 것은 두려움 그 자체가 아니라 두려움에 대한 변태라고 생각하였다. 두려움은 생물이 가지고 있는 보편적 본능으로, 영원토록 완전하게 그것을 정복하고 제압할 수 없다. 그러나 인류는 두려움에 대한 형식을 변화시킬 수 있으며, 그것이 바로 신화라고 보았다.[53]

인류는 그 마음 밑바닥에 놓여 있는 가장 심각한 본능인 죽음에 대한 두려움과 또 그것을 벗어나고자 하는 희망을 신화를 통해서 조직하고 표현하였다. 또한 인류는 강렬한 정서와 환상으로 충만한 신화로부터 반드시 직면할 수밖에 없는 죽음에 대한 두려움을 해소하여 그것을 예술적으로 표현하는 방법을 학습하였다. 죽음의 원인을 찾아내는 것은 인류에게 있어 가장 우선적이고 절박한 문제이다. 인류 문명의 최저 형식에서 최고 형식에 이르기까지 죽음에 관한 신화가 도처에 모두 존재하는 것은 바로 이런 이유 때문이다.

그런데 이러한 죽음의 활동은 결코 자각적이거나 의식적이지는 않았다. 카시러에 의하면 신화는 무의식적인 활동의 결과이자, 자유로운 상상의 산물이다. 두려움에 대한 본능은 분명히 신화 발생의 원인이다. 인간은 두려움을 느끼기 때문에 두려움을 제거하기 위해 신화를 만들었다. 특히 죽음에 대한 두려움으로 죽음을 해석하여 죽음과 관련된 수많은 신화를 만들어 낸 것이다. 결국 죽음에 대한 정서적 조직과 표현이 바로 신화의 기원이라는 것이다.

카시러의 이러한 주장은 정신분석학으로 유명한 프로이트나 기능주의

53 孫廣德,《政治神話論》(臺北: 臺灣商務印書館, 1990), pp. 113-114.

신화학의 대표라고 할 수 있는 말리놉스키와도 상당히 접근되어 있다고 할 수 있다. 프로이트는 죽음의 두려움이나 또는 그것과 신화의 기원과의 관계에 대해서 직접적으로 언급한 바는 없다. 다만 이해하기 어려운 수많은 금기와 의식은 모두 두려움으로부터 기원한 것이며, 두려움은 일종의 정서임을《토템과 금기》(*Totem and Taboo*, 1913)에서 밝히고 있다. 원시 인류가 가졌던 죽음의 두려움에 대한 조직과 표현이 신화를 만들어 냈다고 하는 것은 바로 정서적 조직과 표현이 신화를 만들어 냈다는 말과 동일한 의미이다. 이런 의미에서 카시러와 프로이트의 견해는 서로 유사하다고 볼 수 있다.

말리놉스키 역시 죽음과 신화의 기원에 관한 문제를 직접 제기한 바는 없다. 그러나 그는 종교의 여러 가지 기원 중에서 생명의 위기 즉, 죽음이 가장 중요하다고 생각하였다. 때문에 전부는 아닐지라도 대부분의 종교적 계시는 모두가 죽음에서 근원한다고 보는 것이 가장 정통적인 견해라는것과 아울러 영생에 대한 인류의 희구가 종교를 발생하게 한 가장 기본적인 요인임을《주술, 과학 그리고 종교에 관한 에세이》(*Magic, Science and Religion and Other Essays*, 1948)에서 설명하였다. 그에 따르면 영혼 신앙은 영생 신앙의 결과이고 영혼을 구성하는 본질은 생명에 대한 열정과 기대이지, 꿈이나 환상에서 나타나는 몽롱한 그림자가 아니다. 또한 종교는 인간이 죽음과 궤멸에 투항하지 않도록 구원하는 것이며, 임무의 달성은 단지 꿈이나 그림자 그리고 환상을 이용한 관찰일 뿐이라고 하였다.

이상은 말리놉스키가 죽음을 종교 기원의 관점에서 토론한 것이지만 그의 이러한 논리는 신화의 기원의 문제에도 그대로 적용할 수 있다고 본다. 카시러가 말한 죽음의 처리가 말리놉스키와 똑같지는 않고 단지 죽음에 대한 두려움에 국한된 것이지만, 그러나 어찌되었든 그 역시 죽음에 대한 두려움을 가장 큰 문제로 삼았다. 때문에 말리놉스키의 견해와 상당히 접근되어 있다고 볼 수 있다.

죽음을 회피하고 생명을 구하려고 하는 것은 모든 생물의 공통된 본능이다. 그러나 동물은 죽음에 대한 의식이 없을 뿐더러, 자신과 기타 존재물들과의 구별을 의식하지 못하며 생명에 대한 의식 또한 없다. 단지 본능적으로 존재할 따름이다. 비록 '새도 죽음에 이르면 그 소리가 슬프고, 사람도 죽음에 이르면 하는 말이 가치가 있다'(鳥之將死, 其鳴也哀, 人之將死, 其言也善.《論語》〈泰伯〉)고 하여 새도 인간과 마찬가지로 죽음을 감지하는 것처럼 생각할 수 있으나, 여기서 말하는 '슬프다'(哀)가 가리키는 것은 동물이 정상적으로 죽음에 이르렀을 때, 내는 소리가 점점 약해져서 정서상의 반응을 불러일으킨다는 것이지 결코 새를 비롯한 동물 자체가 슬픔을 느낀다는 것은 아니다. 동물이나 사람이나 모두 살기 위한 본능을 가지고 있다. 그러나 동물은 무리들 중의 다른 동물의 죽음으로 인한 슬픔이나 두려움을 느끼지 못한다. 또한 살아 있는 동물과 죽은 동물을 구분하여 사변적 판단을 내리지 못한다. 때문에 죽은 동물을 매장한다거나 그 죽음을 애도한다거나 하는 행위를 하지 못한다. 한마디로 죽음에 대한 의식이 없기 때문에 죽음의 문화를 만들어 내지 못한다. 어떤 의미에서는 죽음에 대한 의식이 있기 때문에 사람은 사람이 될 수 있다고 할 수 있다. 죽음에 대한 의식은 인간이 동물계로부터 구분될 수 있는 최후의 표지이다. 인류는 죽음에 대한 의식을 가졌기 때문에 죽음에 항거하고자 했고 생명에 대한 갈구를 환상적인 방식에 의탁함으로써 신화를 만들어 내었고 또 신화를 키워 나갔다.[54]

원시 인류는 왕왕 자신을 대자연의 일부로 생각하였다. 객관과 주관, 사물의 영향과 실체를 혼동하여 구분하지 않았다. 그들은 자신이 바로 동물 가족의 일부라고 생각하였고, 식물의 일부라고 생각하였다. 그런데 죽음

54 胡吉省,《死亡意識與神話》(北京: 中國社會科學出版社, 2007), pp. 10-12.

에 대한 인식이 싹이 트자 자신이 동물이나 식물 혹은 다른 무생물과는 무언가 다르다는 생각을 가지게 되었다. 왜냐하면 그들은 달리는 데서도, 하늘을 나는 데서도, 체력적인 능력에서도, 추위를 이겨 내는 데서도, 바람과 비를 피하는 데서도, 먹이를 찾는 데서도, 번식을 하거나 또 자신을 보호하는 데서도 모두 다른 동물만 못하다는 것을 분명하게 인식하였기 때문이다. 많은 과실이 주렁주렁 열리고, 영원히 시들지 않고 장생불사하는 나무들보다, 아니면 봄바람이 불면 다시 살아나서 살랑대는 풀보다 생명을 지켜가는 데는 더 부족하다고 여기게 되었다. 심지어 돌이나 뼈보다도 더 못하다고 생각하였다. 그것들은 모두 장생불사하며 신비한 힘을 보유하고 있는 것으로 비추어졌지만, 인류는 자신이 어느 순간에 죽음에 의해서 삼켜지고 말 것이라는 것을 민감하게 느끼게 되었기 때문이다. 죽음에 대한 공포, 죽음에 대한 의식은 인류로 하여금 다른 생물과 동등해지려고 노력을 경주하도록 만들었고, 이로 말미암아 다른 생물이 가진 생명력을 획득하여 그것을 자신의 것으로 삼고자 하였다.

원시 인류의 대표적인 심리적 특징 중의 하나가 바로 자신과 자신 외의 사물 사이에 어떤 구분을 두지 않고 서로 동일시하는 것이다. 그들은 자신을 빗대어 사물을 헤아림으로써 자신과 그 사물이 서로 동일하거나 유사한 성질을 가지고 있다고 확신하기 때문에 자신을 다른 사물로 변형시키기도 하고 또 다른 사물로 완전히 변화해 버리기도 한다. 또한 사물의 입장이나 시점(視點), 그리고 생명과 정감을 그대로 자신의 것으로 보유하기 때문에 그 사물과 하나로 융합되어 분리되지 않는다고 생각하였다. 그래서 그 사물이 죽지 않는 한 나도 죽지 않는다고 생각하는 것이다.

자연물과 자연 현상을 비롯한 모든 사물이 전부 어떤 신비한 힘을 가졌다는 믿음은 원시 인류들로 하여금 자신들과 이러한 자연물, 자연 현상들 사이에 어떤 친속 관계가 있다고 여기도록 하였고, 이러한 관념이 더욱 발전하여 만물은 모두 영혼을 가지고 있다고 하는 소위 애니미즘으로까지 발전하게 되었다. 사물들이 신비한 능력을 가졌다고 원시 인류들이 믿었던 것은 죽음을 슬퍼하고 두려워하는 마음 때문이었다. 그래서 그들은 죽음에 대항하여 영생하는 방식을 강구하였다. 여기에는 주로 두 가지 방식이 사용되었는데 그중의 하나가 바로 죽은 자를 태어난 곳으로 되돌려 보내는 매장(埋葬)이며, 또 하나가 다른 사물이 가진 신비한 힘을 자신에게 전이시키는 방식인 토템 활동이었다.[55]

신화는 인류가 역사를 영위하면서 만들어 낸 일종의 문화 현상이다. 스스로 깨닫지 못했던 예술 방식을 이용하여 자연과 사회를 환상적으로 가공한 그 자체인 것이다. 신화는 자연을 정복하고 지배하고자 하였던 인류의 바람이 상상의 형식을 통해서 표현된 것이다. 때문에 자연이 정복되고 지배되는 순간 신화는 사라지고 만다. 토템은 인류 최초의 신화로, 인류가 죽음을 뛰어넘어 생명을 연장하고자 하는 갈망에서 기원한 것이다. 그렇기에 카시러의 말처럼 모든 신화는 사망 현상에 대한 확고하면서도 완강한 부정으로 해석될 수 있다.[56]

55 胡吉省, 앞의 책, p. 33.
56 위의 책, p. 41.

제2장

신화의 보존과 유전(流傳)

1. 신화의 보존

문명의 도래와 더불어 인류는 신화 시대를 마감하였다. 그러나 한번 생성된 신화는 입에서 입을 통한 구송(口誦)이나 종교 의식을 비롯한 각종 원시의 문화 체제에 의탁하여 보존되어 유전된다. 신화의 보존과 전승의 과정은 다른 각도에서 말하자면 신화의 수정과 변형, 또는 증식의 과정이라고 해도 과언이 아니다. 원시 인류가 문자 발명 이전에 탄생시켰던 소위 원생신화(原生神話) 즉, 가장 원시적이고 토착적이며 종교 등에 의해서 수정되거나 개조되지 않은 신화는 사실 거의 존재할 수 없다. 왜냐하면 신화 역시 하나의 유기체로서, 반복적으로 생산과 발전(전파와 수정), 그리고 도태, 혹은 망실(亡失)이라는 3단계를 거쳐 가장 아름다운 것만 남기 때문이다.

신화의 이러한 유동(流動) 변화의 주요 원인을 문화인류학적 측면에서 생각해 보면, 첫째, 종교 관념과 표상의 발달이나 변화, 둘째, 문화 환경의 변화, 셋째,공통 의식의 변화와 개인 의식의 강화, 넷째,이족 문화의 접촉

등을 들 수 있다.[57] 오늘날 우리가 쉽게 볼 수 있는 그리스·로마 신화는 결코 원생 신화가 아니다. 오랜 시간을 거친 보존과 유전의 과정을 통해서 비로소 하나의 정체로 확정된 것이다. 결국 신화의 보존과 전승은 원생 신화를 기초로 한 새로운 신화의 제조 과정이며, 또한 민족의 지혜가 농축되어 집합되는 과정이기도 하다.

신화의 보존과 유전의 과정에서, 문자가 발명되기 이전에는, 종교 의식을 주재하는 무격(巫覡)이나 사제들이 가장 중요한 역할을 담당하였다. 문자가 발명된 이후에는, 시인을 비롯한 문인 예술가들이 신화를 작품 소재로 이용해 왔다. 원시 역사가들은 신화를 실제 사실로 인정하여 역사화(歷史化)하기도 하였고, 철학자들은 자신의 특정한 철학 사상을 전개하기 위한 우화(寓話)로 신화를 원용하기도 하였다.

호메로스의 《일리아드》와 《오디세이》와 같은 영웅 서사시나 굴원(屈原)의 《초사》(楚辭) 등은 신화를 문학적으로 운용한 예이며, 그리스의 헤로도토스(Herodotos)나 사마천(司馬遷) 등은 신화를 역사화시킨 대표적 인물들이라고 할 수 있다. 그리고 《장자》(莊子)나 《회남자》(淮南子) 등은 철학 사상의 전개를 위해 신화를 인용한 예라고 할 수 있다.[58]

그러나 이들은 신화의 보존과 유전의 공로자라고 할 수 있음과 동시에 원시 신화의 훼손이나 변형에도 가장 큰 역할을 해 왔다고 볼 수 있다. 왜냐하면 신화는 이들의 독특한 해석과 구상(構想) 능력에 의해 수정되거나 새롭게 개작되기도 하고, 끊임없이 새로운 내용이 첨가되어 더욱 풍부한 내용을 갖게 되었기 때문이다. 다시 말해 신화는 각 시대나 특정한 지역의 특성에 맞게, 혹은 정리자의 취향에 따라 내용이 새롭게 첨가되거나 삭제

57 王孝廉,《中國的神話與傳說》(臺北: 聯京出版社業公司, 1978), pp. 1-5.

58 林崇漢,《西洋神話故事》(臺北: 志文出版社, 1977), p. 17. 玄珠,《中國神話研究》(臺北: 廣文書局, 1979), p. 36.

되는 것이다. 그리스 신화는 오랜 세월과 수많은 사람들의 손을 통해 이러한 과정을 거쳐 비로소 오늘날과 같은 풍부한 서사 체제를 갖춘 완벽한 형태가 되었다.

문화적 배경의 차이에 의해서 민족에 따라 원시 신화의 보존 방식이 완전하게 서로 같을 수는 없지만, 인류 전체를 대상으로 했을 경우 신화의 보존과 전승은 일정한 공통 방식이 있다. 이를 류아이린(劉愛琳)과 리첸(李倩)은 동태적(動態的) 보존과 정태적(情態的) 보존, 그리고 은폐식 보존과 명시적 보존 등 네 가지 방식에 의해 신화는 후대에까지 보존된다고 보았다.[59] 이를 소개하면 다음과 같다.

첫째, 동태적 보존 방식은 주로 원시 종교와 원시 예술가들에 의해 보존되는 방식이다.

신화의 발생 시기는 명확하게 확정할 수 없지만, 인류가 문자를 발명하기 이전이라고 하는 사실은 분명하다. 때문에 초기에 있어 신화의 보존은 오로지 인간의 기억에 의해서 구두 언어를 통하여 전달되었을 따름이다. 신화가 창조된 이후 그것은 원시 신앙과 종교 의식에 의탁되어 보존되어 왔고, 또한 자연적으로 수정과 증식이 이루어졌다. 그때는 문자가 아직 발명되지 않았기 때문에 신화의 유전은 모두 구송(口誦)에 의한 것이었으며, 신에게 드리는 제사를 관장하는 무축(巫祝)이나 사제(司祭)들이 그 임무를 담당하였다. 전임의 사제가 후임에게 전달하거나 아니면 각종 의식에서 구성원들에게 직접 전달하는 방식이었다. 주로 원시 종교로서의 신화는 모두 이러한 방식에 의해 보존되고 전승된 것으로, 신화 보존의 최초의 수단이라 할 수 있다. 대표적으로 인도의 《리그베다》 신화는 사제들이 대대로 구두로 전달하여 보존된 하나의 사례이다.

문명의 진보에 따라서 신화의 기밀성(機密性/confidentiality)은 점차 엷어

59 劉愛琳·李倩, 〈論中外神話的保存和流傳〉, 《求索》(2007/4), pp. 164-166.

진다. 또한 개개의 독립된 신화가 하나의 신화 체계를 형성한 이후부터, 대부분의 신화들은 공개된다. 이 시기가 되면 사회의 분업 역시 세분화된다. 주로 제사에 사용되었던 신화들이 시가체(詩歌體)의 신화로 변화되거나 심지어 음악에 맞추어진다. 일부 신화들은 취미 차원의 감상을 위한 이야기로 변화하며, 부락과 부락의 신화들이 서로 교류되면서 신화를 음송하는 것을 직업으로 삼는 전문 예인들이 등장하게 되는데 이들을 흔히 음유시인(吟遊詩人)이라고 한다. 그리스 신화는 대부분 이들 음유시인들에 의해 보존되고 전승된 것이다. 중국 고대의 고몽(瞽矇)은 궁정에서 신화와 민간 설화들을 연창하던 예인들이다.

둘째, 정태적 방식은 주로 문자 발명 이후 특정한 용기나 매체에 새기거나 글로 써서 보존하는 방식이다.

문자 발명 이후 신화는 구두로 전승되는 것 외에 문자 기록에 의해서 보존되었다. 고대 이집트의 신화들은 모두 금자탑 등에 상형문자로 새긴 명문(銘文)을 통해서 보존되었다. 문자를 전문으로 다루는 서리(書吏) 등이 출현한 이후에는 상당수 신화들은 초지(草紙)로 만든 책을 통해서 보존되었다. 서아시아의 대다수 신화들은 점토판에 새겨져 오늘날까지 보존되고 있다. 또 페르시아(Parsia)의 조로아스터교(敎)의 경전(經典)인《아베스타》(*Avesta*)는 양피에 새겨져 오늘까지 전해지고 있다. 중국의 경우 한자의 최초의 형태라고 할 수 있는 갑골문에는 신화가 거의 기록되어 있지 않다. 다만 암벽화나 청동기, 아니면 죽간(竹簡)에 주로 새기어 보존되었다. 특정한 매체에 새기거나 쓰는 방식으로 보존된 신화는 변화하거나 수정될 수가 없다. 그래서 이를 정태적(靜態的) 보존이라고 한다.

셋째, 은폐식 보존에는 특정한 상징 부호를 통해서 보존되는 방식과 원형(原型)을 통해서 신화가 보존되는 방식이 있다.

전자는 인류가 문명의 초기 단계에 들어선 이후, 신화의 보존에 있어서 구체적인 골격 구조가 은폐된 채로 신화 속의 심층적이고 내면적인 의미만이 주로 상징 부호(符號)로서 남겨지는 형식을 말한다. 모든 민족은 그들이 신화를 탄생시키는 시대에 있어서 생존 환경이나 발전의 경험과 과정이 서로 다름으로 인해서 끊임없이 그 사유 체계에 작용함과 아울러 공통의 특징을 가진 상징 부호를 만들어 낸다. 이 상징 부호는 민족의 발전 과정에서 그들의 문화 특징을 대표하며, 또한 민족 신화의 심층 의식이 모두 이 상징 부호 속에 포함되어 있기도 하고, 민족 문화의 발전에 심원한 영향을 미치기도 한다. 말하자면 각 민족의 신화는 모두 이 상징 부호에 집결되고 민족 구성원의 심장 속에 보이지 않게 감추어져 대대로 전승된다. 그리고 이 상징 부호가 내포하고 있는 함의는 각 문화권 내로는 확산되지만, 다른 문화권으로까지는 넘어가지 않는다. 예를 들면 중국 복희(伏羲) 신화의 상징 부호는 음양을 나타내는 '⚊'과 '⚋', 즉 건곤(乾坤)이었고, 이집트의 오시리스(Osiris) 신화에서 만들어진 고리 모양의 십자인 '☥'(앙크/ankh)는 영원한 생명을 상징하는 부호로서, 고대 이집트의 망령들은 반드시 이를 지참했고, 훗날 예수에게는 십자가로 변화되어서 오늘날 모든 기독교인들의 호신부가 되었다. 또한 인도 신화에서 태양이 운행되는 하늘의 궤도를 나타내는 '卍'(만)은 행복을 의미하는 것으로 불교의 상징 부호가 되었다. 일찍이 수메르(Sumer) 신화에서 만들어진 초승달은 오늘날의 이슬람교도의 정신적 상징이 되고 있다.

상징 부호를 이용한 은폐식의 신화 보존은 각 민족의 문화 발전에 중대한 작용을 하게 된다. 예를 들어 음양은 이미 중국 철학이나, 한의학 이론의 매주 중요한 이론적 범주이자 체계가 되었다. 신화에서 기원한 이러한 상징 부호는 오늘날 한 나라를 대표하는 국기의 도안에서 잘 활용되고 있다. 기독교 계열의 국가들은 주로 십자가를, 이슬람 국가들은 녹색과 초승달을, 우리나라는 태극(太極)과 팔괘(八卦)를 국기에 사용하고 있다.

은폐식 보존의 또 다른 하나의 방식이 바로 카를 융(C. G. Jung)이 말하는 원형(archetype)에 의한 보존 방식이다. 인류가 문명 사회에 진입한 초기, 특정한 집단들이 장기간에 걸친 생활의 경험 속에서 구상성(具象性)을 지닌 사유 경향을 침적시키게 되고, 훗날 대대로 집단의 구성원들에게 전승됨에 따라서 문화적 사고가 심화되어 간다. 그리고 이러한 기억의 침적이 무수하게 유사한 과정을 겪은 후에 지울 수 없는 하나의 의상(意象/image)이 만들어지게 되는데 이것이 바로 원형, 즉 민족의 심층에 숨겨져 있는 집단 무의식이다.

예를 들어 단군 신화의 가장 기본적인 원형적 사고는 바로 홍익인간(弘益人間), 즉 인간이 중심이 되고 인간을 널리 이롭게 하는 인간 중심의 사회에 대한 염원을 담고 있는 것이다. 천상의 환웅도 '천하에 여러 번 뜻을 두고 인간세상을 탐내어 구했다'(數意天下 貪求人世)고 하였고, 곰과 호랑이 같은 짐승도 모두 인간이 되기 위해 백일 동안이나 햇빛을 보지 않는 시련을 견디어 내고자 한다. 홍익인간이나 사람이 곧 하늘이라는 인내천(人乃天)과 같은 원형은 서양 신화에서는 찾아볼 수 없다. 유사하다면 중국의 여와(女媧) 신화에 신의 죽음을 통해서 인간을 창조하고, 또 인간을 재난으로부터 구원하기 위해 스스로를 희생하는 내용이 있을 뿐이다.

넷째는 명시적(明示的) 보존으로 은폐적 보존과 동시에 존재한 방식이다. 원래 있던 신화의 체계와 구조를 그대로 보유하는 것인데, 말하자면 헌 부대에다가 새 술을 담는 식의 보존이다. 대체로 3가지 정도의 보존 유형이 있다.

먼저 신화의 기본적인 체계 즉, 내용과 구조, 등장하는 주요 인물의 명칭 등이 그대로 후대의 작품 속에 보존되는 방식이다. 그러나 어떤 신화가 다른 민족이나 다른 지역에 전파된 이후에는 원래의 신화가 그대로 보존될 수 없으며, 특히 신화가 가지고 있는 내면적 의미는 대부분 변동되고 만다. 예를 들어 수메르 신화의 천지 창조 신화가 바빌론에 전파된 이후에 그 내용이 약간씩 변화된 것 등이다.

또 하나의 명시적 보존의 방식으로는 신화의 구조나 체계, 신화 인물 등의 요소들 중 어느 한 부분만 새로운 작품 속에 보존되고 기타의 부분은 대폭적으로 수정되는 방식이 있다. 예를 들면 이집트의 오시리스 신화 속의 오시리스와 이시스, 하라스 이 삼위일체의 신이 기독교의 구세주 신화 속의 성부, 성자, 성령의 구조로 이동된 것이다.

마지막으로 한 민족의 신화 체계가 다른 민족에게 송두리째 받아들여져서 단지 그 신화 인물의 명칭과 미미한 새로운 풍속만이 가미되어 보존되는 방식이 있는데, 그 가장 좋은 예가 바로 그리스 신화가 로마 신화로 변화 발전한 것이다.

2. 신화의 유전

신화의 유전이란 원생 신화가 사회의 변화와 변천에 따라서 그 소유권이 교체되는 과정을 지칭하기도 하고, 또 문화권의 확산에 따라서 한 신화가 다른 문화권으로 전파되는 것을 가리키는 것이기도 하다. 또한 신화가 여전히 현세의 문헌으로서 널리 퍼지고 알려지게 되는 것을 가리키기도 하고, 이미 역사적 문헌이 되었지만 그 정화가 후세의 문인이나 작가들에게 전승되어 사용되는 것을 가리키기도 한다. 왜 신화가 소멸되지 않고 끊임없이 후세에 유전될 수 있었는가 하는 이유는 당시의 사회 문화적 요소에 의해서 결정된 것이라고 할 수 있다.

1) 신화 유전의 원인

사회의 급격한 변화는 신화가 유전되는 하나의 요소가 된다. 특히 전쟁 등의 강제적 수단을 통해서 한 부족이 다른 부족을 점령하였을 경우에는 정복자 부족의 신화가 피정복자에게 이입되어 유전된다. 고대 그리스의 태양신의 이름은 수차례 변경되었는데 이는 새로운 통치자가 등장할 때마다 다른 계층이나 다른 부족에게 그들의 신화 속의 수호신을 받아들이도록 강제하였기 때문이다.

중국의 고대 사회에서 흔히 국가의 대칭으로 사용하였던 사직(社稷)의 원래 의미는 토지신(社)과 곡물신(稷)을 가리키는 말이다. 《좌전》이나 《국어》(國語) 등의 기록에 의하면 염제(炎帝) 부락의 세력이 확장되던 시대의 사신(社神)은 공공(共工)의 아들 구룡(句龍)이었고, 직신(稷神)은 신농씨(神農氏)의 아들 주(柱)였는데 이가 바로 후직(后稷)이다. 구룡은 전국의 토지를 평정하였고, 후직은 오곡과 채소를 가꾸는 법을 알았기에 각각 토지신과 곡물신으로 숭배되었다. 그리고 이들은 모두 염제 부락의 조상신들이었다. 그러나 황제 부락이 흥성하자 바로 자신들의 조상신으로 염제 부락이 제사하던 조상신들을 교체하였다.[60] 이후 고대 중국에서 한 나라나 부족이 패망하면 그 부족이 신봉하던 사직을 철폐하고 새로운 사직을 건설하는 것이 관례였다.[61] 사직의 철폐는 바로 그 부족의 신화가 철폐되고 정복자의 신화가 새롭게 유전된다는 의미와 같은 것이다.

그렇지만 신화의 유전은 이상과 같은 강제적 요소보다는 인접한 두 나라가 상호 문화 교류 도중에 자연스럽게 유전되는 경우와, 또 서로 다른 문화가 교류 융합되는 과정에서 자연스럽게 신화도 서로 변화 유전되는 경

60 曾廣開, 〈社稷之神的起源與演化〉, 《尋根》(1996年 1期), p. 5.

61 鄧君華, 〈漫話社稷, 社日〉, 《語文知識》(1998年 11期), p. 19.

우가 더욱 일반적이다. 예를 들어 아카드(Akkad Kingdom)가 수메르 신화를 받아들인 것이나, 로마가 그리스 신화를 받아들인 것은 전자에 속하고, 중국이 인도의 불교 신화를 받아들여서 노자학설을 도교(道敎)로 바꾼 것은 후자에 속한다.

문화적 측면에서 보면, 신앙은 신화를 유전시키는 가장 큰 요소이다. 신화는 발생부터 자연 숭배의 반영이나 원시 종교 의식의 반영과 같은 종교적 요소를 지니고 있다. 신화의 발생과 유전은 종교의 발생이나 유전과 밀접한 관계를 가진다. 예를 들면 이집트 신화에서 죽음과 부활의 신이자 망자의 신인 오시리스(Osiris)는 원래 나일강 하류 삼각주의 제두(Djedu)의 수호신이었으나 훗날 마치 그리스 신화에 나오는 올림포스 산상의 열두 신과 같이 아홉 신의 집합인 엔네아드 중의 하나가 된다. 오시리스를 신앙하는 사람들이 점차 많아지고 그를 묘사한 시와 희극 역시 점점 많아져서, 결국은 태양신 라(Ra)와 함께 이집트 신화를 대표하는 신격이 된 것이다. 때문에 오시리스 신화의 전파는 농후한 종교적 색채를 띠고 있다고 할 수 있다.

프로메테우스 신화의 유전은 도덕과 윤리가 중요한 요소가 되었다. 인류를 위해 제우스로부터 불을 훔친 그의 희생과 헌신으로 역대로 수많은 사람들이 그를 도덕의 화신으로 숭상하였다. 고대 그리스 3대 비극 작가 중의 한 사람인 아이스킬로스(Aeschylos)는 그를 기념하기 위해 《포박된 프로메테우스》(*Promētheus Desmōtēs*, B.C. 460) 3부작을 썼고, 바이런, 셸리 등의 후세 유럽의 작가들과 베토벤 등의 음악가들이 그의 헌신과 희생을 주제로 한 작품을 저작하였다.

2) 신화 유전의 과정

신화는 유전의 과정에서 끊임없이 새로운 내용이 첨가되기도 하고, 또 원래의 내용이 삭제되기도 한다. 어떤 신화도 유전의 과정에서 그 원래의 구조와 내용을 완벽하게 보존할 수는 없다. 정치 사회적 배경의 차이, 생활환경의 차이, 문화 전통의 차이 등으로 인해서 신화는 개조를 면할 수 없다. 이 개조의 과정은 대체로 공감, 판별, 선택, 소화, 융합의 5단계를 거친다.

공감은 외래 문화와 본토 문화가 처음 접촉할 때 상호충돌의 과정에서 생기는 일종의 문화적 적응 기제이다. 만약 외래 문화와 주체적인 민족의 잠재의식이 기질적으로 대응되는 부분이 있을 때, 이들 양자는 서로 대응 관계를 형성하거나 혹은 기능적으로 서로 결합 형성되는 상호 보완 관계가 생성되는데, 이를 동감 작용이라고 한다. '방주의 제조를 통한 홍수 피난형 신화'가 최초로 발생한 곳은 수메르였으나, 그것은 아카드에 전파되었다가 다시 바빌론으로 그런 다음 다시 히브리로 전파되었다. 그리스나 인도 신화에도 그 변형이 존재한다. 말하자면 이들 민족은 모두 홍수의 재난에 대한 공포심을 가지고 있어서 '피난'의 방식으로 재난으로부터 도피하였다. 이 때문에 이들 민족들은 '방주의 제조를 통한 홍수 피난형 신화'에 대해서 모두 공감의 기초를 가지고 있었던 것이다.

그러나 중국 신화에서는 소수 민족인 묘족(苗族)이나 요족(瑤族)의 신화에 '복희 오누이가 조롱박을 타고 홍수를 피했다'는 신화가 존재하지만, 한족(漢族)의 신화에는 이런 내용이 전혀 없다. 오히려 여와(女媧), 곤(鯀), 우(禹) 등의 '다스리는 법'(治法)을 통한 홍수 극복의 신화만이 존재한다. 말하자면 한족의 집단 무의식에는 '피난'의 개념이 존재하지 않고 오로지 '치수'의 개념만이 존재하였기 때문에 '방주의 제조를 통한 홍수 피난형 신화'에 공감할 수 있는 기초가 없었던 것이다.

공감의 작용이 어떤 정도로 심화될 때, 주체 문화의 방어기제가 작용하게 되어서 외래 문화의 전파 요소에 대해 판별을 한다. 판별은 주체 문화와 외래 문화의 접촉 후에 일단의 시간이 흐르고 상호 교류를 거쳐서 접수자가 공감을 한 후에, 다시 외래 문화가 자신의 전통 문화와 본질적으로 차이가 있음을 느껴서 의식적으로 상호 비교를 하여, 적극적으로 그 차이점을 돌출시킴과 아울러, 자신의 인식으로 이러한 차이를 수정함으로써 두 문화를 구별하는 것을 말한다. 판별은 민족적 판별과 시대적 판별, 두 종류로 나뉜다. 전자는 아카드의 홍수 신화가 수메르의 신화를 받아들일 때, 단지 신화 주인공의 이름만 바꾸고 주요 내용과 구조에 대해서는 전혀 수정하지 않은 것을 예로 들 수 있다.

이에 비해서 바빌론은 아카드의 홍수 신화를 받아들일 때 일부분을 본질적으로 수정하였다. 홍수가 생긴 원인이 완전하게 바뀌어 버리는 것이다. 아카드 신화에서는 인류가 무고한 피해자일 따름으로, 신의 행위에 대한 찬동이나 긍정이 없다. 이는 자연 숭배 시기의 인류의 자연 재해에 대한 무능력을 반영하고 있다고 할 수 있다. 바빌론 신화에서는 신들이 홍수를 일으켜 인간을 멸망시키려는 이유가 무엇인지에 관한 구체적 언급은 없으나, 인간의 일부가 신의 뜻을 어겨서 신의 노여움을 산 결과라고 하는 것은 분명하게 나타나 있다.[62] 이것은 부락연맹에서 부락과 부락 사이의 갈등을 반영한 것이다. 무고한 인간이 원죄의 인간으로 변화된 것은, 시대의 변화에 따라서 증가된 내용으로, 시대성의 판별을 거쳐 첨가된 것이거나 단지 일부분의 변질에 그치고 있다.

바빌론 홍수 신화가 히브리의 '노아의 방주'로 바뀔 때는 총체적으로 변질되고 수정된다. 주제와 구조를 비롯하여 인물의 형상 등에 있어서 모두 본질적으로 수정되는 것이다. 때문에 유전의 과정에서 또 다시 선택, 소화

62 사무엘 헨리 지음/박화중 옮김, 《중동 신화》(서울: 범우사, 2001), pp. 98-99.

(消化), 융합이 필요하였다. 바빌론 홍수 신화의 주제는 인류 전체가 아닌 단지 일부가 신에게 거역함으로써 발생한 것으로 설정되었다. 이 점은 히브리인들이 하느님의 절대 권위와 인간의 원죄설을 수립해야만 하였던 관점과는 서로 다른 것이다. 수메르에서 바빌론에 이르는 신화 중에서 홍수의 발동은 신전 회의를 거쳐서 결정된 것이고, 홍수 이야기가 서아시아 지역에 널리 전파되어 있었다. 때문에 '인간이 신의 뜻을 거역하였기 때문에 홍수의 재해를 당했다'고 하는 점을 이용할 수 있었다. 이미 공감하면서 또 본질적으로는 배척하는 일련의 과정이 바로 본질적인 수정이 이루어지는 과정이다.

선택은 강력한 주관적인 능동성을 가지고 있다. 주체 문화의 집행자는 예부터 존재하였던 다종의 문화 모델과 문화 요소 중에서 선택하여 새로운 문화 요소와 문화 모델을 수립해야만 한다. 유대인의 신교의 건립에 적응하기 위해서 히브리인들은 한편으로는 홍수 이야기의 모델을 받아들였다. 동시에 홍수의 발동과 이를 인류에게 통지하여 방주를 건립케 하는 서로 대립되는 두 가지 일을 여호와 혼자서 모두 완성하는 것으로 바꾸어 하느님의 절대적 권위와 권능을 더욱 부각시킴으로써 당시 유대 민족의 의식에 부합되도록 하였다. 이것이 바로 소화이다.

소화는 외래 문화의 요소를 개조시켜 그것과 주체 문화의 전통이 초보적으로 조합되도록 하는 것이다. 융합이란 바로 전래된 신화를 개조한 후에, 그것이 주체 문화의 체계를 구성하는 부분이 되도록 받아들이는 과정이다. 예를 들면 '노아의 방주' 이야기와 '하느님이 엿새 만에 세상을 창조'한 이야기 또 '에덴동산'의 이야기 등이 히브리 민족의 창세 신화 체계를 구성하는 주요 요소들이다. 이들은 모두 다른 민족 다른 지역의 신화였으나 신화의 유전 과정에서 발생하는 융합을 통해서 히브리 창세 신화의 중요한 구성 요소로 자리잡게 된 것이다.

3. 신화·전설·민담의 구별[63]

신화를 전설(傳說)·민담(民譚)과 함께 설화(說話)의 범주에 넣어 설명하는 것은 인류학자들이나 설화 연구자들에게는 일반적 통례라 할 수 있다. 그러나 중국의 설화에는 신화·전설·민담과 함께 선화(仙話)라고 일컫는, 다른 민족에게서는 찾아볼 수 없는 독특한 장르가 있다. 그러므로 신화만이 갖고 있는 특질을 더 명확하게 파악하기 위해서는, 각 장르가 지닌 내용과 기능을 구체적으로 살펴보아야 한다. 먼저 일반적인 설화의 3분법에 따라 신화·전설·민담의 차이점을 살펴본 다음, 다시 신화와 선화의 차이점을 구별해 보기로 하자.

말리놉스키(B. K. Malinowski)[64]에 따르면, 민담은 주로 오락적인 목적에서 이야기된다. 막연하게 옛날 어떤 곳에서 일어난 사건을 이야기하는 것으로, 역사적 사실도 아니며, 또한 세계의 실상에 대해서 진리를 전하지도 않는다. 오로지 줄거리의 전개에 대한 오락적인 흥미나 교훈적인 성격만 드러난다. 한마디로 민담은 일종의 사교성의 표현이며 사회적 맥락이 협소하다고 할 수 있다.

이에 비해 전설은 사회적 공명심을 만족시키기 위해 이야기되는 것으로, 과거의 역사적 회상을 나타내며, 부족 생활에 한층 깊이 관여한다. 때문에 전설은, 역사적으로 실재했다고 생각되는 고유명사를 가진 인물들의 활동에 대한 설화로서, 내용이 역사적 사실에 가깝다.

그러나 신화는 외경(畏敬)해야 할 신성한 것으로 생각되어 중요한 문화

63 선정규,《중국신화 연구》(서울 : 고려원, 1996), pp. 20-26 재수록.

64 Malinowski, *Myth in Primitive Psychology*(London: 1926), p. 25. 왕빈, 앞의 책, pp. 42-43.

적 역할을 한다. 즉 현실 생활 속에 지금도 살아 있는 원초적 현실의 서술로서, 또한 선례에 근거한 정당화로서, 도덕적 가치나 사회 질서나 주술적 신앙의 회고적 전형을 제공하는 것이다.

따라서 신화는 현재 세계가 형성되기 전, 즉 원초 신화 시대에 단 한 번 일어나 현재 세계의 존재 방식을 이러저러한 형태로 결정짓게 한 어떤 사건에 대한 설화이다. 그 신화적 사건의 결과, 하늘과 땅은 지금과 같이 분리되고 인류가 생겨났으며 반드시 죽어야만 하는 존재이지만 생식을 통해 자기를 재생산할 수 있는 존재가 된다. 이런 의미에서 전형적이며 본격적인 신화가 바로 사물의 기원에 관한 기원 신화인 것이다.

이 특징들을 좀더 구체적으로 도식(圖式)[65]해 보면 다음과 같다.

항목	신화	전설	민담
전승자의 태도	신성성 의식	진실성 믿음	신성성과 진실성을 인식하지 않음
시간과 장소	태초의 신성한 장소	구체적인 시간	뚜렷한 시간 및 장소 없음
증거물	매우 포괄적인 증거물	특정의 개별적인 증거물	증거물이 없거나 아주 포괄적인 증거물
주인공	신 중심	인간 중심	보통 인간이나 인간적인 행동을 하는 동물들
주인공의 행위	신적 능력 발휘	예기치 않던 사태에 좌절	인간적인 행동, 그러나 예기치 않던 사태에 초월자의 도움으로 운명을 개척
구성의 특징	숭고적, 종교적, 민족(또는 씨족, 부족)	비극적, 운명론적, 지역적인 범위	희극적, 낙천적, 범세계, 범민족

그러나 이러한 분류는 대단히 상대적인 것으로, 민족에 따라서는 삼분법이 꼭 적용되지 않는 지역도 있어, 신화와 전설은 가지고 있지만 민담은 가지고 있지 않거나 신화와 민담은 전하지 않고 오로지 전설만을 가지고

65 曺喜雄, 〈說話硏究의 諸側面〉, 《고전 문학을 찾아서》(서울: 文學과 知性社, 1981), p. 337.

있는 민족도 있다. 아울러 동일한 설화이지만, 상황에 따라 신화가 되기도 하고 민화가 되기도 하는 경우도 있다.[66] 예를 들어 북미 인디언들은 신화나 전설만 소유하고 민담은 거의 가지고 있지 않으며, 뉴기니아 동북부 지방의 카이족에게는 전설만 있고 우리나라의 설화도 신화적 자료가 현저하게 빈곤하여 삼분법을 적용하기 어렵다고 보는 견해도 있다.[67]

그래서 신화·전설·민담을 구별하는 결정적인 요인을 훌트 크란츠(Hult Krantz)는 오로지 설화와 종교적 신앙의 관계, 다시 말해서 신앙의 원천으로서 그 설화의 가치, 즉 설화가 갖고 있는 진실성의 차이에 두었으며, 오바야시 타로(大林太良)는 여기에다 설화의 범주와 시간 관념의 관계를 첨가하여, 서술되는 사건이 원고(原古)의 일회적인 것은 신화, 원고 이후 과거의 일회적인 것은 전설, 원고에서 현재까지 과거의 막연한 시기에 거듭 되풀이가 가능한 전형적인 사건을 이야기하는 것은 민담으로 구분하였다.[68]

크란츠와 오바야시의 견해를 종합하면, 전설이나 민담은 모두 신화가 종교적으로 퇴화되어 속화(俗化)된 것이거나, 혹은 신화가 전승되면서 신앙적 기반과 기능을 잃고 전설 혹은 민담으로 변모된 것으로 볼 수 있다. 루쉰(魯迅)도 《중국소설사략》(中國小說史略)에서 신화가 속화되면서 전설 또는 민담이 된다고 파악하고 있다.

> 신화가 변화·발전하게 되면 중추적인 것이 인성에 점점 가까워져 무릇 그 서술되는 바가 오늘날 말하는 전설인 것이다. 전설에서 말하는 것은 신성의 사람이거나 혹은 옛날의 영웅으로 그 기이한 재주, 특이한 재능, 신비한 용기는 범인이 미치지 못하는 것으로, 하늘이 수여한 것이거나 혹은 하늘이 도운 것도 있다. 간적(簡狄)이 제비 알을 삼키고 상

66 王彬, 앞의 책, p. 43.
67 青喜雄, 앞의 책, p. 337.
68 王彬, 앞의 책, pp. 44-45.

(商)의 시조 설(契)을 낳은 것이나, 유온(劉媼)이 용(龍)과 교접하여 한(漢) 고조(高祖) 유방(劉邦)을 잉태한 것이 모두 그 예인 것이다.[69]

신화에서 전설에 이르는 속화 과정은, 중국 신화 가운데 서왕모(西王母) 신화의 변천 과정을 살펴보면 더 쉽게 이해할 수 있다.

> 다시 서쪽으로 삼백오십 리를 가면 옥산이라 부르는 산이 있는데 서왕모가 거처하는 곳이다. 서왕모는 사람 같은 모습에 표미호치(豹尾虎齒)에다가 휘파람을 잘 불며 봉두난발에 머리에는 옥비녀(玉勝)를 꽂았고 하늘의 재난과 오형잔살(五刑殘殺)의 기를 관장한다(《山海經》〈西山經〉).[70]

> 서왕모는 낮은 책상에 기대어 있고 머리에는 옥승을 꽂았다. 남쪽에는 파랑새가 세 마리 있어 서왕모를 위해 음식을 담아 오는데 그 위치는 모두 곤륜산의 북방에 있다(《山海經》〈海內北經〉).[71]

> 서해의 남안, 유사(流沙)의 해변, 적수(赤水)의 후면, 흑수(黑水)의 전면에 큰 산이 있는데 이름하여 곤륜산(崑崙山)이라 한다. 사람의 얼굴에 호랑이 몸뚱이, 꽃무늬 꼬리를 가지고 있으며 꼬리에는 많은 백색의 반점이 있는 신이 여기에 거주하고 있다. 곤륜산 아래에 약수(弱水)의 심연이 감아 흐르고 밖에는 또 염화(炎火)의 큰 산이 있어, 물건을 던져 넣기만 하면 곧 타 버리고 만다. 머리에 옥비녀를 꽂고 호랑이 이빨에 표범 꼬리를 하고 동굴에 사는 사람이 있는데 이름을 서왕모라 한다. 이 산에는 진귀한 모든 것이 다 있다(《山海經》〈大荒西經〉).[72]

---

69 魯迅, 앞의 책, p. 12.

70 又西三百五十里, 曰玉山, 是西王母所居也. 西王母, 其狀如人, 豹尾虎齒而善嘯, 蓬髮戴勝, 是司天之, 厲及五殘(《山海經》〈西山經〉).

71 西王母梯 几而戴勝杖, 其南有三青鳥, 爲西王母取食, 在昆侖北(《山海經》〈海內北經〉).

72 西海之南, 流沙之濱, 赤水之後, 黑水之前, 有大山, 名曰昆侖之丘. 有神, 人面虎身, 有文有尾, 皆白處之. 其下有弱水之淵環之, 其外有炎火之山, 投物輒然. 有人戴勝, 虎齒有豹

칠월 칠일 상(上)께서 승화전에서 재계(齋戒)하였는데 정오가 되자 문득 파랑새가 서방에서 날아오는 것이 보였다. 〔…〕 이날 밤 칠각(七刻)에 하늘에는 구름이 없는데 은은히 뇌성소리가 들리는 듯하더니 마침내 하늘에 자기(紫氣)가 서렸다. 조금 있자니 서왕모가 도착하였는데, 옥녀가 모는 자색의 수레를 타고서 일곱 개의 비녀를 꽂았으며, 푸른 기가 구름 같았는데 두 마리 파랑새가 서왕모의 곁에서 시중하였다. 수레를 내리자 상께서 영접하여 절하고, 서왕모를 이끌어 자리하고 불사약을 청하였다. 서왕모가 말하기를, '제(帝)께서는 정(情)을 막아 내보내지 않으시어 수심이 아직도 많아 불사약을 드릴 수 없습니다'. 그러고서 복숭아 일곱 개를 꺼내어 서왕모 스스로 두 개를 먹고 두 개는 제에게 드렸다. 제가 씨앗을 수저 앞에 남겨 두니 서왕모가 묻기를, '이것을 어디에 쓰려 하십니까?' 상께서 말하기를, '이 복숭아가 아름다워 심으려 합니다'. 서왕모가 웃으며 말하기를, '이 복숭아는 삼천 년에 한 번 열매가 열리는 것으로 인간 세계에 심는 것이 아닙니다'. 오경까지 머물면서 세사(世事)에 대해 이야기하고 귀신에 대해서는 말하려 들지 않았으며 곧 숙연히 떠났다(《漢武故事》).[73]

서왕모에 관한 네 고사 가운데 《산해경》(山海經)의 고사는 배경 서술과 묘사의 구체성에 약간 차이가 있으나 서왕모에 관한 전반적인 형상은 동일하다. 즉 서왕모는 봉두난발에 표범 꼬리, 호랑이 이빨, 머리에는 옥비녀를 꽂고서 하늘의 온갖 재앙과 형벌을 관장하는 신으로, 거처는 곤륜산이다. 서왕모의 이러한 형상과 환경은 완전히 인성이 배제된 초현실적인 것

尾, 穴處, 名曰西王母.此山萬物盡有(《山海經》〈大荒西經〉).

73 七月七日, 上于承華殿齋, 日正中, 忽見有青鳥從西方來. 〔…〕 是夜漏七刻, 空中無雲, 隱如雷聲, 竟天紫氣. 有頃, 王母至, 乘紫車, 玉女來馭, 戴七勝, 青氣如雲, 有二青烏, 來侍母旁. 下車, 上迎拜, 延母坐, 請不死之藥. 母曰, 帝滯情不遣, 愁心尙多, 不死之藥, 未可致也. 因出桃七枚, 母自啖二枚, 與帝二枚. 帝留核箸前, 王母問曰, 用此何爲? 上曰, 此桃美, 欲種之. 母笑曰, 此桃三千年一著子, 非下土所植也. 留至五更, 談語世事而不肯言鬼神, 肅然便去(《漢武故事》).

이기 때문에 신화 고사라고 할 수 있다. 그러나《한무고사》(漢武故事)에서는 이미 봉두난발 괴물 형상의 서왕모는 사라지고, 불사약을 관장하는 신비로운 자태를 연상시키며, 또한 주인공이 목천자(穆天子), 즉 인간으로서 현실 생활에 상당히 접근된 환경을 보여 준다. 때문에 이는 전설 고사라 할 수 있다.

제3장

신화 연구의 역사와 방법

신화학(Mythlogy)은 신화를 연구의 대상으로 삼아 주로 신화의 기원(origin)과 기능(function), 그리고 주제(subject of matter) 등을 탐구하는 학문이다. '기원'의 문제는 신화가 왜 탄생하였으며 또 어떻게 탄생하였는가에 대한 연구이고, '기능'의 문제는 신화가 무엇에 의해서 전승되며 어떻게 전승되는가에 대한 연구이다. 그리고 '주제'의 문제는 주로 신화의 자의(字意)가 지적하는 것이 무엇일까? 또는 무엇을 상징하는 것인가? 등과 같이 신화가 무엇을 가리키는가(referent of myth)에 대한 연구라고 할 수 있다.[74]

신화 연구의 영역에서 수많은 이론이 존재하고 또 접근의 시각이 다른 것은 연구자들의 문제에 대한 답변이 다른 데도 있지만 그들이 제시하는 문제 자체가 다르다는 데 더 큰 이유가 있다. 어떤 학자들은 기원의 문제를 답하는 데 더욱 치중을 하고, 또 어떤 학자는 오로지 기능의 문제에 대해서만 관심을 쏟기도 하고, 어떤 학자는 오로지 주제의 문제에만 관심을 갖기도 한다. 아주 극소수의 학자들만이 기원, 기능, 주제 등의 모든 문제에 대해서 관심을 보이고 답변을 시도할 따름이다. 결국 신화에 대한 연구는 연

74 楊利慧,《神話與神話學》(北京: 北京師範大學出版社, 2009), p. 196.

구자들 개인의 관점과 시각에 따라서 발전해 왔다고 해도 과언이 아니다. 때문에 우리가 역대의 신화 이론을 통해서 신화가 무엇인지를 이해하고자 한다면 먼저 그들이 어떤 시각과 방법으로 신화를 연구하였으며, 그들이 제시한 결과가 과연 우리가 신화를 이해하는 데 어떤 장점이 있는지를 먼저 분명하게 따져 보아야 한다.

신화학의 전개 과정에서 수많은 연구자들이 신화에 대한 나름대로의 견해와 주장을 제시한 바 있다. 연구의 목적에 따라 각기 다른 신화 연구의 방법이나 신화에 대한 시각이 서로 다르게 제시되기고 하였고, 또 시대의 변화에 따른 새로운 학문의 도입에 따른 새로운 신화학의 방법이 제시되기도 하였다. 그러나 역대의 모든 신화 연구의 성과가 신화를 이해하는 데 긍정적인 작용을 한 것은 아니다. 오늘날의 관점에서는 도저히 받아들일 수 없는 제한적인 연구 성과도 없지 않다. 신화를 이해하는 데 비교적 커다란 영향을 미치고 후인들에게 늘 인용되는 연구 성과를 소개하자면 다음과 같다.

신화학이 인문과학의 한 분야로 본격적으로 연구되지 시작한 것은 18세기 말에서 19세기 초이지만, 신화학의 기원은 고대 그리스에서 이미 시작되었다. 기원전 6세기 중엽에 주로 활동하던 고대 그리스의 시인이자 철학자 그리고 사회, 종교 비평가로 알려지고 있는 크세노파네스(Xenophanes, B.C.570?-B.C.480?)는 서양의 종교 철학사에서 최초의 유일신 사상가로 알려져 있다.

그의 신화에 대한 견해는 주로 시집을 통해서 알려지고 있는데, 다양한 신들이 인간과 마찬가지로 사람의 모습과 감정을 가지고서 서로 관계를 맺고 있는 고대 그리스 신화의 전통적 신관을 부정함과 아울러 호메로스(Homeros)나 헤시오도스(Hesiodos)가 도적질, 간통, 기만과 같은 인간이 생각하는 모든 수치스러운 일들을 신들에게 귀속시킨 것을 비판하였다. 신은 태어나지도 아니하고, 죽지고 아니하며, 실체가 없는 무형의 영원한 존재로서 우주와 같은 천체의 형태이며, 우주를 거느린 자연 그 자체이고, 그 자신 안에 모든 것을 품고 있는 모든 것에 두루 영향을 미치는 전능한 존재로서 결코 인간과 같은 속성을 갖고 있지 않다고 그는 강조하였다. 또한 한 조각의 구름이 의인화되어 아름다운 무지개의 여신 이리스(Iris)로 나타나는 것과 같이 신화 속에 등장하는 어떤 모습의 신이든지 그것은 모두 구름과 같은 기상 현상이 투영된 것으로 보았다.

그의 이러한 생각은 생명을 낳고 자라게 하는 모든 것은 흙과 물로, 세상 만물이 모두 흙에서 태어나 흙으로 돌아간다고 하는, 흙이 만물의 기원이라는 생각에서 근원한 것이다. 아울러 이러한 그의 주장은 어떤 신기한 신이나 신화라고 할지라도 모두 자연 현상의 투영에 불과한 것으로, 모든 신과 신화를 자연으로 귀결시킨 후세의 자연주의신화학의 시초가 되었다. 자연주의신화학의 관점에서는 소와 같이 큰 눈을 가진 것으로 묘사된 제우스의 아내 헤라(Hera)는 실제로 소가 의인화된 것이라고 본다. 때문에 그리스 신화에서 그녀는 자주 소로 변신하기도 하며, 태어나면서부터 괴력을 가진 그녀의 아들 헤라클레스가 그녀의 젖을 먹다가 유두를 깨물자 젖이 하늘로 품어져 나와 Milky-way, 즉 은하수가 되었다고 말한다. 또 그녀가 끊임없이 제우스에게 잔소리를 해대는 것은 바로 그녀가 끊임없이 소리를 내는 바람이 의인화된 신이기 때문이라고 말한다.

1. 고대 그리스의 신화 연구

1) 우의설(寓意說/Allegorism)

우의설은 기원전 6세기 말의 고대 그리스의 사상가인 테아게네스(Theagenes) 등에 의해 주장된 신화 이론이다. 신화의 본질을 우의로 보는 견해로, 신화 속의 신들을 불·물·바람 등 자연의 원소(元素), 또는 사려(思慮)나 욕망 등과 같은 윤리적 원리의 풍유(諷喩)로 해석하는 것으로, 신화 속의 신들의 투쟁은 실제로는 자연계에 있어서 제원소의 상극(相剋)을 나타낸 것으로 생각하였다. 그는 단순히 문자의 뜻에 의해서만은 호메로스의 서사시 속의 충돌과 모순을 해석할 수 없다고 주장하였다. 그는 신화 속의 신들의 투쟁과 충돌은 단순한 신들 사이의 충돌과 투쟁이 아니라 은폐된 형식으로 메마름과 젖음, 더위와 추위, 가벼움과 무거움, 물과 불 사이의 전쟁 등등과 같은 우주 본질에 관한 더욱 높은 진리를 전달하고 있으며, 호메로스는 이러한 자연의 충돌을 신들 사이의 전쟁의 형식을 통해서 시적으로 표현하고 있다고 보았다.

《일리아드》에서의 트로이와 그리스의 전쟁은 바로 여러 원소(元素)의 싸움이며, 제우스(Zeus)는 하늘, 그의 아들 아폴론(Apollon: 광명의 신, 음악의 신), 헤리오스(Herios: 태양신), 헤파이스토스(Hephaistos: 화신, 대장장이신)는 모두 불을 대표하며, 제우스의 아내 헤라(Hera)는 공기, 포세이돈(Poseidon)과 스카멘더(Scamander)는 물을 나타내는 것으로 보았다. 또 아테나(Athena)는 지혜, 아프로디테(Aphrodite)는 욕망, 헤르메스(Hermes)는 이성(理性), 아레스(Ares)는 어리석음의 상징으로 보았다. 때문에 제우스를 비롯한 여러 신들과 신들, 또는 신과 인간의 갈등이나 투쟁은 공기와 다른 자연 현상과의 투쟁으로 설명될 수 있다는 것이다.

우의설은 이성주의적 태도로 신화를 이해한 것으로, 테아게네스를 비롯하여 우의설을 주장하는 상당수 학자들은 자연 현상이 신화의 기초이며 신화 속에는 추상적인 자연 원리와 도덕 윤리 원칙인 심리적 현상이 내포되어 있다고 생각하였다. 이러한 우의설은 후에 아리스토텔레스(Aristotele, B.C.384-B.C.322) 등의 저작에도 반영되고 있으며, 19세기의 자연주의학파 그리고 20세기의 심리학파에도 영향을 미쳤다.

2) 에우헤메리즘(Euhemerism)과 역사주의신화학

'신화의 신들이 자연 현상이나 윤리적 원리를 표현한 것이라고 하는 우의설에 대하여, 신들은 원래는 공적이 많은 인간이었을 것이라고 하는 특이한 합리적 해석'[75]을 고대 그리스의 사상가인 에우헤메로스(Euhemeros, 기원전 300년경)가 제시하였다. 에우헤메리즘(Euhemerism)은 그의 이름으로부터 명명된 학설이다. 그의 저서《신성사》(神聖史/*Sacred History*)는 유토피아에 관한 저술로서 당시 사람들에게 매우 커다란 환영을 받았다고 한다. 그가 처음으로 그리스 신화에 등장하는 여러 신들의 기원에 관한 이론을 제시하였는데, 신이란 추장이나 제왕 등을 포함한 영웅이 사후에 사람들에 의해 숭배되는 존재이며, 신화란 바로 이런 신들의 사적에 관한 기록이라고 생각하였다. 예를 들면 그리스 신화의 제우스와 그의 혈족은 먼 옛날의 크레타 왕과 그의 가족이 신격화된 것처럼 신들은 원래 위인이었으며 그들이 숭배를 받는 이유는 일찍이 인류에게 행복을 가져왔기 때문이라고 보았다.[76]

---

75 大林太良 著/兒玉仁夫·權泰孝 譯,《神話學 入門》(서울: 새문社, 1996), p. 16.

76 何江勝,〈西方神話硏究綜述〉,《西安外國語學院學報第7卷》(1999年 第4期, 總 第16

신화는 역사적 사건의 설명이요, 역사적 인물의 과장된 모험이고, 신화의 신들은 모두 실재하는 영웅적인 인물들이 신격화된 것이며, 그들과 관련된 갖가지 이야기 역시 실제 사적을 확대하여 서술한 것으로 보는 에우헤메리즘은 신화의 역사합리주의(Historical Method)라고 할 수 있다.[77] 특히 에우헤메리즘의 관점에는 역대 제왕에 대한 찬송의 색채가 농후하였다. 이로 인해서 훗날의 기독교 학자들은 이 이론을 이용하여 이교도학설을 반대하였고, 이교 이론이 하느님과 제왕 영웅에 대한 불경이라고 배척하였다.

고대 그리스 시대의 신화의 본질에 대한 연구는 신화의 실질과 전통에 집중되었다. 우의설은 신화가 은유를 통해서 도덕과 자연 세계의 사실을 천명하는 것으로 진실성을 가지고 있으며, 그 작용은 영웅 서사시나 로고스(logos)와 동등하다고 본 것이다.

그러나 신화가 진실성을 가지고 있다고 보는 견해에 대해서 찬성하지 않은 그리스의 철학가와 역사학자들도 존재하였다. 플라톤은 신화가 특별한 표현력을 가지고 있음은 인정하였으나, 그렇다고 그것이 로고스와 함께 거론되는 것은 반대하여서 신화를 거짓말(lies)로 보았다. 고대 그리스의 역사학자인 헤로도토스(Herodotos) 역시 신화의 진실성을 부정하였다. 그는 신화란 믿을 수 없는 이야기(implausible story)라고 하였다. 플라톤은 신화의 전통성에 대해서는 찬성하여, 신화는 그 전승자가 문화적 상관성(cultural relevance)을 갖추고 있음으로 해서 대대로 전승되는 것으로 보았다. 플라톤은 자신이 제시하였던 아틀란티스가 할아버지에서 아버지, 그리고 자기 자신에게 대대로 들려져 왔던 것이라고 하였다.[78] 우의설과 더

期), p. 93.

77 曺喜雄,《說話學綱要》(서울: 새문社, 1993), p. 80.

78 何江勝, 앞의 글, pp. 93-94.

불어 에우헤메리즘은 그 진실 여부를 떠나서 신화에 대한 합리적인 해석을 시도하는 데 오랫동안 중추적인 역할을 했다. 특히 자연신화학파나 인류학파의 신화 해석에 상당한 영향을 미쳤다. 대표적으로 19세기 스펜서(H. Spencer, 1820-1903)는 다윈의 적자생존(適者生存), 자연도태(自然淘汰) 등과 같은 생물진화론에 기초한 사회진화론(social evolution)을 주장하여 모든 사회는 시간과 더불어 진화하며, 경쟁과 적자생존의 원칙에 의거하여 원시적이고 야만적인 단계에 있었던 인간 사회가 신화, 종교 그리고 학문에 의해 점차 성숙하고 발달해 간다고 보았다. 또한 인류학파인 앤드류 랭은 '신화는 일종의 이야기이나 그것은 이미 잊힌 사물의 기원과 관련되어 있고, 이러한 기원은 어떤 역사적 사실과 관련되어 있음이 분명하다. 신화는 사실(事實/practice)·신앙·풍습 혹은 자연 현상을 해석하는 성질을 가지고 있다'[79]고 보았다.

모든 신화가 역사의 반영이라는 관점에서 신화 속에서 역사적 핵심을 찾아내는 것을 에우헤메리즘이라고 한다면, 팔레이파티즘(Palaephatism)은 신화를 역사적으로 합리화시키는 관점이다. 미국의 고전신화학자 윌리엄 한센(William Hansen)에 의하면, 에우헤메리즘의 선구가 되었던 것이 바로 팔레이파티즘이다. 고대 그리스의 희곡 작가인 팔레이파토스(Palaiphatos/Palaephatus)에 의해서 기원전 4세기경에 쓰여진 그의 저서《믿을 수 없는 이야기》(*On Unbelievable Tales*)에서 사용하던 신화 해석의 방법으로부터 명명된 것이다.[80]

팔레이파티즘은 신화와 전설 속의 신기한 서사적 요소를 각종 외재 현상이나 언어의 용법에 대한 사람들의 오해에서 기인한 것으로 본다. 예를 들면 팔레이파토스는 그리스 신화 속에 등장하는 전설적인 여성 무사 집

79 蕭兵, 앞의 책, p. 200.
80 楊利慧, 앞의 책, p. 198.

단인 아마조네스(Amazons)는 단순히 그리스인들의 상상에 불과한 것으로, 실제로는 그러한 여성 무사 집단이 존재한 바가 없었다고 말한다. 고대 그리스 당시 남성 무사들이 장포를 두르고, 면도를 하며, 머리를 길러 묶었기 때문에 마치 여성처럼 보였고 이러한 외재적 현상으로 인해서 고대의 여자 전사들이 존재했을 것이라고 상상한 데서 아마조네스 신화가 발생했다고 단언하였다.[81]

중국의 신화 연구 영역에서도 팔레이파티즘에 의한 신화 해석이 상당히 보편적이다. 예를 들면, 천제의 보물인 식양(息壤)을 훔쳐서 홍수를 제어한 곤(鯀), 응룡(應龍)과 솔개와 부엉이(鴟鴞)의 도움을 받아서 강물을 소통시킨 우(禹), 아홉 개의 해를 쏘아서 백성을 구제하였던 예(羿), 하늘에 올라 구가(九歌)를 얻어 온 계(啓) 등은 모두 중국 고대 역사에 실존하면서 백성들을 위해 자연재해를 구제하였던 영웅 인물이었으나, 전국 시대에 흥성하였던 방사선술(方士仙術)의 영향로 인해서 반신반선(半神半仙)의 인물로 변화한 것이라고 보는 관점이다.[82]

신화를 합리적으로 해석하는 관점은 중국 신화의 역사화의 한 동인이 되기도 하였다. 예를 들면 여와가 구멍이 난 하늘을 오색의 돌을 구워서 보수하였다고 하는 소위 '여와보천'(女媧補天)의 '천'(天)을 고대 인류가 거주하던 동혈(洞穴)의 꼭대기(洞頂)로 보는 것이다. 대규모의 지진의 발생으로 산이 붕괴되고 땅이 갈라져 홍수가 범람하여 인류가 살던 동혈의 꼭대기까지 무너진 것이 바로 공공과 전욱의 신화에서 말하는 '천주가 부러지고 지유가 끊어졌다'(天柱絶, 地維裂)로 표현되었고, 그로 말미암아 '땅은 동남쪽이 함몰되었고 하늘은 서북쪽으로 기울어지는'(地陷東南, 天傾西北) 거대

81 위의 책, pp. 198-200.

82 常金倉, 〈中國神話的基本問題 — 神話的歷史化還是歷史的神話?〉, 《陝西師範大學學報》(哲學社會科學版, 2000年 第3期), pp. 5-13.

한 재난이 발생하여 마침내 여와씨가 '오색의 돌을 구워서 하늘을 보수하였다'(煉五色石以補蒼天)는 위대한 업적으로 귀결되었다고 보는 것이다.

고전 시대의 우의설과 에우헤메리즘의 신화 이론은 문예부흥 시기에 다시 부활하여 흥성하였다. 몇몇 신화학자들을 제외하고 대다수 문예부흥 시기의 신화학자들은 이 두 가지 신화 이론의 범주를 벗어나지 않았다. 또한 19세기 유럽이나 미국의 신화학자들에게도 지속적으로 영향을 미쳤다. 예를 들면 영국의 허버트 스펜서(H. Spencer, 1820-1903)와 리버즈(W. H. R. Rivers, 1864-1922), 그리고 트로이 전쟁 유적의 발굴로 저명한 독일의 고고학자 하인리히 슐리만(Heinrich Schliemann, 1822-1890)과 《그리스 신화의 미케네 문명의 기원》(*The Mycenaean origin of Greek mythology*)의 저자 마틴 닐슨(Martin Persson Nilsson, 1874-1967)을 비롯한 독일과 미국의 소위 역사학파(Historical School) 학자들은 '신화는 바로 역사'라는 관점을 견지하였다.

특히 역사주의신화학은 중국의 고대와 현대신화학을 관통하고 있는 가장 중요한 학술적 시각이자 관점이라고 할 수 있다. 프랑스의 한학자 마스페로(Henri Maspero, 1882-1945)는 《서경(書經) 중의 신화》에서 '중국학자들은 전설을 해석하는 데 오로지 하나의 방법만을 사용하고 있는데 바로에우헤메리즘의 방법이다. 신화에서 역사의 핵심을 찾아내기 위하여, 기이하고 진실해 보이지 않는 요소는 모두 제거해 버리고, 질박한 잔재만을 보존하였다. 그리하여 신과 영웅은 성왕과 현상으로 변하였고, 요괴는 반역의 제후와 간신으로 변했다'[83]고 하였다. 그리고 이 책을 쓰는 이유를 '순수한 신화적인 것으로 충만해 있지만 역사로 오인된 전설'인 《상서》에서 '역사로 위장된 기록으로부터 신화의 뿌리나 통속의 고사를 찾아내기 위한 것'이라고 말하고 있다. 그는 《상서》 속의 해와 달의 운행을 관장하는 희(羲)와 화(和), 그리고 황하의 홍수를 다스렸던 곤(鯀)과 우(禹), 중려(重

83 Henri Maspero(馬伯樂) 著/馮元君 譯, 《書經中的神話》(北京: 商務印書館, 1939), p.1.

黎)에 의해서 마음대로 왕래할 수 있었던 천상과 지상의 통로가 단절되었다는 절지천통(絶地天通) 등은 명백히 신화가 역사로 탈바꿈되어 기록된 것이라고 보았다.[84]

사실 중국 신화를 역사주의 관점에서 해석한 경우는 상당히 오랜 역사를 가지고 있다. 예를 들면 '기일족'(夔一足)으로 알려진, 제순(帝舜) 시대의 악무(樂舞)를 관장하던 악정(樂正) 기(夔)에 관한 신화가 바로 그것이다. 고대인들은 음악을 매우 신비한 것으로 생각하고 무속적 특징을 가지고 있다고 보아서 사람과 짐승을 심취시킬 수 있다고 생각하였다. 때문에 그리스 신화에서 지옥을 지배하는 신 하데스(Hades)를 감동시킨 하프의 명연주가 오르페우스와 같이 순 임금의 악정 기도 그의 음악으로 봉황을 날아들게 하고, 온갖 짐승들이 춤을 추게 하고, 돌멩이마저도 노래를 부를 수 있게 하였다. 때문에 결코 평범한 형상을 가질 수 없었기에 태어나면서부터 다리가 하나라는 신비한 모습으로 묘사되었다. '기일족'이란 바로 이러한 신화의 신성성 내지 신비화의 특징에 의해 다리가 하나밖에 없는 외다리 악정으로 형상화된 것이다. 그럼에도 불구하고 역대의 많은 중국의 식자들은 굳이 '기 한 사람이면 충분하였기에 다른 신하들은 설치하지 않았다'는 의미로 해석함으로써 역사성을 부여함과 동시에 '기일족' 신화의 신성성과 신비성을 제거해 버렸다.

근대의 서송석(徐松石, 1900-1999) 같은 이도 《초사》나 《회남자》 등에 기록된 태양 정벌에 관한 신화, 즉 요 임금 시절 열 개의 해가 동시에 하늘에 떠올라 모든 물이 말라 버려서 초목이 시들고 짐승들과 사람들이 죽어나자 요 임금이 명사수 예를 지상에 파견하여 열 개의 해 가운데서 아홉 개를 쏘아 떨어트려 마침내 재난을 구제하였다고 하는 소위 예사십일(羿射十日)의 신화를, '열 개의 해는 열 사람의 군주를 가리키며, 그중 아홉 개는 오랑

84 같은 곳.

캐의 군주를 가리킨다고 보아서, 아홉 개의 해가 예에 의해서 떨어졌다고 하는 것은 곧 아홉 명의 오랑캐 군주가 중원의 군주에 항복하거나 멀리 도망감으로써 중원이 다시 번성하였음을 상징하는 것'[85]으로 풀이하였다.

신화에 역사적 성분이 전혀 없다고는 할 수 없다. 하인리히 슐리만이 트로이 유적을 발굴하여 신화로만 간주되었던 호메로스의《일리아드》의 트로이 전쟁을 역사로 복원한 것이나, 영국의 고고학자 아서 에번스(Sir Arthur John Evans, 1851-1941)의 발굴에 의해 그리스 크레타 섬의 미노스 문명(Minoan civilization)이 사실로 확인된 것은 신화 속에 역사적 진실이 내포되어 있음을 증명하는 것이다. 중국에서도 은허(殷墟)의 발굴과 갑골문 등의 새로운 사료의 발견에 자극되어서 신화 전설을 다시 정리하고 상고사 재건의 노력을 경주하기도 하였다. 특히 왕국유(王國維)는《산해경》내의 상대(商代)의 신화 전설에 관한 내용과《사기》〈은본기〉와 은허(殷墟) 복사(卜辭)의 내용이 일치한다는 것을 증명함으로써 중국 신화에 역사적 사실이 함유되어 있음을 확인하였다.

'신화는 일정한 자연 환경과 사회 생활 그리고 사유 체계 등을 배경으로 형성된다. 신화의 내용에는 당연히 신화가 생성되고 전승된 문화와 사회의 낙인이 깊이 찍혀 있기 마련이고, 또 그것이 신화의 가장 진실한 핵심이 될 수 있다. 신화는 어떤 방식으로든지 역사를 내포하거나 반사하고 있음은 신화 연구자들이 대부분 긍정하는 바이다. 신화는 늘 한 민족에게 구전되어 온 신성한 역사로, 전쟁·왕위의 교체·종교 개혁·자연재해 등과 같은 집단 생활의 중요한 사건을 특수한 형식으로 반영함과 아울러 공동체의 집단 기억을 보존한다. 신화학자들은 신화 속의 신 혹은 문화 영웅이 실존하였던 사람임을 발견하기도 하는데 그들은 늘 민족의 시조이거나 혹은 민족 역사에서 특수한 공헌을 한 사람들이었다. 때문에 신화 속에 반영된

---

85 大林太良 著/兒玉仁夫·權泰孝 譯, 앞의 책, p. 18.

역사적 진실을 탐구하는 것은 신화의 기원과 본질을 인식하는 것이 되며, 나아가 인류 사회와 문화 발전의 변천을 탐구하는 데 있어서 중요한 방법이기도 하다.'[86]

그러나 신화를 오로지 역사적 사실의 흔적으로만 파악하려는 '이러한 해석 방식은 신화 속의 사건이나 인물들을 실제 역사적 사건이나 인물로 치환하는 쪽으로 진행되었고, 급기야 정확한 연대까지 따져 내기에 이른다. 그러나 이러한 해석 방식은 역사적인 사건이 잠시 신화의 탈을 쓰고 재미있게 서술되어 있는 것으로밖에 신화를 해석할 수 없게 되어서 신화의 본질을 잃어버리게 하는 결과를 낳기도 하였다'.[87]

신화는 결국 인류 영혼의 산물이다. 상상과 환상을 통해서 구축된 또 다른 하나의 세계이다. 그것과 현실 세계는 엄연한 구분이 있다. 신화에 출현하는 모든 신과 영웅이 역사상에 실존하였던 인물은 아니며, 신화에서 말하는 그들의 사적에 비록 역사적 요소가 내포되어 있다고 하더라도 그것은 정밀한 분석과 연구를 거쳐야만 증명될 수 있는 것임을 잊지 말아야 한다.

2. 18세기 신화 연구

종교 신학의 흥성과 더불어 중세기의 신화 연구자들은 그리스 신화를《성경》의 원본으로 간주하여 연구를 진행하였는데,《성경》으로부터 그리스 신화의 원형을 찾아내고자 하였다. 그러나 이 기간 동안 후세에 크게 영향

86 楊利慧, 앞의 책, pp. 200-201.

87 이강엽,《신화》(서울: 연세대학교출판부, 2004), pp. 52-53.

을 미칠 만한 학설이나 이론은 제기되지 않았다. 원인은 당시 기독교의 교의 아래서 신화가 이교도의 신앙으로 간주되었기 때문이다. 그러나 문예부흥 시기에 이르러, 그리스 로마 정신에 대한 탐구로 인해서 신화에 대한 연구가 새로운 계기를 맞이하게 되었다.

18세기에 이르러 인문주의가 날로 성숙되고 과학 정신 역시 고양됨에 따라서 신화의 연구는《구약성서》로부터 그리스 신화의 원형을 찾는 데 국한되었던 중세기의 협소한 시야에서 해방되어서 세계의 서로 다른 문화의 발전 단계의 신화나, 서로 다른 지역의 각종 문화 전통 속의 신화를 주시하기 시작하였다. 당시에 세 명의 학자가 제시한 관점이 후세의 신화 연구에 상당한 계시가 되었다. 한 사람은 이탈리아 철학자 비코(Giambattista Vico, 1688-1744)이고 다른 한 사람은 독일의 하이네(Christian Gottlob Heyne, 1688-1749), 그리고 역시 같은 독일인인 헤르더(Johann Gottfried Herder, 1744-1803)이다.

비코는 1725년에 출간한《신과학》에서 신화 연구의 중요성을 솔선하여 제시하였으며, 19세기 진화론의 선구가 되었다. 비코는 각 민족이 겪어온 역사의 역정은 서로 다르지만 인류는 공동의 영혼의 특질과 수요를 가지고 있음으로 해서 그 속에 반드시 공동의 성분이 존재한다고 보았다. 그는 인간에 대한 정확한 이해를 위해서 인류 발전의 공동 규율 즉, 보편적이고 영원한 원칙을 찾아내기를 희망하였다. 비코는《신과학》에서 사유 방식의 차이에 따라 인류 문화를 신화 시대, 영웅 시대 그리고 인간 시대 등 3시기로 구분하였다. 신화 시대는 인류의 이성적 추리 능력이 아직 성숙되지 않았고, 감각과 상상력이 정신 활동의 중심이 되었던 시대이다. 이러한 정신 활동은 시작될 때는 대단히 거친 상태였지만, 모든 학문의 근원이 되었고, 특히 숭고하면서도 극도의 상상력에 기초한 시성(詩性)을 갖추고 있다는 것이 하나의 특성이었다. 신화의 형성에서 인간의 상상력이 차지하는 지위에 관한 비코의 이러한 관점은 당시의 신화 연구에 상당한 영향을 끼쳤다.

비코는 신화 시대가 결코 몽매하고 무지한 시대가 아니라, 오히려 모든 과학의 모친이며, 탄생과 근원의 시대였음을 강조하였다. 신화는 민족의 원시의 과학이자 철학이기 때문에 한 민족의 문화 발전 상황을 이해하려고 한다면, 그 민족의 신화가 바로 불가결한 연구 재료가 된다고 보았다.

비코는 비록 문예부흥 시기 말기의 학자였지만, 각 민족은 일정한 발전의 노선을 따라서 전진한다는 그의 주장은 분명히 19세기 진화론의 선구적 역할을 한 셈이다. 비코의 제창을 거쳐서 신화는 원시 시성 사유가 드러난 성과 중의 하나가 되었으며, 더 이상 문명이나 이성과 대립되는 것이 아니라, 오히려 문명과 이성의 기원으로 변하였다. 그가 신화학의 발전 과정에서 차지하는 비중은 결코 소홀히 취급될 수 없다.

현대적 의미의 신화 연구를 진행한 사람은 독일의 하이네(Christian Gottlob Heyne, 1729-1812)였다. '하이네는 인류의 유아기적 사고와 표현의 보편적 양태로서 신화의 기원과 본질에 관한 포괄적 이론을 발전시켰다.'[88] 그는 신화를, 사전 시대에 발생한 것이며, 인류의 유아기적 산물이라고 보았다. 원시 인류들은 자연 현상을 무서워하고, 몇몇 특수한 인물을 두려워하였다. 그래서 신화를 창조하여 지극히 불쾌하고 끔찍하며 그 깊이를 헤아릴 수 없는 자연 환경을 해석함과 아울러 돌이나 나무, 기타 무생물과 같은 자연적 존재를 물신으로 숭배하도록 이끌었다.

하이네는 자연 환경이 인간의 신화 창조 사유에 미치는 영향을 긍정하였기 때문에 서로 다른 지역, 다른 문화 배경의 사람이 창조한 신화는 지역성과 민족성을 가지고 있다고 보았다. 또한 신화는 끊임없이 변화하는 것으로, 18세기의 그리스 신화는 이미 원생 신화가 아니라 후세 사람들, 그

88 송영목, http://blog. daum. net/peterban/7763371(2012_12_07).

중에서도 특히 시인들이 끊임없이 재편한 것으로, 외래 성분이 녹아든 고로한 역사성을 갖춘 융합체라고 보았다.

헤르더 역시 18세기 신화학의 발전에 큰 영향을 미친 사람 중의 하나이다. 그는 동양의 시에 대해 해박하였으며, 신화는 일종의 세계관을 반영한 것임을 최초로 제기하였다. 그는 1772년 발표한《언어의 기원을 논함》에서 전통적인 언어신수설(言語神授說)을 반대하였다. 아울러 과거의 역사가 결코 완전하게 우매하지도 않으며 아무런 가치가 없는 것이 아니라, 오히려 현대인이 반드시 고찰해야만 되며, 그로부터 가치 있는 부분을 획득해야만 한다고 주장하였다. 특히 민간에 유전하는 시가와 민담 중에 한 민족의 정신이 구체적으로 구현되어 있기 때문에 반드시 그것을 수집하고 연구해야 할 필요성이 있다고 강조하였다.

헤르더의 이러한 주장과 호소에 따라서 그림 형제들이 독일의 민간에 전승되고 있는 신화와 동화, 그리고 전설을 수집하기 시작하였다. 그들 작업의 영향을 받아서 유럽 각국 역시 민간 고사의 수집에 종사하기 시작하였다. 비코와 헤르더의 신화에 대한 제창으로 근대 서양 신화학이 다시 새롭게 학자들의 주목을 받기 시작하였다. 그리고 새로운 이론들이 제시되기 시작하였다.

3. 19세기 신화 연구

1) 비교언어학과 자연신화학파

18세기 말에서 19세기 초, 당시 자본주의의 발전에 대한 실망과 불만 그리고 새로운 이상에 대한 탐색과 추구로 유럽의 예술과 과학의 영역에 낭만주의적 사고가 자라나게 되었다. 하이델베르크(Heidelberg)파 시인으로 대표되는 독일의 낭만주의자들은 중세기의 색채에 물들었던 일체의 욕망을 벗어던지고 거대한 열정으로 신화·전설·민담·가요·서사시 등의 민간 문학 작품을 수집하고 연구하였으며, 그중에서 민족 문화의 근원을 발견하고 민족 정신을 다시 재건하였다. 이러한 낭만주의적인 역사적 분위기에서 그림 형제를 선두로 하는 신화학파가 탄생하였으며, 또한 유럽 민간 문학과 민속학의 서막을 열게 되었다.

낭만주의적 사조가 독일 사상계에 거대한 영향을 미치고 있던 때는 또한 인도유럽 비교언어학이 발흥하던 시기였다. 이 시기에 고대 인도의 범문(梵文)과 그리스어, 라틴어, 그리고 고대의 유럽의 주요 언어들이 모두 인도유럽어족이라고 하는 동일한 어족에 속한다는 것이 증명되었다. 이러한 언어학상의 새로운 발견이 신화 연구에 새로운 활기를 가져왔다. 이 발견을 배경으로 19세기 말엽 일군의 인도유럽 비교언어학자들이 신화 연구에 투신하게 되었는데, 그들은 언어학에서의 역사 비교 연구의 방법을 빌려서 신화의 현상을 설명하였다.

그들은 모든 민간의 창작은 신화에서 근원한 것으로 보았기에 '신화학파'(Mythological School)로 불렸고, 또한 그들이 신화의 기원을 해석할 때에, 신화의 본질을 모두, 혹은 주로 자연 현상으로 귀결시켰기 때문에 '자연신화학파'(The Nature-Myth School)라고 불리기도 하였다. 원시 인류들은 자연 현상에 대한 공포와 연상으로 말미암아 그들의 생활 주변에서 생기는 자연 현상(태양, 달, 별, 바람, 지진 등의 움직임)의 배후에 눈에 보이지 않는 절대자 즉 신명(神明)이 개입되었을 것이라고 믿었다. 그들이 이러한 자연 현상을 풍유적, 합리적, 시적으로 설명하려는 노력의 일환으로 의인화한 것이 바로 신화라고 하는 것이 자연신화학파의 주장이다. 이는 막스 뮐러

(Max Muller), 허버트 스펜서(Herbert Spencer) 그리고 에드워드 타일러(Edward Tylor) 등에 의해 제창된 학설이다.

이들 가운데 가장 대표적인 인물은 바로 뮐러(Friedrich Max Müller, 1823-1900)이다. 그는 독일에서 태어나 라이프치히(Leipzig) 대학과 베를린 대학에서 공부를 하였고, 오랜 기간 영국의 옥스퍼드 대학에서 교수를 하면서 수많은 논문과 저서를 남겼다. 그는《비교신화학》(*Comparative Mythology*, 1855)에서 그리스, 인도 신화 속에 등장하는 다양한 신들은 모두 자연의 힘이 인격화된 것으로 보았다. 특히 신화의 핵심과 신의 본질은 대다수가 태양의 상징이라고 하는 신화 이론을 제시하였으며, '언어질병설'(Mythology is a disease of language)을 기초로 하여 신화는 결국 '인간언어의 다양한 의미론적 산물'[89]이라고 생각하였다. 고대의 언어가 가지고 있는 언어의 성(性)과 동일물(同一物)에 대한 여러 명칭의 사용, 동의어의 사용, 시적 은유(隱喩)와 같은 특질을 후대 사람들이 잘못 해석하면서 마치 진주가 조개의 질병에서 생겨난 것과 마찬가지로 '언어의 질병' 덕분에 신화가 발생하였다고 보았다.

예를 들면《리그베다》(*Rig Veda*)에 보이는 '해의 신이 새벽의 여신을 쫓다'라는 신화는 바로 '해가 새벽을 쫓다'라는 말이 와전되면서 생긴 신화라는 것이다. 즉 해나 새벽의 본원적인 의미가 잊히거나 불분명하게 되기도 하고 더욱이 해나 새벽이라는 명사는 문법상의 성(性)을 가지고 있기 때문에 인격화된다. 이것이 한층 신격화되면, 해가 남신(男神)이 되고, 새벽이 여신(女神)이 되며, 동사 '쫓다'가 신의 행동으로 해석되어 신화가 되었다는 것이다.[90]

뮐러는 원시인들의 언어에는 추상적인 어휘가 없었다고 보았다. 추상

89 大林太郎 著/兒玉仁夫·權泰孝 譯, 앞의 책, p. 24.
90 차충호,《신화와 종교》(서울: 한국 문화사, 2005), p. 6.

적 개념을 표시하는 모든 어휘는 애초에는 모두 구체적 의미를 가지고 있었으며 원시인들은 이러한 어휘를 창조할 때에 언제나 그들을 어떤 능력이나 어떤 특성을 갖추고 있는 구체적 사물과 서로 연계시켰다. 뮐러는 그들이 언어로 봄·여름·하늘·땅·낮·밤 등의 개념을 표현하기 위해서 부득불 이러한 어휘에 개별적인 성질이나 성별 혹은 기타 특징을 부여하였다고 보았다. 우리들은 '날이 밝자 아침 해가 솟아올랐다'라고 말하지만, 고대의 시인들은 '해가 새벽을 사랑하여 새벽을 품는다'고 말하였고, 해가 지는 것도 해가 늙어서 기력이 쇠약해져 죽는다고 생각하였으며, 아침이 되어 해가 솟는 것을 그들은 검은 밤이 찬란하게 빛나는 아이를 잉태하였다가 낳는 것으로 생각하였다는 것이다.

이 외에도 고대 언어에는 한 글자가 여러 개의 뜻을 갖거나 아니면 한 글자가 여러 개의 의미를 갖는 현상이 존재하였는데, 오랜 시간이 지나게 되어 이러한 오래된 어휘 속의 은유가 망각되거나 훗날 어휘가 파생된 어근의 원의에 의해서 그 의미가 모호해지거나 심지어 완전히 바뀌어 버리고 새로운 의미가 생겨나게 된다. 예를 들면 '태양신은 사방을 향해 빛나는 황금색의 빛을 가지고 있다'는 말이 '황금의 손을 가지고 있다'로 변해서 손이 사방으로 빛나는 빛과 똑같은 의미를 나타내게 된다는 것이다.

자연신화학파는 19세기의 신화 연구에 매우 커다란 영향을 미치게 되었고 또 그에 따라 첨예한 논쟁을 불러일으키기도 하였다. 사람들이 신화에 대해 적극적인 흥미를 갖게 한 것은 물론, '신화의 기초가 자연 현상에 있다'고 하는 우의설의 관점을 더욱 발전시켜 비교언어학의 방법을 통해서 신화를 이해하고 해석하는 데 새롭고 풍부한 해석력을 제공하였다고 할 수 있다. 상당수 공동체의 신화에 자연 현상이 확실히 중요한 지위를 차지하고 있는 것은 사실이다. 세계 각지의 창세 신화에서 가장 빈번하게 출현하는 두 개의 주제는 바로 태양과 물이다. 이것은 태양과 물이 원시의 인류 생활에서 생사와 관련된 가장 중요한 요소였기 때문으로, 자연 현상으로부터 신화의 본질을 해석하는 것은 분명한 합리성을 가지고 있다고 할 수 있다. 때문에 자연신화학파가 연몰된 지 오래지 않아, 20세기 초부터 20세기 후반에 이르기까지, 자연 천체와 신화와의 관계를 연구하는 새로운 학파들이 계속하여 나타났다.[91]

그러나 자연신화학파는 출현한 이후 끊임없는 반대와 조롱을 받기도 하였다. 특히 인류학파의 대표적인 학자인 앤드류 랭(Andrew Lang, 1844-1912)은 막스 뮐러를 대표로 하는 자연신화학파에 대해서 신랄한 비판을 서슴지 않았다. 마쓰무라 다케오(松村武雄)는 랭의 비판 내용을 다음 네 가지로 정리하고 있다.[92]

첫째, 자연신화학파가 신화 해석의 방법으로서 채택하였던 것은 신화에 나타나는 신들의 이름을 비교언어학적으로 연구하는 것이었다. 그러나 이 방법이 확실한 효과를 거두기 위해서는 음운 대응의 여러 법칙이 확립되어 있어야 한다는 것이 전제가 되어야 한다. 그렇지만 19세기 후반에는 이 점이 아직 불충분하였다.

둘째, 자연신화학파는 신화의 해석에 즈음하여, 오로지 언어학적인 증거에만 의존하고, 그 이외의 모뉴먼트(monument) — 이를테면 제의(祭儀)에 사용된 물질적인 사물, 신화 구성의 인자가 된 수많은 민간 전승적 사실 등 — 를 부당하게 무시하고 있다.

셋째, 신화의 주제를 일원적(一元的)으로 보고, 신화는 곧 자연 현상이라 하여 인문 신화(人文神話)를 무시하였으며, 또 많은 자연 현상 중의 단 하나의 특정한 것을 받아들여 그것이 모든 신화에 통용되는 주제라고 보았던 것은 옳지 않다.

---

91 楊利慧, 앞의 책, pp. 205-206.

92 大林太良 著/兒玉仁夫·權泰孝 譯, 앞의 책, p. 25.

넷째, 신화를 고정적인 것으로 보고는, 신의 명칭이 지시하는 것이 신화 서술의 지표가 될 수 없는 경우가 꽤 많다는 것을 무시하고, 신의 이름에서 직접 신화의 의미를 추론·속단하는 우를 범하였다.

2) 진화주의(Evolutionism)와 인류학파

인류학(anthropology)은 인류의 생물로서의 자연적 특성과 인류가 창조한 문화적 특성을 과학적 방법으로 연구하는 학문이다. 인류학자들이 관심을 기울이는 것은 각 사회나 문화 구조가 어떻게 각자 다른 방식이나 아니면 서로 같은 방식으로 만물을 분류하며, 자신과 타인의 관계에 대해서 어떻게 정의를 내리고, 관계를 유지하는 가촉물(可觸物) 혹은 불가촉물(不可觸物)에 대해 어떻게 강조함으로써 어느 정도 '정체'(整體)를 형성하는가이다.[93]

15세기 이후 인류학에 대한 초보적 관념이 형성되기 시작하였고, 16세기 말부터 유럽인들이 해외로 진출함에 따라 세계 각지에서 발견된 미개인이나 미개 사회에 대한 흥미와 관심이 고조되는 가운데, 세계를 탐색하려는 유럽인들의 노력은 19세기 중엽에 이르기까지 계속되었다. 이에 따라 상당수 상인들, 탐험가, 선교사, 학자들이 각기 다른 종족과 문화적 차이를 볼 수 있는 기회를 가질 수 있게 되었고, 이것이 당시의 인류학자들이 인류의 차이에 대한 연구를 좀더 적극적으로 전개하도록 자극하였다. 결국 문예부흥, 계몽, 과학적 세계관, 근대 서양 세계의 구조 및 유럽 각국의 민족적 자각 등이 인류학의 생성에 영향을 미쳤으며, 그리고 상당이 오랜 기간 동안 다윈의 생물진화론은 이러한 연구를 수행하는 데 있어 가장 편

93 王銘銘, 〈我理解的'人類學'大概是什么?〉, 《西北民族研究西北民族研究》(2011年 第1期 總 第68期), p. 23.

리하고 효과적인 방법을 제공하였다.[94]

이처럼 진화주의에 기초한 인류학의 발달로 19세기 중엽부터 흔히 인류학파(Anthropological School)라고 불리는 일군의 사람들이 미개인 사회와 신화를 기초로 하여 종래와는 다른 관점에서 신화를 연구하기 시작하였다. 진화주의에 따르면 '문화의 발전은 저차원에서 고차원으로, 단순에서 복잡으로, 불완전에서 완전으로 변화한다. 또한 모든 인간은 동일한 심적·정신적 단일성(psychic unity)를 가지고 있으며, 이것이 유사한 자극에 대해여 유사한 반응을 만들어 내기 때문에 어떤 문화든지 동일한 단계를 거쳐서 단선적·보편적 발전의 형태를 취한다. 또한 문화 발전의 속도에는 차이가 있어서 동시에 발전으로의 출발을 했더라도 어떤 시점에서 각각 발전의 정도가 다르게 된다는 것이다.'[95]

이런 관점에서 이들 인류학자들은 서구의 문명이 인류 사회의 진화가 가장 많이 진행된 단계이고, 전 세계의 여러 원주민 사회들은 서구 문명 이전의 진화 단계를 나타내는 잔존이라고 추정하였다. 이에 따라 인류학파에 의해 원주민의 사회나 문화를 진화론적 관점에서 일반화시키려는 시도가 이루어졌으며, 신화 연구에 있어서도 문명 세계의 신화보다는 세계 각지의 미개 민족의 신화에 대한 현지 조사를 통해서 신화를 연구하는 데 더 큰 관심을 가졌다. 이들 인류학자들의 살아 있는 화석인 신화나 전설, 민속을 통해서 인류 활동의 과거와 현재 그리고 미래를 발견하고자 하였다. 거주 지역과 문명의 수준이 서로 다르더라도, 인간은 유사한 주위 환경과 종종 부딪치게 되므로, 문명 지역이나 미개 지역을 막론하고 동일한 신화 유형이 출현한다고 하였다.[96]

---

94 楊利慧, 앞의 책, p. 207.

95 http://web4.c2.cyworld.com/myhompy/board/retriveBoardPrint.php?home_id=a109 (2012_02_01).

96 曹喜雄, 앞의 책, p. 77. 蕭兵, 앞의 책, p. 214.

인류학파의 창시자 중의 한 사람인 타일러(E.B Tylor, 1832-1917)는 진화론을 이론의 기초로 삼아서 원시 민족의 여러 문화 현상과 인류 문화의 발전과 진보에 대해서 고찰하고 분석하였다. 그의 명저로 알려진《원시 문화》(*Primitive Culture*)에서 타일러는 '애니미즘'(Animism)과 '잔존물의 이론'(Theory of Survivals)을 제시하였다.

타일러는 인류 사회의 길고긴 역사의 발전 추세는 미개한 상태에서 문명의 상태로의 단계적 진보이며, 문화의 발전은 '미개한 상태, 야만 시기와 문명 시기를 잇는 사다리에 의존하여 한 단계에서 다른 한 단계로 움직여가며, 고급 문화는 인류의 초급 문화로부터 점차 발전되고 전파된 것'이라고 보았다. 그의 연구에 따르면, 저급 문화의 단계에 처한 사람은 인간의 생과 사의 차이, 깨어 있고 잠자는 상태, 건강과 질병의 원인, 꿈에서 본 것 등등의 문제에 관한 사고 과정에서 영혼의 존재를 추산해 내며, 나아가 영혼이 육체를 떠나서 다른 물체의 속으로 들어가 그것들을 지배하고 영향을 미칠 수 있다고 생각한다. 그는 또한 애니미즘이 미개한 원시인들의 철학적 기초를 구성할 뿐만 아니라, 똑같이 문명 민족의 철학적 기초도 구성한다고 보았다.

그는 문화 현상 사이의 역사적 인과 관계를 파악하기 위해 잔존물(Survivals)에 관한 이론을 제시하여 문화 현상의 변화와 발전을 풀어내는 열쇠로 삼았다. 즉 '이들 잔존물들은 어떠한 과정(processes)이며, 관습(customs)이고, 습관(habits), 견해(opinions) 등임을 의미한다. 잔존물들은 좀더 오래된 구식 조건(older condition)의 증거와 예시로 남게 되며, 그 구식의 문화 조건에서 새로운 조건(new condition)이 진화되어 왔다'.[97] 말하자면 과거에 있었던 문화 현상, 즉 공구, 설비, 예술 형식, 의식, 풍속, 관념 등은 관습의 힘

97 안철상, http://cafe. naver. com/jongkyo.cafe?iframe_url=/ArticleRead.nhn%3Farticleid=15&(2012_02_16).

에 의해서 초급 문화의 단계로부터 다른 또 하나의 비교적 늦은 단계로 전이된다. 이들 잔존물은 초급 문화 단계의 생생한 증거이거나 살아 있는 문헌이며, 새로운 문화가 낡은 문화로부터 변화 발전해 온 하나의 증거이기도 하다. 이러한 옛날부터 있었던 현존하는 문화 현상이 바로 '문화 잔존물'(Survival in Culture)이다. 잔존물을 통하여 우리들은 옛날부터 존재해 있던 문화 구조를 추적할 수 있으며, 또 이를 통하여 인류 문화의 모든 발전의 과정을 추적할 수 있다.[98]

이러한 관점에 근거하여 타일러는 신화는 지극히 오래된 인류의 야만 상태에서 기원한 것으로, 상징과 역사로서의 신화의 허구는 다른 모든 인류 사상의 표현과 마찬가지로 경험을 기초로 한 것이기 때문에 현존하는 인류의 생활과 사상으로부터 신화를 포함한 인류의 과거를 회복시킬 수 있다고 믿었다. 그는 신화를 인류 사상의 역사와 발전의 규율을 인식하는 일종의 수단으로 생각하였으며, 고대 신화를 연구하는 가치는 신화 자체의 내용보다는 오히려 신화의 양식(樣式)에 있다고 보았다. 그는 신화를 연구하는 목적을 인류의 각 민족 신화가 어떤 단계를 거쳐 발전하는가를 연구하는 데 두었으며, 특히 미개한 부락과 문명 민족의 신화 사이에 어떤 관계가 존재하는지를 파악하는 데 주력하였다. 그는 현존하는 미개 민족이 인류의 유년 시기를 대표하며, 이들 미개 민족의 신화가 인류 최초의 신화 개념을 추적하는 데 큰 도움을 줄 수 있다고 보았다. 때문에 그는 비교 연구를 강조하였으며 세계 각지에서 고대와 현대의 각 민족으로부터 유사한 자료를 찾아서 비교하고 정리 배열하여 그 속에 존재하는 근본적 사상과 변천의 과정을 탐구하였다.

타일러의 이러한 신화에 대한 관점은 흔히 인류학파의 집대성자라고 불리는 영국의 인류학자이자 민속학자인 앤드류 랭(Andrew Lang, 1844-

98 楊利慧, 앞의 책, p. 208.

1942)에 의하여 더욱 심화되고 정비되어서 신화학의 발전에 커다란 영향을 미쳤다. 랭은《관습과 신화》(*Custom and Myth*, 1884),《신화, 의식과 종교》(*Myth, Ritual and Religion*, 1887),《현대신화학》(*Modern Mythlogy*, 1887) 등의 저서를 통해서 인류학파의 입장에서 막스 뮐러를 대표로 하는 자연신화학파의 신화 해석에 대해 거침없는 비판을 가하였다.

그는 신화는 결코 언어, 특히 '질병 상태의 언어'에서 기원하지 않았으며, 아주 오랜 고대에 발생하였던 인류 사상의 잔존물이라고 보았다. 또한 신화 속에는 야만과 비이성의 요소가 존재하여 당혹스럽고 이해되지 않는 감정을 느낄 수 있음을 인정하였으나, 그는 인류학파의 입장에서 이러한 것들을 모두 원시인들의 생활과 사상에서 전이된 문화 잔존물로 간주하였다. 예를 들면 신화와 동물 고사에서 끊임없이 출현하는 사람과 동물의 변형에 관한 내용은 일종의 원시의 유속(遺俗)으로, 현대의 야만 민족 중에서도 유사하게 만물이 모두 영혼을 가지고 있다고 믿어 토템으로 신봉되는 상황이 존재하며, 이는 원시 문화의 단계에서 사람들이 애니미즘의 관념을 가지고 있었기 때문이라고 보았다. 자연신화학파가 그리스 신화의 크라노스 신화를 자연 현상을 의인화한 것으로 보았던 데 비하여, 랭은 크라노스가 자신의 모든 아들을 삼켜버리는 신화는 원시 인류가 일찍이 가지고 있었던 식인의 습속이 신화로 남아 있는 것이라고 보았다.

랭은 또 타일러와 같이 문화유적의 연구와 복원을 중시하였다. 랭의 관점에 따르면 '모든 신화는 분명히 원시의 철학과 과학 그리고 역사의 흔적이다. 원시의 철학으로부터 여러 신들의 세계 및 유명(幽冥) 세계 등등의 조악한 우주관이 배태(胚胎)되었고, 원시의 과학으로부터 자연 현상과 금수(禽獸)의 생활을 해석하는 이야기가 만들어졌으며, 원시의 역사로부터 어떤 종교 의식이나 부락의 전례(典禮)와 풍속에 관한 이야기들이 기술되기 시작하였으나, 이러한 의식의 전례와 풍속의 기원이 일찍이 망각되어

버렸을 따름이다'.[99]

총체적인 입장에서 인류학파의 신화 연구에 대한 공로와 한계를 양리후이(楊利慧)는 다음과 같이 정리하고 있다.[100] 먼저 장점으로는 첫째, 신화와 원시인의 생활 및 사상의 관계를 긍정하여 신화의 연구 범위를 이왕의 신화학파들이 주로 관심을 기울이던 인도 유럽 민족으로부터 전 세계로 확대하였고, 문명인에서 미개의 야만인까지 확대하였다는 점이다. 둘째, 세계를 범위로 하는 동류의 신화에 대한 비교 연구의 참신한 방법을 개척하여서 오늘날까지 비교신화학(Comparative Mythology)이 여전히 신화학에서 중요하고도 성취가 분명한 방법이 되도록 하였다. 셋째, 그들은 신화의 기원을 언어의 질병과 자연 현상으로 귀결시키지 않았으며, 인류역 사상의 사상, 신앙, 습속을 신화를 해석하는 근거로 사용하였다. 이는 의심할 나위 없이 신화의 본질에 더욱 가깝게 접근할 수 있도록 한 것이다. 오늘날까지 문화사의 시각으로부터 신화 생성의 문화 역사 배경과 더불어 그 속에 온양되어 있는 제도와 관념을 탐구하는 것은 여전히 신화의 본질을 통찰할 수 있는 방법 중의 하나이다.

그들 이론의 부정적 측면으로는 첫째, 인류학파는 진화론을 이론의 기초로 삼았고, 진화론은 서양 중심의 보편주의 사상을 포함하고 있다. 19세기 진화론자들은 아주 간단하게 왕왕 영국과 프랑스, 그리고 독일의 가난한 농민과 유럽 이외의 다른 민족을 똑같이 간주하여서 그들을 저급하고 미개하며 야만적인 고로한 문화의 소유자로 보았으며, 소위 과학의 방법으로 이러한 문화를 일정한 시간 순서로 배열하고 조합하였다. 그렇게 되다 보니 그들의 저술은 타자(他者/Other)에 대한 논술과 인류 역사에 대한 재건에 대해서 문화 등급주의적인 낙인을 깊이 찍어 버리고 말았다. 둘째,

99 蕭兵, 앞의 책, p. 200.

100 楊利慧, 앞의 책, pp. 212-213.

소위 미개 민족의 신화만을 가지고 문명 민족에 존재하는 유사한 문화 잔존물을 해석하다 보니까 신화가 그러한 미개 민족의 사회와 문화에 도대체 어떤 기능을 가지고 있는지에 대해서는 홀시하고 말았다. 셋째, '잔존물의 이론'에는 매우 일방적이고 편파적인 측면(one-sidedness)이 있다. 문화의 발전이나 변천에는 상당히 복잡한 요소가 작용한다. 수많은 원시 문화 현상의 생성에는 신앙과 주술(呪術)이 배경으로 작용하며, 역사 발전의 과정에서 많건 적건 간에 원초의 기능이 변화하게 되지만, 그런다고 아무런 의미가 없게 되거나 아무른 쓸모가 없는 무용지물의 잔존물로만 존재하는 것은 결코 아니다. 사람들의 각기 다른 수요나 취미에 의해서 시대나 추세에 맞게 끊임없이 변천하여, 그 내용이나 형식 그리고 기능을 비롯하여 심지어는 본질까지도 변화하게 되나, 그 원래의 문화적 기능은 이를 통해서 더욱 진일보한 존재가 되거나 생기를 획득하게 되며 새로운 사회나 문화 구조 속에서 새로운 역할을 수행할 수 있게 된다. 때문에 '잔존물'의 시각으로 문화를 보는 것은 그다지 사실과 부합되지 않는다고 할 수 있다.

진화주의 관점에서 보면 인류의 문화는 통일된 가치 표준과 공통된 발전 규율, 그리고 서로 같은 목적성을 가지고 있으며, 이로 말미암아 문화에는 고저우열과 선진과 낙후의 구분이 있고, 고급과 선진 문화는 자연스럽게 보편적인 의의를 구비하게 되어서, 인류 문화는 장차 고급과 선진의 문화의 주도 아래서 하나로 통일된다. 이처럼 문화 진화주의는 인류 문화가 끊임없이 발전한다는 인식에 기초하여, 지역과 민족의 협소성이 타파되어 궁극적으로 대융합의 결과를 가져온다고 본다.[101]

그러나 이러한 관점은 '비서구 문명의 다양성을 획일적인 우열 체계로 개념화한 서구 중심주의 내지 자 민족 중심주의라고 할 수 있으며, 더욱이 문화의 물질적 측면은 발전의 정도를 평가하고 분류할 수 있을지라도, 비

101 鄧時忠, 〈巴金和納吉布·馬哈富兹的文化選擇〉, 《社會科學研究》(2005.4), p. 177.

(非) 물질적 영역은 평가하기 어렵고, 환경·전통·구조의 차이에 따라 같은 자극이나 원인도 상이한 반응을 보임과 동시에 동일하게 보이는 어떤 한 요소도 각 사회마다 다른 의미와 기능을 가질 수 있다'[102]는 점에서 모순과 결합이 존재한다.

사실 '어떤 문화도 모두 독립되어 스스로 존재하는 유기체로 그 스스로 존재의 합리성을 가지고 있으며, 구체적인 문화 형태를 초월하는 절대적 원칙은 존재하지 않는다. 때문에 어떤 문화의 특성을 연구하고자 한다면 반드시 그 문화 자체의 구조와 가치 체계를 가지고 연구해야 한다는 것이 문화상대주의적 관점이다'.[103] 이런 관점에서 진화주의 신화 연구에 반대하고 '문화 발전에서 내적인 조건보다 외적인 조건에 치중하여 민족 사이의 접촉, 문화의 차용, 전파 등 문화 현상에 있어서의 복잡한 역사적 과정을 문제 삼아 연구하는 것이 전파주의신화학이며, 이를 또 역사주의(Historianism)라고도 한다'.[104]

3) 전파주의와 비교신화학

인류학은 본질적으로 '비교'(comparative)를 근간으로 하는 학문이다. 인류학의 대상이 바로 모든 '인류'이며 그 '문화'이기 때문에, 그것은 결국 어쩔 수 없이 민족을 뛰어넘고 문화를 뛰어넘어 전 지구적인 총체적 과학이 될 수밖에 없었다. 또한 인류학은 본질적으로 역사적이다. 왜냐하면 인류와 인류의 역사를 하나의 질서 있는 유기체나 체계로 통합하는 학문이기 때문이다. 인류학은 인류와 그 문화의 전경(全景/panorama) 속에서 그것의 발

102 http://web4.c2.cyworld.com/myhompy/board/retriveBoardPrint.php?home_id=a109(2012_02_01).

103 鄧時忠, 앞의 글, p. 175.

104 王彬, 앞의 책, p. 216.

전과 변천의 단계와 질서를 분명하게 드러내 보이고자 한다. 때문에 진화주의를 근거로 하는 인류학파는 현존하는 미개 부족의 생활과 사상으로부터 신화를 포함한 인류의 과거를 회복하는 것을 중시하였다.[105]

인류학을 배경으로 하여 성립된 또 하나의 신화학이 바로 전파주의신화학이다. 또한 인류학을 근간으로 하는 신화학은 필연적으로 비교를 수단으로 할 수밖에 없다. 때문에 이러한 신화학의 방법을 비교신화학이라고 부른다. 인류와 인류 문화의 본질과 기원을 이해하기 위해서는 어쩔 수 없이 모든 인류의 문화를 거시적 관점에서 살필 수밖에 없기 때문이다. 생물학적 인류와 그 신화학을 포함하는 인류의 각종 문화를 이해하기 위해서는 민족과 국경 그리고 언어를 뛰어넘어야만 하였고, 각 민족의 문화가 가지고 있는 특성을 비교하고 또 그것들을 통합하지 않을 수 없었다.

18, 19세기 이래로 태동하기 시작하였던 전파주의신화학 내지 비교신화학 역시 비교언어학의 기초 위에서 건립된 신화학이다. 비교신화학이 신화학의 발전에 미친 공헌이 결코 적지 않다는 것은 누구나 인정하는 일반적인 평가이다. 심지어 19세기 가장 영향력이 컸던 학문은 진화론과 비교신화학이라고 말하기도 한다. 진화론은 종적인 측면에서 인류의 자연사를 질서 있는 구조로 개조하였고, 비교신화학은 횡적인 측면에서 인류의 사회 생활을 유기적 정체(整體)로 통합하였다.

20세기에 들어서도 비교신화학(전파주의신화학)은 여전히 신화학의 중요한 연구 방법으로 존재하였다. 다만 신화를 해석하는 방법에 있어서 독일과 프랑스 등의 유럽 대륙을 중심으로 하는 소위 고전학파와 미국과 구소련을 중심으로 하는 소위 현대학파로 나누어져 있을 따름이다.

고전학파는 전파주의의 관점에서 영향 연구에 치중하여, 상고의 신화는 인근의 민족이나 인종과 언어가 동원(同源)인 집단 사이에, 직접 혹은

105 蕭兵, 앞의 책, pp. 213-214.

간접으로 교류 전파된 것으로 보았다. 인류 문화가 특정한 지역이나 국가에서 발생하여 전 세계로 전파되어 갔다는 것을 전제로, 신화를 포함한 인류의 수많은 문화 창조(물)는 모두 하나의 핵심 지역을 중심으로 하는 문화권으로부터 밖으로 파급 혹은 전파되는 과정에서 이식이나 개조를 거쳐서 현재의 모습으로 확정되었다는 것이다. '엘리엇 스미스(G.Elliot Smith, 1871-1937)가 고대 이집트의 분묘, 유골 등을 연구하여 세계 고대 문화는 모두 이집트에서 발상하여 전파되었다고 주장'[106]한 이래로, '이들 전파주의 신화학자들이 제시한 인류 문화의 핵심 문화권으로 범(凡) 이집트를 비롯하여 범바빌로니아, 범태평양, 범지중해, 범중아시아, 범마야, 범중국 등이 있다. 이들은 고대의 신화가 주로 인근의 민족이나 인종, 그리고 동일한 어원을 가지고 있는 집단들 사이에서 직접 혹은 간접적으로 교류되거나 전파되었다'[107]고 보며, 때문에 이들의 신화 연구는 바로 이들 상호 지역의 신화를 비교 연구하는 것에 중점을 두고 있다.

현대학파는 주로 인류는 어떻게 구분되든 간에 모두 '공통 심리'의 구조가 존재하며, 별다른 차이가 없이 대동소이하게 보이는 신화라 할지라도 반드시 전파나 교류만에 의한 결과가 아니기 때문에 통합적이고 논리적으로 접근하여 그들 신화가 가지고 있는 공동의 규율이나 규칙 또는 구조를 찾아내야 한다고 보았다. 다시 말해서 인류가 어떻게 분류되어 있다고 하더라도 모두 공통적 심리 구조를 가지고 있으므로, 다른 민족 사이에 서로 유사하거나 동일하게 보이는 신화가 존재한다 할지라도 그것은 전파나 교류의 결과가 아니라 인류의 공통적인 심리 구조에 의한 것이라는 것이다. 따라서 이들은 신화 연구는 반드시 통합적이고 논리적 관점에서 서로 다른 민족의 신화들 사이에 존재하는 공통의 규칙이나 규율 혹은 구조

106 王彬, 앞의 책, p. 217.
107 蕭兵, 앞의 책, pp. 216-217.

를 찾아내는 비교 연구에 치중해야 한다고 보았다.[108] 이들의 이러한 '공통심리' 학설은 현대신화학의 '집단 무의식'이나 '원형 이론' 그리고 구조주의신화학의 '통시'(通時/diachronic)와 '공시'(共時/synchoronic)의 구조 이론과 융합되어서 신화 연구에 커다란 영향을 미쳤다.

4) 신화제의학파(The Myth and Ritual School)

'신화의 출발점을 원시 사회 어디서나 일반적으로 발견되는 제례 행위(ritual acts)에서 찾으며, 제의를 진행하기 위한 일종의 프로그램의 의미로 신화를 해석하는 것이 바로 신화제의학파이다.'[109] 이들에 의하면 신화는 그 자체만으로는 존립할 수 없으며 제의(ritual)와 연결되어야만 유지 전승될 수 있다고 보았다. 제의에 대한 해석과 설명이 바로 신화이며, 제의는 또한 희극적인 방식으로 신화를 재현하는 것이라고 보았다.

신화제의학파의 기초를 세운 사람은 바로 타일러, 랭과 함께 인류학파의 대표 인물 중의 한 사람으로 일컬어지는 영국의 인류학자 제임스 프레이저(James Frazer, 1854-1941)였다. 프레이저 역시 진화주의적 관점과 '잔존물 이론'을 견지하였지만, 종교를 신학적 관점이 아닌 문화적 관점에서 접근하여 선교사들과 여행가들의 수많은 기록을 수집하여 근동과 유럽의 유사한 신화를 종합하고, 신화와 종교 의식과 더불어 그것들을 만들어 내는 문화와의 관계 및 이후의 문화에 미치는 영향을 탐구하였다. 그 결과로 출판된 것이 바로 그의 수많은 저작 중에서 가장 유명한《황금의 가지》(*The Golden Bough: A Study in Magic and Religion*)이다.《황금의 가지》는 1890년부터 1937년에 걸쳐 완성시킨, 13권의 방대한 저작이다. 1922년에 독자의 편

108 위의 책, p. 215.
109 양승태,《앎과 잘남》(서울: 책세상, 2006), p. 84.

의를 위해서 저자 자신이 간약본을 내놓았는데 이것이 오늘날 우리가 보는《황금의 가지》이다.[110]

프레이저는 전 세계의 문명 민족과 원시 민족을 망라하여 수많은 종교 의식과 축제, 영혼 관념, 자연 숭배, 풍속과 민간 전승, 금기(禁忌), 신의 죽음과 부활과 관련된 수많은 자료를 수집하여 그것을 엄밀하게 체계화함으로써 인류 문화에서 행해지고 있는 집단 행위의 구성 요소와 그 의의에 대해 고찰하였다. 때문에《황금의 가지》는 인류학의 백과전서 혹은 민족지학(民族誌學)의 보고라고 일컬어진다.

프레이저는《황금의 가지》를 통해서 원시 문화를 이해할 수 있는 가장 중요한 열쇠로 주술에 관한 이론 체계를 제시하였다. 그는 주술의 원리를 두 가지로 분석하였다. 첫째, 유사(類似)는 유사를 낳는다. 결과는 원인과 유사하다는 것이며, 둘째는 그전에 서로 접촉했던 사물은, 물리적인 접촉이 끝난 후에도 공간을 사이에 두고 상호적 작용을 계속한다는 것이다. 전자를 유사의 법칙(Law of Similarity)라 하고, 후자를 접촉의 법칙(Law of Contact), 혹은 전파(Contagion)라고 한다.[111]

유사의 법칙 위에 진행되는 주술을 동종적(同種的) 주술(Homeopathic Magic) 혹은 모방 주술(模倣呪術/Imitative Magic), 또는 유감 주술이라고 하는데,[112] 비를 내리게 하기 위해 항아리의 물을 뿌리는 의식을 거행하거나, 우리나라 민간에서 석불의 코를 떼어 먹으면 아들을 낳는다고 믿은 것이 대표적이다. 접촉의 법칙 혹은 전파의 법칙을 기초로 하는 주술은 전파 주술(Contagious Magic) 혹은 접촉 주술(接觸呪術/Contagios Magic)이라고 하는데, 누군가 증오의 대상에게 가해할 목적으로, 그 사람의 신체의 일부분인 모

110 프레이저 지음/김상일 옮김, 앞의 책, pp. 1-9.

111 위의 책, p. 42.

112 같은 곳.

발이나 손톱 따위를 기름 속에 넣고 삶는 주술 등을 들 수 있다.[113]

그는 특히 이러한 주술(呪術)을 중심으로 하는 제의(祭儀)와 신화의 관계를 규명하는 데 주력하였는데, 인간의 사유는 주술에서 종교를 거쳐 과학에 이르게 되었다고 보았다. 그에 따르면 원시인들은 자신의 상징적인 활동, 예를 들면 의식이나 주술을 통해서 자연 환경이나 자연의 질서를 제어하거나 조종할 수 있다고 믿었고, 여기서 발생한 것이 주술이다. 그렇지만 인류가 주술을 이용하여 자연을 제어하는 것이 오류이거나, 또 가정한 자연의 질서도, 자연에 가할 수 있다고 믿고 있었던 지배력도 모두 공상(空想)에 불과했음을 의식하게 되거나 또 그것을 인정하게 되면, 자신이 참칭(僭稱)하였던 자연의 배후에 숨어 있는 어떤 위대하나 볼 수 없는 존재에 귀의하게 된다. 이리하여 사람들은 자연 현상이 인간을 초월하지만 그 자연현상은 또 인간과 유사한 영적인 존재의 의지, 감정, 또는 기분에 의해서 규정된다고 믿기 때문에 마침내 종교에 의해서 주술은 압도당하게 된다. 그러나 인지의 발달에 따라서 우연하고 혼란스러워 보이는 자연 현상의 내부에 엄밀하면서도 일정불변한 통일성이 존재한다는 것을 확인함에 따라서 종교적인 자연관이 부적당한 것으로 거부되고 자연의 해석으로서의 종교는 과학에 의해 바뀌어졌다고 보았다.[114]

프레이저는 이러한 인식에 기초하여 신화와 의식의 본질을 제시하였는데, 주술이 종교로 진화 발전하는 과정에서 행해지는 제의는 신화로부터 기원한 것으로 보았다. 주술 이론이 종교적 이론에 의해서 대체되거나 보충됨에 따라서 원시 인류들은 매년의 변화 주기가 신들의 대응적 변화에 의한 것이라고 생각하였다. 따라서 주술 의식을 행함으로써 생명의 원리인 신들을 도와서, 쇠약해 가는 신들의 생명력을 보강하고, 신을 죽음에서

113 위의 책, pp. 3, 42.

114 위의 책, pp. 866-867.

소생시킬 수 있다고 믿었다. 이러한 목적에서 행한 의식은 본질적으로 그들이 촉진하려고 소원하였던 자연 현상의 극적 재현이었다. 예를 들어 바빌로니아와 시리아의 셈(Semu)족들은 아도니스를 숭배하였고, 이러한 전통은 기원전 7세기의 그리스 사람들에게도 그대로 받아들여졌다. 아도니스의 진짜 이름은 탐무즈이며, 바빌로니아 신화의 위대한 모신(母神)이자 자연생식력의 화신인 이시타르의 젊은 배우자 혹은 애인이다. 탐무즈는 매년 죽어서 즐거운 이승의 세계에서 음산한 저승으로 내려가는데, 그의 애인인 이시타르 여신 역시 그를 찾아서 저승으로 가게 된다. 여신 이시타르가 인간 세상에 부재중일 때는 사랑의 열정도 작용을 멈추기 때문에 사람이나 짐승이나 모두가 번식하는 일을 잊는다. 살아 있는 자는 모두 사멸의 위험을 받았다. 동물계의 성적 기능이 이 여신과 극히 밀접하게 결합되어 있어서 그녀가 없어지면 그 기능 또한 발동하지 않기 때문이다. 그래서 위대한 신 에아의 사자가 이 여신을 구제하기 위해서 파견되었고, 저승의 엄격한 여왕인 알라투가 이시타르의 몸에 생명수를 뿌려 주어 애인 탐무즈와 함께 저승으로부터 이승으로 돌아오게 되고, 그녀가 돌아오면 자연은 다시 소생한다.[115]

이러한 신화와 상응하도록 바빌로니아 사람들은 매년 탐무즈를 제사하는 의식을 거행한다. 매년 하지(夏至) 무렵이 되면 그의 이름을 따서 명명된 '탐무즈의 달'에 남녀들이 피리소리에 맞추어 그를 애도한다. 이 죽은 신의 인형을 맑은 물로 씻기고, 그를 향해 장송가를 부르고, 기름을 바르고, 빨간 옷을 입힌다. 마치 그 장열한 내음에 의해서 그의 잠자고 있는 감각을 깨우쳐 그를 영원한 수면에서 불러일으키려는 듯이 그 훈향이 공중에서 풍긴다.[116]

---

115 위의 책, pp. 409-410.

116 위의 책, p. 410.

이와 유사한 신화와 제의는 시리아와 키프로스 등의 서부 아시아와 이집트 등에도 존재한다. 다만 받들어지는 신이 오시리스, 아프로디테, 아도니스, 앗티스, 탐무즈 등 서로 다른 이름을 가지고 있을 뿐이다. 프레이저에 따르면, 이러한 신화들은 제의에 앞서 존재하며, 양자는 본질적으로 모두 주술적인 것이며 그 의도는 공감 주술의 이론에 따라서 신의 혼례, 죽음과 소생을 모방함으로써 봄날의 식물 재생과 동물의 번식을 기원하고자 하는 것이었다.[117]

프레이저 이후 성서학과 인류학의 상호작용이 활발해지면서, 인류학적 관점에서 논의된 성서학자들의 저술이 많이 등장한다. 리드(Leeds) 대학의 철학 및 종교사 교수였던 제임스(E. O. James)의 《기독교 신화와 제의》와 런던 대학의 구약성서학 교수였던 훅(S. H. Hooke)이 편집한 《신화와 제의 — 고대 동방의 문화 유형과 관련된 히브리 신화와 제의에 관한 논문》 등이 대표적인 책이다. 이러한 연구가 계속 나타나면서 이들을 '신화제의학파'라고 부르게 되었다.[118]

신화제의학파들 사이에서도 신화와 제의와의 관계를 설명하는 데 있어 서로 다른 두 가지 견해가 존재한다. 하나는 제의가 신화로부터 유래(Ritual from myth)하였다는 것이요, 다른 하나는 신화가 제의로부터 기원(Myth from ritual)했다고 보는 것이다. 전자는 많은 종교적 제의들, 예를 들면 유대인들 사이에서 전승되고 있는 과월절(過越節/Passover), 기독교인들 사이의 성탄절과 부활절, 그리고 무슬림들의 하지와 같은 특별한 의식 등이 모두 신화로부터 유래된 제의라고 본다. 대표적으로 타일러(Edward Burnett Tylor)는 신화를 '세계를 설명하려는 시도'라고 보았으며, 또 '원시의 과학'이라고 보았다. 마치 기술이 과학의 응용인 것처럼 제의는 신화의 응용 방식이

117 위의 책, pp. 411-480.

118 최창모, 《금기의 수수께끼》(서울: 한길사, 2003), p. 77.

라고 생각하였다. 자연 현상을 제어하고자 하는 시도가 주술 의식이라고 한다면, 이러한 제의는 항상 이전에 존재해 오던 신화를 전제로 한다고 보았다. 간단히 말하면 신화에서 제의가 탄생하였다고 본 것이다.

다음으로, 제의가 신화로부터 기원했다는 주장은 이미 서술한 프레이저와 스미스(William Robertson Smith, 1846-1894)를 비롯하여 하이먼(Stanley Edgar Hyman, 1919-970), 해리슨(Jane Ellen Harrison, 1850-1928), 훅(S. H. Hooke, 1874-1968), 머레이(Gilbert Murray, 1866-1957) 등 소위 케임브리지학파(Cambridge School)로 불리는 학자들의 견해로서, 이들은 자신들의 저술을 통해서 제의가 신화에 우선한다는 관점을 견지하였으며, 제의를 고대 세계의 신화, 종교, 철학, 예술 등이 의존하여 발전한 가장 중요한 연원으로 보았다. 이들 19세기 인류학자들은 제의가 신화를 재현한다거나 신화적 이론이 적용된다고 보지 않고 신화와 종교적 교리가 제의로부터 비롯되었다고 본 것이다.

신화와 제의 중에서 무엇이 우선하였는가의 문제는 마치 닭과 달걀의 우선 문제를 논의하는 것처럼 끊이지 않는 논쟁이 지속되었고, 이러한 논쟁 자체가 신화제의학파에 대한 관심을 제고하는 하나의 요인이 되기도 하였다. 사실 전통적 사회에서 신화와 제의는 종교적인 수행에 있어서 두 가지 중요 구성 요소임은 분명하다. 또한 신화와 제의는 통상적으로 종교의 일정 부분들로 결합되어 있다. 그러나 이 양자의 정확한 관계에 대해서는 아직 완전하게 밝혀지지 않고 있다. 만약 신화가 제의에서 기원하였다고 한다면 제의는 또 무엇으로부터 기원했는가의 문제가 제기된다. 마찬가지로 제의가 신화에서 기원했다고 한다면 신화는 또 무엇으로부터 어떻게 기원했는가의 문제가 제기된다. 또한 신화가 정치, 경제, 사회 그리고 문화적 전통, 인류의 심리 등등의 여러 측면의 사회 문화 현실과 서로 관련되어 있는데, 신화를 연구함에 있어서 오로지 의식이나 제의와의 관계만을 염두에 둔다면 이는 그 신화의 진실된 모습을 방기하는 결과를 초래할 수도 있는 것이다. 더욱 중요한 것은 '이 학파의 문제점은 바로 그러한 제의, 즉 귀신을 위한 행사 자체가 성립하는 데 가장 근본적인 동인이 되는 사회 구성원들의 어떤 공통된 정신 세계의 형성 배경, 즉 인간 정신의 내적 필연성을 설명하지 못한다는 데 있다.'[119]

따라서 신화와 제의의 관계는 제의가 신화의 원인이 될 수도 있으며, 신화가 제의의 원인이 될 수도 있음으로 해서 어느 한쪽의 의견만을 결론으로 확정할 수 없다. 신화와 제의는 복잡하게 서로 의존되어 있는 관계이며, 서로 다른 문화 체계에 따라서 그 구조가 서로 달라지고, 동시에 동일한 문화 속에서도 시기의 다름에 따라서 차이가 있다고밖에 볼 수 없다.[120]

4. 20세기 신화 연구

1) 기능주의에 의한 해석

20세기의 신화학의 최대 특징은 인류학자들이 대거 신화 연구에 뛰어들었다는 것이다. 그 결과 주로 발달된 문화를 가진 민족의 신화를 기초로 진행되었던 신화 연구가 미개 민족의 신화에 대한 연구로 전환되었고, 나아가 동일 계통의 민족이나 역사적 접촉이 있었던 민족에 한하지 않고, 전 세계적인 비교 연구의 길을 열게 되었으며, 언어의 질병이라든가 자연 현상보다도 오히려 사상·신앙·습속을 신화 해석의 기반으로 삼게 됨으로써 신

119 양승태, 앞의 책, p. 84.
120 楊利慧, 앞의 책, p. 220.

화학에 새로운 길을 열게 되었다.[121] 이들 인류학자들 중에서 신화의 연구에 가장 탁월한 공헌을 한 것은 기능학파(Functionalism School)이자 기능주의(Functionalism)신화학의 창시자라고 할 수 있는 폴란드 출신 영국의 인류학자인 말리놉스키(Bronislaw Malinowski, 1844-1942)이다. 그는 현지 조사(field work)를 매우 중시하여 1915년에서 1918년까지 두 차례에 걸쳐 파푸아뉴기니의 밀린베이 주(州)에 있는 트로브리안드 군도(Trobriand Islands)의 토착민들과 함께 거주하면서 그들의 생각, 전통과 행위를 비롯한 문화 전반을 관찰하였다.

그는 토착민들과의 생활을 통해서 신화가 인류의 생활에 얼마나 깊숙이 침투되어 있으며 또한 인류의 도덕과 사회적 행위를 제어하는 데 얼마나 많은 영향을 끼치는지, 다시 말해서 한 부락의 신화가 그 부락민의 의식(儀式)이나 도덕 행위, 사회 조직 심지어 일상생활과 얼마나 밀접한 관계를 맺고 있는지를 밝혀 냈으며, 그의 이러한 신화에 대한 관점은 주로《원시심리와 신화》(*Myth in Primitive Psychology*)를 통해서 제시되었다.[122]

그는 먼저 당시 유행하던 신화를 단순히 허구적이고 상징적인 것으로 보았던 진화주의적인 관점이나 모든 신화가 하나의 기원에서 시작하여 전파되었다고 보았던 전파주의적 관점, 그리고 신화를 진실한 역사의 기록으로 보았던 역사주의적인 연구를 모두 비판하였다. 그는 '문화나 사회 현상을 그 발전이나 전파 과정으로서가 아니라 현재 살아서 작용하고 있는 기능의 구조로서 이해'[123]하였다. 이런 관점에 의해서 말리놉스키는 기능주의 신화관을 다음과 같이 설명하였다.

121 大林太郎 著/兒玉仁夫·權泰孝 譯, 앞의 책, p. 28.
122 楊利慧, 앞의 책, pp. 228-229.
123 王彬, 앞의 책, p. 223.

만약 살아 있는 신화를 연구한다면 그것이 상징적인 것이 아니라 주제의 직접적인 서술이라는 것을 볼 수 있다. 신화는 어떤 과학적인 흥미를 만족시키기 위한 해석이 아니다. 그것은 간절한 신앙적 요구이며, 도덕적인 갈망이고, 사회적 복종이며, 사회적 주장이고 심지어 실제적 수요이나 서사를 통해서 재현되는 원시적 현실이다. 신화는 원시 문화에서 결코 없어서는 안 되는 기능을 가지고 있다. 그것은 신앙을 표현하고 증강시키며, 다른 것과의 관계를 조화시킨다. 그것은 도덕적 관념을 보호하고 유지시키며 강화한다. 그것은 의식의 효능을 보증함과 아울러 사람들을 인도하여 준칙을 실천하도록 한다. 때문에 신화는 인류 문명을 구성하는 아주 중요한 성분 중의 하나이다. 그것은 한가롭게 즐기는 옛이야기가 아니라 적극적으로 노력하기 위한 힘이다. 그것은 이성적인 해석이나 예술적인 환상이 아니라 원시 신앙과 도덕의 실용적 헌장이다. […] 신화는 신성한 것으로 여겨지며, 의식이나 도덕 그리고 사회 조직 속에 존재하며, 그것은 또한 원시 문화에서 분리될 수 없는 적극적인 구성 성분 중의 하나이다. 이러한 종류의 이야기들은 무료함을 달래기 위한 재미 때문에 존재하는 것도 아니고, 사람들이 단지 기상천외하게 만들어 낸 허구가 아니라 진실한 이야기로 간주된다. 토착민들에게 있어 신화는 오늘의 현실보다 더욱 중요한 것으로, 인류와 더욱 밀접하게 관련되어 있는 원고의 현실이다. 현대인들의 생활이나 운명 그리고 여러 가지 활동들은 모두 신화로부터 결정된 것이다. 신화는 의식(儀式)이나 도덕 행위의 동기를 제공하며 사람들이 이러한 활동을 어떻게 진행할 것인지를 알려준다.[124]

그는 무엇보다도 신화를 '문화적인 힘'(cultural force)[125]으로 생각하였다. 그에 따르면 '신화는 원칙적으로 사회적 헌장(sociological charter)을 확립시키는 데 기여하였거나, 혹은 행위의 도덕적인 규범을 과거로 소급시켜 주

124 Alan Dunds 著/朝戈金 등 譯,《西方神話學讀本/*Sacred narrative: readings in the theory of myth*》(桂林: 廣西師範大學出版社), pp. 244-250.
125 말리노우스키 지음/서영대 옮김, 앞의 책, p. 83.

며, 태초에 있어서 주술(呪術)이 이룩한 두드러진 기적을 입증하는 데 기여하였다'.[126] 아울러 '신화는 전통을 강화하고, 태초의 사건이라는 좀더 지고하며, 좀더 훌륭하며, 좀더 초자연적인 실재(實在)로 거슬러 올라감으로써 전통에 대해 좀더 큰 가치나 권위를 부여해 준다'.[127] 때문에 '신화는 현재의 생활 속에서도 여전히 생동하고 있는 태초의 진실에 관한 서술인 동시에, 선례로 내세움으로써 무언가를 정당화시키는 것으로, 윤리적 가치·사회적 질서·주술 신앙의 과거로 소급된 전형을 제공한다. 그러므로 신화는 모든 문화의 필수불가결한 요소이며 끊임없이 재생되고 있다'.[128] 한마디로 그는 신화를 실용성을 갖춘 도구로서 사람과 사람, 사람과 자연의 관계를 조절할 수 있다고 본 것이다. 현지 조사를 통해 원시 집단의 신화가 독립된 생명을 가진 '살아 있는 실체'이며, 결코 그리스·로마 신화나 서아프리카의 부속품이나 참고자료가 아니라는 것을 증명하였다.

말리놉스키의 기능주의신화학이 신화의 연구에 미친 공헌은 첫째, 신화 기원의 연구에만 몰두하였던 19세기의 연구 경향을, 신화가 현실 생활에서 가지고 있는 실제적인 기능을 연구하는 것으로 전향하도록 추진하고 실현하였다는 것이다. 19세기 신화 연구자들은 기본적으로 '신화의 기원은 무엇인가?'에 대해서만 모든 관심을 집중하였다. 말리놉스키의 기능주의 이론은 설사 신화가 어떻게, 어떤 사회에서 기원하였든지 간에, 그것이 가지고 있는 실질적인 기능이 무엇인가를 연구하는 데 학자들의 관심이 집중되도록 연구의 추세를 전향시켰다. 이후 많은 연구자들이 그의 영향을 받아서 시야를 광활한 현장으로 돌리게 되었고, 또한 살아 숨 쉬는 현실 생활에 뛰어들어 신화를 연구하게 되었다.

126 위의 책, p. 85.
127 같은 곳.
128 같은 곳.

둘째, 말리놉스키는 일찍이 언어 환경에서의 신화 연구의 중요성을 인식하였다. 때문에 그는 신화와 다른 사물의 현상 사이와의 상호 관계에 대해서 관심을 집중하였을 뿐 아니라 신화와 전설 등의 강술 배경, 강술 방식, 강술 과정, 강술자와 청중의 흥미와 태도 등에 주의하였다. 이러한 연구 방식은 신화가 실제적으로 어떻게 생존하며 또 어떤 강술 환경에서 전승되는가 등의 복잡한 관계를 파악하는 데 도움을 주었으며, 훗날의 공연이론(Performance Theory)과의 상관 관계를 연구하는 데 직접적인 계기를 마련해 주었다.

셋째, 말리놉스키의 일련의 신화적 논술은 이미 사람들이 신화의 본질을 인식하는 기본적인 가설의 일부분이 되었다. 그는 신화가 신성성을 구비하고 있으며, 신앙의 사회적 현장이며, 신앙·의식(儀式)·도덕·사회 조직 등의 모든 문화 현상이 존립할 수 있도록 신성한 기초를 제공하며 그것을 합법적으로 증명한다고 인식하였다. 이러한 그의 주장에 문제점이 없는 것은 아니지만, 일반적인 구비 전승을 연구하는 일반 학자든지 아니면 구체적인 신화를 연구하는 전문 학자들이든지 상관없이 모두 그의 이론에 영향을 받았다고 할 수 있다.

넷째, 말리놉스키의 최대의 공헌 중 하나는 신화를 연구하는 데에 있어서 직접 현지 조사를 통해 관찰하고 연구하는 전통을 수립했다는 것이다. 인류학자라고 하면 당연히 그들이 연구하는 사람들의 무리 속으로 들어가서 그들의 실제 일상생활을 심도 있게 그리고 전반적으로 연구해야지, 선교사나 여행객들에 의해서 우연하게 수집된 자료만을 가지고 연구를 진행해서는 안 된다고 그는 주장하였다. 그의 이러한 방법은 연구자가, 신화가 생존하고 있는 사회와 언어 환경에서, 신화가 전승되고 있는 살아 있는 분위기와, 신화가 이러한 특정한 문화 환경에서 차지하고 있는 위치와, 또 그것이 발휘하는 기능을 직접 느끼고 인식하도록 하였다. 이는 훗날 인류학자들의 신화 연구에 매우 깊은 영향을 미쳤다.

그러나 기능주의에 의한 신화 연구가 가지고 있는 가장 커다란 단점은 바로 비역사적인(ahistoric) 경향이다. 기능주의는 문화의 여러 요소가 전체 문화 속에서 차지하는 위치나 그것이 어떻게 작용하는가를 집중적으로 연구하고, 또 주변의 기타 문화 요소와 어떤 관계를 가짐으로써 하나의 정체(整體)가 되는지 등에 대해서 고찰하는 것이 연구의 핵심이라고 할 수 있다. 때문에 신화와 역사와의 관계에 있어서는 상대적으로 홀시하였다는 비판을 받았다.

다음으로 말리놉스키가 오로지 트로브리안드 군도라고 하는 작은 섬만을 현지 조사의 대상으로 삼아 신화를 연구한 것이 과연 보편성을 가질 수 있는가에 대한 비판이다. 예를 들어 말리놉스키에 따르면 트로브리안드 토착민들은 신화와 전설 그리고 민담을 모두 보유하고 있다. 그러나 현존하는 다른 원시 부족 중에는 트로브리안드 군도의 토착민들처럼 신화와 전설 그리고 민담을 모두 보유하고 있는 부족도 있고, 또 신화만을 가지고 있거나 신화와 전설만을 가지고 있는 부족도 있다. 이는 연구의 대상이 벌써 보편성이 결여되었음을 보여 주는 실례라고 할 수 있다.

또한 말리놉스키가 주장하였던 '신화의 신성성'이 민속학이나 인류학의 연구에 많은 영향을 미치기는 하였지만, 오늘날까지 전승되고 있는 복잡하고 다양한 신화 강술과 신화 양태가 모두 신성성을 가지고 있다고 말할 수는 없다. 예를 들면 대부분의 그리스 신화는 의식(儀式)과 관련한 신성성을 가지고 있지 않으며, 중국 신화 역시 완전히 의식과 관련된 것이라고 말할 수 없다. 신화에 대한 신앙의 정도는 실제로 민족이나 지역에 따라서 상당한 차이가 있는 것이 사실이다. 때문에 '민족학은 살아 있는 신화를 연구한다고 하는 강한 의미가 있지만, 한 지역에서의 신화 조사는 아무리 뛰어난 것이라고 하더라도, 신화의 일반 이론을 형성함에 있어서는 커다란 한계를 가진다는 점을 명심할 필요가 있다. 깊이 있고 국지적인 연구와 폭넓은 비교의 시야가 상호 수반되는 것이야말로 신화 일반의 이론 형성을 가능하게 하는 것이다'.[129]

2) 심리학적 분석을 통한 신화 해석

신화의 심리학적인 분석은 주로 신화가 가지고 있는 개인 내면적인 세계와 창조적인 측면을 중심으로 진행되어 왔다. 니체(Nietzsche, 1844-1900), 분트(Wundt, 1832-1920), 프로이트(Sigmund Freud, 1856-1939), 융(Jung, 1875-1961) 등이 대표적인 학자이다. 이 중 신화의 심리 분석적 해석에 가장 큰 영향을 미친 사람은 프로이트이다. '오이디푸스 전설과 토테미즘, 그리고 신성불가침(Tabuismus)에 관한 상론(詳論)은 신화의 심리 분석적 해석의 발단'[130]이 되었으며, 그가 제시한 '의식과 무의식의 관계, 그리고 그것이 상징화의 과정에서 미치는 영향에 대하여 기술한 바는 신화에 대한 현대의 정신분석학적 접근법의 기틀이 되었다'.[131]

1895년 프로이트는 신경증 환자의 심리 분석을 토대로 정신분석학을 창시하였으며, 이후 《꿈의 해석》(*Die Traumdeutung*)과 《정신분석학 입문 강의》 등의 저술로 그의 정신분석학의 이론은 전 세계적으로 큰 영향을 미치게 되어 그 역시 20세기 가장 영향력 있는 사상가 중의 한 사람으로 꼽히게 되었다.

'프로이트에 의하면 인간의 정신 과정(영혼 과정)은 의식되지 않은 것, 의식되기 이전의 것, 의식된 것 등 세 가지 동적 요소에 의해서 구성된다.

129 大林太良 著/兒玉仁夫·權泰孝 譯, 앞의 책, pp. 43-44.
130 쿠르트 휘브너 지음/이규영 옮김, 《신화의 진실》(서울: 민음사, 1995), p. 64.
131 정재서·전수용·송기정, 《신화적 상상력과 문화》(서울: 이화여자대학교출판부, 2010), p. 323.

정신 과정을 엄청나게 큰 빙하 덩어리에 비교할 경우, 물속에 잠긴 가장 큰 부분은 의식되지 않은 것에, 물위로 나올 듯 말 듯 한 중간 부분은 의식되기 이전의 것에, 그리고 물위에 나와 있는 극히 작은 부분은 의식된 것에 해당한다. 결국 인간의 정신(영혼)은 의식적 영혼과 무의식적 영혼이라는 두 가지 의식의 합작품인데, 의식적 영혼은 의식적인 생각과 모든 기억을 포함한다. 무의적 영혼은 성적이고 파괴적이며 충동과 욕구를 함께 가지고 있다. 정상인은 두 정신을 조화시키는 인간이지만, 신경증 환자는 두 정신 간의 조화를 상실하고 정신이 병든 인간이다.'[132]

프로이트는 종교 현상과 강박신경증을 서로 유사한 것으로 인식하여 '강박신경증을 종교의 병리학적 내용물로 파악하고, 신경증을 개인의 종교성(宗教性)으로, 종교를 보편적인 강박신경증으로 파악하는 것도 가능하며, 양자는 인간의 내부에 깃들여져 있는 타고난 본능 발현의 체념이라는 점에서 서로 유사하나, 차이가 있다면 신경증의 경우 이 본능은 성적인 것에서 오는 것인 데 비해서 종교의 경우에는 이기적인 데서 솟아오른다'[133]고 보았다.

오이디푸스 콤플렉스(Oedipus complex)는 프로이트의 정신분석학의 이론에서 자주 언급되는 개념이다. 프로이트는 그리스 신화의 오이디푸스 비극을 차용하여 성적 충동에 의한 아들의 어머니에 대한 사랑과 아버지에 대한 증오의 정서를 설명하였다. 그는 인류 문화 초창기에 실제로 부친 살해와 근친상간의 원초적 경험이 있었을 것이며, 이것이 토테미즘의 핵심을 이루는 두 가지 규정, 즉 토템을 죽여서는 안 된다는 것과 동일한 토템에 속하는 여성은 성적 목적으로 삼아서는 안 된다는 규정의 기원이라

132 강영계, http://terms. naver. com/entry. nhn?docId=730810(2012_02_02).

133 지그문트 프로이트 지음/이윤기 옮김, 《종교의 기원》(서울: 열린책들, 1997), pp. 200-201.

고 말한다. 또한 이러한 토테미즘의 두 가지 규정은 오이디푸스가 범한 두 가지 죄악, 즉 아버지를 죽이고 어머니를 아내로 삼은 죄악과 정확하게 일치한다고 보았다.[134] 어머니를 둘러싼 삼각 관계로부터 생기는 아버지에 대한 증오와 아버지를 살해하고자 하는 아들의 무의식적인 동경이 승화되어 있는 것이 오이디푸스 신화라는 것이다. 또한 프로이트는 토템과 터부는 단지 무의식적 원죄의 표출로 보았다. 그가 추정한 바에 따르면 아득한 옛날에 절대적인 폭력을 가진 남성이 무리의 주인이나 아버지로 군림하면서 무리내의 여자는 물론 약탈해 온 여자들을 독점하고 아들들을 포함한 다른 남성들은 모두 추방하였다. 이후 추방당한 형제들이 힘을 합쳐 아버지를 살해하고 여성들을 차지하게 되나, 아들들은 아버지를 죽였다는 죄의식을 느끼게 됨에 따라 이들은 자신들의 이러한 원죄를 토템 동물에 전이하여 살해된 아버지의 대용물로 삼아서 신성시하였다. 그리고 무리 내의 여성들에게 금욕의 계명을 수립하고 대신 다른 무리의 여자들과 결혼을 하는 족외혼의 풍습이 생겼다.[135]

프로이트는 또 〈불의 입수와 지배〉라는 논문을 통해서 꿈을 해석하듯이 프로메테우스 신화를 다음과 같이 분석하였다. 신화에서 티탄족의 문화영웅 프로메테우스는 신들의 불을 훔쳐 그 불씨를 회향나무 대롱에다 넣어 인간에게 가져다준다. 여기서 회향나무 대롱은 남자의 성기를 상징하며, 불은 남자 성기 속의 오줌 줄기를 상징한다. 불이 정반대의 오줌 줄기와 대비된 것은 꿈에서 흔히 나타나는 정반대 되는 것으로의 방향 전환, 관계의 전도(顚倒)와 같은 도착(倒錯) 관계에 의한 것이다. 프로메테우스가 불을 훔친 행위는 바로 범죄 행위로, 이는 인간에게 허용되지 않은 욕망의 충족을 위한 충동적인 삶의 상징이다. 프로메테우스는 처벌을 받아 암벽에

134 위의 책, p. 391.
135 위의 책, pp. 114-115. 쿠르트 휘브너 지음/이규영 옮김, 앞의 책, pp. 64-65.

사슬로 묶여서 독수리가 날마다 와서 그의 간을 파먹는 형벌을 받는데, 여기서 간은 모든 정열과 욕망이 들어앉는 자리의 상징이고, 프로메테우스가 받는 형벌은 충동에 사로잡힌 채 죄를 범한 성범죄에 대한 벌이다. 또한 독수리가 파먹을 때마다 재생되는 프로메테우스의 간은, 매일같이 충족시켜도 그 다음날이면 다시 차오르는 성적 욕망을, 그리고 간을 파먹는 새는 남근을 상징한다. 마지막으로 문화에 유익한 행위를 신화에서 벌 받아 마땅한 범죄 행위로 다루고 있는 것은 이 문화 영웅이 불씨를 보존하기 위해서 본능에 쫓기는 인간, 즉 남성들이 불을 향하여 소변을 보고 싶어 하는 남성적 욕망을 억압함에 따라 증오의 감정을 불러일으켰기 때문이라고 해석하였다.[136]

신화의 심리학적 해석은 지금까지 밝혀지지 않았던 인간 내면 세계에 대해서 새로운 이해를 할 수 있게 하였다. 또한 정신적 해방의 한 수단으로 신화가 이해되고, 또 그것이 과학적 방법을 통해서 그러한 영적 삶의 법칙을 도출해 낼 수 있다고 믿게 됨으로써 신화가 가지고 있는 어느 정도의 필수불가결성을 더욱 새롭게 인식시켰다고 할 수 있다.[137]

3) 원시 사유에 의한 신화 해석

신화학자라면 누구나 원시 사유와 현대 사유의 차이점에 대한 생각을 가지게 된다. 이는 신화가 원시인의 사유 체계에 의해서 구성된 것이고, 또 그러한 사유 체계는 현대인의 그것과는 매우 다른 유형의 특징을 드러내고 있기 때문이다. 원시 사유는 신화적 사유와 불가분의 관계를 맺고 있다. 어떤 면에서 그것은 구분되지 않는 동일한 사고 체계라고 해도 과언이 아

136 지그문트 프로이트 지음/이윤기 옮김, 앞의 책, pp. 431-441.
137 쿠르트 휘브너 지음/이규영 옮김, 앞의 책, p. 65.

니다. 신화 연구의 출발점이 원시 사유에 대한 연구라는 점에서 원시 사유에 대한 연구는 바로 신화의 연구와 같은 것이라고 할 수 있다.

원시 사유에 대한 연구를 한 단계 더 높이 끌어올린 사람이 바로 프랑스의 인류학자 뤼시앵 레비브륄(Lucien Lévy-Bruhl, 1857-1939)이다. 그는 수없이 많은 선교사들의 논문과 방대한 양의 민족 문학지, 그리고 원시 문화를 다룬 여러 여행가들의 보고서 등을 통해서 모든 사회가 다 이성적이며 논리적인 사고를 가치 있다고 여기는 것은 아니고, 항상 그것만을 취하는 것도 아니라는 것, 그리고 원시 사회를 이해하기 위해서는 원시 사유에 대한 이해가 있어야만 가능하다는 것을 제시하였다.

레비브륄은 '원시인의 정신 세계와 문명인의 정신 세계 사이에 존재하는 차이는 관념들이 연결되는 방식과 관련되어 있다고 보았다. 이처럼 우리와는 다른 방식으로 드러나는 원시인의 정신 세계를 그는 전(前) 논리적(pre-logical)이라고 불렀다'.[138] 레비브륄이 제시한 이러한 '전 논리적 사고'(pre-logic thought)에 대해서 레비스트로스와 같은 학자는 우리의 오성(悟性)의 논리와는 전혀 다른 논리로, 문명인의 사고보다 한 단계 열등한 사고 내지 논리적 사고 이전의 단계라고 본 것이라 하여 철저하게 비판을 가하기도 하였다.[139] 이와는 반대로 레비브륄이 말하는 '전 논리적 사고'는 '원시인의 정신 세계가 우리의 그것과는 다른 논리에 근거하는 것을 말하는 것이 아니며, '반'(反/anti-) 논리적인 것을 의미하는 것도 아니고, 또한 모든 사고 발달 단계에서 논리적 사고의 출현 이전 단계를 의미하는 것도 아니다. 그것은 원시인의 정신 생활 속에서 논리적인 것과 전 논리적인 것이 공존하고 서로 밀접하게 연결되어 있음'[140]을 말한 것으로, '전 논리적인 것

138 뤼시앙 레비브륄 지음/김종우 옮김,《원시인의 정신세계》(서울: 나남, 2011), pp. 621.
139 미야모토 코우지 지음/양인실 옮김,《삐탁이로의 초대》(서울: 모멘토, 2004), p. 299.
140 뤼시앙 레비브륄 지음/김종우 옮김, 앞의 책, p. 622.

에서 논리적인 것으로의 단선적 발전을 거부한 것'[141]으로 보기도 한다.

신화는 원시 사유의 결정(結晶)이다. 전 논리적 사고가 문명인의 논리적 사고 이전의 단계를 말하는 것이든, 아니면 원시인만이 가지고 있는 독자적인 사고의 체계이든, 원시 사유와 현대 사유의 차이는 매우 분명하다. 원시 사유는 그 자체의 특징을 가지고 있다. 문명화된 현대 사유가 사색과 논리를 바탕으로 함은 분명하다. 그러나 현대인의 사고라고 해서 모든 것이 논리적이지는 않다. 대부분 일상생활에서 사고는 경험적이고 본능적이며 감성적이다. 그 시대의 많은 이론가들처럼 레비브륄도 원시 사유에서 현대 사유로 이어지는 역사적이고 진화적인 목적론을 신봉했음이 분명하다. 그러나 더욱 중요한 것은 그의 의도가 원시 문화를 폄하하자거나 더 하위 개념의 문화 상태로 보자는 것이 아니라, 원시 문화가 그들 자신의 방식으로 연구되어져야 한다는 것이다. 이런 관점에서 고대 신화의 연구에 레비브륄의 공헌은 매우 지대하다고 할 수 있다.

레비브륄이 제시하는 원시 사유에 대한 가장 중요한 관점은 '집단 표상'(集團表象/collective representation)과 '참여의 법칙'(loi de participation/The Law of Mystical Participation), 그리고 '신비적 사고'(mystical thinking)로 정리할 수 있다. 중요한 것은 이 삼자가 제각기 분리된 상태로 존재하는 것이 아니라 서로 연계되어 작용한다는 것이다.

먼저 '집단 표상'은 '집합 표상'이라고 부르기도 하는데, 프랑스의 사회학자 에밀 뒤르켐(Emile Durkheim, 1858-1917)의 주장을 발전시킨 것이다. 에밀 뒤르켐은 종교가 인류 문화의 기본 요소임과 아울러 독특한 집단 사상의 산물로 보았다. 그에 따르면 인류에게는 두 가지 의식 유형이 있는데, 하나는 개인의 의식이고 다른 하나는 집단 표상이다. 집단 표상은 개인 표상(individual representation)과는 반대되며 집단 성원의 합의(consensus)라는 개

141 위의 책, p. 624.

념과 유사하다. 집단 성원 모두가 공유하며 집단 성원의 개인 심리보다 더 숭고하다. 집단 표상은 결코 개인 의식의 집합이 아니며, 또한 직접적인 경험을 통해서 취득되는 것도 아니다. 사회가 개인에게 강요하는 것으로 개인에 대해 강제적인 힘을 행사한다. 따라서 집단 표상은 외부적인 압력요인으로 작용하기도 한다. 왜냐하면 집단 표상은 끊임없이 서로를 인정하고 동조하게 하는 힘을 갖고 있기 때문이다. 개인이 사망할 때도 집단은 여전히 존재하는 것과 같이 집단 표상도 역시 여전히 존재한다.

레비브륄은 이러한 집단 표상은 집단 속에서 대대로 이어진다고 보았다. 그것들은 집단의 모든 사람들에게 깊은 낙인으로 남으며, 동시에 어떤 상황에서나 집단 성원 모두가 공통으로 존경 또는 공포나 숭배 등등의 감정이 생성되도록 하는 힘을 발휘한다. 그것은 개인에 의해서 결정되는 것이 아니다. 그 이유는 '원시인의 정신 세계가 무엇보다도 집단적이기 때문이다. 그것은 어떤 주어진 사회 집단의 구성원들에게 존재하는 공통적 현실 인식 방법을 말한다'.[142] 원시인들의 집단 표상은 현대인의 개념마냥 그렇게 지력을 통한 결과가 아니다. 원시인들이 특정한 동식물을 숭배한다는 것은 실제로 그러한 동식물 자체를 숭배한다기보다는 그 동식물이라는 집단 표상을 통해서 그들 집단의 결속을 다진다는 뜻이다. 결과적으로 그들은 자기 자신들, 그리고 그들이 속한 집단을 숭배하는 셈이다. 또한 그것은 개인보다 우선하여 존재하며 또 개인보다 오랫동안 존재한다.

레비브륄은 집단의 문화 모델은 대대로 전승되고 계승된다고 보았다. 그것은 개인의 연속이나 전승이 아니라 집단을 통해서 실행되는 집단적 전승이라는 것이다. 그의 이러한 관점은 원시 문화 내지 인류 문화의 중요한 전승 모델을 도출해 내었으며, 인류 문화의 집단적 특징을 연구하는 데 큰 문을 열었다고 할 수 있다. 집단 표상의 개념은 에밀 뒤르켐에서 시작되

142 위의 책, p. 621.

어 레비브륄을 거쳐 다시 앤드류 랭에 이르러 집단 무의식으로 발전하게 되었다. 이것은 사회학적인 개념의 집단 표상이 심리학적인 개념인 집단 무의식으로 전환된 것으로, 실제로 랭의 집단 무의식의 개념은 레비브륄의 집단 표상을 기초로 형성된 것이라고 할 수 있다.

다음으로 '참여의 법칙'(loi de participation/The Law of Mystical Participation)은 융즉(融卽) 혹은 융합의 법칙이라고 한다. 한마디로 우리들의 인과율(因果律)과는 다른, 인류를 포함한 모든 존재들의 상호작용과 영향을 말하며, 전혀 다른 것을 동일한 것으로 간주하는 사고 방식이기도 하다. 레비브륄은 원시 사유의 참여의 법칙과 집단 표상의 사유가 서로 연계되어 있다고 보았다.

"이 법칙을 통해 존재들은 자기 자신인 동시에 자신과는 다른 어떤 것이 될 수 있다. 원시인의 정신 세계는 자신이 속한 '종'으로부터 '개인'을 분리시키지 않으며, 한 집단을 떠나서 인간의 인격을 인식하지 않는다. 뿐만 아니라 '육체'는 '정신'과 분리되지 않는다. '자아'는 육체로 제한되는 것이 아니라 개인의 소속물(머리카락, 발자국, 의복 등)과 주변의 환경으로까지 확장된다. 개인과 그 소속물 사이의 참여 관계는 추론을 통해 느껴지는 것이 아니라 즉각적으로 느껴진다."[143]

참여의 법칙을 좀더 쉽게 말하면 중국 문학에서 말하는 주체와 객체, 나와 대상이 하나가 되는 경지인 정경교융(情景交融/feeling and setting happily blended)이나, 중국 철학의 가장 기본적인 화두라고 할 수 있는 천인합일(天人合一), 즉 기본적으로 인류는 단지 천지만물 중의 일부라는 인식에서 출발하여 대자연과 인류가 서로 이해하고 서로 우의를 나누며 언제든지 서로 소통하는 일체라고 하는 개념이나, 또 불가의 일체유심조(一切唯心造)나 심외무물(心外無物)의 개념과 같다고 할 수 있다. 그런데 이러한 참여의 법

143 위의 책, pp. 623-624.

칙에 따른 사유 방식은 문제를 인식할 때에 아주 쉽게 신비적 경향으로 흐르게 된다. 왜냐하면 그것은 객관적 논리 체계에 의한 단순한 이해가 아니라 정신적 깨달음 내지 대상과 완전하게 하나로 합일되거나 또는 철저하게 버려 버리는 것을 중시하기 때문이다. 원시인들은 사유한다기보다는 감각하고 체험했을 따름이다. 믿으면 존재하고, 믿지 아니하면 존재하지 않는다(信則有, 不信則無). 미신을 논리적으로는 증명할 수 없으나, 그것을 신봉하는 사람에게는 미신의 의외의 힘을 발휘하는 것과 같다.

레비브륄의 신화 연구에 대한 공헌은 원시 신앙을 형성하는 기본적인 사유 구조를 밝혀내었다는 것이다. 프레이저는 주술을 모방 주술과 접촉 주술로 구분하였다. 그는 이런 원시 신앙의 수많은 예를 열거하였지만 그것이 가지고 있는 사유 구조에 대해서는 깊이 있는 분석을 하지 않았다. 이에 비해 레비브륄은 원시인들이 원시 신앙을 가질 수밖에 없었던 근본적 원인이 그들이 가진 참여의 법칙에 있었음을 명확하게 밝히고 있다.

'신비적 사고'(mystical thinking)는 '전 논리적 사고'와 더불어 원시 사유의 동일한 기본 속성의 두 가지 측면이며, 이는 원시인의 사유 방식에 의한 필연적인 결과라고 레비브륄은 말하고 있다. 그에 따르면, 원시인들은 객관사물에 대한 감지와 인식의 능력이 비교적 저조하기 때문에 객관사물과 객관 현상의 인과 관계를 인식할 수 없었다. 이로 말미암아 각종 사물과 현상에 대해서 신비적 사고를 가질 수밖에 없었다.[144] 신비적 사고는 한마디로 '보이지 않는 어떤 힘들과 영향력에 대한 믿음과, 지각할 수 없지만 현실적인 행동들에 대한 믿음'[145]을 의미한다.

그에 따르면 원시 사유는 신비하고 전(前) 논리적인 특성을 지닌다. 그것은 초자연적인 것과 자연적인 것, 물질적인 것과 정신적인 것, 자아와 비

144 毛增水, 앞의 책, p. 347.
145 뤼시앙 레비브륄 지음/김종우 옮김, 앞의 책, p. 621.

자아 사이를 구별하는 것을 말하는 것이 아니다. 그보다는 신비스러운 힘과 더불어 세상에 참여함을 말한다. 다시 말해서 논리적이거나 귀납적인 추론을 사용하여 객관 사물에 대해 이해하는 것이 아니라, 언제나 직접적 경험을 통해서 초현실적인 힘이 운용되는 데 신비스럽게 참여하는 것이다.

레비브륄에 따르면 원시인들의 '전 논리적 정신 세계는 어떤 사건이 벌어지자마자 즉각 그것을 통해 드러나는 보이지 않는 힘을 생각한다. 이례적인 일이 벌어진다고 해도, 원시인의 정신 세계는 곧바로 거기서 보이지 않는 힘을 알아차린다. 원시인의 집단 표상 속에서 감각 세계(감각적으로 포착할 수 있는 세계, 보이는 세계)는 다른 세계(눈에 보이지 않는 세계)와 동일하다. 원시인들에게 보이지 않는 존재들은 보이는 존재들과 분리될 수 없다. 보이지 않는 것도 보이는 것 못지않게 직접적이다. 그것은 더 활동적이고 무시무시하다. 오히려 보이지 않는 것이 원시인의 영혼에서 더 많은 부분을 차지하고 있다. 모든 것이 매순간 신비한 힘에 의존하고 있기 때문이다. 이들 보이지 않는 힘들에는 죽은 사람들의 혼령(魂靈)들, 동식물을 포함해 생명이 없는 강과 바위 등에 생기를 부여하는 정령(精靈)들, 그리고 주술사의 행동에서 생겨나는 마법(魔法)이나 요술(妖術)이 있다. 원시인들이 자연사마저도 모두 주술에 의한 것으로 생각하는 것은 바로 보이지 않는 힘에 의한 것이라고 하는 신비한 사고가 언제나 함께하고 있기 때문이다'.[146]

원시인들의 신비한 사고의 근원은 공포의 심리로부터 비롯된 것이라고 할 수 있다. 원시인들의 모든 활동은 강력한 감정적인 성질을 가지고 있다. 이성 사유가 박약한 상태에서 감정의 조절 능력은 떨어지고 정서적 파동은 크게 된다. 자연 속에 놓인 원시인들의 삶은 언제나 위험과 공포의 연속이다. 이러한 위험과 공포심은 매우 자연스럽게, 눈앞에 보이는 현상의 뒤에 존재하는 보이지 않는 신비한 힘의 존재를 감지하게 하였다. 원시인

146 위의 책, pp. 83-95.

의 집단 표상에서는 객관사물과 현상이 모두 감각되는 신비한 힘과 성질을 갖추고 있다. 이러한 신비한 사고는 접촉, 감정이입, 감응, 투사 등의 상호 영향과 작용의 형식, 즉 참여의 법칙에 의해 다른 객관사물과 현상에 작용하게 된다. 이로 인해서 그러한 객관사물과 현상이 이왕에 그것들 자신이자, 동시에 기타의 사물과 연계되게 된다. 원시인들의 전 논리 사고는 원시 사유로 하여금 독특한 사유적 특성을 표출하도록 하는 것이다. 결국 집단 표상과 참여의 법칙 그리고 신비적 사유로 대표되는 원시 사유는 서로 교차하고 융합되는 관계라고 할 수 있다.

4) 구조주의에 의한 신화 해석

구조주의신화학파(School of Structuralism)는 1950년대에 형성되어서, 60년대에 성행을 하다가 70년대에는 이미 쇠퇴하기 시작하였다. 이 학파의 대표자는 20세기 최고의 인류학자이자 구조주의신화학으로 잘 알려진 프랑스의 레비스트로스(Claude Levi-strauss, 1908-2009)이다. 그가 신화의 연구에 열중하였던 것은 시대적 배경과 밀접한 관계가 있다. 당시 프랑스를 비롯한 유럽은 제2차 세계대전의 여파로 사르트르를 중심으로 하는 실존주의 철학이 크게 맹위를 떨치고 있었다. 실존주의는 전쟁 중에 벌어졌던 전무후무한 대량학살을 직접 목도한 유럽 지식인들의 존재론적 철학, 본질론적 사고, 이성 중시의 서양 철학에 대한 회의로 인하여 발생한 철학 사조이다. 레비스트로스는 이러한 비이성주의적인 철학 사조를 반대하고 인류의 본질에 대해 깊은 관심을 기울였으며, 친속 관계·원시 예술·원시 종교·토템 숭배 등과 같은 인류의 여러 문화 현상을 연구함으로써 그 속에서 이러한 문화 현상을 창조한 인류의 사상이 준수하고 따랐던 보편적 규칙을 찾아내고자 하였다. 이를 위해 그는 겉으로 보기엔 지극히 자유스럽고 어느 것에도 얽매이지 않은 것처럼 보이는 신화를 연구의 대상으로 삼아서 인류의 사유를 결정하는 보편적 규칙을 찾아내고자 하였다.

레비스트로스의 구조주의신화학은 인류 신화의 보편적 구조를 탐구하는 것을 목적으로 하는 이론신화학이다. 하나하나의 구체적인 신화를 연구하지만 그러나 궁극적인 목적은 개별적인 신화의 연구에 있지 않으며, 심지어 어느 한 민족 또는 어느 한 사회의 신화를 해석하는 데 있지도 않다. 구조주의신화학이 추구하는 것은 오로지 인류의 모든 신화의 가장 깊은 곳에 숨어 있으면서 모든 신화 텍스트의 면모를 결정하고 있는 보편적 구조와 규칙, 그리고 의미를 창조하는 모델을 찾고자 하는 것이다. 다시 말해서 신화의 심층 구조나 신화 현상의 가장 보편적 현상을 찾아내는 데에 구조주의신화학의 목적이 있다고 할 수 있다. 그리하여 그는 마침내 인류의 신화적 사고(Mythical thinking) — 신화를 창조하는 소위 원시적 사고 — 의 이론적 규칙을 찾아내게 되었다.

레비스트로스가 말하는 야생의 사고, 즉 신화적 사고는 다음과 같은 세 가지 특징을 가지고 있다.

첫째 신화적 사고의 가장 중요한 특징은 구체의 과학(science of concreteness)이라는 것이다. 신화적 사고는 문명인의 사고와 대립되는 사고가 아니라 문명인이 가진 사고의 일부이다. 다만 문명인의 사고가 '추상의 과학'(science of abstraction)인 데 비하여 미개인의 사고는 '주술적'이고 '감각적'인 '구체의 과학'이라고 할 수 있으며 이것이 바로 신화적 사고이다.

문명인의 사고를 추상의 과학이라고 하는 것은 자연의 섭리를 설명하고 정리하는 방법 중 하나에 대단히 추상적인 불확정성 원리가 작용되고 있기 때문이다. 과학 원리의 발명은 대단히 추상적인 가설에 의해서 시작된다. 그러한 추상적 가설을 두고서 수많은 실험과 관찰을 통해서 일정한 논리 체계의 법칙을 세우는 것이 바로 현대과학의 과정이다.

이에 비해 신화적 사고는 정서적 측면과 지적인 측면이 모두 강조되는 구체의 과학이다. 왜 신화적 사고를 '구체의 과학'이라고 하는가? 먼저 신화는 신의 세계나 초자연적인 존재들의 세계를 상상하고자 하면 물고기, 동물, 초목 등의 모든 구체사물을 은유로 사용한다. 또 신화는 반드시 어떤 구체적 사건을 열거하고 그것의 결과로서 초래된 기원을 설명한다. 예를 들어 판도라의 상자 때문에 인류는 불행을 알게 되었고, 공공과 전욱의 투쟁 때문에 하늘의 별들은 북극성을 중심으로 모이게 되었고, 또 그로 인해 중국의 지형은 서쪽은 높고 동쪽이 낮게(西高東低) 되었으며, 그에 따라 강물이 모두 서에서 동으로 흐르게 되었다는 것 등이 그렇다.

둘째, 야생의 사고는 분류를 통해서 세계를 인식한다. 구체의 과학 역시 추상의 과학과 마찬가지로 질서를 기초로 한다. 다만 구체의 과학은 감각적인 것(the sensible)을 사용한다. 사람들은 감각기관을 통해서 세계를 직관적으로 느끼게 되며, 대뇌가 이러한 정보를 이해하고 사고하며 정리하여서 이러한 정보의 속성을 확정한다. 그러나 대뇌는 이러한 정보를 세계에 관계된 전체적인 인식과 융합시키지 않고 그것을 분류하게 된다. 이렇게 되면 세계는 대량의 개별적인 사물의 집합체로 변하게 된다. 이러한 과정으로 대뇌에는 자연 세계를 인식하는 분류의 체계가 형성된다. 대뇌에 형성된 분류의 체계는 사람들이 문화상품을 창조할 때에 무의식적으로 문화상품에 부여되어서, 대뇌는 이미 가지고 있는 자연계의 분류 체계를 사용하여 인공적으로 창조한 것들을 배열하고 분류한다. 이렇게 되면 바로 문화 질서와 자연의 질서가 서로 일치하게 된다.

원시의 토템은 바로 이러한 분류의 과정이 나타난 것이다. 다시 말해서 원시인들의 가장 빼어난 과학적 분류법인 토테미즘(totemism)은 자연의 종(種)에다가 문화적 기능을 부여하는 것이고, 자연의 종은 사회적 분류로 작용하는 것이다. 즉 자연계에 존재하는 캥거루·물총새·비단뱀·펠리컨·잉꼬 등의 동식물을 가지고 문화계의 인종들을 캥거루 부족·물총새 부족·비단뱀 부족·펠리컨 부족·잉꼬 부족 등으로 분류하는 것이다. 즉 자연계의 차이를 문화계의 차이로 이용하는 것이다.[147]

셋째, 야생의 사고는 문화상품의 창조 과정에서 브리콜라주(bricolage)를 운용한다. 브리콜라주란 '손으로 하는 수리', 즉 '손재주'라는 의미이다. 바로 그 자리에 있는 소재를 임기응변으로 사용하여 문화를 만드는 실천을 가리키는 것으로, 신화적 사고의 특징을 제시하기 위해 레비스트로스가 《야생의 사고》에서 제시한 비유이다. 전통적인 동네 목공소와 전자동으로 이루어진 현대식 가구 공장을 서로 비교해 보자. 완전하게 자동화된 현대식 공장처럼 논리 정연한 사고는 결코 신화적 사고가 아니다. 정리정돈과는 전혀 상관없이 아무렇게나 놓여진 공구들을 장인은 어떤 불편도 느끼지 않으면서 오로지 손재주로만 가구를 만들어 낸다. 이러한 손재주가 바로 신화적 사고이다. 현대식 공장에서 일하는 기술자는 기계와 도구가 없으면 어떤 가구도 만들어 낼 수 없다. 그러나 목공은 자신의 손재주에만 의지하기 때문에 설사 도구가 없다 하더라도 가구를 만들어 낼 수 있다. 바꾸어 말하면 신화적 사고의 특성은 제한된 재료로써 스스로를 표현한다는 것이다. 무슨 과제가 주어지든 신화적 사고는 주어진 재료만 활용한다. 왜냐하면 달리 이용할 수 있는 것이 아무것도 없기 때문이다. 주어지는 잡다한 것으로 무엇을 표현하는 행위를 레비스트로스는 브리콜라주에 비유하였으며, 이것이 바로 레비스트로스가 말하는 야생의 사고이자 바로 신화적 사고이다.[148]

레비스트로스는 신화의 연구를 통해서 모든 인류의 영혼 속에 존재하는 보편적이고 유효한 원시의 논리나 사고의 원칙을 찾아내고자 하였다.

---

147 http://synnic. com. ne. kr/prelogical_mind3. htm(2012_03_07).

148 김동섭, 앞의 책, pp. 10-11.

그는 신화란 야생의 사고이며, 신화의 연구는 바로 원시적 사유를 밝혀내는 것을 돕는 것이라고 생각하였다. 신화의 논리적 사고(Logical thinking)는 분석적인 추상적 사고(Abstract thinking)가 아니라 구체적인 경험 범주를 직접 사용하여 추상적 사고의 형상적 사고 방식을 대체하는 것이다. 즉 언제나 대립된 의식에서 출발하여 대립의 해결을 향해서 나아가는 이항대립의 사고 방식이다. 그는 현대 사회의 문화에서는 이러한 보편적인 야생의 사고를 찾아내기 어렵다고 보았다. 현대인들은 과학 기술의 발달과 보편적 교육에 의해 순화되어서 각종 특수한 논리나 사고 방식이 그 영혼을 가득 채우고 있어서 이러한 원시의 논리나 야생의 사유가 은폐되어 있기 때문이다. 그러나 신화는 시간의 영향을 받지 않는 '찬'(冷) 사회 문화이기 때문에 신화의 연구를 통해서만 보편적인 원시적 논리나 야생의 사고를 찾아낼 수 있다고 보았다.[149]

레비스트로스의 구조주의신화학을 대표하는 이론적인 체계는 바로 '이항대립'(binary opposition)과 '심층 구조', 즉 '중간 조정자'를 핵심으로 하는 신화 구조의 보편적 모델 그리고 '신화와 언어' 및 '신화소'이다.

이항대립은 원래 언어학의 용어인 것을 레비스트로스가 인류학의 영역에 끌어들여 개조한 것이다. 레비스트로스는 신화의 서사는 그것의 내부 심층 구조에 내재한 이항대립의 요소를 기초로 하여 구성되며, 그것은 상하·좌우·천지·수륙(水陸) 등과 같이 인류 심층 구조를 형성하는 기본 구조 중의 하나라고 보았다. 이처럼 서로 대립되는 현상에서 어느 한 요소가 의미를 가지고 있는 이유는 모두 그것과 대립면과의 상호 관계에 의한 것으로, 만약 그 대립면을 떠나게 되면 자신의 의의도 사라진다는 것이다. 예를 들면 상(上)은 하(下)와 이항대립하고 있지만, 상은 그 대립면인 하가 존재

149 唐果, 〈論列維斯特勞斯的結構主義神話學〉, 《廣西民族大學學報》(哲學社會科學版, 2009年 6月), p. 13.

할 때만이 존재의 의의가 있는 것이요, 만약 하가 사라진다면 상의 존재 의의도 사라지고 만다. 다른 말로 바꾸어 말하면 이것은 저것이 아니기 때문에 이것인 것이다. 존재하는 모든 것은 그 본질로서 파악되는 것이 아니라, 상호 대립하는 존재와의 차이를 통해서 그 의미가 만들어진다는 뜻이다. 문화 현상의 의의 역시 그 자신 속에 있는 여러 요소들의 상호 관계에 있다. 때문에 문화 현상 속에서 이항대립의 요소를 찾아내어서 그 구조를 파악하면 문화 현상을 해석할 수 있다고 레비스트로스는 생각하였다.

더욱 중요한 것은 상호 관련된 이항대립에서 언제나 하나의 중개가 출현하여 새로운 삼원 관계를 만들어 낸다는 사실이다. 그는 남북아메리카 지역에 전승되고 있는 813개 주제의 모두 1,400종류의 신화를 분석한 결과, 인류의 사고는 겉으로 보기엔 두 개의 요소가 대립하고 있으나 실제로는 세 요소가 서로 관계되어 있음을 발견하였다. 그는 이러한 이항대립 속의 삼원 관계를 '구조의 변증법'으로 불렀다. 그것은 헤겔이 말하는 정반합의 변증법 사고 형식과 서로 유사한 것이다. 그는 이러한 삼원 구조의 예가 원시 문화에 대량으로 존재하며, 이것이 바로 원시 사유와 현대 사유가 서로 일치한다는 유력한 증거라고 보았다.

심층 구조의 '구조'(structure)란 말은 원래 건축학 용어이지만, 구조주의에서 말하는 개념은 언어의 인식 원리에서 출발한 것[150]으로, '일정한 원리에 따라 상호 영향 관계를 맺고 있는 (구성) 요소들의 체계적 총체'[151]를 의미한다. 따라서 심층 구조란 신화 속에 내재되어 있는 요소와 요소 간의 관계의 총화를 말한다. 심층 구조는 일련의 변형 과정에서도 불변하는 특징을 가지고 있으며 대략 세 가지의 특징을 가지고 있다.

먼저 그것과 신화의 표현과는 직접적인 관계가 없다는 것이다. 다시 말

---

150 주경복,《레비스트로스》(서울: 건국대학교출판부, 1996), p. 61.
151 위의 책, p. 65.

해서 신화의 서사에서 흔히 보이는 기괴하고 황당하며, 서로 복잡하게 뒤섞여서 겉으로 드러나 있는 줄거리들은 그 신화의 심층 구조와는 그다지 커다란 관련이 없다. 오로지 구조 분석을 통해서만 이항대립을 주요한 표현 형식으로 하는 심층 구조가 비로소 발견된다. 레비스트로스는 신화의 줄거리는 신화를 만들어 내는 사람들이 표현하고자 하는 어떤 관계를 드러내 고 있다고 생각하였다. 때문에 신화의 줄거리 사이의 관계를 분석하여서 그 신화의 기본 구조를 발견할 수 있다고 생각한 것이다.

다음으로 이러한 심층 구조는 일종의 의식 구조가 체현된 것이지만, 특정한 목적을 가지고 의식적으로 그러한 심층 구조를 신화에 은폐시킨 것은 결코 아니다. 신화가 만들어질 때에 무의식적으로 그 속에 구조화된 것이다. 신화는 스스로의 이성을 가지고 있으며, 이러한 이성은 무의식적인 부호(집단적 부호 체계)의 논리에 따라서 운용된다. 때문에 표면적으로는 혼란스럽고 아무런 논리가 없는 것처럼 보이는 신화도 구조 분석을 거치고 나면 집단 무의식적인 논리(이성)를 내포하고 있음을 발견할 수 있다. 겉으로 보기에는 논리가 부족해 보이는 내용도 실제로는 집단정보의 지배를 받고 있으며, 인류의 무의식 정보를 전달하는 것이다. 이러한 정보는 인류가 해결하고자 하는 자신의 존재에 대한 근본적인 모순, 말하자면 생과 사, 자연과 문화, 자아와 타인 등의 관계에서 나타나는 모순을 나타내고 있다.

마지막으로 심층 구조는 신화에 대한 광범위한 분석을 통해서 그 속에 내포된 보편적인 의의를 추려 낼 수 있다. 또한 그러한 작업을 통해서 원시적 사유의 일정한 패턴을 발견해 낼 수 있기 때문에 신화를 통해서 원시 인류들의 세계에 대한 보편적 인식의 체계를 파악할 수 있게 된다.[152]

결국 구조 분석의 목적은 전체를 구성하는 성분들 사이의 내부 질서를 파악하는 데 있다. 레비스트로스는 원시 토착 부락의 친족 관계와 신화 전

152 唐果, 앞의 글, p. 14.

설의 연구를 통하여, 친족 관계나 신화 전설이든지 아니면 기타 모든 인간의 행위가 구성하는 사회 문화 현상은 모두 언어와 마찬가지로 그 내면에 심층의 구조를 구성하고 있다고 보았다. 그는 문화가 서로 다름에도 불구하고 오히려 언어와 신화가 서로 유사한 경우가 존재하는 것은 그것들의 구조 방식이 동일하기 때문이라고 설명하였다.

이항대립의 요소를 분석해 내기 위해 그는 신화의 내용을 각각의 단문으로 분해하여서 분류하였다. 각각의 단문은 오로지 다른 단문과 함께 전체를 구성할 때에 비로소 어떤 기능적 의미를 가진다. 그의 이러한 분류의 방법은 기본적으로 언어 이론 가운데서 특히 음운론의 방법론을 차용한 것으로, 신화가 언어로 구성되어 있기 때문에 그 구조 역시 언어와 유사하다는 점으로부터 착안한 것이다.

'그는 신화가 하나의 언어이며, 마찬가지로 의식, 사회 제도, 기술적·경제적 과정, 예술 역시 또 다른 언어로 보았다. 때문에 이들 속에 스며 있는 구조로서의 구문(構文)을 잘 가려낸다면 그것은 다른 언어들의 구문으로 변형될 수도 있다'[153]고 생각하였다. '신화란 인간이 사용하는 언어가 갖고 있는 그 본래적 측면인 사유 또는 모순적 구조의 반영물'[154]이라고 생각하여, 사회 구조 또는 사회의 관계를 반영하는 '사실 자체'로서의 신화의 본성을 찾아내려고 하였다. 그에 따르면 '신화의 가장 첫 번째 기능은 시간의 통합 기능이다. 그것은 과거에 의하여 현재를 설명하고 현재에 의하여 미래를 설명하며 어떤 질서가 영구히 계속됨을 확인하는 것이다'.[155] 또한 '신화는 개개의 요소가 아니라 전체 구성의 방식에 의미가 있기 때문에, 어떤 신화가 연행(演行)되던 다양한 평면, 즉 지리적인 차원이나 사회학적인

153 주경복, 앞의 책, p. 82.
154 차충호, 앞의 책, p. 6.
155 王彬, 앞의 책, p. 21.

차원, 우주론적인 차원을 분리하여 비교하면, 이들 모든 차원에 공통으로 존재하는 기본적이고도 논리적인 구성이 나타난다. 이와 같은 신화적 사고의 문법과도 같은 것을 발견하는 것이 신화의 구조적 분석이다'.[156]

레비스트로스는 신화 서사의 최소 단위를 신화소(神話素/mytheme)로 설정하였다. 이는 언어의 최소 단위가 음소(音素/phoneme)이고 음소가 결합하여 형태소(morpheme)가 되고 형태소가 결합하여 의미소(sememe)가 되며, 의미소가 결합하여 문장(sentence)을 이루며 문장이 모여서 서사(narrative)를 구성하므로 서사도 언어와 같은 방식으로 분석할 수 있다고 생각한 데서 기인한 것이다.[157] 신화소는 신화 속에서 반복되는 주제를 말한다. 다시 말해서 신화의 이야기 속에 일어나는 구체적 사건들을 추상적으로 형식화하여 몇 가지 관련된 것들의 묶음으로 환원할 수 있는 개념을 말한다. 그리고 모든 신화는 친족 과소 평가, 친족 과대 평가, 괴물 살해, 그리고 인간 기원 등의 네 가지 신화소의 배합으로 형식화할 수 있기 때문에, 신화들마다 모두 특성 있는 이야기를 지니고 있고, 그 이야기에서 구체적인 사건들이 저마다 다르지만 그것들 사이에 교차하는 유사성을 분석하면 공통의 구조 형식을 찾을 수 있다는 것이다.[158]

이러한 구조주의 분석 방법을 통해서 신화 논리를 보여 줄 수 있는 대표적인 신화 사례로 레비스트로스는 캐나다 태평양 연안에 살고 있는 침시안(Tsimshian) 인디언들 사이에서 널리 전승되고 있는 아스디왈 이야기(story of Asdiwal)를 제시하였다. 아스디왈 이야기는 매우 길고 몇 개의 이본도 있으나, 그 대체적인 내용은 다음과 같다.

---

156 大林太良/兒玉仁夫·權泰孝 譯, 앞의 책, p. 47.
157 정재서·전수용·송기정, 앞의 책, p. 341.
158 주경복, 앞의 책, p. 89.

어떤 모녀가 스키나 계곡에 살고 있었다. 어머니는 서쪽의 강 아래쪽에서 남편과 같이 살았고, 이미 시집을 간 딸은 동쪽의 강 위쪽에서 남편과 같이 살았다. 겨울이 오고 기근이 닥쳐 왔다. 그들의 남편은 모두 굶어 죽었다. 어머니와 딸은 다시 함께 살고 싶어 했다. 그래서 동시에 상대방을 찾기 위해서 얼어붙은 스키나 강 위를 걸어서 출발하였다. 어머니는 강의 하류에서 동쪽으로, 딸은 강의 상류에서 서쪽으로 향했다. 둘은 중간에서 만나 오두막을 세웠다. 그날 밤에 좋은 새 하세나스가 남자로 변하여 과부가 된 딸을 찾아와 아내로 삼았다. 오래지 않아 이들에게서 아스디왈이라는 아들이 태어났다. 아스디왈의 아버지는 언제나 백발백중할 수 있는 활과 화살, 화살 통, 창, 바구니, 눈 위에서 신는 설화, 나무껍질 비옷, 쓰면 남이 볼 수 없게 되는 모자 등 여러 가지 주술적 물건들을 아스디왈에게 주었다. 아스디왈은 주술적 물건들을 사용하여 가족들이 아무리 먹어도 다 못 먹을 만큼 식량을 마련했다. 좋은 새 하세나스는 사라져 버리고, 아스디왈의 할머니도 죽었다. 그래서 아스디왈과 그의 어머니는 원래 살던 마을을 향해서 서쪽으로 떠났다. 그리고 마침내 어머니의 고향에 머물러 살게 되었다.

어느 날 아스디왈은 흰 곰을 만났다. 흰 곰을 따라서 하늘에 걸친 사다리를 타고 올라갔다. 사다리의 꼭대기에는 풀과 꽃으로 덮인 하늘의 초원이 펼쳐져 있었다. 곰은 예쁜 여자로 변신하였다. 여자는 이름이 저녁별이었고, 태양의 딸이었다. 아스디왈은 '태양'이 내놓은 시험을 통과하여 저녁별과 결혼할 수 있었다. 아스디왈은 어머니가 보고 싶어졌다. 그래서 아스디왈과 그의 아내는 지상으로 돌아가도록 허락을 받고, 굶고 있는 어머니와 그의 종족들에게 줄 식량을 가지고 돌아갔다. 그 후 아스디왈은 마을의 한 여자와 관계를 맺었다. 이에 화가 난 저녁별은 하늘의 자기 집으로 돌아가 버렸다. 아스디왈은 아내를 쫓아 하늘로 올라갔다. 그런데 중간에서 아내가 한 번 쳐다보는 바람에 아스디왈은 죽어 버렸다. 하늘에 있던 장인이 아스디왈을 다시 소생시켜 주었다. 그래서 아스디왈은 하늘에서 아내와 다시 살게 되었다. 아스디왈은 다시 지상을 그리워했고, 마침내 다시 지상으로 돌아오게 되었다. 아내는 지상까지 배웅하고, 다시 하늘로 돌아가 버렸다. 지상으로 돌아온 아스디왈은 어머니가 이미 죽었음을 알았다. 아스디왈은 강을 따라 내려가다가 어떤 마을에 도착하여 추장의 딸과 결혼하였다. 추장에게는 네 명의 아들이 있었다. 아스디왈은 네 명의 처남들과 경쟁하는 관계가 되었다. 아스디왈은 산에서 곰 사냥을 할 때 처남들보다 뛰어난 솜씨를 보였다. 그래서 굴욕감을 느낀 처남들은 누이를 데리고 가 버렸다. 아스디왈은 또 다른 네 명의 형제들을 만났다. 그리고 그들의 누이와 결혼하였고, 아들을 하나 낳았다. 그러나 여기서도 처남들과 경쟁하는 관계가 되었다. 아스디왈은 바다사자를 사냥하는 데 뛰어난 솜씨를 보였다. 그리고 이번에는 아내의 도움을 받아 적대감을 품고 있던 처남들을 모두 죽여 버렸다. 쥐를 따라서 바다사자가 사는 지하 동굴로 내려갔다가, 바다사자왕의 위를 배로 삼아서 다시 지상으로 올라오게 된다.

아스디왈은 다시 자기가 태어난 마을로 돌아가고 싶어졌다. 아스디왈은 아내를 버려두고 스키나 계곡으로 돌아갔다. 거기서 아스디왈은 아들을 만나 활과 화살을 주어 버렸다. 겨울이 돌아왔을 때 아스디왈은 산으로 사냥을 떠났다. 그런데 그만 설화를 가지고 오지 못한 바람에 오도 가도 못하게 되어 버렸다. 지금도 그 산의 중턱에는 아스디왈이 서 있는 모습을 볼 수 있다.[159]

레비스트로스는 '우리는 아스디왈 이야기에서 여러 가지 신화의 코드(codes)를 추출해 냈고, 코드의 구조를 분석하였다. 이제 남은 일은 그 의미를 해독해 내는 일이다'[160]라고 하면서 위의 아스디왈 이야기에서 네 개의 도식(schema)들을 추출해 내었는데, 지리적 도식, 기술 경제적 도식, 사회학적 도식 그리고 우주론적 도식이 바로 그것이다. 지리적 도식은 주인공이 동쪽에서 서쪽으로 향했다가 다시 서쪽에서 동쪽으로 되돌아오는 구조이

159 楊利慧, 앞의 책, pp. 242-243. http://synnic.com.ne.kr/my1.htm(2012. 04. 22)에서 재인용.

160 http://synnic. com. ne. kr/my1. htm (2012. 04. 22)에서 재인용.

며, 기술 경제적 도식은 겨울이 오고 기근이 닥치는 데서 신화가 시작되어서 성공적인 수렵으로 인해서 신화가 끝나는 구조를 말한다. 사회학적 도식은 애초에는 부계 거주 방식이 승리를 하나 곧이어 모계 거주 가족에 의해서 대체되며 최종적으로는 부계 거주 방식으로 양도되는 구조이며, 우주론적 도식은 세 차례에 걸친 초자연적인 방문으로 '하'와 '상'의 관계가 설정되는 구조로, 좋은 새 하세나스가 남자로 변하여 젊은 과부를 방문하는 것과 아스디왈의 천국 방문 그리고 지하의 바다사자 동굴의 방문이다.

또한 레비스트로스는 이 신화를 두 개의 최종적인 명제로 귀결시켰는데, 바로 이야기의 최초 상태와 최후 상태이다. 이들 두 개의 상태가 바로 이야기의 기본 구조를 구성하게 된다고 보았다. 이를 도식으로 나타내면 다음과 같다.[161]

최초 상태	최종 상태
여성	남성
동-서 축	고-저 축
기아	포만
운동	정지

레비스트로스에 의하면 아스디왈 이야기에서 지리적 도식, 기술 경제적 도식, 사회학적 도식 그리고 우주론적 도식은 그 밖의 다른 도식들과 상호작용하여 하나의 복합적 전체를 형성한다. 음악의 악보에는 멜로디라는 수평선상의 음들 간의 관계와 함께 하모니라는 수직선상의 음들 간의 관계가 존재한다. 수평과 수직의 구조들이 상호작용하면서 복합적인 의미를 동시에 전달하는 점에서 음악과 신화는 유사하다. 신화의 구조를 분석한

161 楊利慧, 앞의 책, pp. 243-244.

다음 최종적인 단계는 그 구조를 해석하는 것이다.[162]

먼저 지리적 도식과 기술 경제적 도식에 따른 구조를 분석하면, 아스디왈 이야기는 풍요와 기근이 번갈아 나타나는 것으로 설정되어 있다. 이것은 침시안 인디언들의 생활 방식이 반영되어 있는 것이다. 침시안 인디언들은 여름에 산에서 곰과 산양을 사냥하고, 강에서 물고기를 잡아 말리거나 훈제하여 저장한다. 그러나 겨울이 끝날 때쯤 되면 저장했던 고기가 바닥이 나고, 봄에 다시 물고기를 잡을 수 있을 때까지 혹독한 굶주림을 견뎌내야 한다. 그리고 침시안 인디언들은 겨울을 지내는 촌락과 여름에 물고기를 잡는 촌락 간을 계절에 따라 이동하면서 산다. 이러한 구조가 아스디왈이 이동하는 지리상의 움직임에 반영되어 있다. 이처럼 아스디왈 이야기는 침시안 인디언들이 살아가면서 겪는 복합적 경험을 보여 주고 있다.[163]

다음 사회학적 도식에 따른 구조를 분석하면, 캐나다의 침시안 인디언들은 혈통은 모계 혈통(matrilineal descent)이고, 거주는 부계 거주(patrilocal residence)이다. 혼인한 부부는 남편의 마을에서 살지만 태어난 자식들은 어머니의 혈통에 속한다. 그러므로 갈등이 생겨난다. 아이들은 아버지의 마을에서 살지만 어머니의 혈통을 따르기 때문이다. '어머니와 딸은 남편들이 죽자 남편들의 거주지를 떠나서 모계의 거주지로 돌아간다. 그리고 좋은 새 하세나스는 아스디왈의 어머니와 결혼해서 그녀와 함께 산다. 모계 거주이다. 아스디왈은 저녁별과 결혼해서 장인과 함께 산다. 이것도 모계 거주이다. 아스디왈의 두 번째 결혼과 세 번째 결혼에서도 처남과 같이 사는 모계 거주가 행해진다. 그러나 이러한 상황은 갈등으로 가득 차 있다. 아스디왈은 아내를 버린다. 그 이전의 결혼에서는 그가 아내로부터 버림

162 http://synnic.com.ne.kr/my1.htm(2012_04_22).

163 http://synnic.com.ne.kr/my1.htm(2012_04_22)에서 재인용.

을 받았다. 아스디왈은 아내를 버리고 자기가 태어난 스키나 계곡으로 돌아간다. 그곳에서 자기 아들하고만 같이 있게 됨으로써 결국 부계 거주가 승리하게 된다. 그러므로 이 신화는 남편 혹은 부계의 부족에서 벗어난 어머니와 딸의 재결합의 이야기에서 시작하여 아내 혹은 모계의 부족에서 벗어난 아버지와 아들의 재결합의 이야기로 끝나는 것이다.'[164]

마지막으로 우주론적 도식에 따른 구조를 분석하면, 아스디왈은 좋은 새 하세나스 즉 남자로 변한 신조와 젊은 과부와의 결합을 통하여 출생하였다. 이는 하늘과 땅, 상과 하의 결합을 상징한다. 또 흰곰을 만나 하늘 사다리를 타고 천국을 방문하여 여자로 변한 곰과 결혼을 한다. 신격을 띤 아스디왈과 미물인 곰의 결합이라는 관점에서 천상과 지상의 결합으로 볼 수 있다. 그리고 또 아스디왈은 아내를 쫓아 하늘로 올라갔다가 아내가 한 번 쳐다보는 바람에 죽게 되었고 장인에 의해서 다시 소생된다. 하늘로부터 생명을 받아 출생하였지만 하늘로 갔다가 다시 죽음을 맞이하고 다시 하늘에 의해서 소생한다. 삶과 죽음의 대립과 순환의 관계를 설명하는 부분이다. 또한 쥐를 따라서 지하의 세계인 바다사자 동굴로 들어갔다가 다시 지상으로 되돌아오는 것은 지상과 지하의 대립과 소통을 의미하는 것으로 볼 수 있다.

결국 아시디왈의 신화는 우주론적 도식에서 상과 하, 생과 사, 지상과 천상, 지상과 지하 등의 이항대립의 구조로 연결되어 있으며, 이는 또 레비스트로스가 신화 연구에서 심혈을 기울인 대립적인 조합에 의한 의미의 생성 — 신화란 생과 사, 남과 여, 자연과 문화라고 하는 기본적인 이항대립을 조정(매개)해 주는 문화 장치 — 이라는 점과도 직결되어 있음을 알 수 있다.[165]

---

164 같은 곳.

165 후나비키 다케오·고바야시 야스오 지음/오상현·유진수 옮김, 《지의 노래》(서울:

다만 '아스디왈 이야기는 침시안 인디언들이 경험하는 사회적 갈등의 해결책을 제시해 주는 것이 아니라 그 갈등을 규명하고 표현하는 것이다. 이야기의 마지막에 아스디왈은 바위로 변하여 움직일 수 없게 된다. 이것은 부측 거주와 모계 혈통 사이의 갈등에 대하여 만족스러운 해결책이 발견되지 않음을 나타내는 것이다'.[166]

레비스트로스가 아스디왈 이야기의 구조 분석을 통해서 제시하고자 하였던 것은 신화가 심리적, 사회적, 우주론적, 초월적 주제들에 모두 관여하고 있음과 동시에 이런 모든 현상을 동시에 설명하려는 것임을 밝히는 데 있었다. 다시 말해서 신화 역시 오케스트라의 악보와 마찬가지로 수평축과 수직축으로 되어 있으며, 내재되어 있는 상징들의 모형 역시 단일차원적이 아니라 지리적 도식, 심리적 도식 등등 다차원적이다. 따라서 신화의 수직축은 다차원적 모형들이 하모니적 결합으로 나타나고, 신화의 수평축으로는 각 모형들이 직선적으로 읽힌다. 때문에 각 모형과 신화 전체는 서로 연관되어 있는 통일된 체계로 나타나고, 신화의 메시지는 모든 것이 한꺼번에 일어난 것처럼 전달된다.[167]

구조주의적 분석이 보여 주는 것은 신화를 이루는 요소들이 신화의 의미를 밝히는 데 도움을 주는 도식이나 구조로 조직되어 있다는 것이다. 자연히 구조주의자들은 부분들보다 구조 전체를 강조하고, 동시에 구조 전체가 무엇을 의미하는가에 관심을 기울인다. 레비스트로스의 신화 분석 방법은 등장 인물이나 사물들, 예컨대 사다리, 곰, 태양, 영웅 등이 무엇을 상징하는가에 대해서는 다른 학파들의 분석 방법과 별 차이가 없다. 그러나 구조주의 방법론은 등장 인물이나 사물들이 상징하는 바가 무엇인지를

경당, 2008), p. 174.

166 http://synnic. com. ne. kr/my1. htm (2012_04_22)에서 재인용.

167 http://synnic. com. ne. kr/my1. htm (2012_04_22).

추출하는 데 그치지 않고, 신화에 나타나는 각 상징들이 서로 어떻게 연관되어 있는가를 살펴봄으로써 연구의 첫걸음이 시작되어야 한다고 강조한다. 즉 신화의 요소들이 어떤 의미를 가지고 있느냐는 것에서 더 나아가 그 의미들이 어떠한 관계 구조 유형을 가지고 있느냐에 관심을 기울인다.[168]

신화는 그 문화의 여러 가지 이미지와 상징들이 독창적인 방식으로 조합됨으로써 신화의 의도가 전달되는 것이다. 그러므로 구조주의의 요점은 신화의 각 부분을 떼어 놓고 바라보면 안 된다는 것이다. 신화의 각 부분들이 어떻게 조합되어 하나의 의미 체계를 이루는가 하는 점을 보아야 한다. 중요한 것은 각 부분들 자체가 아니라 각 부분들이 배열되는 관계이고, 또 관계들의 조직인 구조이다. 신화에서도 각 부분들 자체의 의미보다 부분들 간의 배열을 살피는 것이 중요하다.[169]

구조주의 이론과 방법이 신화학의 발전에 미친 영향은 대단히 크다. 먼저 신화 연구의 방향을 바꾸어 놓는 데 결정적인 역할을 하였다. 19세기 신화 연구의 경향은 주로 기원의 문제에 대한 연구와 같이 주로 통시적(diachronic)인 측면에서 신화를 고찰하는 것이었다. 그러나 레비스트로스가 신화의 심층 구조를 밝혀냄으로써 20세기의 신화 연구는 신화의 기능과 심리 그리고 구조 등, 주로 공시적(synchronic) 측면에서 신화를 이해하는 것으로 전환되었다.

다음으로는 신화의 연구가 더욱 추상적이고 이론적인 측면으로 발전되도록 하였다. 레비스트로스 이전의 신화 연구는 주로 신화가 어떤 목적에서 서술되었으며 그것이 또한 어떤 상징적인 의미를 가지고 있는가를 이해하고 설명하는 것이었다. 이에 비해 레비스트로스는 신화가 가지고 있는 보편적 구조 모형과 그것이 변화하고 발전하는 규칙에 대해서 집중적

168 같은 곳.
169 같은 곳.

으로 연구하였다. 때문에 신화학이 자연과학적인 의미의 과학에 더욱 근접하게 되었다. 다시 말해서 레비스트로스는 신화적 사유에 의해서 진행되는 논리가 현대과학의 논리와 마찬가지로 엄밀한 체계를 갖추고 있다고 보았고, 만약 신화 속에 내재된 기호 형식으로 전달되는 정보를 해석하게 되면 인류의 공통된 본질을 이해할 수 있다는 확신을 가졌다. 때문에 '전 세계에 널리 퍼져 있는 유사한 신화들을 효과적으로 다루는데'[170] 구조주의신화학은 큰 공헌을 하였다.

그러나 구조주의신화학 역시 한계가 없는 것이 아니었다. 먼저 레비스트로스가 제시한 '심층 구조'라는 것은 대단히 사변적인 것으로 오로지 직관에 의한 것일 뿐 그것을 실증할 수 있는 방법은 없다. 이로 인해서 구체적인 인류학 자료에 대한 검증이 부족하다는 비판을 받는다. 다음으로 구조주의는 '지역별, 작품별 차별성을 지나치게 무시하는 문제점을 내포하고 있다'.[171] 남·북 미주와 오스트레일리아 등 소수 지역에 전승되고 있는 민족의 신화에 대한 분석만으로 모든 인류의 통일된 사고를 밝혀내려는 시도는 너무 단편적이기도 하다. 또한 '이항대립'을 모든 인류의 사고를 구성하는 원칙으로 삼은 것은 지나치게 간단한 것일 뿐만 아니라 동시에 모든 신화를 일정한 구조에 의해서만 분석하는 형식주의로 흐르고 말았다는 평가를 받았다. 마지막으로 레비스트로스의 글쓰기와 표현 방식 역시 학계의 상당한 비판을 받았다. 그의 저작에는 대단히 많은 주관적인 것들이 존재하며, 신화 분석 방법의 틀 역시 통일된 규정이 없다. 스스로의 이해에 따라서 각양각색의 개념과 술어를 사용하고 있어서, 마치 특정한 안건을 변호하는 변호사의 역할만 수행하고 최후의 진리를 규명하려고 하는 과학자의 자세는 보이지 않는다는 것이다.[172]

---

170 이강엽,《신화》(서울: 연세대학교 출판부, 2004), p. 65.

171 같은 곳.

5) 조지프 캠벨의 신화론

조지프 캠벨(Joseph Campbell, 1904-1987)에게 있어서 신화 연구는 그의 주 전공인 비교종교학(comparative religion)을 위한 하나의 수단이었을 뿐이다.[173] 그럼에도 불구하고 많은 사람들이 20세기의 대표적인 신화학자로 조지프 캠벨을 꼽는 것은 그가 신화의 의미, 즉 신화가 우리에게 가리키는 것이 무엇이며, 그것이 또 현대에 지니는 의미는 무엇인가에 대해서 누구보다 깊은 통찰력을 보여 주었기 때문이다.

세계 각지의 신화 속에 공통적으로 존재하는 영웅의 여정을 일목요연하게 정리한《천의 얼굴을 가진 영웅》(*The Hero with a Thousand Faces*, 1949)은 그의 대표적인 저술이라고 할 수 있으며, 4부작인《신의 가면》(*The Masks of God*, 1959-1968),《신화와 함께 하는 삶》(*Myths to Live by*, 1972),《신화의 이미지》(*The Mythic Image*, 1974),《야생 수거위의 비행》(*The Flight of the wild Gander*, 1969)를 위시해서 최후의 역작이라고 할 수 있는 2부 5권의《세계 신화 지도》(*The Atlas of World Mythology*, 1983-1989) 등의 저서가 있다. 그리고 그의 사후에 미국의 저명한 저널리스트인 빌 모이어스(Bill Moyers)와 8년 동안 나누었던 대담을 정리한《신화의 힘》(*The Power of Myth*, Joseph Campbell with Bill Moyers Doubleday, 1988)이 출간되어서 대중들이 신화를 이해하는 데 결정적인 안내 역할을 하였다.

캠벨의 신화에 대한 정의는 전통적 이론과는 매우 다른 특징을 가지고 있다. 융의 심리학적 영향을 깊이 받아들였던 캠벨은 세계의 신화들이 가지고 있는 보편적인 기본이념, 즉 신화 주제(Mythological motif)를 탐구하는

172 陳連山,《結構神話學: 列維 — 斯特勞與神話學問題》(北京: 外文出版社, 1999), p. 27.
173 조지프 캠벨 지음/다이엔K 오스본 엮음/박중서 옮김,《신화와 인생 — 조지프 캠벨 선집》(서울: 갈라파고스, 2009), p. 430.

데 대부분의 시간을 할애하였다.

캠벨은 '신화란 보이는 세계와 보이지 않는 세계를 설명하는 사상의 체계'라고 정의하였다. 그는 전 세계의 인류는 정신적으로 공통적인 구조를 가지고 있으며, 신화 역시 공통의 모티프를 가지고 있으나 단지 문화의 차이에 의해서 그것이 다른 양식으로 표현될 뿐이라는 것을 증명하려고 노력하였다. 아울러 신화를 인류가 삶을 영위해 오면서 형성한 세계관의 표현으로 보고, 삶의 조건이 변함에 따라서 계속 재해석되고 변해가는 것이라고 하였다. 따라서 신화는 단순히 과거의 유산으로만 존재하는 것이 아니라 지금도 계속 필요에 의해서 새롭게 만들어지고 있다고 생각하였다.[174]

인류의 정신 세계는 민속학이 영혼을 하나의 원이라고 말한 바와 같이 시간의 변화에 따라서 변화하는 것이 아니라고 그는 보았다. 이것이 바로 신화가 어째서 오늘날에도 여전히 인간 생활에 영향을 미치고 심지어 인간의 삶을 인도하는 작용을 할 수 있는가에 대한 대답이다. 이것은 또한 그가 신화로 회귀하고 있으며, 우리들이 장차 최종적으로 신의 세계로 돌아갈 것이라고 믿는 이유이기도 하다. 영원한 가치는 오로지 우리들 생명의 가장 핵심의 그 한 중심과만 상관하며, 신화로 회귀한다는 의미는 우리들의 내재된 생명으로 되돌아가 영원을, 그리고 살아 있음을 체험하는 것이라고 보았다.

인류학과 민속학을 바탕으로, 주로 원형비평 이론과 정신분석 이론의 관점에서 종교와 신화를 연구한 그의 이론은 대체로 '단일신화(monomyth) 이론'과 '신화의 네 가지 기능에 관한 이론'으로 집약될 수 있다.

174 유재원, 앞의 글, p. 179.

(1) 단일신화(Monomyth)

단일신화는 영웅의 여정(hero's journey)으로도 불리며, 원래 제임스 조이스(James Joyce, 1882-1941)의 마지막 소설《피네간의 경야(經夜)》(*Finnegans Wake*)에서 차용한 개념이다. 세계 각지의 신화 서사에서 공통적으로 나타나는 영웅의 일생과 여정에 관한 기본적 양식(pattern)을 말하며, 조지프 캠벨의 대표작으로 꼽히는《천의 얼굴을 가진 영웅》(*The Hero with a Thousand Faces*, 1949)에 자세하게 언급되어 있다.

캠벨은 신화를 하나의 은유(metaphors)로 보았다. 그에게 신화는 인간의 무의식이 시적인 표현으로 나타난 것이다. 신화는 결국 모든 인류가 위대한 영적 존재의 중요성이라는 한 가지 이야기를 암송한 것이라는 것을 단일신화의 개념을 통해서 설명하였다. 한 가지 이야기가 시대의 변화에 따라 지방색을 띠고 변화하여 서로 다른 가면을 쓰게 되었으며, 문화적 사회적 구조의 필요성에 의해 그것을 해석하는 방법이 달라져 갔지만, 신화의 궁극적 의미는 알 수 없는 힘, 모든 것이 그것으로부터 생겨났고, 모든 것이 그 안에서 현존하며, 마지막으로 모든 것이 그것으로 돌아가게 될, 누구도 알지 못하는 그 어떤 힘을 찾기 위한 인간적인 탐구와 연관되어 있다는 것이다.

'천의 얼굴을 가진 영웅이란 한 영웅이 천의 얼굴을 하고 나타난다는 말이며, 세계 각지에 나타나는 영웅들이 단일한 영웅 신화로 환원될 수 있음을 의미하는 것'[175]이다. 세계 각지의 영웅 신화는 제각기 다른 서사 구조를 가진 것처럼 보이지만 그러나 모두 분리(모험을 향한 출발)-입문(신비한 힘의 전수와 시련의 과정)-귀환(회귀와 사회와의 재통합)의 공통된 양식(pattern)을 가지고 있다고 캠벨은 보았다.

출생한 영웅은 일상생활을 벗어나 초자연적인 신비의 세계로 진입하여

175 이강엽, 앞의 책, p. 67.

기이하고 환상적인 힘을 경험하게 되며, 일정한 과정을 거쳐 마침내 결정적인 승리를 거두게 된다. 그런 다음 영웅은 그의 신비한 경험으로부터 초자연적인 힘과 지혜를 가지고 돌아와서 동포들에게 베풀고, 그 자신은 그 지혜로 인해서 육체적인 것과 정신적인 것, 내면과 외부가 서로 균형을 이룸으로써 두 세상의 주인이 되며, 결국 죽음의 공포로부터 자유로워지고 삶을 자유롭게 살 수 있게 되는 모두 17단계의 과정을 거치는 것이 세계 각지의 영웅 신화 속에 나타나는 공통된 형식이라는 것이다.

다만 세계의 모든 영웅 신화가 캠벨이 말하는 단일신화의 17단계의 모든 과정을 포함하고 있는 것은 아니다. 어떤 민족의 영웅 신화에서는 훨씬 더 많은 단계가 설정되기도 하고, 또는 단순히 몇 단계만이 설정된 경우도 없지 않다. 어떤 신화들은 이 단계들 가운데 오직 한 가지에만 초점을 맞추고 있으며 또 다른 신화들은 일정 부분 서로 다른 순서에 의해 그 단계들을 다루고 있기도 하다. 이는 각국의 풍경과 관습과 신앙 등의 문화적 전통과 배경이 서로 다르기 때문에 신화 서사의 구조와 형식이 각기 다른 데서 오는 결과이다. 그렇지만 대부분의 세계 영웅 신화는 기본적으로 출발(departure)과 여정(initiation) 그리고 귀환(return)의 3단계로 분리되어 조합되어 있는 것이 일반적이다.

분리(Separation, 출발) 신화 속의 영웅은 알 수 없는 무언가를 향하게 하는 부름을 좇아 자신의 일상적인 삶에서 벗어나 모험을 떠나게 된다. 이를 캠벨은 '모험에의 소명'(Call to Adventure)이라고 명명하였다. 부름은 흔히 영웅이 잘못을 저지르거나 아주 우연한 일을 통해서 나타난다. 또한 설사 부름을 받았다 하더라도 현재 그의 일상에서의 책임과 의무 또는 두려움이나 불안정으로 인해서 거부하거나 혹은 신으로부터 우매하게 도주한다. 이것이 바로 '소명의 거부'(Refusal of Call) 단계이다. 그러나 영웅은 의식적이든 무의식이든 모험을 떠나기로 마음먹게 되면 불가사의한 '초자연적인 조력'(Supernatural Aid)을 받게 된다. 이 조력자는 선의의 운명을 보호하는 힘을 대표함과 동시에 천국의 안녕을 잃지 않을 것이라는 보증이기도 하다.

모험을 시작한 영웅은 그 규칙과 한계를 알 수 없으며 심지어 위험하기까지 한 세계로 들어가는 '첫 번째 관문을 통과'(Crossing First Threshold)해야 한다. 그리고 이 입구에서 '관문의 수호자'(the threshold of awareness)를 만나게 된다. 영웅이 넘어서야 하는 그 세계는 사막, 삼림, 해양, 이국 등등과 같은 미지의 구역이고, 무의식이 투사된 자유의 천지이기도 하다. 그리고 그는 자아와 완전한 단절을 의미하는 '고래의 뱃속'(Belly of the Whale)에 들어간다. 관문을 지키는 세력을 정복하거나 그 세력과 화해하는 대신, 그 미지의 힘에 빨려들어 겉보기엔 죽은 것처럼 보이는 자기적멸(自己寂滅)의 형태를 취한다. 때문에 고래의 뱃속이 의미하는 것은 결국 스스로 소멸했다가 이는 다시 태어나는 재생의 공간을 의미한다. 다시 태어나기 위해서 안으로 들어가는 것이며, 마치 신도가 신전으로 들어가는 것과 같다.[176]

입문(Initiation) '일단 관문을 통과한 영웅은 기묘할 정도로 유동적이고, 모호한 형태로 이루어진 꿈의 세계로 들어간다. 영웅은 이곳에서 거듭되는 시련을 극복하고 살아남지 않으면 안 된다. 신화와 모험에서 가장 흥미롭게 다루는 부분도 이 부분이다.'[177]

아홉 개의 머리를 가진 히드라가 하나의 머리가 잘리면 다시 새로운 머리가 자라나는 것과 같이 거듭되는 '고난의 길'(The Road of Trials)이 연속된다. 그러나 이 부분이 영웅이 겪는 모험의 가장 절정의 순간이다. 영웅

176 조지프 캠벨 지음/다이엔K 오스본 엮음/박중서 옮김, 앞의 책, pp. 120-124.
177 위의 책, p. 128.

이 조언과 부적, 초자연적인 존재가 보낸 전령 등으로부터 도움을 받아 장애를 극복하고 그를 괴롭히던 요마들을 퇴치하게 되면 마침내 모험의 최후의 단계에 이르게 된다. 그리고 통상적으로 '여신과의 만남'(The Meeting with the Goddes)이 이루어지게 된다.

'여신과의 만남'은 영웅의 모험에서 가장 중요한 시각이며, 주로 최악이나 절정의 순간에 지구의 가장 변방이나 우주의 중심, 혹은 신묘(神廟)의 성당, 그리고 내심의 가장 어둡고 깊은 곳 등에서 이 만남은 이루어진다. 여신은 아름다움의 전범 중의 전범이며, 모든 영웅이 추구하는 지상의 목표이다. 여신(여인)과의 만남은 영웅이 생명을 완벽하게 장악하였음을 상징한다. 왜냐하면 여인이 바로 생명이고 영웅은 생명의 선지자이자 장악자이기 때문이다. 다시 말해서 '세계의 여왕인 여신과의 결혼은 삶 자체가 완성되었음을 상징한다. 즉 여성이 삶인데, 영웅은 이 삶을 알게 되었고, 이를 완성하게 되었다는 뜻이다. 영웅의 시련은, 자각의 위기를 상징한다. 이 자각의 위기를 통해 영웅의 의식은 증폭되고, 어머니 상의 파괴자, 즉 천생연분의 신부를 전적으로 받아들일 수 있게 되는 것이다'.[178]

여신은 통상적으로 어머니·누이·정부·신부(新婦) 등으로 표현되며 종종 가장 사랑하는 존재에 대한 발견으로 이루어짐과 동시에 '유혹자로서의 여성'(Woman as Temptresses)으로 출현한다. 이로 말미암아 영웅은 그의 모험의 여정에서 빗나가거나 심지어 모험을 포기하게 만드는 유혹을 경험하게 되는데 이는 영웅의 재능에 대한 마지막 시험의 단계이다. 그러나 '삶의 배후에 있는 삶을 찾아나서는 모험가는 그녀의 유혹을 물리치고, 현실 세계 너머에 존재하는 에테르(精氣) 속으로 날아 들어가야 한다'.[179] 그리하여 영웅의 삶에서 궁극적인 영향과 지배의 힘을 가지고 있는 존재를 마주하

178 위의 책, p. 159.
179 위의 책, p. 161.

고 인정받게 되는데, 많은 경우에 이 존재는 부(父)적 존재이기 때문에 이를 '아버지와의 화해의 단계'(Atonement with the father)라고 한다.

여신하고의 만남과는 다르게 부신(父神) 혹은 아버지는 잔인한 모습으로 나타난다. '아버지의 무섭고 잔인한 측면은, 피해자의 에고(ego)가 투영된 것이다. 즉 지난날 존재했던 예민한 유아기의 장면이 전면으로 투사됨으로써 나타난 것이다.'[180] 다시 말해서 아버지의 잔인함은 박해를 받는 자아의 반영이다. 아버지와의 '화해'(atonement), 즉 하나 되기(at-one-ment)란 스스로 만들어 낸 두 마리의 괴물인 신의 용(초자아/superego)과 죄악으로 보이는 용(억압된 이드 id)을 포기함으로써 이루어진다.[181]

그러나 이는 자아 자체에 대한 미련을 포기해야 하는 것으로 매우 어려운 문제이다. 그는 부신의 인자함을 믿어야 하고 또 신뢰해야 한다. 아버지와 서로 만난 영웅이 풀어야 할 어려운 문제는 어떤 두려움도 없이 그의 영혼을 열어젖히는 것으로, 자신을 이 잔혹하고 무정한 거대한 우주의 비극을 이해할 수 있도록 성숙시켜서, 신의 위엄 속에서 완벽한 합법으로 변모하는 것이다. 영웅은 생명과 그의 약점을 뛰어넘어 일시에 그 근원을 엿볼 수 있는 높은 곳으로 올라간다. 그는 아버지의 면모를 보았으며 이해하게 된다. 그래서 두 사람은 화해하는데, 아버지와의 화해는 자아의 통일을 상징하는 것이자 동시에 세계와 생명에 대한 인식이 더욱 심화되었음을 상징하는 것이다. 그런 다음 영웅은 범인이 신이 되는 경계에 들어서게 되어, 이전에 자신을 나타내고 자신을 보위하고 자신에게 관심을 보였던 자아 망상을 초월한 이후 그의 외모와 내심은 비로소 평화와 안정을 체험하게 된다.[182]

---

180 위의 책, p. 170.

181 같은 곳.

182 郭建, 〈坎貝爾的英雄歷驗神話模式解析〉, 《商丘師範學院學報》, 第27卷 第10期(2011年 10月), p. 28.

그가 외계에서 보았던 것은 사상을 초월하는 무변(無邊)한 공허이다. 이 무변한 공허는 그 자신의 자아·형체·느낌·언어·사고 판단과 인식의 경험에 실려 있다. 이 경지에 이르는 것은 바로 영웅이 획득하는 최종적인 은혜이다. 개인적인 제한을 뛰어넘는 고통은 정신이 성장하는 고통이다. 그가 여러 문턱을 하나씩 뛰어넘어 한 마리 한 마리의 독룡을 제압할 때마다 최고의 바람을 실현하기 위하여 환기된 신성을 갖춘 그의 정신 세계는 끊임없이 확대되어 모든 우주를 포괄하는 것에 다다르게 된다. 마지막으로 영웅의 정신은 우주의 제한을 돌파함과 아울러 모든 존재 형식의 체험을 초월하게 된다. 즉 일체의 상징 부호를 초월하고 일체의 신명을 초월함에 따라서 필연적인 공허를 인식하게 되는 것이다.[183]

귀환(Return) 근원을 투시함으로써, 혹은 남성이나 여성, 인간이나 동물로 화신한 자의 은혜를 입음으로써 영웅은 그 임무를 완성한다. 그러나 모험의 당사자인 영웅은 아직 생을 역전시키는 전리품을 가지고 귀환하는 모험을 치러야 한다. 지혜의 시문(詩文)이나 황금 양털, 혹은 잠자는 미녀를 인간의 왕국으로 데려오는 또 한 번의 고난의 과정을 겪어야 비로소 영웅의 모험은 완결된다.[184]

귀환의 과정에서 영웅이 겪는 첫 번째 단계가 바로 귀환을 거부(Refusal of the Return)하고 머물러 버리려는 것이다. 다른 세계의 장점을 알게 된 영웅이 평범한 현실로 돌아가고 싶지 않게 되어 그 세계에 영원히 눌러앉아 버리는 것이다. 바꾸어 말하면 다른 세상에서 은총과 광명을 경험한 영웅이 이전의 세상으로 돌아가서 사람들에게 그 은총을 나눠주는 것을 거부하는 경우가 발생한다. 예를 들면 부처도 정각(正覺)을 획득한 후 이 소식

183 같은 곳.

184 위의 책, p. 253.

이 대중에게 전해지는 것을 의심하였다.[185]

그러나 영웅은 결국 다른 세계로부터 '불가사의한 탈출'(The Magic Flight)을 감행하게 되고 '영웅의 귀환 의사가 신이나 악마의 찬성을 얻지 못할 경우에는 이 신화의 마지막 단계에서는 격렬한, 때로는 익살스러운 추격전이 벌어진다. 마법의 장애물이 신비스러우면 신비스러운 것일수록, 영웅의 도피가 교묘하면 교묘할수록, 이 탈출과 저지의 양상은 그만큼 복잡해진다'.[186] 그러나 우여곡절 끝에 영웅은 '외부의 지원'(Rescue from Without)을 빌려 귀환의 관문을 통과(The Crossing of the Return Threshold)하게 된다. 그리고 영웅은 모험의 과정에서 얻은 지혜를 인간의 생활 속에 되돌려주어 완전하게 만들어 주고 그 지혜를 세상의 나머지 사람들과 공유하는 법을 밝히는 것이다. 이것이 보통은 가장 어려운 일이다.

두 세계, 곧 신의 세계와 인간의 세계는 삶과 죽음, 밤과 낮처럼 서로 다르다. 영웅은 우리가 아는 세계에서 암흑의 세계로 들어간다. 이 암흑의 세계에서 영웅은 그 모험을 완성할 수도 있고, 거기에 갇힘으로써 우리들로부터 사라져 버릴 수도 있고, 엄청난 위험에 직면할 수도 있다. 영웅의 귀환은, 그 저승에서의 귀환을 말한다. 이승과 저승은 그럼에도 불구하고 하나의 세계다. 신화나 상징을 이해하는 중요한 열쇠가 바로 이것이다. 신들의 세계는 우리가 아는 세계의 잊힌 부분이다.[187]

영웅의 가장 궁극적인 숙제는 빛이 있는 세상의 언어로, 언어가 무용한 저 암흑 세계를 어떻게 표현하는가이다. 오로지 배타적 증거에만 급급하는 일반인에게 어떻게 저 만유의 근원인 공(空)을 설명할 수 있는가이다. 수많은 실패의 사례가 이 삶을 확정하는 관문의 통과가 얼마나 어려운가

185 위의 책, p. 254.
186 위의 책, p. 257.
187 위의 책, p. 281.

를 실증하고 있다. 귀환하는 영웅이 당면하는 첫 번째 문제는, 성취의 더할 나위 없이 만족스러운 체험을 겪은 이후에 덧없는 기쁨과 슬픔, 삶의 범용과 소란한 외설스러움을 현실로 받아들이는 문제다.[188] 때문에 영웅은 반드시 현실의 충격을 받아들일 수 있어야 한다.

영웅은 두 세계 사이의 한계를 뛰어넘어 자유자재로 오갈 수 있는 사람이다. 귀환한 영웅은 보통 이 '두 세계의 스승'(Master of Two Worlds)으로 등장하게 되며, 이 단계는 보통 예수나 부처처럼 변화된 주인공으로 나타난다. 인간적인 영웅을 위해서는 그것이 물질 세계와 정신 세계의 균형을 이루는 것을 의미한다고 할 수 있을 것이다. 그리하여 인간 영웅은 내적인 세계와 외적인 세계 모두에서 편안함과 평정을 누릴 수 있게 된다. 그리고 죽음의 공포로부터 자유로워지고 대신 해탈과 같은 '삶의 자유'(Freedom to Live)를 맛볼 수 있게 된다.

이상이 캠벨이 말한 영웅 모험의 17단계이다. 이러한 영웅의 여정을 그는 스스로 다음과 같이 요약하였다.

> 원래 살던 오두막이나 성에서 떠난 신화 속 영웅은 꾐에 빠지거나, 납치당하거나 자진해서 모험의 문턱에 이른다. 여기에서 영웅은 길을 안내할 그림자 같은 부정적인 존재를 만난다. 영웅은 이를 퇴치하거나 이 권능을 지닌 존재와 화해하여 산 채로 암흑의 왕국으로 들어가거나(골육상잔, 용과의 싸움 : 제물 헌납, 혹은 호부에 의지하여), 적대자의 손에 죽음을 당한다(의절, 고난). 이 문턱을 넘어선 영웅은, 낯설면서도 이상하게 친숙한 힘에 이끌려 이 세계를 여행하는데, 경우에 따라 위협을 받기도 하고(시련), 초자연적인 도움을 받기도 한다(조력자). 신화적인 영역의 바닥에 다다르면, 영웅은 절대(絶大)한 시험을 당하고, 그 시험을 이긴 보상을 받는다. 이 승리는 세계의 어머니인 여신과의 성적 결합(신성

188 위의 책, p. 282.

한 결혼), 창조자인 아버지로부터의 인정(아버지와의 화해), 그 자신의 신격화(神格化), 혹은 적대적인 능력이 그의 힘에 벅찰 경우에는 전리품의 가로채기(신부 훔치기, 불 훔치기)로 나타난다. 원래 이 승리는 자기 의식의 확장이며, 존재와의 합일이다(깨달음, 변모, 자유). 마지막 단계는, 귀환이다. 영웅이 그 권능의 축복을 받은 경우 전리품은 영웅을 보호한다(使者). 그렇지 못할 경우, 영웅은 도망치고, 부정적인 세력의 추격을 받는다(모습을 바꾸며 도주하기, 장래물을 피하며 도주하기). 귀환의 관문에서 초월적인 권능의 소유자는 뒤에 남아야 한다. 영웅은 혼자서 그 무서운 왕국에서 귀환한다(귀환, 부활). 그가 가져온 전리품(홍익)은 세상을 구원한다(불사약).[189]

영웅이 불가사의한 여행을 끝내고 귀환한 결과는 바로 '개인의 의식과 우주의 의식을 화해시킴으로써 생명에 대한 그 같은 무지, 즉 자기는 선한 자를 대표하고 있다고 간주하고, 죄악을 불가피한 것으로 합리화함으로써 죄의식을 느끼지 않는 무지를 추방하는 데 있다. 이것은 신화의 목적이기도 하다. 이 목적은 덧없는 시간적 현상과, 삶과 죽음이 혼재(混在)하는 불멸의 삶과의 진정한 관계를 자각해야 달성이 가능하다'.[190]

캠벨은 '우리의 진정한 실재는 모든 생명을 동일시하고 통합하는 데서 비롯된다. 영웅이란 자신의 물리적인 삶을 이러한 진리 인식의 질서에다 바친 사람을 말한다'[191]라고 하였다. 결국 귀환한 영웅이 획득한 최고의 수확은 미래를 염려하지도 않고 과거에 연연하지도 않는, 죽음의 고해에서 풀려나서 삶의 자유를 획득한 것이다. 영웅 신화는 고로, 영원한 생명에 대한 주석이자 인류에 대한 계시를 서술하고 있는 것이다.

189 위의 책, pp. 316-317.

190 위의 책, pp. 307-308.

191 조셉 캠벨·빌 모이어스 대담/이윤기 옮김, 《신화의 힘》(서울: 이끌리오, 2007), p. 211.

캠벨에게 있어 영웅은 신화의 아주 오랜 원형(原型)이다. 원형으로서의 영웅이 의미하는 것은 그것이 신화의 이미지일 뿐만 아니라 인류가 보편적으로 가지고 있는 심리의 일부이기도 하다. 바로 카를 융이 말하는 집단 무의식의 발로가 영웅이라고 할 수 있다. 이를 캠벨은 '인류의 내재된 보편적 경험에서 유래한 똑같은 충격이자, 똑같은 모순이며, 똑같은 공포'[192]라고 표현하였다. 세계 각지의 여러 신화 속에 나타나는 영웅의 여정이 동일한 패턴을 보이는 것은 바로 인류의 심리적 기저에 집단 무의식이라고 하는 원형이 자리잡고 있기 때문이다. 캠벨의 관점에서 신화는 원형의 주춧돌 위에서 펼쳐지는 은유의 서사 행위이다. 원형은 또한 행위의 동기이기도 하고 신화를 비롯한 모든 환상적인 서사의 최초의 형식이기도 하다.[193]

다른 각도에서 말하면 영웅은 바로 자아(自我)의 원형이다. 때문에 영웅의 이야기는 개체 성장의 이야기 즉, 심리적 성장 단계에 관한 이야기라고 할 수 있다. 캠벨이 말하는 단일신화에 나타나는 영웅의 여정과 모험은 인류의 경험을 반영하고 있으며, 특히 성숙의 과정이나 성년의 과정에서 겪은 개체의 경험, 즉 성년 자아의 실현을 반영하고 있다. 캠벨은 신화 속의 영웅이 겪어 가는 모험의 표준적인 경로인 분리와 신비한 힘의 전수, 그리고 귀환이라고 하는 성인식이 대표하는 공식의 확대이다. 다시 말해서 각기 다른 민족, 다른 시대, 다른 문화적 배경에서 생성된 수많은 신화 속의 영웅들이 존재하지만 그들은 모두 하나같이 개체의 자아 성장의 원형으로 귀결된다. 외재한 경험이 결코 전부가 아니라 중요한 것은 내심의 성장과 성숙의 여정을 설명하는 것이다. 결국 캠벨의 단일신화의 이론은 융의 인격성장과 집단 무의식이라는 이론의 기초 위에서 건립된 것이라고 할 수

---

192 위의 책, p. 166.

193 郭建, 〈坎貝而的英雄歷驗神話模式解析〉, 《商丘師範學院學報》 第27卷 第10期(2011年 10月). p. 29.

있다. 그리고 그것은 바로 내부의 경험이자 심리적 경험이며 인류가 가진 집단 무의식의 경험으로, 신화의 특징이 바로 여기에 있다.[194]

문화 배경이 서로 다른 민족의 신화 영웅이 모두 동일하게 분리-입문-귀환의 과정을 겪는 것은 바로 현실 속에서 인식한 인류의 자아 모델이 그대로 체현되기 때문이다. 인간은 나서 죽을 때까지 끊임없는 의식(儀式) 속에서 생을 영위한다. 백일이나 돌과 같은 출생 의식, 성인식, 그리고 혼례와 상례, 제례 등이 바로 그것이다. 이러한 의식은 바로 정신적인 측면에서 인간이 의식을 치르기 이전 시기까지의 생활이나 태도 그리고 익숙한 삶과 철저하게 결별하고 새로운 단계로 진입하여 새로운 생활을 시작하는 것을 선포하고 확인하는 행위이다. 캠벨은 신화와 제의의 주요 기능은 인간의 정신을 향상시키는 데 필요한 상징을 공급하는 것이며, '심리적인 미성숙 상태를 박차고 자기 책임과 자기 확신 위에서 영위되는 삶의 현장으로 나오려면, 죽음과 재생의 경험이 있어야 하며, 이것이 바로 보편적인 영웅 여행에서 기본이 되는 모티프'[195]라고 보았다.

(2) 신화의 기능

캠벨이 제시한 신화의 네 가지 기능은 주로 《신의 가면》(*The Masks of God*, 1959-1968)에서 제시된 개념으로, '신비적 기능'(The Metaphysical Function)과 '우주론적 기능'(The Cosmological Function) 그리고 '사회적 기능'(The Sociological Function) 및 '심리학적 기능'(The Psychological Function)을 말한다.

신비적 기능이란 존재의 신비 앞에서 경외감을 끌어내고 지탱해 주는 기능을 말한다. 모든 것에 활력을 주는 것으로, 종교를 통해서 느끼는 신령함에 대한 인식과 같은 것을 신화가 제공한다는 것이다. 이것은 원시적인

---

194 같은 곳.

195 조셉 캠벨·빌 모이어스 대담/이윤기 옮김, 앞의 책, p. 230.

수준에서는 악마에 대한 두려움이며, 가장 높은 수준에서는 신비한 환희이다. 말과 가르침으로 그것을 만들어 낼 수 없다. 권위로 강제할 수도 없다. 오직 실제 경험과 살아 있는 신화의 기호 상징들만이 그것을 끌어낼 수 있고 지탱할 수 있다. 그러나 그런 기호를 발명할 수는 없으며 오직 발견할 수만 있다.[196]

인간과 우주가 얼마나 신비스러운 존재인지를 알게 하여 경이로움을 느끼게 하는 것이 바로 신화의 신비적 기능이다. 신화는 신비의 차원, 만물의 신비를 깨닫는 세계의 문을 열어 준다. 때문에 그런 세계를 잃어버린 사람에게 신화는 존재하지 않는다. 만물에서 신비를 읽을 때, 우주는 비로소 한 폭의 거룩한 그림이 된다고 캠벨은 말한다.[197]

우주론적 기능이란 한마디로 우주론적 차원을 열고, 우주론을 제공하는 신화의 기능으로, 존재의 신비와 신비한 존재 앞에서 느끼는 경외감을 지탱하고, 또 그 경외감에 의해서 지탱되는 우주의 이미지를 제공하는 것을 말한다.[198] 한마디로 말해서 신화는 이 우주를 있는 그대로 의식하도록 중재하는 기능을 가지고 있다.

오늘날 우리는 과거나 세계 구조의 이미지를 알기 위해서 과학에 의존한다. 그러나 신화는 신비의 샘으로서 우주를 보여 준다. 다시 말해서 최초의 과학으로서 신화의 또 다른 기능은 관찰 가능한 물리적 세계를 은유적이고 심리학적인 의미와 일치시키는 것이라고 캠벨은 이야기한다.

사회적 기능이란 현재의 사회 질서를 지원하고, 개인을 집단에 유기적으로 통합하는 기능을 말한다.[199] 신화는 한 사회의 질서를 일으키고 그 질

196 조지프 캠벨 지음/정영목 옮김, 《신의 가면 III — 서양 신화》(서울: 까치, 2011), p. 592.
197 조셉 캠벨·빌 모이어스 대담/이윤기 옮김, 앞의 책, p. 74.
198 조지프 캠벨 지음/정영목 옮김, 앞의 책, p. 593.
199 위의 책, p. 593.

서를 유효하게 한다. 고대 사회에서 살아남기 위해서는 사회적 질서를 비준해야만 하였다. 이것은 고대인들이 생필품을 얻기 위하여 받는 긴장감이 현대를 사는 우리들보다는 훨씬 더 많았을 것이며, 이런 압박감 아래 진화해 온 것이기 때문이다. 신화는 그러한 질서를 재차 확인해 주었으며 그것을 이야기 안에 반영시킴으로써 질서를 강화시켜 나갔고, 어떻게 해서 그러한 질서가 신들의 중재로 자신들에게 도달하였는지를 자주 설명하였다.

신화와 그 신화를 제공하는 제의의 사회적 기능은 관련된 집단의 모든 구성원에게 '감성들의 체계'를 수립해 주는 것이다.[200] 감성의 체계란 마음 상태를 이끌거나 거기에서 행위를 촉발하게 하는 어떤 기제라고 할 수 있다. 이 감성의 체계는 문화의 차이에 의해서 각기 다른 특색을 가진다. 수렵 민족과 농업 민족의 감성의 체계는 서로 다를 수밖에 없다. 구성원들은 그들의 신화가 제공하는 감성의 체계에 의존하여 자신을 집단의 목적에 자발적으로 연결시킬 수 있다. 신화적 질서는 그 신화를 보유한 구성원들의 상징에 권위를 부여하기도 하고, 종교적 경외감을 가지게 하는 근원이 되기도 한다. 한마디로 신화의 사회적 기능이란 한 사회가 마땅히 지켜야 할 것으로 믿는 삶의 법칙을 제공하는 것을 말한다. 신화가 지리적 환경에 따라 많이 다른 것은 바로 신화의 이러한 사회적 기능 때문이다. 예를 들면 도덕의 측면에서 보면 그리스 신화와 중국의 신화는 커다란 차이를 가지고 있다. 또 중혼(重婚)을 얼마든지 허용하는 신화도 있고, 단혼(單婚)만을 강조하는 신화도 있다.[201]

심리학적 기능이란 '개인을 그 자신의 심리라는 현실의 질서에 입문시켜서 그를 그 자신의 영적 풍요와 자각으로 안내'[202]하는 기능을 말하며,

200 같은 곳.

201 조셉 캠벨·빌 모이어스 대담/이윤기 옮김, 앞의 책, p. 75.

202 조지프 캠벨 지음/정영목 옮김, 앞의 책, p. 595.

'그것은 우리에게 주어진 이 삶을 특정한 상황에서 어떻게 살아낼 것인가 하는 문제에 관련된 교육적 기능'[203]이기도 하다.

인생의 여정은 수많은 심리학적인 도전과 조우한다. 신화는 한 사람이 인생을 사는 단계를 통해 성공적인 통로를 제시해 주는 가이드 역할을 할 수도 있다. 예를 들면 대부분의 고대 문명에는 소년에서 성년으로 넘어가는 단계에서 통과의례를 치르는 의식이 있다. 후에, 남아 있는 신화에서는 같은 사람에게 그들이 죽음을 준비하려고 할 때 물질적인 소유물과 지상에서의 계획을 버리도록 가르쳤다.

캠벨은 만약 신화가 우리가 사는 시대에도 계속해서 그 주요한 기능을 발휘하려 한다면 그것들은 끊임없이 변형되고 진화되어야 한다고 믿었다. '미래를 생각하는 신화 중에서 가치 있는 신화는 어떤 도시, 어떤 동아리에 관한 신화가 아니라 모든 인류가 사는 이 땅에 관한 신화'[204]여야 하며, 그러한 신화는 '유아기에서 성장기를 거쳐 성인기에 이르고, 성인기에서 이 세상을 하직하기까지의 문제, 심지어는 이 사회와의 관계, 이 사회가 지니는 자연의 세계와 우주와의 관계까지 고루 다루어진 신화'[205]여야 한다고 그는 확신하였다.

말하자면 현대를 사는 우리가 신화를 통해서 깨달을 수 있는 것은 바로 인간과 자연이 하나라고 하는 사실, 인종과 종교, 그리고 민족을 뛰어넘어 인류가 모두 한 겨레라는 사실이며, 이러한 보편적 인류애야말로 세계의 모든 신화가 우리에게 주는 가장 큰 교훈이라고 하는 것이 캠벨이 말하는 신화의 기능이다.

---

203 조셉 캠벨·빌 모이어스 대담/이윤기 옮김, 앞의 책, p. 76

204 위의 책, p. 77.

205 같은 곳.

6) 엘리아데의 신화론

20세기 신화학의 전개에 있어서 빼놓을 수 없는 사람 중의 하나가 바로 루마니아 출신의 비교종교학자인 미르체아 엘리아데(Mircea Eliade, 1907-1986)이다. 그의 저작은 신화학은 물론 철학과 종교 등의 여러 분야에 망라되어 있으며, 인류학에서부터 문학비평 그리고 종교 연구에 이르기까지 여러 학문 분야에 폭넓은 영향을 주고 있다.[206]

엘리아데의 신화 이론은 주로 신화 의식론(儀式論)과 융의 원형 이론의 영향 아래서 수립된 것이다. 그는 신화를 세계의 신성한 시간과 공간의 매개로 인식하였으며, 우리들의 현실 생활과 밀접한 관련이 있음을 강조하였다. 그에게 있어서 신화 속에 기술된 신성한 역사는 일상생활의 언행에 비평적인 원본을 제공해 주는 것이었다.

(1) 신화의 개념

엘리아데는 그의 저서《신화와 현실》에서 신화가 지극히 복잡한 '문화체'라는 전제 아래 다음과 같이 신화를 정의하고 있다.

> 신화는 신성한 역사를 이야기한다. 그것은 원초의 시간(Primordial time), 태초의 신화적 시대에 일어난 사건을 이야기하는 것이다. 바꾸어 말하면 신화란 초자연자의 행위를 통하여 그것이 우주라고 하는 전실재(全實在)이건, 하나의 섬(島), 식물, 특정한 인간행동, 제도와 같은 부분적 실재이건, 그 실재가 여하히 존재하게 되었는가를 이야기한다. 신화는 항상 창조의 설명으로서 어떤 사건이 어떻게 존재하기 시작했는가를 이야기한다. 신화는 실제로 일어난 것, 완전히 현현한 것만을 말하고 있다. 신화의 주역은 초자연적인 존재이며, 그들은 원래 태초의 절

206 이반 스트렌스키 지음/이용주 옮김, 앞의 책, pp. 131-132.

대적인 때에 행했던 행위에 의해 알려지고 있다. 그리하여 신화는 그들의 창조 활동을 드러내 고 그 업적의 신성성(혹은 단순한 초자연성)을 제시한다. 요컨대, 신화는 성스러운 것(혹은 초자연)의 다양하고 때로는 극적인 세계의 현현을 서술한다. 〔…〕 신화는 언제나 실재에 관여하기 때문에 신성한 이야기, 나아가서는 진실한 역사로 생각되고 있다. 즉 우주의 기원 신화는 세계의 실재가 그것을 입증하기 때문에 진실이고, 죽음의 기원 신화는 마찬가지로 인간의 죽어야 할 운명이 그것을 증명하고 있기 때문에 진실인 것이다.[207]

신화는 전통적인 사회의 집단 생활에 대한 거의 모든 현실적 체험을 망라하고 있다고 엘리아데는 보았다. 그것은 주술적이며 종교적 신앙이며, 풍속, 습관이며 생활 양식이기도 하다.[208]

엘리아데는 신화를 진실한 역사로 이해하였다. 신화는 '어떤 무엇이 어떻게 존재하게 되었는지, 세상은 어떻게 생겼고, 그 이후에 무슨 일이 일어났는지를 알려 주는 기능을 가진 하나의 이야기(a tale)이다. 신화는 기원, 시작, 창조(creations)에 관한 이야기이며, 신성한 것(the sacred), 그들 자신의 기원, 시작 혹은 창조라고 하는 외적인 사건을 이야기함으로써 인간에게 실존적, 존재론적 방향성(orientation)을 부여하는 기능을 한다. 신화는 그러한 근원적 방향성을 갈구하는 인간의 경험에 기원을 둔다'.[209]

신화 역시 역사 속에 존재하지만 역사를 초월한다. 다시 말해서 '신화는 초자연적인 존재자의 행위의 역사를 구성한다. 이 역사는 실재에 관련되어 있기 때문에 절대적으로 진실하며 초자연적 존재자의 위업이기 때문에 신성한 것이다. 신화는 항상 창조에 관련하고 있다. 그것은 사물이 어떻게

207 미르세아 엘리아데 지음/이은봉 옮김, 《神話와 現實》(서울: 성균관대학교출판부, 1985), pp. 14-15.

208 王彬, 앞의 책, p. 19.

209 이반 스트렌스키 지음/이용주 옮김, 앞의 책, pp. 134-135.

존재하게 되었는가, 혹은 행동의 형태, 제도, 노동 방식 등이 어떻게 확립되었는가를 말해 준다. 이 때문에 신화는 모든 중요한 인간 행위의 모범이 되는 이유가 된다. 신화를 앎으로써 인간은 사물의 기원을 알고, 그렇게 함으로써 그것을 자기 의지대로 통제, 조작할 수 있게 된다. 이 지식은 외면적, 추상적 지식이 아니고 의례에서 신화를 자세히 낭송하거나 신화가 정당화시키고 있는 의례를 행함으로써 인간이 의례에서 체험을 하는 지식이다. 인간은 상이하거나 혹은 재연되는 신성한, 고양된 힘에 의하여 사로잡힌다는 의미에서 어떤 방법으로든 신화를 살고 있는 것이다'.[210]

엘리아데는 고대적(전 근대적, 전통적, 미개적, 고대 문화적) 인간과 근대적 인간과는 근본적으로 차이가 있다고 생각하였다. '전자가 우주 및 우주적 리듬과의 일체감을 갖고 있음에 비해 후자는 역사에 의해 구성되어 있고 역사와의 관계만을 주장하고 있다고 보았다. 고대적 인간은 그들의 철학·신앙을 표현하는 논리적 언어를 갖지 않은 경우가 많으나 그들은 그들의 구극적(究極的, 최후적, 혹은 결정적·절대적인) 실재(實在)에 관한 일관된 확신의 복잡한 체제를 신화, 제의 상징에 의해 표현한다.'[211]

엘리아데는 고대적 인간과 근대적 인간 사이에 이러한 상이가 존재하지만, 양자 사이에는 시원(始原)에 관한 관심이라고 하는 공통된 기반이 존재한다고 보았다. 시원에 관한 관심은 바로 신화적 사고 중의 하나이며 그것은 세속적 역사에 의하여 위장되고 변용되어 근대인의 심성에 깊이 숨겨져 있을 뿐, 신화가 망각되어도 인간의 근원적인 신화적 사고는 결코 소멸되지 않는다고 엘리아데는 보았다.[212] 이러한 관점에 기초하여 엘리아데는 신화가 언제나 창조와 관련된 기원에 대해 이야기하며, 어떤 무엇이

210 미르세아 엘리아데 지음/이은봉 옮김, 앞의 책, p. 30.

211 王彬, 앞의 책, p. 19.

212 위의 책, pp. 19-20.

어떻게 존재하게 되었는가를 우리에게 말해 준다고 생각하였다.

엘리아데에 따르면, 신화가 비록 신들에 관한 이야기이지만, "그것은 '절대적 진실'을 표현하는 '성스러운 이야기', 즉 원초의 성스러운 시간에 인간 저편에서 온 계시를 이야기한다. 실재와 성(聖)을 나타내는 신화는 범례가 되고, 그 범례는 반복된다. 그것은 모든 인간 행위의 모델일 뿐만 아니라 증거로 사용되는 것이다. 달리 말하면, 신화는 태초로부터 생겨났고, 인간 행위의 모델로 사용되는 진실한 역사다. 신이나 신화적 영웅들의 모범적 행동을 모방하면서 또는 단순히 그들의 모험을 이야기하면서, 고대인들은 세속적인 시간으로부터 분리되어 위대한 시간, 성스러운 시간에 기묘하게 합류했던 것이다".[213]

다시 말해서 "신화는 어떤 의미로 세계가 존재하는가를 말해 준다. 우주 발생론은 또한 존재론적 현현이며, 존재의 완전한 드러남이다. 그리고 모든 신화는 일종의 우주 개벽설적인 형태를 띠기 때문에 신화는 존재론적 현현이라고 말할 수 있다. '그때' 일어난 것을 기술한 역사들은 어떻게 세계가 존재하게 되었는가에 대해 각기 다른 방식으로 답변을 제시한다. 신화는 세상 속에서 다중적인 존재의 방식과 실재의 구조를 드러낸다. 그렇기 때문에 신화는 인간 행동의 전거가 되는 것이다. 신화는 현실을 반영하는 참된 역사를 드러내 는 것이다."[214]

때문에 엘리아데에게 가장 중요한 신화는 신들이 어떻게 세계와 사물, 기구와 행위를 창조하였는지를 말해 주는 창조 신화이다.

---

213 미르세아 엘리아데 지음/강응섭 옮김, 《신화·꿈·신비》(서울: 도서출판 숲, 2006), p. 18.

214 위의 책, p. 10.

(2) 창조 신화

엘리아데는 신화는 태초의 성스러운 시간 속에서 발생하였던 것에 대한 이야기이며, 그것은 단지 이 세계가 어떻게 존재하게 되었는가를 말하는 원형적 역사(archetypal history)의 변형일 따름이기 때문에 모든 신화는 어느 방식으로든 신화의 우주론적 유형에 속한다고 보았다. 또한 세계 창조는 창조의 가장 전형적인 예시이기 때문에, 우주 창조 신화(cosmogony)는 다른 모든 유형의 창조를 위한 예시적인 모델이 되며,[215] '모든 것의 기원에 대한 신화적 서술은 우주 창조를 전제로 하고 그것을 계승하고 있다'[216]고 보았다.

그는 창조 신화를 크게 우주 창조 신화와 기원 신화로 나누었다. 우주 창조 신화가 우주와 세계가 어떻게 창조되었는가를 말해 준다면, 기원 신화는 창조 이후에 세계가 어떻게 변화하고 이전보다 어떻게 풍부하게 혹은 빈궁하게 되었는지를 말하고 우주 창조 신화를 계승 완성한다고 보았다.[217]

엘리아데에게 있어 창조 신화는 질서의 원천이요 모방의 근원이다. 혼돈으로부터 코스모스를 탄생시키는 이야기를 담고 있기 때문이다. 사물의 새로운 상태는 언제나 그 이전의 상태를 전제한다. 세계의 기원 그리고 그것의 역사는 어떤 다른 개인적 역사보다 선행한다. 세계의 창조가 다른 어떤 것보다 앞선다는 사실로 인해, 우주 창조 신화는 특별한 권위를 누린다고 보았다. 또한 세계 창조에 관한 이야기들은 우리에게 인간의 완벽한 모델로서 활약하고 있는 신들을 보여 준다. 신화는 곧 존재의 현현(顯現/ontophany)이고, 존재의 최초의 근원이 신화에서 꾸밈없이 드러나며, 존

215 이반 스트렌스키 지음/이용주 옮김, 앞의 책, pp. 136-137.
216 미르세아 엘리아데 지음/이은봉 옮김, 앞의 책, p. 33.
217 위의 책, pp. 33-34.

재의 현현은 언제나 신의 현현 혹은 신성의 현현을 수반한다. 말하자면 창조 신화는 신들이 세상을 만드는 방법으로 스스로를 드러내 는 것이기 때문에 그 신들은 인간에게 가장 중요한 모델이 된다. 엘리아데는 바로 이런 두 가지의 이유로 인해서 태초의 창조에 관한 이야기가 세계 신화에서 특별한 위치를 차지하고 있으며, 그것은 모든 신화의 본보기가 된다고 보았다.[218]

창조 신화의 모방은 제의로 수행된다. 때문에 신화와 제의는 종이의 양면과 같은 관계를 가지고 있다. 신화가 '말하는 제의'라면 제의는 '행하는 신화'이다. 제의를 통해 창조 신화는 전승되고 재생된다.

때문에 창조 신화의 첫 번째 기능은 바로 역사적 시간을 재생하고 갱신하는 역할을 하는 것이다. 엘리아데 의하면 많은 원시의 부족들의 연대기나 제문, 계보성가(系譜聖歌)는 물론 왕자의 탄생을 위한 기도문 등에서 모두 창조 신화를 서술하거나 낭송한다. 그런가 하면 왕의 대관식이나 영주의 즉위식은 반드시 신년에 거행되며, 이때 우주 창조 신화가 상징적으로 반복된다.[219] 이는 바로 제의를 통한 창조 신화를 모방하고 재현함으로써 역사적 시간을 새로운 성현의 시간으로 변하게 하고, 개인과 집단은 새롭게 질서화된 삶을 시작할 수 있다고 확신하기 때문이다.[220]

다음으로 창조 신화는 병을 치료하는 역할을 한다. 고대인들에게 있어 '병은 창조 시의 완전성과 조화성이 파괴된 카오스 상태를 의미한다. 따라서 병의 카오스는 태초의 완전함으로 돌아감으로써 코스모스로 변화될 수 있을 것이다'.[221] 엘리아데 의하면 많은 원시 부족의 주술사들은 병자 앞에서 우주 창조 신화나 기원 신화를 재연하거나 신화적 시대의 사건들을 순

218 이반 스트렌스키 지음/이용주 옮김, 위의 책, p. 138.
219 미르세아 엘리아데 지음/이은봉 옮김, 앞의 책, pp. 34-60.
220 이경재, 《신화 해석학》(서울: 다산글방, 2002), p. 165.
221 같은 곳.

차적으로 재연한다. 그 목적은 병자로 하여금 상징적으로 세계 창조의 차원에 서게 하여 원초적 생명이 충실하도록 하고, 그때에 창조를 가능케 하였던 거대한 힘이 침투되도록 하기 위해서이다. 병자는 우주 창조 신화나 기원 신화가 낭송되는 것을 듣거나, 또는 우주 창조 신화를 그린 그림을 보면서 세속적 시간을 벗어나 원초적 시간의 충실함 속에 몰입하게 되는 것이다. 즉 그는 세계의 시원에 되돌아감으로써 우주 창조의 현장에 참여하게 되는 것이다.[222]

'신화를 재연함으로써 공동체 전체는 갱신되고 그 원천이 재발견되며, 그 기원이 다시 살아나게 된다고 믿었고, 시원으로의 복귀를 통해서 재생의 희망을 가질 수 있었기 때문이다.'[223] 다시 말해서 '코스모스의 창조는 질서와 조화를 탄생시키는 원초적 행위이다. 이 원초적 행위에서 모든 사물은 전체적이고 완전하고 거룩하다. 그러나 시간의 흐름 속에서 사물은 파편화되고 불완전한 무질서로 변한다. 따라서 사물이 거룩한 기원으로 돌아가서 기원을 모방하고 재현하는 제의야말로 새로운 생명과 에너지를 다시 부여하는 거룩한 행위가 된다. 이러한 에너지를 제공하는 것이 바로 창조 신화'[224]라고 엘리아데는 생각하였다.

---

222 미르세아 엘리아데 지음/이은봉 옮김, 앞의 책, pp. 38-39.

223 위의 책, p. 50.

224 이경재, 앞의 책, p. 166.

제4장

중국 신화의 범위와 분류

1. 중국 신화의 범위 —협의(狹義) 신화와 광의(廣義) 신화

신화의 범위는 신화의 개념을 정의하는 전제 조건 중의 하나이다. 신화의 범위에 따라서 신화의 정의 역시 다르게 확정될 수밖에 없기 때문이다. 또한 신화의 범위를 결정하는 가장 중요한 기준은 바로 신화의 생성 시기와 더불어 일단 생성된 신화가 시대적 제약을 받아서 소멸되느냐의 여부에 대한 견해이다.

중국 신화학에서는 신화를 원시 시대의 산물로 보느냐 아니면 어떤 시대를 막론하고 언제든지 생성될 수 있는 것으로 보느냐에 따라서 '협의 신화'와 '광의 신화'로 구분한다. 협의의 신화는 원시 사회에서 생성된 신화로서 '원생태 신화'(原生態神話)로, 광의의 신화는 원시 사회 이후에 생성된 신화로서 '차생태 신화'(次生態神話)나 '문명 신화'로 부르기도 한다. 혹자는 원시 사회로부터 봉건 사회 말기 이전에 생성된 신화를 통칭하여 '고전 신화'(古典神話), 이 이후에 생성된 신화를 '신신화'(新神話)나 '현대 신화'라고 부르기도 한다.[225] 또한 협의 신화는 고대 신화 혹은 문헌 신화라고도 부르며 광의 신화는 일반 신화라고 부르기도 한다.[226]

중국 신화학계는 상당 기간 동안 '신화가 인류의 상상력이 바탕이 되어 만들어진 환상적인 정신적 산물이며, 자연 현상과 사회 생활을 간접적으로 반영하고 하고 있으며, 자연을 정복하거나 지배하지 못했던 원시 시대의 산물로, 자연이 인류에 의해 지배되고 정복되는 순간 신화는 소실되며, 아울러 신화는 원시 인류가 자각하지 못한 예술 형식으로 가공된 것'[227]이라고 하는 마르크스의 주장을 일반적인 정설로 받아들여 왔다. 물론 여기서 말하는 '신화의 소실'이란 사회적 생산력의 조건에 따라서 신화가 인류의 현실 생활에 미쳐 왔던 영향력이 사라진다는 것이지, 원래 있었던 신화가 그 예술적 광채를 잃어버리거나 더 이상 전승되지 않아서 사람들에 의해 망각된다는 것을 말하는 것은 아니다.

루쉰(魯迅) 역시《중국소설사략》에서 '옛날 원시 인류들이 천지만물의 변화무쌍한 여러 현상들이 인간의 능력을 벗어난 것을 보고서 스스로 여러 가지 말을 만들어 그것을 해석한 것이 오늘날 신화'[228]라고 언급하였다. 유구오인(游國恩) 또한 '신화는 원시 시대의 인민들이 그들이 접촉하였던 자연 현상, 사회 현상에 대해서 예술적인 의미를 구비한 해석과 묘사를 환상적으로 서술해 낸 집단 구두 창작'[229]이라고 말하고 있다.

마르크스를 비롯한 루쉰, 그리고 유구오인은 공통적으로 신화의 발생 시기를 원시 시대의 야만 시기 단계로 국한하고 있으며, 문명 사회로 들어

225 武世珍, 〈神話研究的對象和範圍〉,《西北師範大學報》(社會科學版, 1986年 第3期), p. 67.

226 袁珂, 〈從狹義的神話到廣義的神話〉,《袁珂神話論集》(成都: 四川大學出版社, 1996), p. 71.

227 王增水, 앞의 책, pp. 1-2.

228 魯迅,《中國小說史略》(北京: 人文文學出版社, 1957), p. 11.

229 游國恩,《中國文學史》(北京: 人民文學出版社, 1984), p. 11.

서면서 점차 소실되었다고 보았다. 또한 신화 발생의 직접적인 원인을 인류의 자연과의 투쟁의 과정이자 현실의 반영으로 인식하고 있으며, 신화의 형식을 서사를 기준으로 하는 예술 양식의 하나로 규정하고 있다.

중국 신화의 발생 시기나 원인에 관한 이러한 전통적 견해에 대해서 웬커(袁珂)를 비롯한 일부 학자들은 '신화가 원시 사회에 생성되었지만 문명 사회에 들어서서 결코 소멸되지 않았으며, 여전히 군중들의 구두 전승을 통해서 유전되고 발전되고 변화하였다. 아울러 문명 사회, 특히 장기간에 걸친 봉건 사회에서 수많은 새로운 신화가 수시로 생성되었다. 이들 신화들은 비록 계급 사회의 낙인이 찍혀서 원시 사회의 신화와는 다르지만 그래도 여전히 신화로 귀속시킬 수 있다'고 보았다.

다시 말해서 만약 신화의 범위를 오로지 원시 시대 인류의 창작만으로 국한하고, 후세 문인들의 의식적인 창작의 부분을 제거해 버린다면 오늘날 우리가 보는 신화의 모습은 근본부터 존재할 수 없다고 말한다. 그들은 위진(魏晉) 시대의 지인지괴(志人志怪) 소설을 비롯하여 후대의 《서유기》나 《백사전》(白蛇傳), 그리고 《요재지이》(聊齋志異) 등과 같은 문인들의 창작에 등장하는 신화적 요소도 당연히 신화로서의 가치가 있다고 보는 것이다.

사실 신화를 오로지 자연과의 투쟁의 산물이라거나, 자연을 정복하거나 지배하지 못했던 원시 시대의 산물로만 규정한다면, 오늘날의 인류도 고대의 원시 인류들과 마찬가지로 얼마든지 신화를 생산해 낼 수 있어야 한다. 왜냐하면 첨단 과학 기술의 시대라고 하는 현대에 있어서도 어떤 민족이나 국가도 자연을 완벽하게 정복하거나 지배한 적이 없기 때문이다. 오히려 증대되는 자연의 힘 앞에서 인간은 불가항력이었고 그에 따라 인간의 왜소한 모습만을 노정하고 있을 따름이다.

또한 신화가 기본적으로 구두 전승을 통해서 후세에 유전된 것이지만 신화가 일단 기록되는 순간에는 기록자의 의도가 배제될 수 없다고 본다면 과연 원시 시대의 원생태 신화만을 신화라고 할 수 있는가 하는 의문이 들기도 한다. 그리스 신화는 여러 경로를 통해서 지금까지 전해 내려오고 있다. 가장 널리 알려진 것으로는 호메로스의 서사시《일리아드》(*Iliad*)와《오디세이》(*Odyssey*)가 있다. 호메로스는 그리스 신화를 체계적으로 이야기하지는 않았지만, 신들이나 영웅들의 생생한 모습을 우리에게 보여줌으로써 그리스 신화에 생명력을 불어넣었다고 할 수 있다. 같은 시대의 그리스 작품으로 헤시오도스의《신통기》(神通記/*Theogony*)와《노동과 나날》(*Works and Days*) 역시 그리스 신화를 전승하는 데 일정한 역할을 하였다. 그리스 신화를 가장 뛰어난 형태로 전해 주는 것은 아이스킬로스·소포클레스·에우리피데스 등 3대(大) 비극 시인이다. 비극은 신화 전설을 그대로 전해 줄 뿐만 아니라, 충분한 이성적(理性的) 고찰에 의하여 신화 전설을 전승함으로써 후세에 커다란 영향을 끼치는 생명력을 부여하고 있다. 오늘날 우리가 그리스 신화에 관하여 가지고 있는 지식은 후세의 체계화된 작품에서 얻어낸 것으로서, 특히 로마의 시인 오비디우스가 쓴《변신 이야기》(*Metamorphoses*)와 베르길리우스의《아에네이스》(*Aeneis*)에서 얻는 바가 많다. 그 밖에 그리스의 서정 시인들과 희비극 작가들, 그리고 플라톤을 비롯한 철학자들, 또 헤로도토스를 비롯한 역사가들도 작품이나 저서를 통해 신화의 전승에 크게 이바지하였다. 물론 화가와 조각가들도 신화 속의 이야기를 곧잘 작품화하였다. 이처럼 여러 사람이 오랜 세월에 걸쳐 전승했기 때문에, 그리스 신화는 같은 이야기임에도 불구하고 내용에서 조금씩 차이를 보이곤 한다. 그리고 로마 시대에 이르면서 로마 신화가 새로이 생겨나게 된다. 로마인들이 그리스 신화를 후대로 전승하면서 신들의 이름을 로마식으로 바꾸고, 또 그리스 신화에는 등장하지 않았던 신들을 새로 집어넣었기 때문이다. 원래의 뼈대는 유지하면서 자신들만의 독특한 특성을 첨가하여 손질을 한 셈이다.[230]

협의 신화의 관점에서는 신화는 원시 문화이자, 원시 인류의 문화적 정화이다. 신화는 주로 원시 사회의 신령과 관련된 서사 작품으로, 문화의 누적성과 연속성으로 말미암아 문명 사회의 초기의 신령에 관한 이야기는 대부분 신화적 내용을 농후하게 포함하고 있기 때문에 이 시기의 신령에 관한 이야기 역시 신화의 범주에 속한다. 한마디로 문헌 신화의 관점에서는 신화는 원시 시대에 만들어져서 구두 전승을 통하여 일정한 시기에 후세 사람들에 의해서 문자로 기록 보존되어 전승된 원시 문화의 결정체이다.

이에 비해 광의 신화의 관점은 신화의 생성이 시대나 역사의 제한을 받지 않고 어느 시대이건 새로운 신화가 탄생되고 있다고 보는 견해이다. 비과학적인 상상과 환상이 신화의 기본 특징이라는 기본 관점에서 출발하여, 과거나 현재의 모든 문학 작품 속에 등장하였던 주요 인물과 주요 형상이 초인간적인 면모와 특징을 가졌다고 한다면, 이 작품은 바로 신화의 속성을 가졌다고 할 수 있다는 것이다. 이런 관점에서 신화는 원시 시대에 가장 번성하였지만 후세에도 계속해서 창조되었고, 오늘날에도 끊임없이 창조된다고 보는 것이다.

중국 신화를 광의 신화의 관점에서 정리하기 시작한 것은 1950년대 무렵으로, 몇몇 학자들에 의해서 논의되었으나, 본격적으로 이 문제를 거론하고 정리한 가장 대표적인 학자는 바로 웬커(袁珂)이다. 웬커는 1980년대부터 수차례에 걸쳐 광의 신화론을 제창하는데, 각 시대는 그 시대의 신화와 전설이 있다고 주장하였다. 그가 말하는 고대 신화란 바로 원시의 모권제 사회에서 만들진 것으로 애초에는 대단히 간략하고 뿔뿔이 흩어져 있었으나 훗날 비교적 복잡한 형태로 모아졌으며 아울러 역사와 긴밀하게

230 http://100. naver. com/100. nhn?docid=2585(2012_04_26). http://book. daum. net/detail/book. do?bookid=KOR97889718439635.(2012_04_26).

결합되었다. 이것은 주대 초기 이르러 극도로 성행을 하게 되었다. 이후 문자를 이용한 역사의 기록이 시작됨에 따라서 고대 신화는 점차 망실되어 버렸다. 그 후 사회의 역사 발전의 단계마다, 현실 생활의 발전과 인민의 생활에 대한 바람에 따라서 적지 않은 새로운 신화와 신화 요소가 농후한 전설들이 만들어져 나와, 오늘에 이르기까지 아직도 끊이지 않고 있다고 보았다.[231]

"신화는 원시 사회에서 생성되었지만 문명 사회에 이르러 결코 소실되지 않았다. 문명 사회에서도 군중의 입을 통해서 전승되고 유전되고 발전되었으며 변화되었다. 문명 사회 특히 중국의 장기간의 봉건 사회에서도 수많은 새로운 신화가 수시로 생성되었다. 이들 신화들은 계급 사회의 낙인이 찍혀서 원시 사회의 신화와는 달랐는데도, 여전히 그저 '신화'로만 귀속되고 말았다. 이는 누구도 부정할 수 없는 사실이다. 이러한 신화는 고전학자들이 말하는 협의 신화의 정의로는 개괄할 수 없다. 그래서 그것을 오직 '광의의 신화'라고 부른다. 광의 신화는 협의 신화를 포괄하며 결코 협의 신화를 부정하지 않는다. 협의의 신화는 여전히 학자들의 연구의 핵심이다."[232]

광의 신화론이 단순히 신화의 생성 시기에 있어서 협의의 전통적 신화관을 확대 연역한 것으로 보이지만 실제로는 여러 부분에서 상당히 큰 차이가 존재하고 있다. 왕쩡수이(王增水)가 정리한 협의 신화와 광의 신화의 차이점을 제시하면 다음과 같다.

먼저 신화의 창작 주체에 있어서 협의 신화 이론은 신화의 창조자를 주로 원시 인류와 문명 사회의 초기에 생활하던 문명인으로 생각하였으나,

231 袁珂,〈從狹義的神話到廣義的神話〉,《袁珂神話論集》(成都: 四川大學出版社, 1996), p. 71.

232 袁珂,〈再論廣義神話〉,《袁珂神話論集》(成都: 四川大學出版社, 1996), pp. 76-77.

광의 신화론에서는 고대로부터 오늘에 이르기까지 인류는 모두 신화의 창조자이다. 문화속성에 있어서 협의 신화론은 신화를 원시 인류가 창조한 원시 문화이며 인류의 원시 문화의 보고라고 본다. 그러나 광의 신화론은 신화의 시대적 속성은 그다지 중요하지 않으며 신화는 단지 환상으로 가득 찬 사회 문화일 따름이라고 말한다. 또한 문화 역사성에 있어서 협의 신화론은 신화가 원시인들이 원시 사회의 조건에서 창조한 인류 문화로서, 문명 사회의 출현에 따라서 신화를 창조한 문화적 토양이 점차 소실되어 신화 역시 그에 따라서 소실되었다고 본다. 그러나 광의 신화론은 신화가 소실되었다고 보지 않으며 신화는 과거에도 창조될 수 있었고 현재에도 창조될 수 있으며 미래에도 창조될 수 있다고 본다. 신화의 기본 특징에서도, 협의 신화론은 신화의 기본 특징을 확정할 때에 일반적으로 신화의 원시성과 환상성 등을 강조한다. 아울러 원시성이 신화의 기본 특징이라고 확신한다. 그러나 광의 신화론은 단지 신화의 상상성과 환상성만을 강조하여 상상과 환상을 신화의 기본 특징으로 확정한다. 마지막으로 연구 목적 역시 다르다. 협의 신화론은 신화의 연구 목적을 원시 인류의 심리 활동과 심리 특징을 탐구하여, 원시 문화의 실상을 파악하고 원시 문화의 발전 과정을 탐색하는 데 둔다. 그러나 광의 신화론은 문화의 상상과 환상을 기조로 하여 인류의 환상적 문화 특성이나 성질, 기능, 가치와 발전 추세 등을 연구하는 데 그 목적을 두고 있다.[233]

역사적 제한이나 시대적 제한을 철폐하여 신화의 범위를 규정하는 광의 신화론의 관점에서는 오로지 신의 사적을 바탕으로 하는 비현실적인 묘사를 모두 신화로 규정한다. 이는 전통적인 신화관에서 규정한 신화의 개념과는 상당한 거리가 있는 것이다. 전통적인 신화관에서 정의하는 신화의 개념은 '원초에 일어난 일회적 사건, 다시 말해서 만물의 기원에 관한

233 王增水, 앞의 책, p. 6.

특정한 자연 현상과 문화 현상을 설명하고 기초를 굳히는 설화이기 때문에 진정한 신화는 크건 작건 대부분 기원 신화의 성격을 지니고 있다'.[234] 이는 바로 신화가 원시 우주관을 반영하고 있음을 지적하는 것이자 일정한 역사적 조건의 산물, 즉 원시 씨족 사회의 산물임을 말하는 것이다. 씨족 사회의 해체에 따라서 신화는 점차 그 생성의 사회적 기초를 상실하게 되었다. 때문에 문명 사회에 진입한 이후에는 신화는 소실의 길을 가게 되었다. 현대 사회는 경제적 기초의 변화로 말미암아 인류의 자연에 대한 인식과 지배가 원시 사회와는 비교할 수 없을 정도로 큰 차이를 가지고 있음은 자명한 사실이다. 원시의 사유 체계, 심리 구조와 상상의 방식이 모두 존재할 수 있는 문화적 토양을 상실하고 말았다. 이 때문에 새로운 신화의 재생산은 불가능한 것이다.

신화는 원시 우주관을 반영한다는 점에서 원시 종교와 밀접한 내재적 관계를 가지고 있다. 원시 신화의 생성에는 토테미즘이나 애니미즘 등의 원시 종교가 근저를 이루고 있고, 종교는 신화의 전승을 통하여 그 신성성을 확보하였다. 그러나 인류가 문명 사회로 진입한 이후에 원시 종교가 인위 종교로 전화됨에 따라서 그러한 내재적 관계는 더 이상 존재하지 않게 되었다. 때문에 종교가 존재하는 한 신화는 소실될 수 없다고 말하는 것은 원시 신화와 원시 종교와의 내재적 관계를 무시한 것이다. '훗날 신화의 영향을 받아서 창작된 신화적 색채를 지닌 작품은 단순히 신화의 발전과 전승일 따름으로 그 자체가 신화라고 할 수는 없다. 만약 환상성을 지닌 모든 문학 작품이나 문화적 산물을 다 신화라고 한다면 그것은 바로 신화의 문화적 가치를 홀시한 것이라고 할 수 있다.'[235]

결국 광의 신화론은 원시 신화와 문명 신화와의 본질적 구분을 혼동하

234 王彬, 앞의 책, p. 63.
235 王增水, 앞의 책, p. 6.

였다. 신화의 본질은 단순히 환상성이나 비현실성만은 아니다. 신화의 본질은 원초성이고 혼돈성이며, 그것은 원시 문화의 특성이기도 하다. 또한 광의 신화론은 신화와 신화 문학의 구분을 혼동하였다. 신화는 문학이고 문학의 특성을 가지고 있는 것은 사실이다. 그러나 신화와 신화 문학은 서로 다른 영역이며 다른 개념을 가지고 있다. 신화 문학은 문명 시대의 이름이 밝혀진 작가나 무명작가의 창작 문학으로 신화적 특징을 가지고 있는 문학 작품일 따름이다. 오승은(吳承恩)의 《서유기》(西遊記), 허중린(許仲琳)의 《봉신연의》(封神演義), 포송령(蒲松齡)의 《요재지이》(聊齋志異) 등에 등장하는 갖가지 신괴(神怪)에 관한 이야기를 비롯하여 도교(道教)의 신선(神仙)에 관한 이야기 그리고 불교의 경전에 등장하는 많은 신기한 이야기 등은 모두 신화 문학일 따름이지 신화는 아니다.

2. 중국 신화의 분류

신화의 분류는 신화학의 발전 과정과 함께 변천해 왔다. 이는 신화의 분류가 오로지 신화 연구의 편리를 위한 하나의 방편이었음을 말해 주는 것이다. 때문에 연구자에 따라서 분류의 기준이나 척도가 모두 상이하여 일정한 기준을 획정할 수 없다고 해도 과언이 아니다.

예를 들어 신화의 분류를 최초로 시작한 인류학파의 비조인 타일러(E. Tylor)는 그의 명저 《원시 문화》(*Primitive Culture*, 1871)에서 신화를 ① 철학 신화 혹은 해석 신화, ② 진실한 해석을 기초로 하나 이해가 부정확하며 과장되거나 왜곡된 신화, ③ 가상의 사건을 전기적 인물이나 역사 인물에 멋대로 덮어씌운 신화, ④ 환상적인 은유의 현실화를 기초로 한 신화, ⑤ 도덕적, 사회적, 정치적 학설을 널리 유포하기 위해 창작하거나 채용된 신화 등 다섯 가지로 분류하였다.[236]

그러나 스펜스(L. Spence)는《신화학 서론》(*An introduction to mythology*)에서 신화를 다음과 같이 ① 창세 신화(Creation myths), ② 인류 기원 신화(Myths of the origin of man), ③ 홍수 신화(Flood myths), ④ 보답 신화(Myths of a place of reward), ⑤ 징벌 신화(Myths of a place of punishment), ⑥ 태양 신화(Sun myths), ⑦ 월 신화(Moon myths), ⑧ 영웅 신화(Hero myths), ⑨ 야수 신화(Beast myth), ⑩ 습속의 해석 또는 제례의 신화(Myths of account for customs or rites), ⑪ 명세(冥世) 혹은 사망 경험의 신화(Myths of journeys or adventure through the world or place of the dead), ⑫ 신의 탄생 신화(Myths regarding the birth of Gods), ⑬ 불의 신화(Fire myths), ⑭ 별의 신화(Star myths), ⑮ 사망 신화(Myths of death), ⑯ 사자에게 음식물을 바치는 신화(Myths of the food of the dead formula), ⑰ 금기 신화(Myths regarding taboo), ⑱ 화신(化身) 신화(Dismemberment myths), ⑲ 선악이원론 신화(Dualistic myths), ⑳ 생활기예 신화(Myths of the origin of the art of life), ㉑ 영혼 신화(Soul myths) 등 무려 21가지로 분류하고 있다.[237]

중국 신화의 분류를 처음 시도한 사람은 마오둔(矛盾)이다. 그는《중국 신화 연구ABC》에서 중국 신화를 ① 천지개벽의 신화〔반고(盤古)의 천지개벽(天地開闢), 여와씨(女媧氏)의 연석보천(煉石補天) 신화 등〕, ② 일월풍우 및 기타 자연 현상의 신화〔희화어일(羲和御日) 및 항아분월(嫦娥奔月) 신화 등〕, ③ 만물 기원의 신화〔중국 신화에는 여기에 속한 신화가 아주 적다. 유일하게 누에(蠶)의 기원에 관한 신화만이 전승되고 있을 따름이다〕, ④ 신이나 민족 영웅의 무공을 기술한 신화〔황제(黃帝)와 치우(蚩尤)와의 전쟁, 황제와 염제(炎帝)와의 전쟁, 전욱

---

236 위의 책, p. 34.

237 朱狄,《信仰時代的文明 — 中西文化的趨同与差异》(武漢: 武漢大學出版社, 2008), p. 274.

(顓頊)과 공공(共工)과의 전쟁 등을 기록한 신화], ⑤ 유명 세계(幽明世界)의 신화, ⑥ 인물변형의 신화 등으로 분류하였다.[238]

그러나 마오둔의 이러한 분류는 중국 신화를 상시적(嘗試的)으로 분류하였다는 점에서는 의의를 부여할 수 있으나, 그 분류의 기준이 무엇인지가 모호하여 오늘날의 관점으로는 받아들이기 어렵다. 또 중국 근대의 대표적인 인류학자인 린후이시앙(林惠祥)은 ① 개벽 신화(홍수 신화 포함), ② 자연 신화, ③ 신괴 신화(신과 요괴 신화 포함), ④ 사망영혼과 명계 신화, ⑤ 동식물 신화, ⑥ 풍속 신화, ⑦ 역사 신화, ⑧ 영웅 및 전기(傳奇) 신화 등으로 중국 신화를 분류하기도 하였다.[239]

한편, 근래의 왕쩡수이(王增水)는《신화학 개론》(神話學概論)에서 중국 신화를 ① 씨족 조상의 신화(황제와 염제, 전욱과 소호를 비롯하여 요·순·우 등에 관한 신화), ② 자연 신화(천지·일월·강하를 주관하는 신에 관한 신화) ③ 토템 신화, ④ 변형 신화, ⑤ 문화 기원 신화, ⑥ 창세 신화, ⑦ 역사 전설의 신화(요·순·우 3부족의 영수에 관한 신화 및 현실적 내용의 영웅 신화) ⑧ 선화(仙話)의 신화(신화가 도교의 영향을 받아 변형된 신화) 등으로 분류하고 있다.[240]

신화의 분류가 이처럼 다양하고 그 기준이 모호한 것은 연구자의 느낌과 수요를 기본으로 일반적인 분류 원칙을 결합하여 신화를 분류하기 때문이며 임의성이 매우 강한 데다가 각국의 신화 내용이 서로 다르기 때문이기도 하다. 다시 말해서 민족과 지역에 따라 신화의 형태나 내용이 서로 달라서 하나의 척도로 분류할 수 없는 특징 즉, 특수성을 가지고 있기 때문이다. 예를 들어 세계에는 많은 유사한 신화가 존재하는데, 그 유사한 신화 속의 기원 신화가 대부분 혼돈(chaos)을 천지 창조 이전의 상태로 규정하고

238 矛盾,《中國神話研究 ABC》(北京: 百花文藝出版社, 1981), p. 67.
239 林惠祥,《神話論》(上海: 上海文藝出版社, 1989年影印本《神話三家論》), pp. 22-30.
240 王增水, 앞의 책, pp. 38-39.

있다. 그리스 신화나 중국의 신화가 그 경우이다. 그런데 그리스 신화 속에는 수없는 사랑, 질투, 행복, 죽음 등의 개념신이 등장하고 있지만 중국 신화에는 아주 소수이거나 전혀 없는 경우가 대부분이다.

신화가 인류의 보편적 문화 현상으로서 인류 공동의 문화라고 한다면 그 속에는 필연적으로 공통성이 존재한다고 보아야 한다. 세계의 모든 민족의 신화가 대부분 창세 신화를 기본으로 자연 신화와 토템 신화 등이 공통적으로 포함되어 있다는 데서 신화의 이러한 보편성과 공동성을 확인할 수 있다. 때문에 신화의 분류는 인류적 보편성과 민족과 지역의 특수성을 동시에 개괄하여 그 분류의 척도를 명확하게 획정한 연후에 비로소 특정 민족이나 지역의 신화를 포괄적으로 정리해 낼 수 있다고 본다.

이런 관점에서 중국 신화는 오로지 그 내용만을 가지고 본다면, 앞에서 여러 학자들이 분류한 여러 가지 분류의 방법 중 그 어느 것을 적용한다고 하더라도 크게 불합리한 점은 없다. 만약 중국 신화의 형태적 특징이나 전승 과정의 양태를 가지고 분류한다면 마땅히 고려되어야 할 것이 바로 신화 내용의 언어적 특성과 함께 신화 발생의 지역, 그리고 민족의 구분이라고 할 수 있다.[241]

오늘날 우리가 접할 수 있는 중국 신화는 수천 년에 걸쳐 끊임없이 생성되고 변화 발전을 거쳤다. 또한 중국은 고대로부터 다민족의 잡종 국가이다. 지역에 따라 인종과 언어는 물론 그에 따른 풍속과 습관 등 문화 형태가 현저한 차이를 보이고 있다. 오늘날도 한족(漢族)을 중심으로 하는 55개의 소수 민족이 엄연한 중국의 공민으로 존재하고 있다. 이러한 복잡다단한 역사와 문화 속에서 생성되고 변천을 거듭한 중국 신화를 하나의 척도로만 획정하기란 거의 불가능한 일이라고 해도 과언이 아니다. 때문에 중

241 王開元, 〈論中國神話之分類〉, 《新疆大學學報》(哲學·人文社會科學報, 第35卷 第3期, 2007年 5月), pp. 124-125.

국 신화는 분류의 기준과 척도를 다양한 각도에서 접근해야 할 필요가 있다고 보는 것이다. 이런 관점에서 중국 신화의 분류의 기준을 제시하면 다음과 같다.

1) 신화 내용의 언어 특성에 따른 분류

크게 문헌 신화와 구두 신화로 나눌 수 있다. 문헌 신화란 주로《산해경》(山海經)·《회남자》(淮南子)·《초사》(楚辭)·《장자》(莊子)·《열자》(列子)·《목천자전》(穆天子傳)·《주어》(周語)·《좌전》(左傳)·《논형》(論衡)·《술이기》(述異記)·《삼오역기》(三五歷記)·《풍속통의》(風俗通義)·《신이경》(神異經)·《십주기》(十洲記)·《박물지》(博物志)·《수신기》(搜神記)·《유명록》(幽明錄)·《습유기》(拾遺記)·《제왕세기》(帝王世紀)·《노사》(老史) 등 중국의 고전문헌에 기록되어 전승된 신화를 말한다. 이에 비해 구두 신화란 1920년대 이후 중국의 신화학자들이 현장 조사(field work)를 통해서 민간으로부터 수집하여 정리한 신화를 말한다.

2) 신화 발생의 지역에 따른 분류

이는 마오둔(矛盾)이《중국신화연구초담》(中國神話研究初探)에서 제시한 분류의 방법으로 주로 북부 신화, 중부 신화, 남부 신화 등으로 분류할 수 있다. 북부 신화란 황하 유역을 중심으로 하는 북방 지역에서 발생되었다고 추정된 신화를 말한다.《산해경》의 신화들을 대표로 하며 여와보천, 공공과 전욱의 전쟁, 과보축일, 예사구일, 정위전해, 황제와 치우의 전쟁 등 그 내용이 상당히 풍부하다.

이에 비해 중부 신화는《초사》를 대표로 하며, 장강 유역을 중심으로 중국의 중부 지역에서 생성된 신화를 말한다. 이는 주로《초사》에 대량으로 망라되어 있는 희화(日神)·망서(月神)·비렴(風伯)·풍륭(雷師)·하백(河神)·산귀(山神) 등의 자연신을 비롯하여 여와, 중화, 복비, 고요 등의 신인들에 관한 신화가 여기에 속한다.

마지막으로 남부 신화는 반고 신화를 대표로 한다. 남부 신화는 주로 중국의 영남(嶺南) 지역의 소수 민족의 신화를 말한다. 영남은 중국 남방의 오령(五嶺)의 남쪽 지역을 말한다. 오령이란 대유령(大庾嶺), 기전령(騎田嶺), 도방령(都龐嶺), 맹저령(萌渚嶺), 월성령(越城嶺) 등 남령(南嶺) 산맥을 가로지르는 다섯 준령을 말한다. 행정 지역으로는 광둥(廣東) 광시(廣西) 하이난(海南)의 모든 지역 그리고 후난(湖南) 장시(江西)성의 일부가 여기에 포함된다. 신화의 숫자도 적고 그 가치도 그다지 크게 인정받지 못하였지만, 최근의 집중적인 현지 조사로 인해서 이 지역의 소수 민족들이 유구한 역사를 가진 풍부한 내용의 창세 설화를 가지고 있음이 새롭게 인식되었다. 요족(瑤族)의 반고(盤古) 신화, 이족(彝族) 중의 하나인 아세인(阿細人)의《아시의 노래》(阿細的先基)와《메이거》(梅葛), 나시족(納西族)의《창세설》(創世說), 아창족(阿昌族)의《저파마(遮帕馬)와 저웨이마(遮未馬)》, 하니족(哈尼族)의《아오써미써》(奧色密色), 라후족(拉祜族)의《무파미파》(牧帕密帕) 등과 같은 수많은 창세사시가 새롭게 수집 정리됨으로써 중국 신화의 범위가 한층 확대되었다.

3) 민족에 따른 분류

중국은 흔히 말하듯 통일된 다민족 국가이며, 중국의 역사는 다민족의 역사이다. 이는 중화 민족으로 통일되기 이전에는 여러 민족들이 중국의 경내에서 각기 독립된 역사와 문화를 일구면서 살아왔다는 것이며, 또한 중국 문화에는 한족 이외의 많은 이 민족의 요소가 내포되어 있다는 뜻이기도 하다.

실제로 오늘날 중국을 대표하는 한족이 황하 유역을 중심으로 주체 민족으로 등장한 것은 주대부터이며, 그 이전에는 한족의 전신인 화하족(華夏族)을 비롯하여 동이(東夷)·남만(南蠻)·서융(西戎)·북적(北狄)의 소위 사이(四夷)들이 독립된 문화 체계를 형성하며 자신들의 고유한 영역에서 활동해 왔다. 춘추 시기를 전후하여 이들 중국 내의 다민족들은 끊임없는 전쟁과 교류를 거치면서 점차 한족 중심으로 융합되어 갔으며, 이후 위진(魏晉)과 남북조(南北朝) 및 양송(兩宋)을 거치면서 중국 내의 민족 융합이 거듭되어 마침내 중화 민족이라고 하는 한족 중심의, 기타 소수 민족을 포함하는 다민족 국가로 발전하게 되었다.

신화가 자연 현상과 사회 현실을 일정 부분 반영하는 것이라고 한다면, 이러한 민족 융합은 각 민족의 신화의 융합으로 이어질 수밖에 없다. 중국 신화에 황제와 염제, 황제와 치우, 전욱과 공공 등 종족 간의 전쟁에 관한 신화가 다른 민족의 신화에 비해서 특별하게 많고, 고대 종족에 따라 시조 탄생의 신화가 독립적으로 존재하는 것은 바로 이러한 민족 융합의 과정이 반영된 것이라고 할 수 있다.

때문에 중국 신화를 민족에 따라 분류한다면 당연히 민족 융합 이전의 독립된 종족들의 신화를 세분하여 구분하는 것이 당연하지만, 이는 현재로선 거의 불가능한 일이다. 왜냐하면 민족 융합이 이미 설명한 바와 같이 오랜 기간에 걸쳐 점진적으로 이루어졌으며 그러한 민족 융합이 주로 한족으로의 동화의 과정이었기 때문에 신화 역시 대부분 한족 신화와 융합되어 버려서 그 근원을 찾아내기가 힘들기 때문이다.

이런 이유로 인하여 오늘날의 입장에서 중국의 고대 신화를 민족에 따라 구분하자면 크게 한족 신화와 소수 민족의 신화로 분류할 수 있으며, 이를 좀더 세분하자면 한족의 한문고적에 기록된 문본 신화(文本神話)와 한족의 각지 민간의 구전 신화, 소수 민족의 문본 신화(여기에는 한문으로 기록된 것과 소수 민족의 언어로 기록된 것이 포함된다)와 소수 민족의 구전 신화로 사분할 수 있다.[242] 또한 종족에 따라 화하 계열, 동이 계열, 묘만 계열의 신화로 구분할 수도 있다고 본다.

242 叶舒憲, 〈中國神話的特性之新詮釋〉, 《中國社會科學院研究生院學報》(2005年 5期), pp. 71-77.

제5장

중국 신화의 특징

자연을 정복하고 지배하고자 하는 인간의 욕구를 상상을 통하여 형상화시킨 것이 신화이다. 때문에 자연이 정복되고 나면 신화는 그 본질적 기능이 소실되어 버린다. 그러므로 신화는 원시 인류가 인간의 환상을 통하여 그들의 소망과 기원을 무의식적이고 자각하지 못하는 예술적 방식을 통해 가공한 자연과 사회의 형식 그 자체라고 할 수 있다.

민족마다 주어진 자연 환경이 다르고 그 자연 환경 속에서 영위해 온 역사 경험이 다름은 주지의 사실이다. 신화는 독립된 존재가 아니라 역사적 민족적 조건과 더불어 발달하는 것으로, 그것은 때로 신화라고 하는 것이 없었다면 잊혔을지도 모를 상황에 대한 뜻하지 않았던 증거나 흔적을 보여 준다. 한마디로 신화는 민족적 경험과 상상, 그리고 사색의 산물이다. 민족적 경험이 다름에 따라 그 민족만이 가질 수 있는 독특한 문화가 형성되는 것이고, 이러한 민족 문화의 차이에 따라 신화의 형태나 내용이 다름은 물론, 신화를 이해하고 받아들이는 자세도 커다란 차이를 보일 수밖에 없다. 신화 속에는 그 민족만이 가질 수 있는 독특한 특성이 내포되어 있으며, 이러한 특성은 민족의 잠재적 사유 형식으로 작용하여 종교 신앙과 철학 사상, 그리고 민족 문학의 발생과 형태에 이르기까지 크고 작은 영향을 끼치게 된다.

1. 외형적 특징

1) 체계성이 없는 신화 구조

우리들이 가장 쉽게 접할 수 있는 그리스·로마 신화나 북구 신화와 인도 신화 등은 최소한 특정 저자의 작품 내에서만은 완벽한 서사 구조와 함께 신의 계보가 체계적으로 정리되어 가송되고 있다. 예를 들면 호메로스(Homeros, B.C.800?-B.C.750)의 《오디세이》(*Odyssey*)와 《일리아드》(*Iliad*), 헤시오도스(Hēsiodos, ?-?)의 《신통기》(神統記/*Theogony*), 그리고 핀다로스(Pindaros, B.C.518?-B.C.438?)나 아이스킬로스(Aeschylos, B.C.525?-B.C.456)의 비극에서 서술되고 있는 신들과 영웅들의 성격과 사적은 저자에 따라 상이점이나 모순점이 없지 않지만, 한 작품 내에서만은 개성적인 성격과 함께 명확한 체계를 형성하면서 서술되고 있음을 알 수 있다.

그러나 중국의 고전 신화에는 외형상 어떠한 체계성도 없이 단지 몇 줄의 짧은 문장이나 신화의 자질구레한 편린(片鱗)들만이 《산해경》(山海經)·《장자》(莊子)·《초사》(楚辭)·《회남자》(淮南子)·《열자》(列子)·《목천자전》(穆天子傳)·《십주기》(十洲記)·《신이경》(神異經) 그리고 《월절서》(越絶書)·《오월춘추》(吳越春秋)·《촉왕본기》(蜀王本紀)·《화양국지》(華陽國志)·《술이기》(術異記) 등의 책에 산재해 있을 따름이다. 따라서 중국 신화 전반을 망라할 수 있는 서사 구조는 존재하지 않으며, 서사와 서사 사이의 유기적 관계는 물론 아주 제한적인 신과 영웅 — 염제(炎帝)와 축융(祝融), 염제와 치우(蚩尤) 등등 — 을 제외하고서는 그 계보 역시 상호간에 유기적 관계가 전혀 보이지 않는다. 예를 들어《산해경》에 실려 있는, '과보(夸父)가 해와 경쟁하다'는 '과보축일'(夸父逐日)의 부분과 '정위(精衛)가 돌을 물어 동해를 메우다'는 '정위전해'(精衛塡海)의 신화 기록을 보자.

> 대황(大荒)의 한가운데에 성도재천이라는 산이 있다. 두 마리의 누런 뱀을 귀에 걸고 두 마리의 누런 뱀을 손에 쥔 사람이 있는데 이름을 과보라고 한다. 후토가 신을 낳고 신이 과보를 낳았다. 과보가 자신의 힘을 헤아리지 않고 해를 쫓아가려고 하다가 우곡에 이르렀다. 황하를 마시려 했으나 양에 차지 않자 대택으로 가려 했는데 도착하기도 전에 이곳에서 죽었다. 응룡이 치우를 죽이고 난 후에 또 과보를 죽이고 그리고 남방으로 가서 살았기 때문에 남방에는 비가 많다(《산해경》〈대황서경〉).[243]

> 다시 북쪽으로 200리를 가면 발구산이라는 곳인데 산 위에서는 산뽕나무가 많이 자란다. 이곳의 어떤 새는 생김새가 까마귀 같은데 머리에 무늬가 있고 부리가 희며 발이 붉다. 이름을 정위라고 하며 그 울음은 제 이름 소리를 내는 것이다. 이 새는 본래 염제의 어린 딸로 이름을 여왜라고 하였다. 여왜는 동해에서 노닐다가 물에 빠져 돌아오지 못하였는데 그리하여 정위가 되어 늘 서쪽 산의 나무와 돌을 물어다가 동해를 메우는 것이다. 장수가 여기에서 나와 동쪽으로 황하에 흘러든다(《산해경》〈북차삼경〉).[244]

---

243 大荒之中, 有山名曰成都載天. 有人珥兩黃蛇, 把兩黃蛇, 名曰夸父. 后土生信, 信生夸父. 夸父不量力, 欲追日景, 逮之于禺谷. 將飮河而不足也, 將走大澤, 未至, 死于此. 應龍已殺蚩尤, 又殺夸父, 乃去南方處之, 故南方多雨(《山海經》〈大荒西經〉).

244 于北二百里, 曰發鳩之山, 其上多柘木. 有鳥焉, 其狀如烏, 文首, 白喙, 赤足, 名曰精衛, 其鳴自詨. 是炎帝之少女名曰女娃, 女娃游于東海, 溺而不返, 故爲精衛, 常銜西山之木石, 以堙于東海. 漳水出焉, 東流注于河.(《山海經》〈北次三經〉).

신화의 형상미는 나타나고 있지만 그리스·로마 신화와 같은 완벽한 서사 구조가 존재하지 않는다. 그래서 흔히들 중국 신화를 '잃어버린(亡失) 신화' 혹은 '조각(片斷)의 신화'라고 일컬으며 혹자는 중화 민족의 실질을 숭상하는 민족성 때문에 중국에는 그리스 로마와 같은 신화가 애초에 존재하지 않는 것으로 인식하기도 하였다.

민족의 자연 환경이나 역사 경험의 차이에 따라 신화의 내용이 달라짐은 자명한 사실이나, 신화 자체가 존재하지 않는 경우는 없다. 오늘날 존재하는 세계의 수많은 민족이, 그 문명의 우열에 상관없이 제각기 독특한 민족 신화를 가지고 있는 것을 보면 이 점은 쉽게 이해할 수 있다. 중국의 신화도 예외는 아니다. 세계의 대표적인 신화와 비교하여 손색이 없는 신화가 생성되었다. 다만 그 많은 신화들이 지속적으로 전승되고 보존되지 않고 사라져 버리고 말았던 것이다. 그 원인을 담달선(譚達選)같은 이는 다음과 같이 설명하고 있다.[245]

첫째, 중국 고대에 신화만을 전문으로 기록한 책이 없었다. 신화는 원래 구송(口誦)되는 것이기 때문에 문자로 기록되기 전에는 보존되기 어렵다. 중국의 신화는 오랜 세월을 거치는 동안, 신화에 대한 인식이 없었던 중국의 문인, 학자, 사상가, 역사가들이 신화를 경시하거나 왜곡해 왔고, 황당무계한 것으로 간주하여 배척하기까지 하였다.

《논어》에서 '공자는 괴이한 것, 용기와 힘, 반역과 귀신에 관해서는 말하지 아니하였다'[246]고 하였고, 《좌전》에서는 '백성이 신령의 주인이다. 때문에 성왕은 먼저 백성의 의식주를 풍족하게 한 다음에 신령에게 정성을 쏟는 것이다'[247]고 하였고, 또 '신령은 총명하고 정직하며 한마음 한뜻이

245 譚達選, 앞의 책, pp. 6-10.

246 子不語怪力亂神(《論語》〈述而〉).

247 民, 神之主也. 是以聖王先成民而後致力于神(《左傳》〈桓公六年〉).

어서, 오로지 사람의 선악에 따라서 상벌을 내린다'[248]고 하였다.

신보다는 인간을 우선하는 철저한 인본주의적 사고를 가진 중국 고대의 지식인들은 신화를 단순히 기이한 이야기나 미신 정도로밖에 인식하지 못했다. 특히 '수신, 제가, 치국, 평천하'의 정치 윤리의 테두리 안에서만 사고를 진행하였던 유가들은 신화를 채록하고 수집하여 정리하거나 연구하는 것은커녕 오히려 신화를 배척하거나 멋대로 윤색하였기 때문에 대부분 신화가 유실되었다는 것이다.

둘째, 봉건 사회의 사상가 역사가들이 신화를 역사화하였다. 이들은 신화의 특질에 대한 인식이나 이해 없이, 자신의 사상이나 학설의 설득력을 강화하기 위한 수단으로 신화를 임의로 고치거나 견강부회하여 역사화하였다. 예를 들어 여와(女媧)는 인류를 창조한 신인데, 후세에는 삼황오제 중의 한 사람으로, 또 황제(黃帝)와 요(堯), 순(舜) 등은 모두 신화 인물임에도 불구하고《서경》(書經) 등에는 모두 실존하는 역사 인물로 개조된 것 등이 대표적인 예이다.

셋째, 선진(先秦) 시대가 신화의 탄생 시대와 그리 멀지 않았기 때문에, 문인이나 학자들이 자신들의 특정한 사상 감정을 표현하거나, 모종의 철학 논리를 펼 때 무의식적으로 편단의 신화를 인용하였다. 이 때문에 후세 사람들은 신화의 전모를 살펴볼 수 없게 된 것이다. 예를 들면《초사》(楚辭)의 〈천문〉(天問)에 등장하는 후예사일(后羿射日: 후예가 해를 쏘아 떨어뜨리다), 여기무합(女岐無合: 배우자가 없이 여기가 아들을 낳다)과 같은 신화로, 〈천문〉의 작자는 다량의 신화 자료를 인용하여 우주만상에 대한 자신의 의문을 제시하고 있지만, 대부분의 신화가 거두절미되어 전모를 살펴볼 수 없거나, 다른 문헌의 기록과는 근본적으로 차이가 있다.

넷째, 인쇄술이 발달하기 전에는, 고대 문화와 신화를 보존하는 서적들

248 神, 聰明正直而壹者也, 依人而行(《左傳》〈莊公三十二年〉).

이 모두 필사(筆寫)로 이루어졌기 때문에 쉽게 훼손되었다. 게다가 사회와 시대의 빈번한 동난, 진시황의 분서(焚書), 항우(項羽)의 함양(咸陽) 소각, 그리고 양한(兩漢) 사이, 진한(秦漢) 사이, 양진(兩晉) 사이의 전란 등으로 인해 대량의 고적들이 소각되거나 산실(散失)되었다. 이로 말미암아 문자로 기록된 신화마저도 대부분 사라져 버리고 말았다.

다섯째, 중국 사회는 분열의 상태가 장기간 유지되었기 때문에 민족 통일이 아주 늦었다. 오랜 기간에 걸친 전쟁은 민족의 분산된 신화를 하나의 체계로 형성할 수 없게 하였다. 중화 민족의 주체라고 할 수 있는 한족(漢族)도 진한(秦漢) 시기에 이르러서야 비로소 기본적으로 형성되었다. 그 이전 춘추전국 시대까지는 수많은 부족이 끊임없는 투쟁과 융합을 반복해 왔다. 민족의 분열과 분쟁은 각 부족의 신화를 단지 자신의 부족 내부의 범위에서만 작은 체계를 이루도록 하였을 뿐, 방대하고 완벽한 하나의 체계 속에 모이도록 할 방법이 없었다.

2) 반인반수(半人半獸)의 신의 형상

중국 상고 신화에 등장하는 신의 외형은 대략 세 가지로 분류할 수 있다. 하나는 요순(堯舜)과 같이 성왕성상(聖王賢相)으로 역사화되어 사람의 모습을 한 신들이 그중 하나인데, 이는 아주 작은 부분을 차지하고 있다. 또 하나는 사람과 짐승의 모습이 뒤섞인 신들이며, 나머지는 변형 또는 원형의 동물 모습을 하고 있는 신들이다. 이 두 종류의 신들이 중국 신화의 대부분을 차지하고 있다.

한대(漢代)에 미인의 모습으로 변모하는 서왕모(西王母)도 《산해경》(山海經)에서는 표미(豹尾)에 호치(虎齒), 그리고 휘파람이나 불어 대는 봉두난발(蓬頭亂髮)한 괴수의 모습이다.[249] 여와(女媧)는 인면사신(人面蛇身),[250] 복희

(伏羲)는 용신인두(龍身人頭),[251] 염제(炎帝)는 인신우수(人身牛首),[252] 전욱(顓頊)의 아버지 한류(韓流)는 사람의 얼굴에 돼지의 주둥이, 그리고 온 몸에는 비늘이 덮여 있다(人面豕喙鱗身).[253] 심지어 역사화된 신들마저도 모두가 완전하게 사람의 모습으로 나타나는 것은 아니다. 삼황오제 중의 하나인 전욱(顓頊)의 아들은 《산해경》〈대황서경〉의 기록에 따르면 얼굴이 세 개이고 팔이 하나밖에 없는(三面一臂) 기괴한 모습이고, 중국 신화에서 가장 중요한 인물이라고 할 수 있는 황제(黃帝) 역시 네 개(四面)의 얼굴을 가지고 있다.

형상도 기괴할 뿐 아니라 내용도 황당하기 짝이 없다. 황제(黃帝)는 염제(炎帝)와 판천(阪泉)의 들에서 싸울 때, 여러 동물들이 전위대가 되었고 갖가지 금수(禽獸)를 깃발로 삼았다.[254] 이처럼 《산해경》 등의 선진(先秦) 고적에는 사람의 모습을 하지 않고 인간과 짐승의 모습이 뒤섞여 있거나 아니면 변형 혹은 원형의 동물의 모습을 한 기기묘묘한 신들이 수를 헤아릴 수 없을 정도로 많이 산재해 있다.

그리스 신화에도 하반신은 양, 또는 염소이며 상반신은 인간의 몸을 가진 사티로스(Satyrs), 머리에서 허리까지는 인간, 하체는 말인 켄타우로스(Centaurus), 상반신은 아름다운 여인, 하반신은 뱀의 모습을 한 에키드나(Echidna), 반은 황소이고 반은 사람인 미노타우로스(minotaur), 머리카락이

249 西王母其狀如人豹尾, 虎齒而善嘯, 蓬髮戴勝(《山海經》〈西山經〉).

250 女媧古神女而帝者, 人面蛇身, 一日中七十變(《山海經》〈大荒西經〉).

251 伏羲鱗身, 女媧蛇軀(王延壽魯靈光殿賦) 庖犧氏女媧氏 〔…〕 蛇身人面(僞列子黃帝篇) 伏羲龍身, 女媧蛇軀(《玄中記》).

252 炎帝神農氏人身牛首(《繹史》卷四引〈帝王世紀〉).

253 黃帝妻雷祖生昌意, 昌意降處若水, 生韓流. 韓流擢首謹耳, 人面豕喙, 麟身渠股, 豚止(《山海經》〈海內經〉).

254 黃帝與炎帝戰於阪泉之野, 帥熊·羆·狼·豹·貙·虎爲前驅, 以鵰·鶡·鷹·鳶爲旗幟(《列子》〈黃帝篇〉).

모두 뱀인 괴물 메두사(Medusa) 등과 같은 반인반수(半人半獸)의 신들이 출현한다. 우리가 잘 아는 이집트 신화의 스핑크스(Sphinx)는 사람의 머리와 사자의 동체를 가지고 있고, 망자의 신인 아누비스(Anubis)는 개나 자칼의 머리에 몸은 사람이다.

그렇지만 총체적으로 말해서 모두 사람의 모습(人形)을 기본으로 하는 추상적인 개념의 신들이다. 즉 태양신이자 광명과 음악 그리고 예언의 신인 아폴론(Apollon), 지혜의 여신 메티스(Metis)와 팔라스(Pallas) 그리고 아테나(Athena), 질투의 신 젤로스(Zelos), 승리의 여신 니케(Nike), 복수의 신 네메시스(Nemesis),[255] 운명의 신 모이라이(Moerae), 사랑의 신 에로스(Eros)와 역시 사랑의 여신 아프로디테(Aphrodite) 등과 같이 역시 수없는 신과 여신들이 있다.[256] 그러나 중국 신화에서 사랑이나 질투와 같은 특정한 개념을 주관하는 신은 단지 생명 혹은 죽음의 신인 대사명(大司命)·소사명(小司命) 등 극히 일부에 지나지 않는다.

중국 고대 신화 속의 신들의 외모가 대부분 반인반수인 이유는 주로 원시 시대의 토템 숭배와 관련이 있다. 고대의 장강 유역에서는 뱀을 토템으로 삼았기에 이 지역에서 보편적으로 숭배하는 조상신은 뱀의 몸에 사람의 머리를 한 여와(女媧)이다. 그리고 북방 사람들은 곰(熊)을 토템으로 하였기에 황제(黃帝)가 유웅(有熊)에 도읍을 정하고 호를 유웅씨로 하였다는 등의 많은 기록들이 전해지고 있다.[257]

다음으로는 중국 원시 인류들이 가지고 있는 애니미즘의 반영이라고 할 수 있다. 원시 인류들은 만물이 모두 생명을 가지고 있다고 생각하였기에 동물도 사람과 똑같으며, 사람이 동물로 변할 수 있고, 동물도 사람으로

---

255 토머스 불핀치 지음/최순혁 옮김, 앞의 책, p. 33

256 이윤기,《이윤기의 그리스 로마 신화》(서울: 웅진닷컴, 2000), pp. 207-208.

257 黃帝軒轅氏, 元年帝卽位, 居有熊(《竹書紀年》). 黃帝者, 少典之子, 姓公孫, 名軒轅, 黃帝居于軒轅之丘(《史記》〈五帝本記〉).

변할 수 있다고 생각하였다. 그래서 신화 속에 반인반수의 형상이 존재하는 것이다.

고대 그리스 신화 속의 신과 인간은 구별이 없다. 신은 인간의 모습이며, 인간과 똑같은 본성을 가졌다. 그리스인들은 자신을 표본으로 신을 창조하였다. 주신 제우스는 왕왕 황금의 궁전에서 연회를 베풀고 음악을 즐기며 여색에 탐닉하는 수령의 생활을 한다.

고대 그리스 신화 속의 신은 어째서 인간과 같은 모습으로 빚어졌을까? 이유 중의 하나는 그리스에서는 토템 숭배의 관념이 없었다는 것이다. 그들은 물체 자체에는 신성이 존재하지 않는다고 생각하였다. 자연에 대하여 부정적인 태도를 품고 있었으며 동물은 인간이 나락에 빠져서 만들어진 것이라고 보았다. 자연물의 형상은 인간이 곤란을 겪어서 만들어진 변형으로 간주되었다. 때문에 신화 속에서 만들어 낸 신의 형상은 사람의 모습이었다. 고대 그리스 사람들은 세상에서 사람보다 더 아름다운 형식은 없다고 생각하였다. 그래서 인간의 아름다움을 신의 모습에 집중적으로 표현하여서 신으로 하여금 인간의 외형이 갖고 있는 아름다움을 갖추도록 했을 뿐 아니라 또한 인간의 감정, 의지, 욕망을 갖도록 하였다. 그들은 인간의 모든 것을 신에게 부여하였고, 신을 인간화시켰다. 인간의 육체를 찬미하였고 인간의 개성을 강조하였으며, 인간의 의지, 정감을 숭상하였다. 그리스 사람들이 가지고 있었던 인간에 대한 이러한 의식이 모두 신을 통해서 표현되었고, 그것은 바로 서양 문화의 가장 핵심적인 특징 중의 하나가 되었다. 그리스 신화 속의 신은 바로 인간 자체를 표현한 것이다.

아울러 중국 신화의 신들의 외형이 이처럼 원시적인 것과 마찬가지로 신의 능력에 있어서도 그리스 신화에 등장하는 신들의 능력과는 다르게 자주적이지 못하다. 즉 순(舜)은 그의 아버지 고수(瞽瞍/瞽叟)와 이복동생 상(象)의 흉계에 의해 죽음의 위험에 처할 때마다 그의 처인 요(堯)의 두 딸로부터 도움을 받아 위험을 탈출한다. 치수(治水)의 성인인 우(禹) 역시 옥간(玉簡,《拾遺記》), 응룡(應龍,《楚辭》〈天問〉) 등과 같이 외재한 영물(靈物)의 도움이나 타자의 조력을 받고서야 비로소 치수에 성공한다.

중국 신화가 발전해 가는 과정에서 상당수 신들이 외형적으로 사람의 모습을 한 성왕 등으로 진보함으로써 신과 인간이 동일한 형태를 취하게 되었다는 점에서는 중국 신화가 그리스 신화의 단계에 이르렀다고 할 수 있다. 그러나 내재된 의미에서는 인간이 스스로 자주적인 역량을 발휘하는 단계까지는 전혀 도달하지 못하고 있다.[258]

이처럼 신의 형상이 원시적이고, 인형화의 범위가 아주 협소하며, 동시에 내재된 함의에 있어서의 자주성 역시 부족한 것은 중국 신화가 비교적 일찍 생성되었고 발전 또한 완만한 데서 그 이유를 찾을 수 있다. 즉 모든 민족 신화는 저급 단계에서 고급 단계로의 발전 과정을 거치게 되는데, 저급 단계의 신화 형상은 금수(禽獸)의 형상 특징을 갖는다. 그리스 신화도 3단계의 발전을 거쳐 오늘에 이르고 있다. 즉 첫 번째 단계에서는 그리스 신화의 신들 역시 모습과 성격 면에서 원시성을 면치 못하였다. 두 번째 발전 단계에서는 기능적인 여러 신들이 모종의 자연 현상과 어떤 특정한 활동을 주관하게 된다. 뇌신, 풍우의 신, 채집을 관리하는 신, 수렵의 신 등이 그것이다. 세 번째 단계에서는 인격의 신으로 발전하는데, 바로 올림포스 여러 신들의 단계이다. 이 세 번째 단계에서 그리스 신화의 신들도 비로소 인간의 모습에 인간의 성정과 동일한 인격을 가진 신들로 등장하게 된다.

이런 관점에서 보면 중국 신화는 그리스 신화의 발전 단계의 첫 번째와 두 번째의 과도기 상태에 놓여 있는 단계라고 할 수 있다. 이처럼 중국 신화의 발전의 단계가 완만한 것은, 당시의 원시 인류가 그들이 의지하였던 생존 환경으로부터 완전하게 분리되어 독립되지 않았거나, 아니면 아직

258 王鍾陵,《中國前期文化—心理硏究》(重慶: 重慶出版社, 1991), p. 394.

못했기 때문이다. 생산력이 일정한 수준으로 발전하여야만이 사람들은 점차 인간으로서의 자신을 인식하게 되어 자신과 동물을 구분하게 되고, 사람이 토템동물의 신비적 성격과는 다른 인간 자신의 가치와 미감을 가지고 있음을 발견하게 된다. 때문에 전기 신화의 형상은 원시적이며 질박하고, 후기 신화의 형상은 인간의 외형과 성격을 가지게 된다.[259]

3) 주신(主神)이 없는 지역성이 강조된 신화

중국 신화에는 그리스·로마 신화에서 볼 수 있는 뭇 신들을 통수(統帥)하는 주신(主神)의 개념이 존재하지 않는다. 아울러 다른 민족의 신화에서 볼 수 있는 신화 계통도 가지고 있지 않다. 대신 여와(女媧)·복희(伏羲)·황제(黃帝)·제준(帝俊)·염제(炎帝)·전욱(顓頊) 등과 같은 여러 명의 제(帝) 혹은 상제(上帝)가 각 지역을 독립적으로 관장하고, 이들 신들은 상하존비(上下尊卑)의 차이가 없이 소위 중제(衆帝), 군제(群帝)가 상호 공존하는 양상을 보이고 있다.

세계 신화는 대략 다신(多神) 체계와 유일신(唯一神) 체계로 크게 나눌 수 있다. 중국 신화와 그리스 신화는 다신 체계에 속하며, 히브리 신화는 유일신 체계에 속한다. 다만 중국 신화의 다신 체계는 주로 세계(世系), 즉 혈통 중심의 계보로 나타나고 있고, 그리스 신화의 다신 체계는 하나의 주신(主神)을 중심으로 하는 단계적 체계를 가지고 있다. 유일신 체계를 가지고 있는 히브리 신화는 훗날 기독교와 이슬람교로 분리되어 발전한다.

중국 신화는 다신 체계임에도 불구하고 그리스 신화와는 달리 신과 신 사이에 통속(統屬)의 관계가 전혀 없을 뿐 아니라, 서로간의 왕래나 교류도 없다. 제각기의 신들이 모두 홀로 여기저기 흩어져 있다. 특히 '《산해경》에

259 涂元濟·涂石,《神話·民俗與文學》(福州: 海峽文藝出版社, 1993), p. 5.

는 지역에 따라 서로 다른 신앙과 서로 다른 신화 이야기가 기록되어 있는데, 중원 지역의 민족은 거북이나 뱀과 같은 파충류 동물을 토템으로 삼고 있고, 서북 지역의 민족은 주로 호랑이나 표범 등과 같은 맹수를 토템으로 삼고 있으며, 동방 민족은 주로 새나 일월을 토템으로 삼고 있다. 또한 모든 산과 모든 하천에는 그것을 독립적으로 주재하는 신이 반드시 있다'.[260] 특정한 토템 지역을 중심으로 폐쇄된 부족이 아주 좁은 지역을 중심으로 독립적으로 분산되어 존재하고 있다. 교류가 있다면 그것은 바로 상호 투쟁과 정복일 따름이다.

중국 신화의 이러한 지역성과 비체계성(非體系性)은 지리 환경이 서로 다른 광대한 영토에서 수많은 서로 다른 씨족이 각자 독립된 문화를 영위함으로써 비롯된 것으로 보인다. 다시 말해서 광대한 지역과 수많은 씨족이 존재함에 따라 필연적으로 서로 다른 생활풍속·습관·언어를 만들어 낼 수밖에 없었다. 예를 들면 《묵자》(墨子) 〈상동〉(尙同)이나 《예기》(禮記) 〈왕제〉(王制)[261]에는 제각기 풍속과 인정이 다른 소위 '먼 나라의 기이한 사람들'(遠國異土之民), 그리고 그에 따라 설립된 수많은 제후국에 관해서 다음과 같이 언급하고 있다.

> 천자가 즉위한 이후, 세상을 다스릴 힘이 부족하다고 생각하여 다시 천하의 현자와 능력 있는 자들을 선택하여 그들에게 삼공(三公)을 시켰다. 천자와 삼공의 직위가 확립되었으나 천하의 면적이 아주 광활하여

---

260 涂元濟·涂石, 앞의 책, p. 6.

261 凡居民材, 必因天地寒暖燥濕, 廣谷大川異制. 民生其間者異俗, 剛柔輕重, 遲速異齊, 五味異和, 器械異制, 衣服異宜, 修其敎不易其俗, 齊其政不易其宜. 中國戎夷, 五方之民, 皆有性也, 不可推移. 東方曰夷, 被髮文身, 有不火食者矣. 南方曰蠻, 雕題交趾, 有不火食者矣. 西方曰戎, 被髮文身, 有不粒食者矣. 北方曰狄, 衣羽毛穴居, 有不粒食者矣. 中國, 夷, 蠻, 戎, 狄, 皆有安居, 和味, 宜服, 利用, 備器. 五方之民, 言語不通, 嗜慾不同, 達其志, 通其欲, 東方曰寄, 南方曰象, 西方狄鞮, 北方曰譯(《禮記》〈王制〉).

먼 이역의 나라 백성들과 시비이해의 판별에 대하여 일일이 살펴서 분명하게 알 수 없으므로 천하를 만국(萬國)으로 나누어 제후국군(諸侯國君)을 세웠다. 제후국군이 확립된 후에도 그들의 역량 역시 아직도 부족하기에 다시 그들 국가 안에서 현명하고 능력 있는 자들을 선택하여 그들에게 행정장관의 직분을 맡겼다(《墨子》〈尙同〉).[262]

이처럼 자연 환경은 물론 풍속과 습관 그리고 언어가 달랐기 때문에 자연히 이들이 신앙하는 종교 대상도 서로 다를 수밖에 없었다. 그 결과 지역에 따라 독립된 신들이 각자 일정한 지역 범위를 관할하여 각 민족에 따라 형성된 신은 모두가 부족의 시조신이며, 이러한 신의 왕국은 그들이 수호하는 부족의 영역을 결코 넘어가지 않는다. 이 경계선 밖에서는 별개의 신이 아무런 대립이나 갈등이 없이 통치한다. 부족이 존재하는 한 신들은 사람들의 관념 속에서 계속 생존해 있으며, 부족이 몰락하면 이런 신들도 사망한다. 다시 말해서 지역의 각기 다른 특성이 제각기 다른 신화를 만들어 내었고, 각기 다른 신화와 종교 신앙이 또 사람들의 향토색을 더욱 강화하였다. 다만 이러한 지역적 갈등과 이질성이 춘추전국 시대라고 하는 수백 년에 걸친 전쟁을 거치면서 대일통(大一統)의 중화 사상으로 포장되어 나타나게 되었다. 중국 문화의 위대성이 있다면 바로 대립과 갈등을 조화하고 순화하여 하나의 정체로 만들어 낸 점이라고 생각되며 이것 역시 신화적 사유와 무관하지 않다.

262 天子立, 以其力爲未足, 又選天下之賢可者, 置立之爲三公, 天子三公旣以立, 以天下爲博大, 遠國異土之民, 是非利害之辯, 不可一二而明知, 故劃分萬國, 立諸侯國君, 諸侯國君旣已立, 以其力爲未足, 又選擇其國之賢可者, 置立之以爲正長(《墨子》〈尙同〉).

4) 시조 신화 중심의 신화

중국 신화의 보고라고 하는《산해경》에는 전욱·황제·제준을 정점으로 하는 씨족의 계보에 관한 기록이 모두 24항목에 걸쳐 기록되어 있다.[263] 또한 하(夏)·상(商)·주(周) 역시 제각기 다른 시조 탄생의 설화를 바탕으로 한 자신들만의 독립된 시조의 계보를 가지고 있다. 그리스 신화는 이와는 상반되게 신들의 관계가 주로 생식 행위를 근간으로 상호 뒤섞여 있는 총체적인 국면을 보여 주고 있다. 즉 중국 신화에 나타난 신들의 관계는 이러한 그리스 신화의 모습과는 전혀 다르게 오로지 씨족이나 종족의 번식의 중요성이 대대로 서로 전승되고 있다. 설사 하나의 조상으로 출발하였다고 해도 분리된 이후에는 전혀 상호간의 연계가 없게 된다. 종족이나 씨족이 하나의 단위로 혈혈단신 존재하고 있을 따름이다. 그리하여 씨족 하나하나가 모두 하나의 작은 세계를 형성하게 되었다. 씨족과 부족의 구역은 전쟁이 아니면 결코 뛰어넘을 수 없는 국경이 되었고, 그들이 중시하는 것은 오로지 씨족, 부족의 혈연의 뿌리일 따름이었다. 이 뿌리는 바로 그들이 존재하는 이유였으며, 족보를 기술하는 것은 이들 원시선민들의 가장 중요한 문화 활동이었다.[264]

이처럼 계보화된 혈통 관념과 지역 의식의 대두는 중화 민족 전체를 하나의 사회적 공동체로 인식하는 관념과는 서로 용납될 수 없는 것이었다. 또한 중국의 고대 사회는 공교롭게도 이처럼 사회적 공동체로 변화해 가

263 帝俊生季釐, 故曰季釐之國. 有緡淵. 少昊生倍伐, 倍伐降處緡淵(〈大荒南經〉). 有北狄之國. 黃帝之孫曰始均, 始均生北狄(〈大荒西經〉). 炎帝之孫名曰靈恝, 靈恝生氐人, 是能上下於天. 顓頊生老童, 老童生祝融, 祝融生太子長琴(〈大荒西經〉). 黃帝生苗龍, 苗龍生融吾, 融吾生弄明, 弄明生白犬, 白犬生有牝牡, 是爲犬戎(〈大荒北經〉). 帝俊生禺號, 禺號生淫梁, 淫梁生番禺, 是始爲舟. 番禺生奚仲, 奚仲生吉光, 吉光是始以木爲車(〈海內經〉).

264 王鐘陵, 앞의 책, p. 406.

는 속도가 완만하였기 때문에 기존의 족보 관념이 오랜 기간 동안 해소될 수 없었고, 이로 말미암아 사회가 계층적이고 수직적으로 발전하는 강렬한 역사적 심리를 배양하게 되었다.[265]

상술한 계보식의 중국 신화는 수천 년에 걸친 사관 문화(史官文化)의 발전에 심각한 심리적 경향을 결정하였다. 동시에 사관 문화는 또다시 신화를 역사화시키는 가장 큰 동력으로 작용하게 되었다. 그 대표적인 것이 바로 이성화된 선진 유가에 의해 고의적으로 진행되어 개조되었다고 하는 '신화의 역사화'이다. 선진 유가가 이성주의에서 출발하여 신화를 왜곡하고 개조한 것도 있지만, 문제는 유가의 머릿속의 역사화 관념이 어떻게 생성되었는가 하는 것이다. 사실 유가의 역사화 관념과 신화의 종족 중심은 모두 중국 고대의 씨족 혈통 제도에서 근원한 것이다.[266]

혈연친속의 유대는 자연스럽게 조상신 숭배를 강화하게 되어 종족의 계보가 신령의 세계를 계승하게 하였다. 즉 사람과 신(人神)의 관계가 사람과 조상(人祖)의 관계로 변화하게 된 것이다. 중국 신화의 하나의 특수 현상인 신과 괴물이 뒤섞여 존재하는 신괴잡유(神怪雜糅)는 바로 이렇게 해서 형성되었다. 이러한 종족 중심 관념은 다시 신화를 역사화시키는 커다란 원인 중의 하나로 작용하게 되었다. 기왕에 존속되었던 씨족 중심의 혈연의식에다가 지극히 이성화되고 도덕화된 유가의 역사 관념으로 대표되는 주대의 사관 문화가 덧붙여져 중국 신화의 역사화가 촉진되었고, 이에 따라 중국 신화는 더 이상의 발전을 종식하고 말았던 것이다.

---

265 같은 곳.

266 涂元濟·涂石, 앞의 책, p. 8.

2. 내용상 특징

1) 인간 중심(人間中心)

신화는 기본적으로 창조를 설명하고 해석하는 것이기 때문에 신화 중에서 가장 기본이 되는 것은 기원 신화이다. 때문에 기원 신화는 그 민족의 가장 기본적인 사유 세계를 규정하는 하나의 척도가 된다. 그리고 이 기원 신화의 대표적인 예가 바로 천지 창조와 인류 탄생의 기원을 설명하는 우주 기원 신화 혹은 인류 기원 신화이다.

서양의 신화에서 천지와 인간은 신의 피조물이다. 고대 그리스 신화에서는 프로메테우스(Prometheus)가 진흙을 가지고 벌레, 물고기, 새, 짐승 따위를 만들고 최후에 신의 형상을 본떠 사람을 만들었다.[267] 히브리 신화에서는 야훼(Yahweh)가 땅 위의 진흙을 가지고 형체를 만든 뒤, 코에 생기를 불어넣어 사람을 만들었는데 그가 인류의 시조인 아담이다. 야훼는 다시 아담의 갈비뼈로 그의 배우자인 이브를 만들었다. 이집트 신화에서는 신 크놈(Khnum)이 도자기를 빚는 물레 위에서 인간을 만들었다.[268] 북미 원주민 중의 한 종족인 알곤킨족의 신화에서는 조물주 키시 마니투(Kici Manitu)가 흙과 자기의 호흡으로 인간을 만들었고, 나머지 창조물들은 중개자에게 만들게 하였다.[269]

중국 신화에서도 여와가 황토를 빚어서 사람을 만들었다고 말한다. 그러나 세계의 여타 신화와는 다르게 창조주인 여와가 인간 창조의 고통으

---

267 아서 코트렐, 《그림으로 보는 세계신화사전》(서울: 까치글방, 1999), pp. 269-271.
268 사무엘 헨리 후크 지음/박화중 옮김, 《중동신화》(서울: 범우사, 2001), p. 231.
269 아서 코트렐, 앞의 책, p. 323.

로 마침내 쓰러져 죽고 만다는 신화 고사를 가지고 있다. 쓰촨성(四川省) 더양현(德陽縣)에 전승되고 있는《여와 할머니의 눈물》(女媧娘娘的眼淚)에 따르면 여와는 인류 창조에 심혈을 쏟아서 마침내 쓰러져 죽고 만다. 그녀의 머리와 사지가 산맥, 하류, 호반이 되었고, 그녀의 신체가 천지와 별이 되었다.[270] 또한 반고(盤古) 신화에서는 그가 죽음에 이르러 그의 기운이 바람과 구름이 되고, 그의 목소리는 우레와 벼락이 되었으며, 해와 달도 모두 그의 신체가 변해서 된 것이다. 사지와 오체는 사극과 오악이 되었고 피는 강이 되었다. 그리고 그의 몸속의 벌레가 변해서 만백성이 되었다고 한다.[271] 이렇게 보면 중국 신화의 대표적인 인류 창조 신화로 일컬어지는 여와나 반고가 모두 '수사화신'(垂死化身) 즉 인류의 탄생을 위한 신의 죽음이라는 공통적인 모티프를 가지고 있으니, 신화이기는 하지만 그것이 신이 중심이 되어 있는 것이 아니라 오히려 그 중심이 인간이라고 할 수 있다.

또한 중국 신화는 서양 신화와는 달리 대부분 자연 신화와 더불어 시조 신화로 구성되어 있다.《초사》〈구가〉(九歌) 중의 동군(東君)·하백(河伯)·운중군(雲中君)·상군(湘君)·상부인(湘夫人), 산귀(山鬼), 그리고 〈이소〉(離騷)와 〈천문〉의 망서(望舒)·비렴(飛廉)·풍륭(風隆)·여와(女媧)·곤(鯀)·우(禹)·전욱(顓頊)·공공(共工) 등과 같은 자연신이거나 조상신, 아니면 영웅신이다.

동일한 자연신과 조상신 중에도 유럽과 아시아 등의 민족 신화에는 무역을 관장하는 신, 문자를 관장하는 신 등 사회적 속성이 붙어 있는 경우가 많은데 중국 신화에는 거의 보이지 않는다. 일반적으로 특정한 개념을 주관하는 신과 사회적 속성을 갖추고 있는 신은, 신화의 발전 과정에서 비교적 후기에 나타나는 점으로 보아, 중국의 상고 신화는 그 생성의 시기가 대

270 楊利慧,《女媧的神話與信仰》(北京: 中國社會科學出版社, 1997), p. 31.

271 首生盤古, 垂死化身. 氣成風雲, 聲爲雷霆, 左眼爲日, 右眼爲月, 四肢五體爲四極五嶽, 血液爲江河, 筋脈爲地理, 肌肉爲田土, 髮髭爲星辰, 皮毛爲草木, 齒骨爲金石, 精髓爲珠玉, 汗流爲雨澤, 身之諸蟲, 因風所感, 化爲黎甿(《繹史》引《五運歷年記》).

단히 이르나, 다만 사회의 진보에 따라 발전하지 못하고 중도에 고착되어 버렸음을 알 수 있다.

해와 달 그리고 별의 운행과 변화(日月星辰), 바람과 비 그리고 구름과 천둥(風雨雲雷), 강과 하천, 산과 들 및 한발과 홍수에 이르기까지 자연은 원시 인류에게 가장 직접적이고 깊은 영향을 미치는 존재였다. 이에 따라 중국의 원시 인류는 자연 신화를 통하여 자연의 변화와 자연의 힘을 파악하고 인식하였으며, 또 그것을 통하여 인간과 자연의 결합을 추구하였다. 자연에 대한 이해와 결합만이 인류의 생존과 발전을 도모할 수 있는 가장 우선적인 방법이었기 때문에 자연 신화에서 가장 적극적으로 부각되는 것은 신의 활동이 아니라 오히려 인간의 삶이었다. 때문에 중국 신화의 주된 내용은 전쟁을 서술한 것이 아니면, 바로 수해나 가뭄을 극복하는 것이 주종을 이루고 있는 것이다. 《회남자》(淮南子)에서 말하는 예사십일(羿射十日), 곤우치수(鯀禹治水) 신화가 그 대표적인 것들이다.

시조 신화의 의의 역시 마찬가지다. 시조 신화는 한 부족이 자신의 유래를 찾기 위한 노력의 결과물로, 한편으로는 자신의 부족의 신성성(神聖性)을 강조함과 아울러 이 시조신을 통하여 부족 구성원의 단결을 강화하여 공동의 신앙 아래 하나로 응집되게 하는 작용을 한다. 만물유령의 관념 아래서 신령의 보우(保佑) 없이는 부족의 생존을 도모할 수 없으며, 부족 사이의 투쟁에서도 승리할 수 없어, 부족 개개인의 생명을 유지해 나갈 수 없다. 따라서 시조 신화는 바로 인간 자신의 유래와 위치를 파악하는 의식임과 동시에 인간의 생존 정신에 관련된 것이라 할 수 있다. 이처럼 자연과 시조는 원시 인류에 가장 중요한 영향을 미치는 것이었다. 이런 이유로 중국의 대표적인 영웅신이자 시조신인 황제, 염제를 비롯하여 소호(小昊)와 전욱, 제준과 제곡(帝嚳), 후직(后稷), 설(契), 축융(祝融), 그리고 요순(堯舜) 등은 대부분 자연신의 신직(神職)을 겸직하고 있으며, 그것은 바로 중국 신화가 신 중심이 아닌 인간 중심의 신화임을 보여 주는 좋은 예증이다.

2) 낙천낙관을 강조

서양 신화의 신들은 인간의 생사와 길흉화복을 주재하는 초월자이자 절대적 존재이다. 때문에 그들에게는 인간과 같은 죽음이 없다. 그러나 중국의 신들은 대부분 영웅으로서, 영웅은 신이 아니라 인간이기 때문에 죽음을 맞이한다. 그러나 최후의 순간에 이르렀을 때 위대한 생명력은 또 다른 의미로 산화(散華)한다. '중국 신화에서 영웅의 죽음에 신의 구원은 등장하지 않는다.'[272]

예를 들어 만물의 창조 영웅인 반고(盤古)는 죽었으나, 그의 죽음은 만물과 인간의 탄생으로 산화하여 영원한 생명을 부여받게 된다. 해와 경쟁하였던 과보는 비록 목이 말라 죽었지만, 그가 지녔던 지팡이가 천 리나 되는 복숭아밭으로 다시 태어나게 된다.[273] 생명에 대한 뜨거운 열정과 도전 정신이 빚어낸 탁월한 상상이다. 사망이 단순하게 단절로 마감되는 것이 아니라 새로운 생명으로, 실패가 좌절로 끝나는 것이 아니라 새롭게 빛나는 승리로 전화되어 간다. 치수에 실패한 곤(鯀)은 형벌을 받아 우산(羽山)에서 죽는다. 그러나 그의 몸에서 우(禹)가 태어나고 우(禹)는 마침내 황하의 치수에 성공한다.[274] 뿐만 아니라 곤(鯀)의 몸은 황웅(黃雄)으로 변하여 다시 부활한다.[275]

---

272 袁陽 지음/박미라 옮김,《중국의 종교 문화》(서울: 도서출판 길, 2000), p. 55.

273 夸父與日逐走, 入日, 渴欲得飮, 飮于河渭., 河渭不足, 北飮大澤. 未至, 道渴而死, 弃其杖, 化爲鄧林(《山海經》〈海外北經〉).

274 洪水滔天, 鯀竊帝之息壤以堙洪水, 不待命令. 帝令祝融殺鯀於羽郊. 鯀復生禹. 帝乃命禹卒布土以定九州(《山海經》〈海內經〉).

275 昔者鯀違帝命, 殛之於羽山, 化爲黃能, 以入於羽淵(《國語》〈晉語八〉). 鯀死三歲不腐, 剖之以吳刀, 化爲黃龍(《山海經》〈海內經〉 注引"開筮").

우공이산(愚公移山)의 신화 사유도 이와 다르지 않다. 우공이 집을 옮기겠다는 결심은 생명의 영속을 상징함으로써 마침내 산신(山神)이 스스로 산을 옮기려 하였다.[276] 유한한 인간이 영원한 생명으로 다시 태어나게 된 것이다. 이 외에도 자신이 동해 바다에 빠져 죽자 새로 변하여 돌과 나무를 물어다 바다를 메우는 정위전해(精衛塡海)의 신화, 목이 잘렸지만 젖꼭지가 눈이 되고, 배꼽이 입이 되어 무기를 들고 싸우는 형천(刑天)의 투쟁[277]도 모두 불사 관념을 대표하는 중국의 저명한 신화들이다.

3) 피아 투쟁(彼我鬪爭) 중심의 신화 내용

중국 신화에는 다른 민족의 신화에서 찾아볼 수 없는 피아 대결(彼我對決), 선악 대결(善惡對決)을 묘사하거나 상징한 신화 고사가 많다. 가장 대표적인 예로 중국 시조 영웅신의 가장 중요한 부분을 차지하고 있는 황제 신화(黃帝神話)는 염제(炎帝)와의 투쟁,[278] 사방 지방신들에 대한 정복 전쟁,[279]

---

276 太形王屋二山, 方七百里, 高萬仞, 本在冀州之南, 河陽之北. 北山愚公者, 年且九十, 面山而居. 懲山北之塞, 出入之迂也, 聚室而謀曰, '吾與汝畢力平險, 指通豫南, 達於漢陰, 可乎?' 襍然相許. 其妻獻疑曰, '以君之力, 曾不能損魁父之丘, 如太形王屋何! 且焉置土石?' 襍曰, '投諸渤海之尾, 隱土之北'. 遂率子孫荷擔者三夫, 叩石墾壤, 箕畚運於渤海之尾. 鄰人京城氏之孀妻有遺男, 跳往助之. 寒暑易節, 始一反焉. 河曲智叟笑而止之, 曰, '甚矣, 汝之不惠! 以殘年餘力, 曾不能毁山之一毛, 其如土石何!' 北山愚公長息曰, '汝心之固, 固不可徹, 曾不若孀妻弱子! 雖我之死, 有子存焉, 子又生孫, 孫又生子, 子又生子, 子又生孫, 無窮匱也, 而山不加增, 何苦而不平?' 河曲智叟亡以應. 操蛇之神聞之, 懼其不已也, 告之於帝. 帝感其誠, 命夸蛾氏二子負二山, 一厝朔東, 一厝雍南. 自此, 冀之南, 漢之陰, 無隴斷焉(《列子》〈湯問篇〉).

277 刑天與帝爭神, 帝斷其首, 葬之常羊之山, 乃以乳爲目, 以臍爲口, 操干戚以舞(《山海經》〈海外西經〉).

278 黃帝與炎帝戰於阪泉之野, 帥熊·羆·狼·豹·貙·虎爲前驅, 以鵰·鶡·鷹·鳶爲旗幟(《列子》〈黃帝篇〉).

279 黃帝之初, 養性愛民, 不好戰伐, 而四帝各以方色稱號, 交共謀之, 邊城日驚, 介胄不釋. 黃帝歎曰, '夫君危於上, 民不安於下, 主失其國, 其臣再嫁, 厥病之由, 非養寇邪? 今處民

형천(刑天)과의 투쟁, 치우(蚩尤)와의 투쟁[280] 등 모두 피아 대결이 신화 고사의 주종을 이루고 있다. 이 외에도 공공(共工)과 전욱의 투쟁,[281] 순과 그의 이복동생 상(象)과의 갈등,[282] 예(羿)와 하백(河伯)과의 암투,[283] 우(禹)와 상류(相柳)와의 투쟁[284] 등등 선과 악 또는 피아간의 대립과 갈등을 설명하는 신화 고사는 중국의 신화 기록 어디에서든지 쉽게 찾아볼 수 있다.

이는 중국의 원시 사회가 씨족을 중심으로 오랫동안 독립적으로 존속하여 오면서, 상호 투쟁하거나 대립하여 왔던 결과의 상징일 것이다. 우리가 주지하는 대로 고대 중국에서 민족이 융합되어 하나의 통일된 문화 체계를 형성하기 시작한 것은 춘추전국 시대의 대혼란을 거치고 나서이다. 그 이전의 고대 중국은《예기》(禮記)나《묵자》(墨子)에서 말하듯이 각 지역에 따라서 서로 다른 씨족과 종족이 흩어져 각자 독립하여 생존해 왔고, 수를 헤아리기 어려울 만큼 많은 제후들이 상호 각축을 벌이며 투쟁을 일삼

萌之上, 而四盜亢衡, 遞震於師.'於是遂卽營壘以滅四帝(《太平御覽》卷七九引〈蔣子萬機論〉).

280 蚩尤作兵伐黃帝, 黃帝乃令應龍攻之冀洲之野. 應龍畜水. 蚩尤請風伯雨師, 縱大風雨. 黃帝乃下天女魃, 雨止, 遂殺蚩尤. 〔…〕應龍已殺蚩尤, 又殺夸父, 乃去南方處之, 故南方多雨(《山海經》〈大荒北經〉). 황제와 치우와의 투쟁에 관한 기록은《山海經》〈大荒北經〉의 기록 외에도《韓非子》〈十過篇〉,《雲笈七籤》卷一百〈軒轅本紀〉,《廣成子傳》,《路史》〈後紀四〉"蚩尤傳",《太平御覽》卷一五引〈志林〉,《太平御覽》卷七九引〈龍魚河圖〉등 수많은 전적에 산재해 있다.

281 昔者共工與顓頊爭爲帝, 怒而觸不周之山, 天柱折, 地維絶. 天傾西北, 故日月星辰移焉, 地不滿東南, 故水潦塵埃歸焉(《淮南子》).

282 舜父瞽叟盲, 而舜母死, 瞽叟更娶妻而生象. 象傲, 瞽叟愛後妻子, 常欲殺舜(《史記》〈五帝本紀〉). 舜과 象의 투쟁은《楚辭》〈天問〉洪興祖補注引"列女傳",《列女傳》〈有虞二妃〉등에도 기록이 있다.

283 河伯化爲白龍, 遊於水旁, 羿見射之, 眇其左目. 河伯上訴天帝曰, '爲我殺羿'. 天帝曰, '爾何故得見射?' 河伯曰, '我時化爲白龍出遊'. 天帝曰, '使汝深守心靈, 羿何從得犯? 汝今爲蟲, 當爲人所射, 固其宜也, 羿何罪歟?'(王逸《楚辭章句》注引〈傳〉).

284 共工之臣相柳氏, 九首, 以食於九山, 相柳之所抵, 厥爲澤谿. 禹殺相柳, 其血腥, 不可以樹五穀種(《山海經》〈海外北經〉).

아 왔다.[285]

즉 고대 사회의 이러한 실상이 중국 신화에 반영됨으로써 자연히 신들 사이의 관계가 주로 전쟁과 주살이나 피차간의 신속(臣屬), 아니면 대다수가 아무런 상호교류 없이 두절된 채 편벽한 산천에 산재해 있는 것으로 나타나고 있다. 때문에 그리스 신화에서 볼 수 있는 풍부하고 다양한 사상 감정을 만들어 낼 수 없다. 더욱이 신의 직능마저도 사회적인 사무가 아니라, 대다수 신권이 단지 지방신에 지나지 않아, 흡사 후세의 산적두목식의 지방장관과 흡사하다. 이는 사회 생활이 미발달한 데서 그 원인을 찾을 수 있을 것이니, 사회 생활이 발달하지 않은 관계로 인해 개인의 운명 의식은 형성되지도 않았으며 소위 사랑, 복수, 희열 등의 개념신이 생성될 수도 없었다. 자연히 어둡고 침중한 분위기가 전체 중국 신화를 감싸게 되었다. 대신 이러한 고립된 계보식 신화의 오랜 지속과 존재는 더욱 강한 역사 의식과 문화적 심리를 잉태하게 되었고, 중국 신화에 수없이 등장하는 상호 주살과 전쟁, 그리고 재난극복의 내용은 자연스럽게 침중하면서도 신랄한 감정을 배태하여 분투자강하는 의식을 형성하였다. 공공(共工)의 부주산(不周山) 절단, 여와의 보천, 곤우의 치수, 과보와 태양과의 투쟁 등이 모두 그 좋은 예증이다.

285 凡居民村, 必因天地寒暖燥濕, 廣谷大川異制., 民生其間者異俗, 剛柔輕重, 遲速異齊, 五味異和, 器械異制, 衣服異宣, 修其敎不易其俗, 齊其政不易其宣. 中國戎夷, 五方之民, 皆有性也, 不可推移. 東方曰夷, 被髮文身, 有不火食者矣. 南方曰蠻, 彫題文趾, 有不火食者矣. 西方曰戎, 被髮文身, 有不火食者矣. 北方曰狄, 衣羽毛穴居, 有不粒食者矣. 中國·夷·蠻·戎·狄, 皆有安居·和味·宜服·利用·備器. 五方之民, 言語不通, 嗜欲不同., 達其志, 通其欲, 東方曰寄, 南方曰象, 西方狄鞮, 北方曰譯(《禮記》〈王制〉).

제II부

중국 문화와 중국 신화

제1장

중국 신화와 민족

세계의 모든 민족은 그 발전의 과정에서 다른 민족과 구별되는 독특한 민족 정신이나 민족적 기질을 형성하게 된다. 이는 주로 그 민족이 살아온 지리자연 환경, 체질적 특성, 그리고 사회 구조에 따른 문화 특성의 차이에 따라서 결정된다. 중요한 점은 이러한 민족적 문화 특질은 시대에 따라 각각 다른 모습으로 구현되기도 하지만, 본질은 결코 변화되지 않는다는 것이다. 그것은 하나의 원형(原型/Archetype)이 되어 그 민족의 모든 구성원의 심령에 잠재하고 있으며, 그가 소속된 민족의 공동 특성으로 나타난다.[286] 우리는 이를 흔히 민족성 또는 민족 정신으로 일컫는다.

이러한 민족 정신을 형성하는 데 있어 신화는 대단히 중요한 작용을 한다. 신화는 민족 최초의 의식 형태로서, 그것은 한 민족의 원시 인류가 자신들의 자연과 사회 환경에 대해 신(神)이라 불리는 초자연적 성령을 통해 해석하고 설명한 것이기 때문이다. 이런 의미에서 신화는 민족 정신의 배양에 거대한 작용을 한다. 또한 신화가 발생하여 그것이 서사 구조로 확정되는 데는 오랜 시간이 소요된다. 때문에 신화가 최초로 형성된 시기와 그

286 徐儀明·陳江風·劉太恒,《中國文化史綱》(開封: 河南大學出版社, 1992), p. 52.

것이 기록으로 남아 유전되는 데는 시간적으로 상당한 격차가 있다. 이런 과정에서 신화와 민족 정신은 상호 영향을 주고받으며 형성되고 발전된다고 할 수 있다. 바꾸어 말하면 신화는 민족 정신을 배양하고 수립하는 기초이며, 민족 정신은 신화를 민족 정신에 부합되도록 시시각각 개조한다.[287]

세계 여러 민족들은 모두 보편적으로 홍수 신화를 가지고 있다. 홍수 신화는 우주의 창조와 인류의 탄생 신화와 더불어 창조 신화를 구성하는 중요한 요소이기 때문이다. 그러나 홍수의 도래와 그 홍수를 물리치고 인류가 생존하는 방식은 신화마다 모두 다르게 설명되고 있다. 서아시아의 홍수 신화에는 신의 노여움에 의해서 홍수가 발생하고, 그리고 신의 뜻을 거역하지 않은 유일하거나 극소수의 인류만이 방주 등을 만들어 구원을 받게 된다. 노아의 방주와 같은 유형의 신화는 그리스 신화나 히브리 신화에서도 쉽게 발견할 수가 있다.

중국 신화에도 홍수 신화가 출현한다. 그러나 인류가 살아남는 방법은 서양의 신화와는 전혀 다른 방법을 채택하고 있다. 신이 직접 나서서 인류를 구원하거나, 아니면 인간이 스스로의 힘으로 홍수를 퇴치하기 위한 노력을 경주하여 마침내 승리한다. 예를 들면 여와보천(女媧補天)의 신화에서는 인류의 창조신인 여와는, 무너진 하늘을, 오색돌을 구워서 수리함으로써 홍수를 비롯한 재난을 구제한다. 또 곤우치수(鯀禹治水) 신화에서는 부자 사이인 곤과 우가 서로 다른 방법으로 홍수를 물리치는 노력의 경과를 설명하고 있다.

이처럼 동일한 홍수 신화라고 하더라도 민족이 살아온 자연 환경의 차이, 사회 경제 체제의 차이에 의해서 신화의 모티프는 전혀 다르게 구성된다. 또한 민족의 신화가 가지고 있는 사유 체계는 전통 문화나 민족 정신을 형성하는 가장 기본적인 요소로 작용하게 된다. 우리는 이러한 예를 중국

287 같은 곳.

신화의 발전 과정에서 어렵지 않게 발견할 수 있다.

중화 사상(中華思想)은 중국인들의 민족성을 대표하는 관념이다. 이는 중국이 세계의 중심에 위치하여 문화와 문명이 가장 발달되었다고 생각하는 관념으로, 오늘날까지도 민족적 자긍심을 뛰어넘는 자기 중심적이고 과대망상적이기도 한 문화 우월주의라고 할 수 있는 사상이다. 또 유가의 대표적인 철학 사상 중의 하나인 중용지도(中庸之道)의 중(中)은 중앙, 중심, 적중의 의미를 나타내는 것으로 평상(平常)의 도리로 치우치지 않고 기대지 않아, 지나침도 미치지 못함도 없음을 말하는 것이다.[288] 또한 '만물이 병육(竝育)되어 서로 방해되지 않고, 도는 병행되어 서로 위배되지 않는 것'[289]을 기본 정신으로 하는 중화 사상은 중국의 전통 문화에 집적된 핵심 사상으로, 자연관·문화관·인격관·정치관은 물론 나아가 심미관에 이르기까지 여러 방면에서 두드러지게 나타나고 있다.[290]

이들 중국을 대표하는 중화 사상(中華思想)과 중용지도, 그리고 중화 사상(中和思想) 등은 본디 광활하고 폐쇄된 지리 환경을 배경으로 천인합일(天人合一)을 표방하는 전제 정권의 체제 아래서 배양된 것이라고 할 수 있다. 그러나 좀더 근원적인 배경은 바로 황제(黃帝)를 '중앙지제'(中央之帝) 또는 '중앙황토'(中央黃土)의 신으로 하고, 곤륜산(崑崙山)을 우주 중심의 세계산(世界山)으로 하는 중국 신화의 공간 인식 역시 일정 부분 이러한 여러 사상의 형성에 영양소를 공급한 것도 사실이다.[291]

중국의 전통적인 정치 체제나 사회 제도가 신화의 내용에 심각한 영향을 미치기도 하였다. 예를 들면 상주(商周) 혁명을 통한 사회 체제의 변혁이 가장 대표적인 사례이다. 즉 실증할 수 있는 중국 최초의 부족 국가인

288 不偏不倚, 無過不及, 而平常之理(《中庸》).

289 萬物竝育而不傷害, 道竝行而不相悖(《中庸》).

290 修建軍, 〈蔡元培'中和'思想評析〉, 《齊魯學刊》(2005年 第6期 總 第189期), p. 31.

291 徐義明·陳江風·劉太桓, 앞의 책, p. 55.

상(商)은 '신과 귀신의 전형인 상제(上帝)를 받들어 섬기며, 무격(巫覡)이 존중되었던 신본(神本) 사회였다. 그러나 주(周)는 상을 멸망시킴과 동시에 종법(宗法) 제도로 대표되는 유신(維新)을 단행한다. 이로써 주는 귀천(貴賤)과 존비(尊卑)의 사회 계급 질서를 확립하고 인간과 인간의 관계를 조화시키는 인본(人本) 사회로 전환되어 이성의 시대를 열게 되었다. 자연히 신화는 실증할 수 없는 황당무계한 것으로 간주되었으며, 그 결과 신화에 이성과 합리가 부여되었다. 이로써 신화는 역사화되었고, 신화 자체에 대량의 윤리 의식이 스며들게 되었다.

역사화된 중국 상고 신화의 가장 두드러진 특징은 신격이 선과 악 두 종류로 극명하게 나뉘어 각각 역사 사건의 정반(正反) 두 세력을 대표하게 되었다는 점이다. 황제(黃帝), 전욱(顓頊), 요(堯), 순(舜), 우(禹) 등은 고대 제왕(帝王)으로 개조되어 선한 세력을 대표하게 되었고, 치우(蚩尤), 공공(共工), 형천(刑天) 등은 악한 세력의 상징이 되었다. 이러한 선과 악을 가름하는 가장 기본적인 척도는 덕(德)이었다.

덕이란 원래 자연과 사회에 순응하여 인류에게 유익한 일을 한다는 의미이다. 우주의 기본적인 순환의 원리를 위배하지 않고 자연과 사회, 나아가 자신의 사업을 발전시키는 것을 의미한다. 덕은 한마디로 소위 도(道)를 담는 그릇이다. 도란 흔히 가장 기본적인 원칙이고 불변하는 원리이다. 그러나 그것은 말로 형용할 수도 눈으로 볼 수도 없으며 귀로 들을 수도 없고 손으로 만질 수도 없는 것으로 오로지 인간의 사유 의식으로만 인식하고 감지할 수 있는 것이다. 때문에 도는 덕을 통해서 구현될 따름이다. 따라서 어떤 사람이 덕이 있다거나 덕을 실행했다는 말은 사회가 안정되고 인간이 평화롭게 살 수 있도록 자신을 헌신하고 희생했다는 의미이다. 또한 인간과 자연을 조화시킴은 물론 계층과 신분의 차이를 뛰어넘어 인류가 인간으로서의 가치를 누릴 수 있도록 봉사하였다는 의미이기도 하다. 덕이 있는 자는 존경과 찬양을 받았고, 덕이 없는 자는 비판과 질책을 받았다. 또한 덕의 유무에 대한 평판의 기준은 사회의 윤리 규범이었다.

예를 들면, 중국의 대표적인 홍수 신화라고 할 수 있는 곤우(鯤禹)의 치수(治水) 신화를 보면 이런 사실이 아주 분명하게 나타난다. 곤과 우는 신화 계보에 있어서 부자지간이며, 곤은 천제의 적계자손(嫡系子孫)이다. 그리고 우는 곤의 아들이다. 그러나 신화 속의 형상은 전혀 다르다.

천제의 명을 받아 황하를 다스린 곤은 치수 성공에 급급한 나머지 천제의 허락도 없이 식양(息壤)을 훔쳐 치수에 성공하였다. 식양은 물이 닿으면 저절로 불어나 물을 가로막을 수 있는 신기한 힘을 가진 흙이다. 그러나 곤은 결국 반란의 죄를 뒤집어쓰게 되었고, 천제는 축융(祝融)으로 하여금 그를 우교(羽郊)에서 살해하도록 하였다. 곤이 죽은 지 3년이 지났지만 시체가 썩지 않았고 마침내 우가 그의 옆구리를 뚫고 태어났다. 곤의 아들인 우 역시 천제의 명을 받들어 황하의 치수를 담당하게 된다. 그는 오로지 근면성실한 자세로 노고를 마다하지 않고 어떤 원망도 두려워하지 않으며, 심지어 정강이와 넓적다리의 털이 모두 없어지고, 다리에 티눈과 굳은살이 박힐 정도로 모든 정성을 쏟아 부으면서 치수 성공에 전념하였다. 한마음 한뜻으로 백성들을 통솔하여 물길을 소통시키고 홍수를 막아내느라 자신의 집을 세 번이나 지나갔지만 들르지 않았다는 '과문불입'(過門不入)의 성어를 만들어 낼 정도로 끊임없는 노력을 경주하였고 마침내 황하의 치수에 성공하였다. 그 결과 만민의 추대와 숭배를 한몸에 받게 되었고 하(夏)의 개국 성주로서의 명성이 오늘까지도 여전하다.

치수 성공이라는 결과는 곤과 우가 모두 동일하였다. 그러나 아버지 곤은 천제의 식양을 훔침으로써 기존의 가치 질서를 위반한 부정적 인물로 낙인되었다. 때문에 그는 악의 화신이요 부도덕한 난신(亂臣)으로 매도되었다. 반대로 아들 우는 근면성실, 선공후사(先公後私), 자강불식(自强不息)

의 전통적 가치 질서에 순응하였기 때문에 칭송과 숭배를 받게 되었다. 우의 행위가 중국 봉건 사회의 전통적 윤리가치의 이상적 표준에 부합하였다는 의미이다. 윤리 도덕이 중국 전통 사회의 가장 기본적인 특징임과 아울러 역사화된 중국 신화 역시 이러한 전통적 기준에 의해 덧칠이 되고 꾸며졌음(潤飾)을 분명하게 보여 주고 있다.

걸(桀)은 그 실체가 아직까지는 완벽하게 실증되지 않은 하조(夏朝)의 최후의 군주이다. 아울러 상(商)의 주(紂), 주(周)의 여왕(厲王)과 함께 폭군의 대명사로 일컬어진다. 걸이 중국인들에게 악의 형상으로 각인된 것은 그가 윤리 규범을 준수하지 않고 제멋대로 폭행을 자행하고 황음무도하여 국사를 돌보지 않았기 때문이다.

그러나 사실 그는 문무를 겸비하고 맨 손으로 쇠갈고리를 마음대로 펼 수 있을 정도로 무궁한 힘을 보유한 영웅호걸이었다. 이러한 그가 점차 '폭군'으로 변모하게 된 계기는 신화에서 묘사하고 있는 그의 형상과 무관하지 않으며, 그것은 바로 후세의 윤리 규범에서 그 존재를 허락할 수 없는 '자유'의 요소를 그가 간직하고 있었기 때문이다. 이러한 사실은 '걸오불순'(桀驁不馴)이란 성어에서 잘 나타나고 있다. 이 말은 성정이 억세고 고집스러워 다른 사람의 말을 잘 듣지 않음을 일컬을 때, 또 제도와 규율, 그리고 전통과 인습에 순종하지 않고 자유분방하게 생각하고 활동하는 것을 묘사할 때 사용하는 말이다. 결국 걸이 가진 기본적 성정은 순종과 복종을 미덕으로 삼는 중국의 전통적인 윤리 도덕 체제에 부합되지 않았고, 신화는 그러한 걸의 형상을 더욱 특징적으로 강조하였다. 그리고 이러한 신화적 관점은 무의식적으로 모든 중국인들의 뇌리에 걸의 부정적 형상이 더욱 각인되는 작용을 하였던 것이다.

중국 신화와 그리스 신화를 대조해 보면 이런 점에서 매우 다른 모습을 발견할 수 있다. 그리스 신화의 신들은 결코 윤리의 전범이거나 도덕의 표준은 아니다. 그리스 신화의 신들은 그 스스로 숭고와 비열, 위대와 왜소(矮小), 선과 악을 동시에 보유하고 있다고 해도 과언이 아니다. 그리스인들이 이들 신들을 숭배하는 것은 결코 그들이 도덕과 윤리의 화신이기 때문이 아니라 어떤 힘을 대표하거나 상징하기 때문이다. 그러나 중국 신화 속의 인물은 분명하게 두 종류로 나누어져 있다.'단 한 점의 흠결도 없는 완전무결한 성인'이든지 아니면 '장점은 단 하나도 없는 악인'이든지 둘 중의 하나이다.[292]

'덕'(德)의 숭상은 중국의 민족 정신에서 오로지 인민 대중의 이익을 위하여 선공후사(先公後私)의 정신으로 대중에게 봉사하는 인물을 가장 칭송하게 하였다. 신화에서는 천지를 개벽시키고 사후에는 자신의 신체마저도 모두 세계를 위해 헌신하였던 반고(盤古), 구멍 난 하늘을 보수하여 인민을 구원한 여와(女媧), 농업과 의학을 발명한 신농(神農), 백성들에게 농사법을 가르친 후직(后稷), 고기 잡는 법과 도자기를 굽는 법을 가르치고 맹목적 효도를 다하였던 순(舜) 등등이 모두 대표적인 덕의 표본들이다.

이에 비해서 그리스 신화가 숭상하고 찬미하는 것은 고난을 구제하고 엄격하게 자신을 극기하는 덕이 있는 영웅 인물이 아니라 비바람을 마음대로 부리고, 하늘과 땅을 뒤흔드는 힘(力)이나 기술을 보유한 신격들이다. 그리스인들에게 있어서 힘과 기술은 선악과 서로 혼동되어 있다. 그것은 신비롭기 그지없어 말로는 형용하기 어려운 신들의 신기(神技)나 운명의 신력이며, 헤아릴 수 없고 규범 지을 수 없는 욕망의 끝없는 바다이다. 그리스의 기본적인 정신 요소는 힘에 대한 숭배와 추구이다. 그리고 힘에 대한 숭배는 힘의 비밀을 해석하는 지식에 대한 강력한 호기심을 야기시켰고, 힘을 장악하고 지배하는 지식에 대한 끝없는 탐구의 정신을 배양하였다.[293]

---

292 徐儀明·陳江風·劉太恒, 앞의 책, pp. 53-54.

중국인들이 자신들의 긍정적인 민족 정신으로 가장 중시하는 품성(品性)이 바로 자강불식(自强不息), 백절불굴(百折不屈)의 투쟁 정신이다. 중국인들은 수천 년 동안의 중화 민족의 역사를 영위해 올 수 있었던 가장 고귀한 정신으로 이를 꼽는 데 주저하지 않는다. 이는 윤리를 본위로 하는 중국 문화의 가장 근본적인 근거이기도 하다. 가정이 국가 조직의 가장 기본 단위였던 중국의 전통 사회에서 사회의 안정과 발전을 위해 필수적으로 요구되었던 것은 사회 구성원 모두가 현실을 직시하고 곤경을 두려워하지 않으며 용감하게 헌신하는 분투 정신이었다. '정위전해'(精衛塡海), '우공이산'(愚公移山), '형천무간극'(刑天舞干戟), '과보축일'(夸父追日) 등의 신화는 이러한 분투 정신이 직접적으로 반영된 것이다.

'정위전해'(精衛塡海)의 정위(精衛)는 자신을 빠져 죽게 한 동해 바다에 복수하기 위해 밤낮으로 서산에서 돌과 나뭇가지를 물어 날라 바다를 메우려 하였다. 비록 그것이 미력한 힘으로는 불가능함을 알고 있었지만 결코 포기하지 않았다. 이러한 정신은 와신상담(臥薪嘗膽)하며 자신의 이상을 위해 분투노력하는 후세의 많은 사람들에게 보이지 않는 힘이 되었다.

'우공이산'(愚公移山)의 우공 역시 그의 생활의 장애가 되는 두 채의 거대한 산을 아무런 두려움 없이 평지로 만들려 하는 뜻을 세운다. 그는 자신을 비웃는 이웃들을 향해 '비록 내가 이 일을 다 못 마치고 죽는다 해도, 자자손손 끊이지 않고 노력을 계속하면, 산은 더 이상 높아질 수 없는 것이니 언젠가는 평탄하게 만들 수 있지 않겠느냐'는 호언장담을 하였고, 이러한 정신은 오늘날까지도 중국인들의 인내와 끈기를 대표하는 상징적 이야기가 되었다.

'형천무간극'(刑天舞干戟)의 형천 역시 비록 황제(黃帝)에 의해 목이 잘렸

293 謝選駿,《神話與民族精神 — 幾個文化圈的比較》(濟南: 山東文藝出版社, 1997), pp. 218-219.

지만 오히려 '젖꼭지를 눈으로 삼아 배꼽을 입으로 삼아서' 계속하여 전투를 하며 결코 패배를 인정하지 않는다. 이는 바로 불굴의 강인한 정신으로 전승되어 중국인들의 머릿속에 강력한 민족 정신으로 각인되었다.[294]

'과보축일'(夸父追日)의 거인 과보는 해와 경주를 하여 해를 붙잡으려 쫓아 가다가 목이 마르자 황하와 위수의 물을 모두 마셔 버린다. 그러나 결국 중도에서 그만 목이 말라 죽고 만다. 비록 해를 붙잡지 못하고 죽고 말았지만 그가 짚고 가던 지팡이가 복숭아 숲으로 변한다. 수많은 복숭아가 열려서 훗날 광명을 찾으려는 사람들의 기갈을 해소하게 해 준다.[295]

절개를 숭상하고 개인의 정조를 중시하는 것 역시 중국인들이 자랑스럽게 생각하는 민족 정신이다. 맹자(孟子)는 일찍이 '부귀로도 대장부의 마음을 어지럽힐 수 없고, 빈천도 대장부의 뜻을 바꾸게 할 수 없으며, 위세도 그의 절개를 굽히게 할 수 없다'[296]고 하였다. 또 흔히 '차라리 옥쇄를 할 망정 비굴하게 목숨을 구걸하지 않음'[297]을 강조하였다. 절개를 숭상하고 지조를 중시하는 정신은 2천 년 이상 유가의 사상적 통제 아래 살아왔던 중국인들이 가지고 있는 가장 전통적 가치관 중의 하나이다.

중국의 고대 신화에는 중국인들이 선양하는 이러한 가치관이 선명하게 드러나는 신화들이 상당수 전승되고 있다. 예를 들면, 항아분월(姮娥奔月)의 신화가 바로 그것이다. 예(羿)가 서왕모(西王母)로부터 불사약을 얻어 왔지만 그의 아내 항아(姮娥/嫦娥)가 그것을 훔쳐 달로 도망가 버렸다. 항아는

294 刑天至此與帝爭神, 帝斷其首, 葬之常羊之山; 乃以乳爲目, 以臍爲口, 操干戚以舞(《山海經》〈海外西經〉).

295 大荒之中, 有山名曰成都載天. 有人珥兩黃蛇, ·把兩黃蛇, 名曰夸父. 後土生信, 信生夸父. 夸父不量力, 欲追日景, 逮之于禺谷. 將飮河而不足也, 將走大澤, 未至, 死于此(《山海經》〈大荒北經〉). 夸父與日逐走, 入日. 渴欲得飮, 飮于河, 渭. 河, 渭不足, 北飮大澤. 未至, 道渴而死. 棄其杖, 化爲鄧林(《山海經》〈海外北經〉).

296 富貴不能淫, 威武不能屈, 貧賤不能移(《孟子》〈滕文公下〉).

297 寧可玉碎, 不爲瓦全(《北齊書》〈元景安傳傳〉).

두꺼비가 되어 달의 정령(精靈)이 되었다.[298]

해를 쏘아 떨어트린 영웅 예의 아내로서 항아는 중국 신화에서 가장 잘 알려진 미녀이다. 그러나 불행하게도 개인적 욕망을 억제하지 못하고 불사약을 훔쳐 달로 도망간 후의 항아는 못생긴 두꺼비로 변하고 말았다. 이는 항아의 행동에 대한 일반 민중들의 불만과 견책의 표현이다. 예는 민중을 괴롭히던 아홉 개의 해를 쏘아서 떨어트린 후 천제의 노여움을 사서 다시는 하늘나라로 되돌아가지 못하게 되었고, 항아마저도 연루되어 똑같은 신세가 되었다. 때문에 항아는 남편 예의 사려 깊지 못한 행동에 불만을 가지게 되었고, 그 결과 남편의 하늘 복귀에 필요한 유일한 약인 불사약을 훔쳐서 혼자서 월궁으로 도망가 버린 것이다.

달로 도망친 항아가 두꺼비로 변하였다는 신화적 상상에는 '삼종지덕'(三從之德)이라고 하는 봉건 사회의 고루한 사상 관념이 침투되었음을 부인할 수 없다. 동시에 거기에는 중국인들이 대대로 숭상해 왔던 여인의 절개와 정조 관념이 반영되어 있음도 사실이다. 항아는 속세의 생활을 참고 견디기를 원치 않았기 때문에 장부와 동고동락할 수 없었고, 오로지 자신만을 생각하고 남편에 대해서는 배려하지 않았다. 때문에 지조와 절개의 관점에서 사람들을 실망시키고 말았다. 천하의 미녀였던 그녀가 추한 모습의 두꺼비로 변한 것은 바로 지조와 절개를 숭상하는 중국 민중들의 민족적 평판의 기준이 엄격하게 적용되었기 때문이다.[299]

중국의 전통적인 민족성에는 부정적인 요소도 없지 않다. 보수적이고 느리며, 맹목적인 굴종과 왜곡되고 폐쇄된 충효 사상이 바로 그것이다. 이러한 부정적인 중국의 민족성도 역시 대부분 신화 중에서 그 단서를 찾을

---

298 羿請不死之藥于西王母, 姮娥竊以奔月. 東漢高誘誘注: 姮娥, 羿妻; 羿請不死之藥于西王母, 未及服之, 姮娥盜食之, 得仙, 奔入月中, 爲月精(《淮南子》〈覽冥訓〉).

299 徐儀明·陳江風·劉太桓, 앞의 책, p. 55.

수 있다.

대표적으로 전설의 역사 인물이자, 신화 인물인 순(舜)을 예로 들어 보자. 순은 끊임없이 자신을 해치려는 아버지 고수(瞽瞍)와 계모, 그리고 이복 아우 상(象)의 거듭된 음모와 악행에도 어떤 원망과 불만을 나타내거나 또는 보복을 도모하지 않음으로써 부모 형제에 대한 무조건적인 효순(孝順)과 우애의 전범으로 남게 되었다. 그는 '충신을 찾으려면 효자의 문중에서 찾으라'[300]고 하는 중국 고훈(古訓)을 몸으로 실현한 대표적 사례라고 할 수 있다. 그러나 악덕에 대한 정당한 질정이나 이성적인 대항이 없는 이러한 순의 무조건적인 효행은 한편으론 권위와 위세에 무조건 굴종하면서 모든 것을 운명이라 체념하며 인내하는 중국 전통의 봉건 의식의 가장 부정적인 핵심이기도 하다.

오늘날 한발(旱魃)의 어원이 된 황제(黃帝)의 딸 발(魃) 역시 아버지로 인해서 개인적인 불행을 당한 신화 인물이다. 황제는 치우(蚩尤)와의 전쟁에서 패배의 위기에 몰리자 딸인 발의 구원을 요청한다. 발은 원래 신체에 대량의 열을 간직하고 있었기 때문에 아버지의 요청에 따라 풍백과 우사를 앞세워 바람과 폭우로 공격해 오는 치우의 군대를 화기로 방어하자 삽시간에 전세는 역전되어 황제는 마침내 치우를 주살할 수 있게 된다. 그러나 한번 지상에 내려온 발은 공력이 쇠진하여 다시는 천상으로 회귀하지 못하고 천지를 떠돌게 된다. 화기를 가득 담고 있는 그녀가 가는 곳마다 가뭄이 들고 불이 나서 농작물이 타죽자 모든 사람들이 그녀를 미워하게 된다. 그녀는 결국 아버지의 명령에 따라 적수(赤水)의 북쪽에 연금되고 만다. 그러나 세상을 마음대로 돌아다니는 것이 습관이 된 발은 아버지의 명령을 어기고 때때로 이곳저곳을 유람하게 되고 이때마다 그곳에서는 어김없이 가뭄이 들게 된다.

300 求忠信於孝子之門.

중요한 것은 이처럼 아버지 황제를 구원한 발이 결국 모든 사람들이 기피하는 대상으로 전락하고 말았지만 중국의 어떤 고서에도 발의 아버지에 대한 원망이나 불만의 기록이 없다는 것이다. 가부장에 대한 맹목적인 순종은 설사 군주에 의해서 가혹한 억압과 무고한 형벌을 받으면서도 모름지기 인내하며 받아들이는 것을 미덕으로 간주한 맹목적 충성과 동일한 정서에서 생성된 의식이다.

우리도 잘 알고 있는 견우직녀에 관한 이야기 역시 봉건적인 가부장 제도 아래에서 맹목적인 굴종을 강요당하였던 중국인들의 폐쇄적인 민족 정신이 가장 잘 나타나 있는 신화이다. 견우직녀 신화의 주요 모티프는 천제의 딸인 직녀가 견우와 사랑에 빠져서 그들의 직분을 망각하였기 때문에 천제의 노여움을 사서 결국 각각 은하수를 사이에 두고 서로 떨어져 사는 처벌을 받게 되었고, 한 해 중에서 오로지 칠월칠석 단 하루 저녁에만 서로 만날 수 있게 되었다는 것이다.

여기서 중요한 것은 그들이 왜 헤어지게 되었는가 하는 점이다. 베를 짜고, 소를 몰아 짐을 나르고 밭을 가는 견우와 직녀가 사랑에 빠져 나태해진 결과 그들의 직분을 수행하지 못했다는 것이 그 이유였을까? 견우직녀에 관한 최초의 기록인《시경》(詩經)에는 다음과 같은 노래가 실려 있다.

> 우러러 하늘에는 은하수 굽이굽이,
> 빛깔도 눈부시게 흐르고 있네.
> 직녀는 천상에서 종일토록 베를 짜는 노역을 하지만
> 결국은 한 필의 금수비단도 짜지 못하고,
> 견우가 모는 소 역시 수레를 끌지 못하네.[301]

---

301 維天有漢, 監亦有光, 跂彼織女, 終日七襄. 雖則七襄, 不成報章. 睆彼牽牛, 不以服箱(《詩經》〈小雅〉"大同").

또 동한 말의 《고시십구수》(古詩十九首) 중에도 견우와 직녀를 주제로 한 시가 전해지고 있다.

> 아득히 빛나는 견우성, 휘영청 아득한 직녀성.
> 섬섬옥수 직녀성, 찰칵찰칵 쉬지 않고 베를 짜네.
> 종일토록 한 필도 짜지 못해, 흐느끼는 눈물 비같이 흐르네.
> 은하수는 맑고 얕기만 한데, 견우직녀 이다지 서로 멀리 있나?
> 찰랑찰랑 한 줄기 사이에 두고, 말없이 서로 마주보네.[302]

'직녀는 천상에서 종일토록 베를 짜는 노역을 하지만 결국은 한 필의 금수비단도 짜지 못하고, 견우가 모는 소 역시 수레를 끌지 못한다'고 한 것이나, '찰칵찰칵 쉬지 않고 베를 짜네. 종일토록 한 필도 짜지 못해, 흐느끼는 눈물 비같이 흐르네' 등의 내용을 종합하여 보면, 견우가 끄는 소는 짐을 싣지 못하고, 직녀는 종일 노력을 하지만 베를 짜지 못하고 있다. 그렇지만 왜 그런지에 대해서는 납득할 만한 설명이 전혀 없다. 만약 우리가 알고 있는 대로 두 사람이 사랑에 빠져서 그들의 직분을 방기한 것이었다면 이처럼 슬프고 애절하지 않을 것이다. 이들의 사랑이 천제의 노여움을 샀고, 이들은 그 벌로 특수한 임무, 즉 직녀는 하루에 베 한 필을 반드시 짜야 하고, 견우는 일정한 짐을 실어 나를 것을 명령받는다. 그러나 천제는 고의로 이들이 임무를 수행할 수 없도록 미리 설정함으로써 견우와 직녀는 영원히 처벌을 면치 못하게 되어 서로 은하수를 사이에 두고 아득히 그리워하고 바라만 보게 되었다고 추측할 수 있다.[303] 다시 말해서 이들의 벌은 본인들의 직무태만이나 과오 때문이 아니라 단지 천제의 노여움을 샀다는

---

302 迢迢牽牛星, 皎皎河漢女; 纖纖擢素手, 札札弄机杼; 終日不成章, 泣涕零如雨. 河漢淸且淺, 相去復幾許? 盈盈一水間, 脈脈不得語(《迢迢牽牛星》).

303 袁珂, 《古神話選釋》(臺北: 長安出版社, 1982), pp. 161-162.

것이 그 이유일 따름인 것이다.

이 신화가 반영하고 있는 것은 바로 상고 사회로부터 봉건 사회에 이르기까지, 불합리한 가부장 체제로 인해 희생된 두 남녀의 사랑이다. 엄격한 전통예법의 굴레를 벗어나지 못하고 무조건 굴종하였던 중국인민들의 모습이 사실적으로 투영되었다고 할 수 있다. 특히 후대 봉건 사회에 전승되는 견우직녀의 신화 고사가 하나같이 견우의 나태는 말하지 않고 오로지 직녀의 불성실만을 언급하고 있다. 이 역시 전통 봉건 사회의 철저한 남성 본위적 심리를 반영한 것이라고 할 수 있다. 다만 모두가 이러한 가부장 체제 속에서 살아가지만 한편으로 이러한 사회 제도로 인해 이유 없이 희생되는 청춘남녀의 순진한 사랑에 대한 인간적 동정심이 오작교를 통해 견우직녀가 1년에 하루만이라도 서로 만나서 정회(情懷)를 풀 수 있도록 설정하였다고 보여 진다.[304]

그리스 신화에는 중국 신화와는 달리 부모나 군주에 대한 무조건적인 순종의 내용이 없다. 오히려 부모로 인해 불행을 당한 자식이 부모를 원망하고 심지어 복수를 하는 내용이 다수 출현하고 있다. 예를 들면 첫 번째 천제인 우라노스(Ouranos)와 가이아(Gaia) 사이에서 태어난 크로노스(Kronos)는 어머니 가이아와 짜고서 거대한 낫으로 아버지 우라노스의 생식기를 잘라버리고 두 번째 천제가 된다. 그런가 하면 크로노스와 그의 누이이자 아내인 레아(Rhea)의 사이에서 태어난 제우스(Zeus)도 아버지 크로노스를 죽이고 세 번째 천제가 된다. 또 대장장이 신이자 예술의 신인 헤파이스토스(Hephaistos)는 어머니 헤라(Hera) 때문에 절름발이가 되었다고 생각한다. 복수를 위해 9년 동안이나 절치부심하다가 마침내 한번 앉으면 다시는 일어서지 못하는 트리포도스(Tripodos)라는 금으로 된 보좌를 만들어 어머니에게 선물한다. 사정을 알지 못한 헤라는 이 황금 보좌에 앉았다가

---

304 袁珂(1982), 앞의 책, p. 162.

다시는 일어서지 못한다. 결국 헤라가 절름발이가 된 것이 제우스 때문임을 설명하자 그제야 헤파이스토스는 어머니 헤라를 풀어 준다.

우라노스와 크로노스, 그리고 제우스 삼대에 얽힌 복수와 죽음은 모두 크로노스의 불효로 말미암아 야기된 것이고, 헤파이스토스의 불구는 의붓아버지 제우스가 홧김에 그를 걷어차 버렸기 때문이다. 중국의 신화에도 순의 아버지 고수와 같이 후처의 꼬임에 빠져 자식을 죽이려는 어리석은 아버지의 모습은 나타난다. 차이가 있다면 그리스 신화에서는 자식이 부모의 잘못을 원망하여 이를 복수하거나 심지어 살해한다는 것이요, 중국에서는 이런 내용이 전무하고 오로지 순종과 복종만이 존재할 따름이다. 그리스와 중국 신화에 나타나는 효도관의 차이는 결국 양국의 민족 정신의 차이에서 발생한 것이다. 혈연을 항거할 수 없는 천륜으로 인식하는 중국의 민족 정신과, 비록 혈연이라고 해도 개인의 자아가 우선시되는 그리스의 민족 정신의 차이가 신화의 내용을 서로 다르게 만들었다.

제2장

중국 신화와 철학

1. 철학의 원류로서의 신화

우리가 철학을 '인간이 처한 세계 전체의 객관적 진실을 포착하고 이것을 개념적으로 일반화하려는 이론적 인식 활동으로 세계관에 관한 학문'이라고 정의한다면 철학의 모태는 바로 신화이다. 왜냐하면 신화는 대담한 방법으로 우주와 자연 속에서의 인간의 위치와 인생의 의미에 대해 깊이 사고하고자 하는 것이며, 인간의 가장 위대한 철학적 사고는 전부 신화 속에 감추어져 있기 때문이다. 우리가 신화를 인간이 최초로 생각해 낸 최고(最古)의 철학이라고 말하는 것은 바로 이런 이유에서이다.[305]

인류의 원시 철학 관념이 가장 잘 구현되어 있는 것은 그 민족의 '창세 신화'이다. 창세 신화는 원시 인류가 오랜 기간 자연과의 투쟁 속에서 실천적 요구와 지적 호기심의 수요에 기초하여 객관 세계에 대해서 진행한 몽롱한 철학적 사고의 결과이다. 우주 만물은 어디서 왔을까? 우주가 형성되

305 나카자와 신이치(中澤新一) 지음/김옥희 옮김, 앞의 책, p. 15.

기 이전에는 어떤 상태였을까? 우주 만물의 최초의 성질은 무엇일까? 인류를 포함한 자연 현상은 어떻게 만들어졌을까? 등등의 문제에 대한 초자연적이며 환상적인 해석을 가한 것이 바로 창세 신화이다. 우주와 자연 그리고 인생에 대한 인류의 가장 원초적 사유의 성과로서 그것이 회답하고자 하는 것은 바로 우주 본원에 관한 철학의 문제이며 한마디로 신화 철학 중의 본체론이라고 할 수 있다. 때문에 창세 신화는 원시 인류의 철학이자 우주관이며,[306] 원시 인류의 각종 의식 형태의 종합체[307]이기도 하다. 창세 신화는 일반적으로 우주 기원 신화, 인류 기원 신화, 문화 기원 신화로 구성된다.

신화를 철학과는 전혀 상관없는 황당무계하고 비합리적인 것으로 생각하는 것은 신화가 특유의 논리에 의해 구성되어 있기 때문이다. 신화의 논리는 우리가 일반적으로 생각하는 논리와는 매우 이질적인 작용을 하는데 주로 두 가지 측면의 특징을 가지고 있다. 하나는 신화에서의 모든 것은 형식 논리에 의해 진행되지 않으며 역동적인 비틀림이나 반전이나 터무니없는 비약이 자주 일어나도록 되어 있다는 것이요, 다른 하나는 '감각의 논리'(the logic of sensation)를 사용한다는 것이다.[308]

전자는 신화에서는 특정 존재가 고정되어 있는 것이 아니라 언제나 서로 전환되거나 변형될 수 있음을 말하는 것이다. 인간이 동물이나 식물 또는 무생물로 변형되는 가 하면, 동물이 인간이나 기타 형태의 존재로 언제든지 변신하여 서로의 위치를 자유자재로 바꿀 수 있다. 때문에 A = A, 혹은 A = not A의 일반적 논리가 통용되지 않는다.[309]

'감각의 논리'란 보거나, 듣거나, 냄새를 맡거나, 미각으로 맛을 보거나,

---

306 矛盾,《矛盾說神話》(上海: 上海古籍出版社, 2000), p. 41.

307 선정규,《중국 신화 연구》(고려원, 1996), p. 46.

308 나카자와 신이치 지음/김옥희 옮김, 앞의 책, pp. 19–21.

309 위의 책, p. 20.

피부 접촉에 의해 뽀송뽀송하다거나 끈적끈적하다거나 하는 느낌을 갖는 식의 구체적인 감각을 소재로 해서 전개되는 논리이다. 신화는 이런 구체적인 감각 소재를 상징적인 항목으로 삼아 그것들을 논리적으로 결합시킴으로써 세계의 의미와 인간의 실존에 대해 통찰하고자 한다. 현대의 초현실주의 예술론과도 유사하기 때문에 신화에서는 시공이 서로 뒤섞여 존재하거나 그것을 초월하게 된다. 신화는 이런 구체적인 감각 소재를 상징적인 '항목'으로 삼아 그것들을 논리적으로 결합시킴으로써 세계의 의미와 인간의 실존에 대해 통찰한다. 이런 의미에서 신화를 철학의 선행자라고 하는 것이며, 그것은 바로 신화가 감각의 논리를 구사해 우주 안에서의 인간 삶의 의미를 이야기하고자 하는 인류의 대담한 철학 행위의 시작임을 의미하는 것이다.[310]

원시 인류는 현대 인류와는 다르게 아직 추상의 개념을 가지지 못하였고, 또 개념적 구조의 이론 체계로서 우주의 기원과 생성의 문제에 대해서 해답을 내릴 수 없었다. 그들은 단지 구체적인 형상으로 짜인 신화를 사용하여 그들이 가졌던 의문에 대해서 자신들 나름대로의 견해를 피력할 수 있었다. 때문에 철학의 생성 이전에 원시 인류들은 신화 형식으로 표현된 세계관과 인생관을 가지고 있었다. 철학이 체계적인 이론 형식으로 표출해 낸 세계관과 인생관은 바로 신화에서 배태되었던 것이다.

예를 들면 신화의 부정에서 시작되었다고 하는 고대 그리스 철학의 모태 역시 그리스 신화이다. 기원전 6세기, 그리스인들은 세계에 대한 신화적 세계관의 해석에 만족하지 못하고, 자연과 인류 자신에 관한 새로운 관념을 찾기 시작하였다. 그 결과 기원전 800년에서 기원전 200년까지 그리스 철학은 공전의 번영을 구가하여 수많은 철학가, 학파를 만들어 내었다.

그러나 초기의 고대 그리스 철학가들이 수립한 철학 사상은 결코 자

310 위의 책, p. 25.

신들의 독창이 아니라 모두 그리스 신화가 제공하는 우주관과 인생관의 기초 자료를 이용하여 구성한 것이다. 일명 밀레토스학파(Melisian School)라고도 불리는 이오니아학파(Ionian School)의 탈레스(Thales, B.C.624?-B.C.546?)는 호메로스(Homeros, B.C.800?-B.C.750)의 서사시《일리아드》(*Iliad*)와 헤시오도스(Hēsiodos)의《신통기》(神通記/*Theogoniā*)에 서술된 물의 신 오케아노스(Okeanos)가 모든 강과 하천의 아버지라는 사상을 계승하여 물(水)이 만물의 근원이라는 철학 사상을 제시하였다. 또 아낙시만드로스(Anaximandros, B.C.610-B.C.546)는 양적으로나 질적으로나 '무한'(無限), '무정'(無定)의 것인 아페이론(apeiron: 이름할 수 없는 물질)이 만물의 근원이라고 주장하였다. 이는 헤시오도스의《신통기》에서 우주의 시작이 카오스(Chaos/混沌)라고 한 것을 그대로 계승한 것이다. 바꾸어 말하면 이들 철학자들의 우주의 형성에 대한 사고는 오랜 신화적 배경이 없었으면 결코 수립될 수 없었던 것이다.

이처럼 서양의 고대 그리스 철학은 그리스 신화와 불가분의 관계를 가지고 있다. 그리스 신화가 없었다면 그리스 철학이 존재할 수 없었다. 그리스 철학은 그리스 신화의 추상적 사유를 향한 매진이었다고 할 수 있다. 신화에서 철학에 이르는 노정은 하나의 전환과 변형의 과정이자, 탈태의 과정이라고 할 수 있다. 어떤 의미에서는 철학은 추상적인 언어로 신화가 상징하는 진리를 묘사하는 것이라고 할 수 있다. 때문에 카시러는 철학이 하나의 세계관을 건립하고자 할 때 그것이 직면하는 것은 직접적인 현상계라기보다는 차라리 신화에 의해서 전화된 실재계라고 말하는 것이 낫다고 하였다.[311]

철학가들이 자신의 철학 사상을 창립할 때 신화의 사상 내용을 이용할 뿐 아니라 몇몇 신들을 추상적 개념으로 개조하기도 한다. 예를 들면 그리

311 關永中,《神話與時間》(臺北: 臺灣學生書局, 2007), pp. 16-17.

스 신화에서 아낭케(Ananke)는 운명의 신인 모이라이(Moirae) 세 여신의 어머니이다. 모이라이는 운명을 뜻하며, 인간 세계의 여성이 아기를 낳을 때가 되면 출산의 여신 에일레이티이아(Eileithyia)는 꼭 이 모이라이 세 여신을 데리고 온다. 여성이 아기를 낳으면 모이라이 세 자매 중 맏이인 클로토(Clotho: 베를 짜는 여신)가 '내가 너의 운명을 짜리라'라고 말하고, 둘째인 라케시스(Lachesis: 나누어 주는 여신)는 미래의 실마리를 풀어 '은혜를 나누어 주리라'고 말한다. 그리고 막내인 아트로포스(Atropos: 거역할 수 없는 여신)는 가위를 보여 주면서 '내가 아무 달 아무 날에 너의 운명을 거두어 갈 것인즉, 네가 거역하지 못하리라'고 말한다.[312]

훗날 많은 그리스 철학가들은 이 아낭케라는 술어에서 점차 신화성분을 제거해 버리고 그것을'필연적'이라고 하는 추상적 개념으로 개조하였다. 물론 그리스 신화가 철학으로 변화하는 데는 시간적으로 장구한 변화 발전의 과정을 거쳤다. 발전 과정이 시작될 무렵에는 그리스 철학가들은 신화 속의 의인화된 형상을 제거해 버렸으나 그렇다고 완전하게 신화를 떠날 수는 없었다. 훗날 철학가들은 비로소 신화를 비판하기 시작하여 철학을 신화로부터 벗어나게 하자 신화에서 철학으로의 변화 발전이 완성되었다. 이러한 변화 발전의 완성은 기타 세계 민족의 그것과 마찬가지로 인류의 사고가 미토스(Mythos)적인 형상 사유에서 로고스(Logos)적인 이성 사유로 변화하는 한 차례의 거대한 비약이기도 하다.[313]

---

312 이윤기,《이윤기의 그리스 로마 신화》(서울: 웅진닷컴, 2000), pp. 85-86.

313 http://www.sohoxiaobao.com/chinese/bbs/blog_view.php?id=288865(2012_09_ 07).

2. 중국 철학의 신화적 기원

1) 중국 철학과 창세 신화

중국 철학의 기본 범주를 간략하게 정리하면 우주는 암흑의 혼돈에서 출발하였고, 그 속에 배태된 음양 두 원소의 상호작용에 의해 만물이 생성되었다는 3단계의 발전 과정이라고 할 수 있다. 또한 이러한 중국 철학의 기본 범주는 주로 도(道)와 태극(太極), 혼돈(混沌)과 태일(太一) 등을 통해서 설명된다. 중요한 것은 이러한 우주 생성의 도식이 중국의 창세 신화의 우주 생성의 도식과 완전히 일치한다는 것이다.

우선 중국의 창세 신화도 세계의 대표적인 창세 신화와 마찬가지로 우주 창조에 선재(先在)하는 원질로서 혼돈을 상정하고 있다. 전국 시대 굴원(屈原, B.C.340?-B.C. 278?)은《초사》〈천문〉에서 다음과 같이 우주 생성의 과정에 대한 질문을 던지고 있다.

> 천지상하가 아직 형성되지 않았는데,
> 어떻게 하늘과 땅의 구별을 헤아릴 수 있었나?
> 낮도 없고 밤도 없이 모두 어두워 분명하지 않았는데,
> 누가 태초의 우주를 분명하게 이해할 수 있었나?[314]

중국의 창세 신화 중에서 우주 생성 이전의 상태를 언급한 가장 이른 기록인 이《초사》〈천문〉에서 던지는 의문은 바로 '우주가 처음으로 생성될 때는 혼돈과 암흑의 덩어리로 끝도 시작도 없었으며 질서도 없었다'라고

---

314 上下未形, 何由考之? 冥昭瞢闇, 誰能極之?(《楚辭》〈天問〉).

하는 신화 전승에 대한 작자의 의혹이다. 동시에 그것은 고대 중국인들 특히 동주(東周) 시대 사람들의 보편적인 관념이었음을 보여 주는 것이다.[315] 이후 전국 시대의《초백서》(楚帛書), 한대의《회남자》(淮南子), 삼국 시대 서정(徐整)의《삼오역기》(三五歷記)와《오운역년기》(五運歷年記) 등 중국 신화 중에서 창세의 과정을 언급하거나 혹은 그와 관련된 철학적 사고를 전하는 기록은 모두 한결같이 천지개벽 이전의 우주의 상태를 혼돈으로 규정하고 있다.

물론 중국 신화뿐만 아니라 헤시오도스(Hesiodos)의《신통기》(神統記/*Theogonia*), 히브리인의 창조 신화에서부터 우리나라의 개벽 신화[316]에 이르기까지 세계의 중요한 여러 신화가 우주 창조 이전의 상태를 혼돈(混沌/Chaos)으로 상정하고 있다. 예를 들면,〈창세기〉에서는 '태초에 하나님이 천지를 창조하시니라. 땅이 혼돈하고 공허하며 흑암에 쌓인 채 물로 뒤덮여 있었고 하나님의 신은 수면 위에 운행하시니라'고 하였고, 우리나라의 제주도 서사무가인〈초감제〉에서도 '태초 이전에는 천지가 혼합하여 하늘과 땅의 구별이 없는 채 어둠의 혼돈 상태였다. 이런 혼돈 상태에서 하늘과 땅이 갈라져서 천지가 개벽하게 되었는데, 하늘에서 아침 이슬이 내리고 땅에서는 물 이슬이 솟아나서 음양이 서로 상통하여 개벽이 시작되었다'[317]고 말하고 있다.

이는 우주론적 철학의 배경에 오랜 신화적 전통이 깔려 있음을 극명하게 보여 주는 것이다. 바꾸어 말하자면 세계의 대부분 신화가 창조 이전의 세계를 혼돈으로 규정하는 것은 바로 인류의 가장 근원적이고 보편적인 관념 중의 하나인 것이다. 동시에 그것이 모두 하나같이 만물의 시원을 탐

315 張光直,《中國青銅時代》(臺北: 聯經出版社, 1973), p. 302.
316 韓相壽,《韓國人의 神話》(文音社, 1980), p. 27.
317 김태곤·최운식·김진영 편저, 앞의 책, p. 207.

구하는 우주론적인 철학의 형성으로 이어지고 있으며 중국 신화와 철학의 관계도 결코 예외는 아니라는 것이다.[318]

일반적으로 창세 신화에서 혼돈의 상태로부터 천지가 형성되고 만물이 존재하는 자연 세계가 성립되는 과정에는 ① 전지전능한 창세신의 주재에 의한 창세, ② 생성을 통한 창세(creation through emergence), ③ 세계 부모에 의한 창세(creation by world parents), ④ 우주란(宇宙卵)으로부터의 창세(creation from the cosmic egg), ⑤ 육지 잠수자의 창세(creation by earth divers), ⑥ 시체화생형(우주거인형) 창세 등의 여섯 가지 유형이 있다.[319] 그중에서 '세계 부모형'과 '우주거인 및 화생에 의한 창세'가 세계 신화에 가장 광범위하게 분포되어 있는 유형으로, 중국의 창세 신화도 이에 속한다. 이 유형은 마치 세포분열과 마찬가지로, 원시의 혼돈이 하나였다가 이 하나가 두 개로 분열되는데, 이것을 흔히 음과 양으로 부르기도 한다. 음과 양 두 원소(元素)가 다시 계속해서 분열하여 마침내 만물로 생성된다. 세계 부모형의 창세 신화는 중국의 선진(先秦) 문헌에는 그에 관한 기록이 없고, 《노자》와 《장자》, 《역경》과 《초사》〈천문〉 등에 그 흔적만 남아 있을 따름이며, 삼국시대에 이르러서야 복희와 여와의 신화 등에서 비로소 등장하는 것으로 알려져 왔다.[320] 때문에 중국 신화와 철학의 관계를 설명하는 데 충분한 자료적 근거를 제시하지 못했다.

1934년경[《초백서》는 도굴된 유물이기 때문에 정확한 출토연대가 불분명하다. 대체로 1934에서 1942년 사이로 알려지고 있다. 현재는 미국의 메트로폴리탄(Metropolitan) 박물관에 소장되어 있다] 후난(湖南)성 창사(長沙)에서 전국 시대(戰國時代)의 《초백서》(楚帛書)가 발굴됨에 따라 일부 학자들 사이에서 중국

---

318 王彬, 앞의 책, pp. 75-78.

319 葉舒憲, 《中國神話哲學》(北京: 中國社會科學院出版社, 1992), pp. 330-332.

320 張光直, 앞의 책, p. 302.

의 창세 신화에도 세계 부모형이 존재하는 것으로 인정되었고, 또 이것을 중국 창세 신화에서 가장 완벽한 서사 구조로 간주하기도 하였다.

> 천지가 아직 형성되지 않아 세계가 혼돈의 상태에 처해 있을 때, 먼저 복희(伏羲)가 여와(女媧)를 아내로 맞이하여, 이 두 신(二神)이 네 명의 아들을 낳았다. 이 네 아들은 훗날 사시(四時)를 대표하는 사신(四神)이 되었다. 사신이 대지를 개벽하였는데 이는 그들이 만물을 생성하고 키우는 음양을 조화시키는 법칙을 이해할 수 있었기 때문이었다. 우(禹)와 설(契)이 대지를 관리하고 역법을 제정하여 질서 있게 별이 뜨고 지게 하였고, 산악이 이어지도록 하였으며, 산악과 강 그리고 바다 사이에 음양의 기운이 서로 통하게 하였다. 당시에는 해와 달은 아직 없었고, 네 명의 신이 돌아가면서 사시를 대표하였다. 사신 중에서 맏이를 청간(青干), 둘째를 주사단(朱四單), 셋째를 백대연(白大然), 그리고 넷째를 묵간(墨干)으로 불렀다. 1천 4백 년 후 제준(帝俊)이 해와 달을 낳았다. 이로부터 구주(九州)가 태평하였고 산릉이 안정되었다. 사신은 하늘 덮개를 만들어 그것을 돌아가게 하였고, 다섯 색깔 나무의 정화로 하늘 덮개를 공고하게 하였다. 염제(炎帝)가 축융(祝融)을 파견하여 네 명의 신들로 하여금 서북의 유천(幽天), 동남의 양천(陽天), 중앙의 조천(釣天)의 삼천(三天)과 해가 가장 멀리까지 운행하는 동서남북의 사극(四極)을 건립하고 안정시키도록 하였다. 사람들이 모두 구천(九天)을 공경하게 받들어 모셨으며 태평을 구하고자 천신을 멸시하지 못하였다. 그래서 제준(帝俊)이 해와 달의 운행규칙을 제정하였다. 훗날 공공씨(共工氏)가 십간(十干), 윤월(閏月)을 제정하고 더욱더 정확한 역법을 제정하여 하루의 밤과 낮을 소(霄), 조(朝), 주(晝), 석(夕)으로 나누었다.[321]

---

321 董楚平, 〈中國上古創世神話鉤沈 — 楚帛書甲篇解讀兼談中國神話的若干問題〉, 《中國社會科學》(2002年 第5期), p. 155.

상술한《초백서》의 기록을 정리하면 혼돈의 상태에서 복희가 출현하였고, 그가 여와를 아내로 맞이하여 네 명의 신을 낳았고, 이 네 명의 신들이 천지를 개벽하였다. 그리고 이후 염제, 축융, 공공, 우 등의 신들이 세상의 모든 현상과 모습, 즉 바람과 비를 만들고, 사계의 질서를 정하고, 산과 언덕, 평야, 강의 위치를 바르게 자리잡아 주었다. 동시에 해와 달의 운행 질서도 그들의 작업을 통해 확립되었다.[322]

그러나 복희라는 자휘는 전국 시대 중엽의《관자》(管子)와《장자》(莊子) 등의 문헌에 처음으로 나타나며, 그것도 선진의 제자들이 허구적으로 만들어 낸 고대 씨족 부락의 영수일 뿐 실존 인물은 결코 아니다. 이후 신화의 역사화 작용으로 말미암아 복희는 전설적인 삼황오제의 우두머리가 되어서 화하 민족의 중요한 시조 중의 하나가 되었다. 복희 신화가 한대에 가장 활발하게 등장하는 것 역시 오로지 정치적인 수요에 따른 것이며, 이에 따라 복희는 더욱더 신격화되어서 수많은 신이한 능력이 부가되었다.[323] 따라서《초백서》에 나타난 복희에 의한 세계 창조 역시 후대에 가탁된 것일 뿐 진정한 중국의 창세 신화라고 보기는 어렵다.

다만 중국의 전국 시대 중·만기 사람들 사이에는 복희가 세계를 창조한 창세신이라는 관점이 보편적이다는 것은 부인할 수 없다. 이 점은 고고학의 발굴로 출토된 '한대의 많은 묘실 벽화'와 '화상석'(畵像石)을 비롯한 민간에 유전하고 있는 '홍수 이후의 복희와 여와 오누이의 혼인에 의한 인류의 재창조'에 관한 고사 등에서 모두 복희가 창세신으로 부각되어 있는 것과 일맥상통하다는 점에서도 쉽게 설명이 된다. 또한《역》(易)〈계사전〉(繫辭傳)의 '옛날 복희씨가 천하를 다스릴 때, 우러러 천체의 현상을 관찰하고,

322 서경호,〈신화에 나타난 중국인의 우주관적 공간 인식〉,《공간 의식과 중국 문화》(중국인문학회 2006년 추계정기학술대회 논문집, 2006), p. 3.

323 劉惠坪,《伏羲神話傳說與信仰硏究》(臺北: 文津出版社, 2005), p. 403.

굽히어 땅의 법칙을 살피며, 새와 짐승의 문채와 땅의 마땅한 바를 살펴, 가까이는 몸에서 취하고 멀리는 천지만물에서 가져다가 처음으로 팔괘를 만드니 신명한 덕에 통달하고 만물의 정상을 유추하여 알게 되었다'[324]라고 말한다. 우주 형성의 마지막 단계로서 천지만물의 온갖 현상과 형태를 상징하는 팔괘(八卦)를 복희가 창조하였다고 설명하고 있는 것이다. 여기에서 복희가 가진 창조신의 특성을 선명하게 이해할 수 있다.

특히 한대의 묘실 벽화에는 복희와 여와가 인수사신(人首蛇身)으로 몸을 섞어 서로 교미하는 모습이 보이고, 복희는 해나 일규(日規)를, 여와는 달이나 월구(月矩)를 받들고 있는 모습을 쉽게 볼 수 있다. 손에 해와 달을 들고 있는 것은 바로 우주를 주재하는 상징이요, 손에 규구(規矩)를 들고 있는 것은 창조의 상징이다. 어떤 복희 여와의 교미도에는 사신(四神)의 신상이 함께 그려져 있는데, 이는 바로 상술한《초백서》에서 말하고 있는 사신(四神)으로, 바로 복희 여와의 아들이며, 사시(四時)의 대표로 천지를 경영하는 대신이다.

신화적 사유에서 혼돈이 복희로 변용되고 또 이러한 신화적 사유가 종교적 사유와 철학적 사유로 전화되는 과정, 즉 복희가 창세신으로 등장하고 이것이 노장의 '도'나 종교적 숭앙의 대상인 '태일'로 전용되는 과정, 다시 말해서 창세 신화가 생성되고 전승되면서 이들 신화 주인공들의 역할이 새롭게 전용되는 과정은 바로 동일한 사고 유형이 신화적 사고와 철학적 사고로 분리되어 표현된 것으로 원시 종교의 제사 활동과 밀접한 관계가 있다.

인류가 초기 문명 시대에 접어들면서, 종교는 우주의 기원에 대해 사색하기 시작하였고, 사색의 결과 창세 신화가 생성되었다. 또 창세 신화는 종

---

324 古者包栖氏(伏羲氏)王天下, 仰則觀象于天, 俯則觀法于地, 觀鳥獸之文, 与地之宜, 近取諸身, 遠取諸物, 于是始作八卦, 以通神明之德, 以類万物之情(《易》〈繫辭傳〉).

교 신앙을 더욱 확고하게 하는 작용을 하기도 하며, 신화로 대표되는 민족적 집단 무의식은 민족 구성원의 의식 형태를 결정하는 중요한 원형이 되었다. 신화와 철학, 신화와 종교가 완벽하게 독립하여 존재하지 않는다는 것은 바로 이런 이유 때문이다.

특히 중국의 창세 신화에서 강술하고 있는 우주 생성의 과정과 중국의 고대 철학을 대표하는《역경》등의 선진 고적에서 말하는 우주론이 완벽하게 일치하고 있다는 점에서 중국 철학의 시원이 바로 중국의 신화라고 확신할 수 있다.

《초백서》 복희(태일) → 복희, 여와〔음양이신(陰陽二神)〕 → 사자(四子/四時) → 만물(萬物)

《역경》 태극(太極) → 양의〔兩儀, 음양(陰陽)〕 → 사상〔四象, 금목수화(金木水火) 혹은 동서남북(東西南北), 춘하추동(春夏秋冬) 사시(四時)〕 → 만물

철학의 시각에서 보면 음양양의(陰陽兩儀)로부터 만물이, 신화의 각도에서 보면 복희와 여와에서 만물이 탄생되었다. 한대의 복희, 여와의 교미도가 한결같이 일규(日規)와 월구(月矩)를 받들고 있는 것은 바로 이들이 각기 음과 양을 대표하기 때문이다. 신화적으로 복희, 여와가 결합하여 네 명의 아들을 낳았다, 또 이들이 춘하추동 사시를 관장하고 만물을 생성하였다고 하는 사고 유형이 철학의 세계에서는 음양이 화합하여 만물이 생성된다는 추상적 개념으로 정리되었던 것이다.

특히《초백서》가 전하는 창세 신화 속에는 중국 고대 철학의 일원론(一元論)의 문화 특징이 선명하게 표현되어 있다. 세계의 형성 이전에는 모든 것이 혼돈(chaos)이며, 혼돈이 음양(陰陽) 이기(二氣)로 변하여 밝은 것은 하늘이 되었고, 어두운 것은 땅이 되었으며, 음양 이기가 서로 교감하여 만

물로 화생하였다. 이 신화 속에는 세계의 본체에 대한 계시가 표현되어 있을 뿐 아니라,《역》(易) 〈계사상〉(繫辭上)에서 말하는 대표적인 모순 법칙인 '한 번은 음(陰)하면 한 번은 양(陽)한다'(一陰一陽之謂道)의 철학 원리가 나타나 있다. 다시 말해서 사물은 모두 음양의 두 가지 측면, 두 가지 힘이 있으며, 표면적으로는 서로 모순되는 두 사물이 실제로는 상호 상생의 작용을 통하여 사물의 본성과 운동의 법칙을 이룬다는 것으로, 자연과 인사는 모두 이 음양의 원리에 따라 존재하고 운동한다는 관념이다.

이러한 음양의 신화는 한초(漢初)의《회남자》(淮南子) 〈정신훈〉(精神訓) 등에서 완벽하게 음양 철학으로 거듭나게 되는데, 이것은 신과 신화의 형식으로 표현되었던 음양의 관념이 마침내 독립된 순수한 철학 관념으로 형성된 것이다.

> 옛날 천지가 생겨나지 않았을 때에는 아무 형상이 없어, 깊고 컴컴하고 흐릿하고 아득하고 까마득하고 훤해서 그 문을 알 수 없었다. 그러다가 (음양의) 두 신이 함께 생겨나 천지를 다스렸으니 깊고 아득하여라, 그 종극(終極)을 알 수 없고 광대하여라, 그가 숨을 멈추는 곳을 알 수 없도다. 바로 이때 음양이 구별되고 팔극(八極)이 분리되었다. 강한 것과 부드러운 것이 서로 이루어져 만물이 형성되었다. 번잡한 기운은 벌레가 되고 순수한 정기는 사람이 되었다.[325]

이 철학화된《회남자》의 기록에서 우리는 혼동 속에서 태어난(混生) 두 신(二神)이 일체를 포용하는 세계 부모로 되어 있으며, 천지음양의 본원이자 만물 형성의 모든 원인으로 되어 있다는 것을 볼 수 있다. 이것은 바로

---

325 古未有天地時, 惟像無形. 窈窈冥冥 芒芠漠閔, 澒濛鴻洞, 莫知其門. 有二神混生, 經天營地, 孔乎莫知其所終極, 滔乎莫知止息. 於是乃別爲陰陽, 離爲八極, 剛柔相成, 萬物乃形. 煩氣爲蟲, 精氣爲人(《淮南子》〈精神訓〉).

세계 부모형 신화에서만 볼 수 있는 전형적인 신화 고사의 깊은 영향인 것이다. 상술한 복희, 여와의 교미도에서 보듯이 복희, 여와, 이신의 결합으로 사신이 출생하고 이들 사신에 의해 세계가 창조되었다는 것도 동일한 신화 사고이며, 특히 상당수 한대의 화상석에서 보이는 복희, 여와의 교미도에서 복희와 여와의 혼인으로 인류가 탄생하였음을 그리고 있는 것도 모두 이와 일맥상통한 신화 사유라고 할 수 있다. 때문에 '중국 철학의 기본 범주라고 할 수 있는 태극(太極)·도(道)·음양(陰陽)·오행(五行)·변역(變易) 등등은 거의 모두 신화 사유의 구체적 표상으로부터 발전된 것'으로 종교적 범주로서의 태일(太一)과 철학적 범주로서의 태극(太極)은 모두가 중국 원시 인류들의 신화 사유 중 태양의 순환 운동을 추상화한 것이다. 그리고 《역경》(易經)의 표제 중의 '역'(易)은 바로 이러한 순환 변화 현상에 대한 개괄로, 소위 양의(兩儀)·사상(四象)·팔괘(八卦) 등등은 모두 태양 운동을 기준으로 하는 시공 좌표의 신비적인 표현으로 설명하고 있다[326]고 볼 수 있다.

2) 유가 철학과 중국 신화

중국 고대 철학의 기본적 관념은 중국 고대 신화를 직접적으로 계승하였거나 중국 신화가 구현하는 원시 철학 관념과 분명한 연원 관계를 가지며 어떤 일치성을 지니고 있다.

먼저 유가 철학의 경우를 보면 그 기본적 특질과 명제는 소위 '천인합일'(天人合一)과 '중화'(中和)라고 할 수 있을 것이다. '천인합일이란 단순히 사람과 자연의 관계에만 국한된 것이 아니라 자연과 인간을 하나의 유기적인 종합체로 간주하는 사고이며, 우주 본체를 사회와 인사, 그리고 인생의 가치와 밀접하게 상호 연결시켜 자연·사회·인생 등의 문제를 관통하는

326 葉舒憲, 앞의 책, pp. 2-18.

체계화된 사상으로서, 중국 고대의 천도관(天道觀)으로 반영되고 있다.'[327]

중화(中和) 관념 역시 인간과 자연의 조화를 기본으로 하는 사고 체계이다. "중화의 화(和)는 사물의 조화 상태를 가리키는 것으로 최상의 질서와 상태이며 최고의 이상적 추구이다. 화는 단순히 자연의 조화뿐만이 아니라, 사람과 자연의 조화, 더욱 중요한 사람과 사람, 사람과 사회의 조화까지를 가리킨다. 때문에 공자는 '분별을 위한 것이 예(禮)이지만, 그러나 조화(調和)를 성취하는 데 그 쓰임(用)이 있다. 그래서 선왕지도(先王之道)는 이 조화를 아름다운 것으로 여겼다'[328]고 하였고, 맹자 역시 '비가 오고 맑거나 혹은 춥고 더운 날씨는 지리적 환경에 미치지 못하고, 지리적 환경은 인심이 내부적으로 단결하는 인화에 미치지 못한다'[329]고 하였다. 소위 중(中)은 사물의 법도(法度)를 가리키는 것으로, 어느 한곳에 치우치지 않고 넘치거나 모자람이 없는 불편불의(不偏不倚)하고 과유불급(過猶不及)한 것을 말하는 것으로, 조화를 실현하는 근본적인 방법이다. 상주(商周) 이래의 이러한 중화(中和) 사상은 공자에 의해 계승되고 총결되어서 마침내 중용(中庸) 사상으로 제시되었으며, 공자는 이것을 지덕(至德)이라고 하는 최고의 철학 범주로 지칭하였다. 때문에 그는 '중용이 인생의 가장 높은 도덕의 표준이다'[330]고 하였으니, 한마디로 유가의 중용은 중화(中和) 관념을 이론의 기초로 삼은 것이다."[331]

그렇다면 유가의 이러한 '천인합일'의 관점과 '중화'(中和)의 이론은 과연 어디에서 연원한 것인가? 이에 대한 해답을 강구하기 위해 우선 다음의 신화를 살펴보도록 하자.

327 鐘明善·朱正威,《中國傳統文化精義》(西安: 西安交通大學出版社, 1999), p. 24.
328 禮之用, 和爲貴. 先王之道, 斯爲美(《論語》〈學而〉).
329 天時不如地理, 地理不如人和(《孟子》〈公孫丑下〉).
330 中庸之爲德, 其至矣乎!(《論語》〈雍也〉).
331 鐘明善·朱正威, 앞의 책, pp. 27-28.

하늘과 땅이 아직 분리되기 이전에, 우주의 모습은 한 덩어리 암흑의 혼돈과 마찬가지였으며 마치 커다란 계란과 같았다. 반고가 그 속에서 생겨나 자라고 있었다. 마침내 1만 8천 년이 지나 하늘과 땅이 처음 열리고, 밝고 맑은 기운은 하늘이 되었고, 어둡고 탁한 기운은 땅이 되었다. 반고가 그 가운데서 자라면서 하루에 수없이 변하였는데, 지혜는 하늘을 넘어섰고, 능력은 땅을 넘어섰다. 하늘은 매일 한 장씩 높아졌고, 땅은 매일 한 장씩 두터워졌으며, 반고도 하루에 한 장씩 자랐다. 이와 같이 또 1만 8천 년이 지나자 하늘은 더없이 높아졌고 땅은 더없이 두터워졌으며 반고는 거대한 거인으로 성장하였다. 그런 다음 비로소 삼황이 세상에 출현하였다. 숫자는 1에서 시작하여서 2에서 건립되며 3에서 성취되어 7로 채워지고 9에서 끝난다. 때문에 하늘과 땅의 거리는 9만 리이고, 반고의 키도 마땅히 9만 리로 생각된다(《三五歷記》).[332]

천지가 개벽할 때에 탄생한 반고는 그가 죽을 때에 이르자 모든 신체에 크게 변화가 생겼다. 그가 뿜어 낸 호흡은 바람과 구름이 되었고, 목소리는 뇌성이 되었으며, 왼쪽 눈은 태양이 되었고, 오른쪽 눈은 달이 되었으며, 사지와 오체는 각각 대지의 사극과 오악 명산〔동악 태산(泰山)·서악 화산(華山)·남악 곽산(霍山)·북악 항산(恒山)·중악 숭산(嵩山)〕이 되었다. 혈액은 강하가 되었으며, 근육은 산천과 도로가 되었고, 피부는 논밭이 되었으며, 두발과 수염은 하늘의 별이 되었다. 피부의 털은 초목이 되었고, 이빨과 뼈는 금속의 광물과 암석이 되었고, 정액과 골수는 진주와 미옥이 되었으며, 그가 흘린 땀방울은 비가 되었고, 그의 몸에 기생하던 각종 기생충은 바람에 날려 대지 위의 백성들로 변하였다(《五運歷年記》).[333]

---

332 天地混沌如鷄子, 盤古生其中. 萬八千歲, 天地開闢, 陽淸爲天, 陰濁爲地. 盤古生其中, 一日九變, 神於天, 聖於地. 天日高一丈, 地日厚一丈, 盤古日長一丈. 如此萬八千歲, 天數極高, 地數極深, 盤古極長. 後乃有三皇. 數起於一, 立於二, 成於七, 處於九, 故天去地九萬里. (《藝文類聚》卷一引〈三五歷記〉).

333 首生盤古, 垂死化身. 氣成風雲, 聲爲雷霆, 左眼爲日, 右眼爲月, 四肢五體爲四極五嶽, 血液爲江河, 筋脈爲地理, 肌膚爲田土, 髮髭爲星辰, 皮毛爲草木, 齒骨爲金石, 精髓爲珠玉,

상술한 반고 신화는 삼국 시대의 서정(徐整)이 편찬한《삼오역기》(三五歷記)와《오운역년기》(五運歷年記)에 각각 실려 있는 중국의 대표적인 창세 신화 중의 하나이다. 반고 신화와 같이 이처럼 우주란(宇宙卵)이나 우주거인에서 세계가 창조되었다는 소위 화생형(化生型) 창세 신화는 중국의 선진문헌에서 쉽게 찾아볼 수 있다. 그 주요 내용은 신이나 거인 혹은 신인의 죽음 후 그의 신체의 여러 부분이 새롭게 화생하여 모든 자연 현상이 형성되었다는 것이다. 예를 들면《산해경》〈해외북경〉에 출현하는 종산(鐘山)의 신 촉음(燭陰)은 눈을 뜨면 낮이 되고, 눈을 감으면 밤이 되며, 숨을 들이쉬면 겨울이 되고, 숨을 내뿜으면 여름이 된다.[334] 또《산해경》〈대황북경〉에 등장하는 촉룡(燭龍)도 촉음과 마찬가지로 눈을 감으면 밤이 되고 눈을 뜨면 낮이 된다.[335] 또 인류 창조의 여신인 여와(女媧) 역시 죽은 다음에 그의 장(腸)이 열 명의 신인으로 화생하게 된다.[336]

신인(神人)이나 거인의 몸이 변화하여 세상이 이루어졌으며, 그의 육체가 바람과 구름, 천체, 강과 산은 물론 사람이 되었다는 관념은 인간과 자연은 그 근원과 조상이 동일하며, 인간은 천지에 참여하여 만물을 변화하고 육성하는 것을 도울 수 있다는 사상으로 발전하게 된 것이다. 이는 바로 후세의 천도자연관(天道自然觀)이자, 천인합일(天人合一) 관념과 한 치의 차이도 없는 동일한 사고 유형임을 쉽게 알 수 있다. 때문에 중국 철학, 특히

汗流爲雨澤, 身之諸虫, 因風所感, 化爲黎甿(《繹史》卷一引〈五運歷年記〉).

334 鍾山之神, 名曰燭陰. 視爲晝, 瞑爲夜, 吹爲冬, 呼爲夏. 不飮不食, 不息, 息爲風. 身長千里.〔…〕其爲物, 人面蛇身, 赤色, 居鍾山下(《山海經》〈海外北京〉).

335 有神, 人面蛇身而赤, 直目正乘, 其瞑乃晦, 其視乃明, 不食不寢不息, 風雨是謁. 是燭九陰, 是謂燭龍(《山海經》〈大荒北經〉).

336 女媧, 古神女而帝者, 人面蛇身, 一日中七十變(《山海經》〈大荒西經〉郭璞注), 有神十人, 名曰女媧之腸, 化爲神, 處栗廣之野, 横道而處(《山海經》〈大荒西經〉). 女媧有體, 孰制匠之? 王逸注: 女媧人頭蛇身(《楚辭》〈天問〉) 媧, 古之神聖女, 化萬物者也(《說文解字》). 黃帝生陰陽, 上駢生耳目, 桑林生臂手, 此媧所以七十化也(《淮南子》〈說林篇〉). 張光直, 앞의 책, pp. 303-304.

도가와 유가에서 가장 중요한 기본 관점이라고 할 수 있는 천인 관념은 바로 이러한 화생형 창세 신화에서 연원하였다고 본다.

2)《주역》과 중국 신화

《주역》(周易)은《역》(易) 혹은《역경》(易經)이라고도 부르며, 유가의 가장 기본적인 교과서라고 할 수 있는 오경(五經) 중의 하나이자 가장 오래된 점복서(占卜書)로 중국의 전통 문화의 형성에 지대한 영향을 미친 책이다. 책이 완성된 시기에 관해서는 주나라 성왕(成王) 때, 춘추 말기, 혹은 은주(殷周) 사이 등 여러 설이 있다.

《주역》을 전면적으로 살펴보면 세 가지 원리(theory)와 세 가지 방법(method), 그리고 세 가지 원칙(principle)이 있다.[337] 먼저 세 가지 원리란, 첫째는 음양의 대립과 통일의 원리이다. 세상의 어떤 만물이라도 모두 음양의 두 측면이 존재하고 있으며, 음양은 서로 대립하면서 통일되며, 서로 번갈아 가면서 자라나고(互生/intergrowth) 서로 교환(互換/exchange)된다는 것이다. 둘째는 오행(五行)의 상생과 상극의 원리이다. 우주의 모든 사물은 금(金)·목(木)·수(水)·화(火)·토(土) 다섯 종류에 귀속되며, 이들은 서로 제약하기도 하고 서로 생성하기도 한다. 셋째는 천인합일의 원리이다. 인간과 우주, 인간과 자연은 서로 상생하는 합일체(合一體)라는 것이다.

《주역》의 세 가지 방법이란 다음과 같다. 첫째는 역리(易理)로,《주역》은 우주와 인생에서 변하는 것(所變)과 변할 수 있는 것(能變), 그리고 변하지 않는 것(不變)의 원인을 탐구한 것이다. 둘째는 괘상(卦象)으로,《주역》은 괘상과 효상(爻象)을 이용하여 세계가 생성하고 발육하는 온갖 현상을 표시했다는 것이다. 셋째는 현상 속의 수리(數理)로, 현상의 변화 과정을 추적

---

337 姬昌 等著,《全本周易》(北京: 北京出版社, 2006), p. 3.

하여 인사와 만물의 상관성과 전후의 인과 관계를 알아내었다는 것이다.

《주역》은 이러한 원리와 방법을 설명하는 데 세 가지 원칙을 제시하고 있다. 첫째는 간역(簡易)으로, 천지자연의 규율은 원래 간단하고 소박하며 평이하다는 것이다. 하늘과 땅은 모든 현상과 온갖 사물을 포용하고 생성화육(生成化育)하고 있지만, 결코 번거롭거나 요란스럽지 않다. 둘째는 불역(不易)인데, 천지자연의 규율은 바뀌거나 변화하지 않는다는 것이다. 하늘은 높고 땅은 낮아 그 위치가 변하지 아니하는 것과 같은 질서를 말하는 것이다. 셋째는 변역(變易)으로 천지간의 모든 상황과 사물은 낮이 가면 밤이 오고 가을이 가면 겨울이 오듯이 항상 변하고 바뀐다는 것이다.

《역경》은 신화서가 아니기 때문에 완벽한 신화 이야기를 제공하고 있지는 않다. 그러나 넓은 의미에서의 '신화적 우주관'(Mythic View of the Universe)이 다량으로 내포되어 있다. 원시의 신화적 우주관에 관한 일련의 상징들을 만물의 변화 발전의 원리를 설명하는 과정에서 풀어내고 있기 때문에 중국 고대의 신화적 사유를 이해하는 데 중요한 통로라고 할 수 있다.《역경》이 중국의 고대 신화와 불가분의 관계를 가지고 있음을 나타내는 사례들을 정리하면 다음과 같다.

첫째,《역경》에는 중국 신화에 나타나고 있는 저명한 신화 인물들, 예를 들면 복희·신농·황제 등이 대거 등장하고 있다. 이는《역경》이 기본적으로 중국의 고대 신화의 체계를 일정 부분 수용하고 있음을 나타내는 것으로 볼 수 있다.

둘째,《역경》의 괘사(卦辭)와 효사(爻辭)는 대단히 풍부한 신화 모티프로 충만해 있어서 어떤 의미에서는 그들이 신화적 이미지를 농축하고 있다고 할 수 있다. 예를 들면〈곤상육효〉(坤上六爻)에서 '두 마리 용이 들에서 싸우니 그 피는 검고 누르다'(龍戰於野, 其血玄黃)고 하였다. 이는 최대의 음양인 천지가 서로 교전하여 피를 흘리면 그 피가 검고 누르다는 것이요, 이를 인사에 비유하면 상하가 서로 교전하여 피를 흘리고 죽는 상황을 예시하는 것이다. 천지가 서로 싸우고 피를 흘린다는 것은 논리적인 사고가 아니라 분명 하나의 신화적 모티프이다. 다만 그 연역(演繹)의 과정이 분명하지 않을 따름이다. 또 〈계사하〉(繫辭下)에 '하늘과 땅의 기운이 서로 감응 합일하여 만물이 화육(化育)하고 번영하며, 남성 여성의 정기가 합하여 온갖 생명이 화생한다'(天地絪縕, 萬物和醇. 男女化精, 万物化生)고 하였다. 이는 마치 그리스 신화에서 하늘의 우라노스(Ouranos)와 대지의 신 가이아(Gaia)가 교감하여 만물을 화생하는 이야기와 거의 동일하다.《회남자》〈정신훈〉에서 말하는 음양의 두 신이 천지를 경영하여 만물이 화생한다는 창세 신화의 일단은 결코 후대의 사고가 아니라《역경》의 신화적 사고를 이어받은 것이요, 그것은 또한 원시 신화의 사유 체계에서 유래하였다는 것을 쉽게 이해할 수 있다.

셋째, 주역의 핵심이라고 할 수 있는 팔괘와 태극 그리고 음양 등의 이론이 바로 중국 고대 신화에 내포되어 있는 신화적 우주관과 완전히 일치하고 있다. 조지프 캠벨이《신의 가면》에서《주역》은 "실용적인 측면에서는 점복의 백과사전이며, 모든 중국 사상의 근본이 되는 '신화적 우주관'에 근거하고 있다"[338]고 한 것은 바로 이를 두고 한 말이다.

예를 들어 팔괘는 양을 나타내는 '—' 효(爻)와 음을 나타내는 '– –'을 세 번 겹쳐서 8종류의 괘형(卦形)을 형성한다. 그리고 이 팔괘는 다시 64괘로 확대된다. 팔괘는 천지만물의 온갖 현상과 형태를 상징하며, 또한 특정한 물상(物象)으로 그것을 대표하고 있어서 이 때문에 독특한 상징 체계를 구성하고 있다. 건(乾)은 자연으로는 하늘(天), 곤(坤)은 땅(地), 감(坎)은 물(水), 이(離)는 불(火), 진(震)은 우레(雷), 간(艮)은 산(山), 손(巽)은 바람(風),

338 조지프 캠벨 지음/이진구 옮김,《신의 가면 II — 동양 신화》(서울: 까치, 1999), p. 467.

태(兌)는 연못(澤)을 대표한다. 또한 건(乾)은 인간으로는 아버지(父)를, 방향으로는 서북(西北)을, 신체로는 머리(頭)를, 동물로는 말(馬)을 대표하며 그 성질은 강건함을 상징한다. 곤(坤)은 자연으로는 땅(地)을, 인간으로는 어머니(母), 방향으로는 서남(西南), 신체로는 배(腹), 동물로는 소(牛)를 대표하며 그 성질은 유순함을 상징한다.[339] 이 외에 나머지 6종류의 괘도 이와 마찬가지이다.

팔괘가 구현하고 있는 것은 만물이 하나하나 분리 독립되어 있는 것이 아니라 서로 연계되어 통하고 있다는 유기체라는 의식이다. 또한 팔괘의 부호가 나타내는 것은 어떤 개념이 아니라 이미지일 따름이다. 하나의 부호 체계를 가지고 자연과 인간, 방향과 신체, 그리고 시각까지를 모두 나타내고 있다. 때문에 이러한 상징 체계는 바로 카시러(Ernst Cassier)가 말하는 신화 사유(Mythical Thought)에서 기인한 것이라고 할 수 있다.

신화 사유란 이성 사유에 상대되는 개념이다. 그 특징으로는 첫째, 이것이 아니면 바로 저것이라고 하는 절대적이고 필연적인 구별 의식이 존재하지 않는다는 것이다. 때문에 순수한 묘술과 진실한 감각 사이, 또는 바람과 현실 사이, 영상과 물체 사이에 명확한 구분이 없다. 또한 생과 사, 꿈을 꾸는 것과 깨어 있는 것, 상상과 현실 사이에 분명한 한계가 존재하지 않는다. 둘째는 분화되지 않는 일체성의 원칙이 존재한다는 것이다. 예를 들면 한 사람의 이름이나 그림자는 이 사람의 손톱이나 두발과 똑같이 모두 그의 생명과 하나로 융합되어 있다. 때문에 그 사람의 그림자를 훼손하면 그 사람의 신체에 액운이 따른다고 생각한다.[340] 많은 원시 부족들이 동서남북 네 방위를 땅·물·불·바람 및 춘하추동의 사계와 동일시하는 세계관을 가지고 있는 것은 바로 이러한 관념에서 비롯된 것임을 카시러는《신

339 南晩星 譯,《周易》(서울: 현암사, 1971), p. 23.

340 高樂田,《神話之光與神話之鏡》(北京: 中國社會科學出版社, 2004), pp. 118-120.

화 사유》에서 강조하고 있다.[341]

팔괘에 내포된 가장 대표적인 신화 사유가 바로 시공간이 혼동되어 있는 우주관이다. 〈계사상〉(繫辭上)에서 '그런 까닭에 《주역》이 만들어지기 이전에 태극이 있고, 태극이 변하여 하늘과 땅 양의(兩儀)를 만들었고, 양의가 변하여 사시(四時)를 상징하는 노양(老陽)·노음(老陰)·소양(少陽)·소음(少陰)의 사상(四象)을 만들었으며, 사상이 변하여 하늘과 땅, 물과 불, 바람과 우레, 산과 연못을 상징하는 팔괘를 만들었는데, 팔괘는 변화 연역되어 길흉을 판정할 수 있다. 인간 만사에 길한 것과 흉한 것이 있으므로 군주가 천하를 다스려 길흉을 보살피는 큰 사업이 생기는 것이다'[342]고 하였다.

이를 간략하게 정리하면 태극에서 양의(천지)로, 양의에서 사상(四象) 즉 사시(四時)로, 사시에서 팔괘로의 변화 과정이다. 중요한 것은 공간 개념인 양의(천지)에서 사상, 즉 사시(사계)가 나왔으니 사시는 마땅히 공간이 되어야 하는데도 불구하고 여기서는 분명히 시간의 개념으로 사용되고 있다는 점이다. 이처럼 시간 개념에다 동서남북의 공간의 방위 개념이 대응되어 우주가 구성된다고 생각하였던 것은 진한 시대 철학자들 사이에서 쉽게 볼 수 있는 관념이다. 예를 들면, 《예기》(禮記) 〈월령〉(月令)은 춘하추동의 사시를 모두 10개의 천간(天干)에 대응시켜 갑을(甲乙)은 나무(木)에, 병정(丙丁)은 불(火)에, 무이(戊己)는 흙(土)에, 경신(庚辛)은 금(金)에, 임계(壬癸)는 물(水)에 귀속시키고 있다. 또 오행(五行)을 사시(四時)에 대응시켜 봄은 나무, 여름은 불, 가을은 금, 겨울은 물, 중앙은 흙에 귀속시키고 있다. 중앙이라는 공간과 춘하추동의 시간이 서로 구분이 없이 배열되어 있는 것이다.

---

341 카시러(Ernst Cassier)/黃龍保·周振選 譯, 《神話思維/*Mythical Thought*》(北京: 中國社會科學出版社, 1992), pp. 93-99.

342 是故, 易有太極 是生兩儀, 兩儀生四象, 四象生八卦, 八卦定吉凶, 吉凶生大業(《繫辭上傳》).

〈계사상〉의 팔괘나《예기》〈월령〉과 원시 부족들이 가지고 있었던 시공간 혼동의 개념은 모두 동일한 사유 체계로, 그것을 카시러가 말하는 신화 사유와 서로 비교해 보면 완전한 일치성을 가지고 있음을 쉽게 이해할 수 있다. 말하자면 '《예기》〈월령〉의 시공간 혼동의 도식은 실제로는 먼 옛날이나 사전(史前) 시대의 신화적 사유 모델이 오행학설을 거쳐서 가공되고 개조된 결과이다. 때문에 중국 철학의 사유적 특징을 연구하기 위해서는 오로지 신화 사유의 모델과 서로 연계해야만 비로소 근원적인 해석을 할 수 있다'.[343]

시공간 혼동의 신화 사유는 원시의 태양신 숭배와도 밀접한 관계가 있다. 원시 인류는 태양의 순환 운동에 의해서 나타나는 광명과 암흑, 낮과 밤의 바뀜을 통해서 공간과 시간을 최초로 감지하게 되었다. 그들은 태양이 하늘을 순환하는 궤적(공간)을 시간의 변이에 따라 몇 부분으로 나누어서 인식하였다. 그리하여 왼쪽과 오른쪽, 앞과 뒤와 같은 아주 간단한 공간 개념 역시 태양의 궤적을 따라서 동쪽에서 서쪽으로 향하는 일직선을 그어서 나누었고, 아울러 남쪽에서 북쪽으로 향하는 수직선으로 균등하게 나누어서 생각하였다. 그리하여 모든 시간의 간격은 이러한 교차하는 선에서 근원하게 되었다.[344]

《역경》은 태극을 우주 만물의 최후 근원으로 삼고 있다. 절대적 본체인 태극이 음과 양의 양의를 함유하고 있다고 하는 것은 끊임없이 생장하고 번식(生生不息)하는 우주의 활력에는 동과 정, 정과 반, 강과 유의 양면을 포함하고 있다는 것을 말하는 것이다. 태극이 정동(靜動)을 반복하며 변화 발전하는 가운데 노음·노양·소음·소양의 사상을 생성한다는 것이다. 사상은 다시 진보하고 발전하여 팔괘가 된다. 팔괘는 우주에 존재하는 8가지 요소

343 葉舒憲,《中國神話哲學》(北京: 中國社會科學出版社, 1992), p. 12.

344 카시러 지음/黃龍保·周振選 譯, 앞의 책, p. 121.

를 상징한다. 팔괘가 다시 중첩되어서 64괘를 형성하는데, 이는 우주의 변화 발전의 과정에 나타나는 64개 단계를 상징한다. 우주의 진전에는 기복이 일정하지 않아서 순리의 시각도 있고, 위험과 곤경의 시각도 있다. 그러나 전체의 진전 과정에서 보면 우주의 진화는 언제나 더욱 아름다운 방향을 향하여 진전해 간다는 것이다. 때문에 우주 만물의 발전이 63번째의 단계에 이르게 되면 완미한 조화를 상징하는 기제괘(旣濟卦)가 출현한다. 이는 만물이 천지개벽의 곤경과 몽매로부터 각종 순경(順境)과 역경(逆境)의 단계를 거쳐 결국에는 성장 발전하는 방향으로 끊임없이 전진하여 완미한 조화의 경지에 도달한다는 것을 우의적으로 나타낸 것이다. 그러나《역경》은 기제괘로 종결을 삼지 않고, 아직 원만하지 않음을 상징하는 미제괘(未濟卦)를 최후에 배치하였다. 이는 만사 만물이 어떻게 성장하고 발전한다 하더라도 언제나 진일보 향상할 수 있는 여지가 있음을 상징하는 것이다. 세상에 절대적인 완전무결이란 없다. 어떤 아름다운 사물이라고 해도 더욱더 발전할 수 있는 소지가 남아 있으며, 또한 사물은 최선을 다해 진보하도록 노력해야지 그렇지 않으면 퇴화되고 만다는 것을 강조한 것이다.[345]

무극은 끝도 가도 없는, 한마디로 중심조차 없는 상태를 말한다. 태극이란 우주가 이 무극(無極) 상태에서 하늘과 땅이 생기고 이어서 만물이 생겨나는 과정에 대한 상징적인 도식이다. 태극은 바로 '하나'(一)이자 '도'이며 천지가 아직 분화하기 이전의 물질적인 혼돈의 원기이다.《설문해자》에서 '태초에 오로지 태극이 있어 도가 하나에서 성립되어 땅으로 나누어졌으며 만물이 만들어졌다'[346]고 하는 것은 바로 이것을 말하는 것으로, 흔히 태극을 '○'로 표시하는 것은 원기의 혼연의 모습을 나태내는 것으로

345 關永中, 앞의 책, p. 294.

346 惟初太極, 道立于一, 造分于地, 化成萬物(《說文解字》).

천지만물의 근원이라는 의미이다.[347] 한마디로 말해서 우주 원시의 기본 형성의 동인이자 음양이 아직 분리되지 않은 혼돈 상태를 말하며, 또한 만물을 형성한 본원이기도 하다. 태극에 관한 이론은 훗날 송대 이학가들에 의해 더욱 체계화되고 구체적으로 설명되었다.

그런데 앞에서 이미 열거한《초사》〈천문〉은 서두에서부터 '천지가 아직 분리되지 않고, 낮과 밤이 구분되지 않았으며, 모호하고 분명하지 않은(馮翼惟像) 상태가 지속되었고, 광명과 암흑이 끊임없이 변화(明明暗暗)하는 가운데 마침내 음양이 최초로 완미하게 결합(陰陽三合)함으로 해서 마침내 우주가 탄생'했다는 신화적 전승에 대한 의문을 제기하고 있다. 또 중국의 대표적인 창세 신화 중의 하나인 반고 신화에는 하늘과 땅이 아직 나누어지지 않았을 때는 달걀과 같이 혼돈(天地混沌如鷄子)하였고, 일정한 시간이 흐른 다음에 마침내 맑은 양의 기운은 하늘이 되고, 탁한 음의 기운은 땅이 되었다(陽淸爲天, 陰濁爲地)고 규정하고 있다.

〈천문〉이나 반고 신화에서 말하고 있는 우주 창조의 과정이《주역》의〈계사전〉에서 언급하고 있는 우주 창조의 과정과 한 치의 오차도 없음을 볼 때, 모두 동일한 우주관을 표방하고 있음을 알 수 있다. 때문에《역경》의 우주관은 바로 고대 중국의 신화적 우주관에서 탈태된 것이며, 고대 중국인들이 이러한 신화적 우주관을 바탕으로 우주와 사회, 그리고 인생의 변화 기복의 과정을 도식화하고 체계화한 것이 바로《역경》이라고 할 수 있다.

347 http://www.zgxl.net/change/xtbg.htm(2012_05_07).

3) 노장 철학과 중국 신화

(1) 노자와 신화

노자(老子)의 자연 철학이 탐구한 것은 바로 천지만물의 총화와 근본이며, 거기에서 강조한 것은 자연의 행위준칙에 순응해야 한다는 것이다. 바로 천지인(天地人) 삼재(三才)의 조화의 기초 위에서 사회 진보와 지속적 발전을 강구하였다.

우주의 유기적인 체계 속에서 중국인들은 하늘과 인간의 관계를 가장 중시하였고 이 천인 관계의 기본적 사고 패턴이 바로 '천인합일'이다. 또 천지인 삼재의 공존공영을 강조하였으며, 천생 만물은 모두 사람을 위한 것으로 생각하였으니, 소위 한대의 동중서(董仲舒)가 '하늘·땅·사람이 만물의 근본이다. 하늘이 만물을 만들어 내고, 땅은 그것을 양육하고 사람은 천지의 기초 위에서 만물을 개조하고 발전시킴으로써 인류를 포함한 만사 만물로 하여금 진선진미의 경지에 도달할 수 있게 한다'[348]고 한 것이나 '해와 달은 별과 더불어 셋이 되어 빛을 이루고, 천지는 인간과 더불어 셋이 되어 덕을 이룬다. 이런 것으로 보면 셋이면서 하나인 것이 하늘의 큰 원리를 이루는 것이니 〔…〕 이것은 바로 하늘이 만든 것(天制)이다'[349]라고 한 것에서 보듯이 '셋이면서 하나'(三而一)라는 사상은 중국인들의 전형적인 천지인의 조화와 통일, 삼위일체로 구성된 세계 질서에 관한 우주 철학적 관념이다.

도가 철학의 비조는 노자이다. 그리고 도가 철학의 가장 중요한 개념은 바로 '도'(道)이다. '도'는 우주 만물의 생성과 존재의 기초이며 '도'가 없으

---

348 天地人, 萬物之本也. 天生之, 地養之, 人成之. 天生之以孝悌, 地養之以衣食, 人成之以禮樂(《立元神》).

349 日月與星三而成光, 天地與人三而成德. 由此觀之, 三而一成天地大經也. 〔…〕 此爲天制(《春秋繁露》〈官制象天〉).

면 우주 만물 내지 인류도 존재하지 않는다. 노자가 개창한 학파를 일컬어 도가학파라고 하는 것은 바로 이런 이유에서이다.

노자는 객관 세계를 인식하고 관찰하는 데 있어 '도'(道)를 최고의 범주로 삼았다. 노자의 '도'는 만물의 근원이자 주재(主宰)로서 우주의 원시 상태를 표시하며 천지 형성 이전에 이미 존재한 것이다. 그러나 '도'는 형체가 없기 때문에 볼 수도 만질 수도 없으며 또한 소리도 색도 없고 맛도 없다. 혼돈하고 황홀하며 시간과 공간을 초월한 영원불변의 존재다. 노자는 "천지만물에 선행하는 혼돈한 존재를 '도'라고 상정하였고, 이 '도'는 인간 시청각(視聽覺)을 초월하며, 소리도 형체도 없이 스스로의 힘에 의해 운행되는 것이라고 하였다. 그것은 천지만물의 근본이자 이름을 알 수 없기에 그것을 도라고 부르며, 억지로 다시 그것을 이름하여 '대'(大)라고 하였다"고 서술하고 있다.[350] 세계 만물은 모두 도로부터 생성되며 동시에 모두 '도'를 따라 순환한다.[351] 때문에 노자는 "'도'가 하나를 낳았고, 하나는 둘을 낳았으며, 둘은 셋을 낳았고, 셋은 만물을 낳았다. 세상 만물에는 대립되는 성질의 음양이 내포되어 있고, 이들 음양은 보이지 않는 기(氣) 속에서 통일을 이룬다"[352]고 하였다. 이는 만물을 화생(化生)시킨 원질로서의 '도'에서 통일된 사물이 태어났으며, 통일된 사물 속에는 대립된 성질을 가진 음양이 내포되어 있고, 이 음양이 상호작용하여 제3자를 낳았음을 말하는 것이다. 나아가 우주는 혼돈 상태에서 형태와 모양을 갖춘 천지만물의 발전 과정으로 변화하였으며, 우주에서 만물의 생성과 운동은 음양의 상호작용을 떠날 수 없다는 것이다. 또한 모순은 사물에 객관적으로 존재하는 보편 현상으로, 음양은 바로 이러한 사물 속에 존재하는 모순의 두 측

350 有物混成, 先天地生. 寂兮廖兮, 獨立而不改, 周行而不殆, 可以爲天下母, 吾不知其名, 字之曰道, 强爲之名曰大(《道德經》25章).

351 선정규, 《중국의 전통과 문화》(서울: 신서원, 2007), p. 255.

352 道生一, 一生二, 二生三, 三生萬物. 万物負陰而抱陽, 冲氣以爲和(《道德經》42章).

면이라는 것이다. 또 자연의 규율은 언제나 공허하면서도 조화로우며 극단적이지 않은 '허유불영'(虛柔不盈)의 방식으로 사물의 모순 두 방면에 상호작용하여, 남는 것은 덜어 주고, 모자라는 것은 보태어 줌으로써 사물의 조화를 이루게 된다는 것이다.

노자가 말한 이 '도'를《여씨춘추》(呂氏春秋)에서는 '태일'(太一)이라고 명명하고 있다.[353] 그런가 하면《회남자》(淮南子)에서는 '혼돈'이 곧 '태일'이라고 말하고 있으며, 무형의 기(氣)로 설명하고 있고,[354] 또 한대의 고유(高誘)는 '태일'을 만물을 총결하는 으뜸신(元神)로 주석하고 있다. 또한《설문해자》가 복희(伏羲)의 '희'(羲)를 태초의 혼돈의 '기'(氣)로 설명하는 것을 따르면 이 태일 원신(元神)은 바로 복희이기도 하다.[355]

바꾸어 말하면 '도'는 천지가 생성되기 이전의 원시적 혼돈이며, 외재적 힘에 의지하지 않는 불생불멸(不生不滅)의 존재로, '태극' 그리고 '태일' 등과 더불어 모두 하나의 동일한 철학의 본원이자 원기(原基/primordium)를 의미한다. 이런 관점에서 보자면 '도'로 함축된 노자의 우주관은 '혼돈'으로 함축된 중국 신화의 우주관과 동일한 체계라고 할 수 있다.

노자는《도덕경》25장에서 다음과 같이 도의 존재에 대해서 설명하고 있다.

> 혼연일체(渾然一體)의 무엇인가가 천지보다도 먼저 있었다.
> 소리도 없고, 형체도 없으나
> 영원히 외재의 힘에는 의지하지 않고서
> 멈추지 않고 두루 운행한다.
> 천하 만물의 근본(모태)이라 할 수 있다.

353 道也者, 至精也, 不可爲名, 不可爲形, 强爲之名, 謂之太一(《呂氏春秋》).

354 洞同天地, 混沌爲朴. 未造而成萬物, 謂之太一(《淮南子》〈詮言訓〉).

355 王劍, http://newspaper.zknu.edu.cn/wj/go.asp?id=513(2015_05_07).

나는 그것의 이름을 알지 못하여,
그것을 도라 부른다.
억지로 다시 그것에 이름을 붙여 '대'(大)라 부른다.
그것은 크므로 어디에나 번져 나가고
어디든 번져 나가기에 안 가는 곳 없이 멀리 가고
멀리 가므로 결국은 되돌아오게 마련이다.
그러므로 도가 크고, 하늘도 크고, 땅도 크고, 또한 사람도 크다.
우주에는 네 개의 큰 것이 있는데
사람이 그중에 한 몫을 차지한다.
사람은 땅을 법도로 삼고 따르며
땅은 하늘을 법도로 삼고 따르고
하늘은 도를 법도로 삼고 따르지만
도는 자연을 따라 스스로 그렇게 된 것이다.[356]

우주에는 사람·땅·하늘 그리고 도라고 하는 위대한 존재가 있다. 이 중에서 도가 가장 높다. 나머지는 모두 도로부터 생성된 것이다. 즉, 천지만물에 우선하여 존재하는 것이 도이다. 또한 도는 인류가 가진 시청각으로는 감지될 수 없다. 더욱 중요한 것은 그것이 끊임없이 운행한다는 사실이다. '그것은 크므로 어디에나 번져 나가고, 어디든 번져 나가기에 안 가는 곳 없이 멀리 가고, 멀리 가므로 결국은 되돌아오기 마련이다'(大曰逝, 逝曰遠, 遠曰反). 결국 도가 주행한다는 것은 되돌아온다는 것이요, 이것은 바로 순환 운동을 의미한다. 그것은 또한 영원히 멈추지 않는다. 도는 광대무변한 것으로 만물은 모두 그것(大)으로부터 나왔고, 분리되어 나온 후 두루 펴져 나가 쉬지 않고 운동을 하는데(逝), 만물의 운행은 도와 멀어질수록(遠)

---

356 有物混成, 先天地生. 寂兮寥兮, 獨立不改, 周行而不殆, 可以爲天地母. 吾不知其名, 强字之曰'道', 强爲之名曰'大'. 大曰逝, 逝曰遠, 遠曰反. 故道大, 天大, 地大, 人亦大, 域中有四大, 而人居其一焉. 人法地, 地法天, 天法道, 道法自然(《道德經》25章).

반드시 원점으로 되돌아온다(反). 이것이 바로 주행(周行)이라는 것이다.

노자가 만물의 시원으로서 도를 말하고 그것은 반드시 원점으로 회귀한다고 말한 것은 결코 노자의 독창적인 발명이 아니다. 그것은 원시 신앙 속의 영원 회귀의 신화를 자각적으로 계승하여 더욱 발전시킨 것이다. 노자가 회귀하고자 하는 목표, 소위 영원불멸의 시원이라고 하는 것의 원형은 바로 신화 시대의 의식 형태에 있어서 핵심적인 범주인 '성스러운 시작'(The Sacred Beginning)이다.

엘리아데에 따르면 '고대 사회의 기본적인 특징은, 구체적이고 역사적인 시간은 거부하지만 기원의 신화적인 시간 — 위대한 시간 — 으로 주기적으로 회귀하고자 한다'.[357] 주기적 회귀란 순환을 말하는 것이요, 이는 바로 노자가 말하는 반(反=返)과 귀(歸)로 대표되는 순환 역사관과 동일한 관념이다.

영원 회귀의 신화는 원시 철학의 존재론(Ontology)적 기초이지만 체계적인 이론이나 언어로 서술되지 않고 상징이나 의식(儀式)과 신화 속에서 구현된다. 고대인들은 그것이 고유한 인간적인 행위이든 아니면 외부 세계의 사물이든 상관없이, 그 어떤 것도 자율적이고 내재적인 가치를 갖지는 않는다. 어떤 사물이나 행위가 가치를 획득하고, 그럼으로써 어떤 실재가 되는 것은 그 사물이나 행위가 그것들을 초월하는 어떤 실재에 어떤 방식으로든 참여하고 있기 때문이다. 많은 돌들 중에서 어떤 돌 하나가 신성해지는 것은 — 그럼으로써 즉각 존재로 충만해지는 것은 — 그 돌이 신성의 현현(顯現)이기 때문이다. 또한 인간이 행하는 어떤 행위의 의미와 가치는 있는 그대로의 물질적인 여건과 관련된 것이 아니라, 원초적인 행위의 재현, 신화적인 전범의 반복이라는 인간 행위의 특성과 결부되어 있다. 때문에 그들이 의식(儀式)에서 행하는 영양 섭취, 혼례, 심지어 집단적 통음

357 미르치아 엘리아데 지음/심재중 옮김,《영원 회귀의 신화》(서울: 이학사, 2003), p. 7.

난무(痛飮亂舞/orgie) 등은 모두 신화적인 원형들의 반향이다. 그리고 그런 행위들이 반복되는 것은 태초에(옛날옛적에, 시초부터) 신들, 조상들, 영웅들에 의해 그 행위들이 축성(築成)되었기 때문이다.[358]

다시 말해서 고대인에게 실재는 천상적인 원형의 모방 여하에 달려 있으며, 도시나 사원 등과 같은 중심의 상징 체계는 '세계의 중심'과 동일시되며, 의식 행위나 어떤 의미 있는 세속적 자세가 세심하게 반복되는 것은 그것이 신들이나 영웅들이 태초부터 행한 행위들이었기 때문이다. 이러한 영원 회귀의 사례는 메소포타미아인들을 비롯한 세계 각지의 토착 원주민들과《성경》등에서 어렵지 않게 발견할 수 있다.《구약》〈탈출기〉에는 시나이 산에서 여호와가 모세에게 자신에게 지어 바칠 성소의 양식을 보여주면서 다음과 같이 말하는 부분이 기록되어 있다.

> 그들이 나를 위하여 성소를 만들게 하여라. 그러면 내가 그들 가운데에 머물겠다. 내가 너에게 보여 주는 성막의 모형과 온갖 기물의 모형에 따라 모든 것을 만들어라(〈탈출기〉 25:8-9).[359]

> 내가 이 산에서 너에게 보여 준 모형대로 만들어라(〈탈출기〉 25:40).[360]

하느님이 설계한 성소는 훗날 모든 교회의 건축 모형이 되었다. 다윗 왕이 그의 아들 솔로몬에게 성전의 건립을 위한 설계도를 건네줄 때도 역시 하느님이 설계한 원형의 중요성을 강조하면서 '이 모든 것은 주님의 손으로 쓰여진 기록에 들어 있다. 그분께서는 나에게 이 모형의 온갖 세부 사항을 분명히 알려 주셨다'(〈역대기상〉 28:19)[361]고 말한다.

358 위의 책, pp. 14-15.
359 한국천주교주교회의,《성경》(서울: 한국천주교중앙협의회, 2005), p. 157.
360 위의 책, p. 158.
361 위의 책, p. 819.

엘리아데는《성경》의 이러한 사례들이 성전을 건립하는 데 천상의 신성 원형이 있었음을 설명하는 것으로 보았다. 히브리 사람들이 새로운 곳에 정착할 때마다 맨 먼저 성전을 건립하는 것은 실제로는 〈창세기〉 중의 신성 행위를 재연하고 회귀하는 것을 상징하는 것이었다. 이러한 사례는 비단 히브리 사람들에게만 국한되는 것은 아니다. 이집트, 바빌론, 인도 사람들 역시 마찬가지다. 또한 천상 원형 내지 신화적 모델은 단순히 성전이나 성막의 건립뿐만 아니라 혼례 의식 등에서도 보편적으로 반영되고 있다. '유대 그리스도교의 안식일도 역시 신에 대한 모방이다. 안식일의 휴식은 하느님의 최초의 행위를 재현하고 있는데 하느님이 지으시던 일이 다하여 안식하신(〈창세기〉 2:1) 것이 천지 창조의 일곱째 날이기 때문이다.'[362] 엘리아데는 또, 혼례 의식의 신성한 모형 역시 그 근원을 거슬러 올라가 보면 바로 창세 신화에서 쉽게 볼 수 있는 모티프로, 아버지 하늘과 어머니 땅이 결합하여 생육하는 것으로 보았다. 또《예기》〈월령〉에서 봄의 첫 번째 달에 천둥소리가 들리면 결혼한 여자들이 황제와 동침하기 위해 출두했던 것도 군주나 백성이나 할 것 없이 모두가 우주의 모범을 따른 것으로 보았다. 부부간의 결합은 우주의 리듬에 통합된 의례였고, 우주의 리듬에 통합되었다는 바로 그 사실에 의해서 유효성이 인정받는 의례였던 것이다.[363]

영원 회귀 신화의 또 하나의 대표적인 모티프는 '시간의 끊임없는 재생'(Continuous Regeneration of Time)이다. 창세의 여러 가지 상징적 활동을 주기적으로 반복함으로써 '성스러운 시작'으로 회귀하고 우주 창조를 반복하는 창세에 동참함에 따라 불멸의 영원성을 확보한다는 것이다. 수많은 민족들이 상례적으로 치르는 신년제례 등이 그 대표적인 사례이다.

《노자》 14장에서는 고시(古始), 즉 태고 때의 만물의 시원이나 근원을

362 미르치아 엘리아데 지음/심재중 옮김, 앞의 책, p. 34.
363 위의 책, p. 37.

인식할 수 있고, 또 28장에서는 무극(無極), 즉 도의 무궁무진한 상태나 최후의 진리의 상태로 되돌아간다고 하였다. 이는 결국 엘리아데가 말하는 '성스러운 시작'으로의 회귀와 동일한 개념이다. 그는 인류 사회는 오로지 신화와 의식(儀式) 행위를 통해서만 주기적으로 그 '성스러운 시작'으로 회귀할 수 있다고 본다. 창세의 활동, 즉 시간과 공간의 시원과 만물의 창생을 상징적으로 다시 서술하거나 재연함으로써 비로소 자연과 사회를 포함하는 세계의 탄생과 유효한 갱신을 확보하여 다시 새로운 생명력과 운동의 동력을 확보하게 된다. 이러한 시작이 끊임없이 반복되고 또 그 시작으로 주기적으로 회귀하는 것이 바로 영원 회귀이다.[364]

엘리아데는 영원 회귀의 대표적인 사례로서 고대인들이 보편적으로 가지고 있었던 달에 대한 신앙을 들고 있다. 죽음과 부활, 풍요와 재생, 통과제의 등에 관한 최초의 일관된 이론들이 모두 달의 신앙과 밀접한 관계를 가지고 있으며, 달이 나타나고 커지고 기울고 사라지고 다시 나타나는 이러한 모습들은 순환 관념의 형성에 지대한 역할을 하였다는 것이다.

달에 관한 그러한 신화-우주적인 관념들에서 가장 핵심적인 요소는 예전에 존재했던 것으로의 순환적인 회귀, 한마디로 말해 영원 회귀라는 사실을 우리는 확인할 수 있다. 여기에서도 우리는 우주적, 생물학적, 역사적, 인간적 차원 등 모든 차원에 걸쳐 투사되는 원형적인 행위의 반복이라는 모티프를 발견하게 된다. 그렇지만 또한 시간의 순환적인 구조도 읽어낼 수 있다. 즉 어떠한 차원에서든, 새로운 탄생이 있을 때마다 시간은 갱신된다는 것이다. 이러한 '영원 회귀'는 시간과 변화의 제약을 받지 않는 존재론을 드러낸다. 그리스인들이 '영원 회귀'의 신화를 통해 그들의 변(變)과 불변(不變)에 대한 형이상학적인 갈구를 만족시키려 했던 것처럼 원시인들도 시간에 순환적인 방향을 부여함으로써 시간의 비가역성(非可逆

364 葉舒憲,《老子與神話》(西安: 陝西人民出版社, 2004), pp. 107-108.

性)을 해소시키려 하였다. 어떤 사물도 매 순간마다 그 처음으로부터 다시 시작한다. 과거는 단지 미래의 예시일 뿐이다. 어떤 사건도 비가역적인 것은 없으며, 그 어떤 변화도 최종적이지 않다. 어떤 의미에서는 세상에 새로운 것은 아무것도 없다고 말할 수 있다. 모든 것이 동일한 원초적 원형들의 반복에 불과하기 때문이다. 원형의 반복은 원형적인 행위가 계시되었던 신화적인 순간을 재현함으로써 세계를 그 최초의 동일한 여명의 순간 속에 끊임없이 머물게 해 준다.[365]

두루 거듭 새롭게 시작되는 원시의 시간 관념의 작용에 따라 순환의 방향과 진로를 바꾸려 하는 모든 시도와 노력은 쓸모없는 것이 되었다. 생명의 절정은 쇠망의 전주(前奏)로, 노자가 말하는 '만물은 강대하고 성장(盛壯)하면 반드시 노쇠하기 마련이며(物壯則老), 무력이 강하면 결국 이기지 못한다(强兵則滅)'고 말한 것과 같은 이치이다. 엘리아데가 말하는 영원 회귀의 신화는 생명재생의 신화와 서로 표리 관계이다. 노자 역시 '만물이 무성하게 자라고 있으나, 결국은 모두가 근원으로 되돌아가게 마련이다. 근원으로 되돌아가는 것을 정(靜)이라 하고, 그것을 복명(復命), 즉 본성으로 복귀한다고 말한다'[366]고 하였으며, 또 '순환하여 복귀하는 것이 도의 활동이다'[367]고 하였다. 이 역시 영원 회귀의 관념과 재생 관념 사이의 내재적인 관계에 대한 서술이다. 또한 본성으로 복귀하는 것(復命)을 상도(常道)라고 하여 이것이 보편적 규율임을 강조하였다. 이는 노자가 영원 회귀의 신화의 탁월한 계승자로, 그것을 더욱 적극적으로 부연하여 설명하였음을 말해 주는 것이다.[368]

---

365 미르치아 엘리아데 지음/심재중 옮김, 앞의 책, pp. 95-96.

366 夫物芸芸, 各復歸其根. 歸根曰靜, 靜曰復命(《道德經》16章).

367 反者, 道之動(《道德經》40章).

368 葉舒憲(2004), 앞의 책, pp. 108-109.

(2) 장자와 신화

선진의 제자백가 중에서 신화적 철학 관념을 가장 많이 보유한 철학가는 역시 장자이다. 그의 시간, 생사, 주관과 객관의 관계 등에 관한 관념은 직접적으로 신화를 계승한 결과라고 보는데, 중국 신화에 나타나고 있는 원시의 철학 관념과 분명한 연원 관계를 가지고 있거나 어떤 점에서는 완전히 일치하고 있다. 자오페이린(趙沛霖)이 제시한 장자 철학과 중국 신화와의 관계를 소개하면 다음과 같다.[369]

첫째, 장자의 시간 관념이 중국 신화와 완전히 일치하고 있다. 신화의 시간은 현대인이 생각하는 물리적 시간과 상관없이 과거, 현재, 미래가 서로 명확한 구분이 없이 혼란하게 뒤섞여 있으며, 원인에 따른 결과라고 하는 인과 관계가 존재하지 않는다. 다시 말해서 신화의 시간은 연대 순서와는 상관없으며, 신화는 현실 세계에서 말하는 순서에 따른 시간의 관념이 존재하지 않는다. 때문에 한 사람이 몇 천 년을 혹은 영원히 살 수도 있고, 또 서로 다른 시기에 반복하여 출현할 수도 있다.

장자의 시간 관념도 문명 시대의 시간 관념과 완전히 달라서 시간의 순서가 혼란한 원시 신화의 시간 관념과 완전히 일치한다. 바로 〈대종사〉(大宗師)에서 말하는 맹손(孟孫)이 득도한 후에는 '어떤 외형의 변화에도 마음이 상하지 않고'(無損心), '육체의 정기를 소진하지 않게 되어'(無耗精), 하늘과 하나 되는 허무의 경지에 도달하게 되었다. 이러한 정신적 경지의 특징이 바로 누가 먼저 죽는지도 모르고, 누가 뒤에 죽는지도 모르는 시간 관념의 착란을 가져 오는 것이다. 또 학도(學道)와 득도(得道)의 가장 최후의 두 가지 단계와 정신적 경지로 장자는 '고금을 초월하게 되어'(無古今), '죽음도 삶도 없는 경지에 들어가게 되는 것'(入於不死不生)을 들고 있다. 이는 바로 시간의 혼란과 초월을 말하고 있는 것이다. 장자는 또 〈소요유〉(逍遙遊)

369 趙沛霖,《先秦神話思想史論》(臺北: 五南圖書出版社, 1998), pp. 294-310.

에서 500년에 한 번 봄이 되거나 혹은 8천 년에 한 번 봄이 되는 '대년'(大年)을 제시하여 인간 세계의 시간 관념과 전혀 다른 시간 관념을 이야기하고 있다. 이것 역시 시간의 길고 짧음이 없는, 무엇이 앞선 것이고 무엇이 뒤에 오는 것인지의 구분이 없는, 시간 관념의 착란을 반영하고 있는 것이다. 이는 모두 중국 신화의 시간 관념과 분명하게 일치하는 것이며, 또한 원시 신화의 시간 관념을 반영한 것으로서, 이것은 장자의 창작이 아니라 원시 신화의 시간 관념을 계승하여 그것을 자신의 철학에 융합시킨 결과이다.

둘째, 장자의 생사 관념 역시 중국 신화의 생사 관념과 완전히 일치하고 있다. 신화에서는 생사의 구분이 존재하지 않는다. 삶이 죽음으로, 죽음이 다시 삶으로 순환 반복되기 때문에 생사존망이 일체이다. 장자 역시 삶이 바로 죽음이요, 죽음이 바로 삶이라 하여, 삶과 죽음 사이에 명확한 구분이 없다고 하였다. 때문에 무엇이 죽음인지, 무엇이 삶인지 알지 못하며, 또한 삶과 죽음의 선후가 어느 것인지도 모른다. 당연히 왜 삶이 존재하며, 왜 죽음이 있는지도 알지 못한다.

이러한 장자의 생사 관념이 가장 극명하게 나타나고 있는 것이 바로 〈대종사〉이다. 장자는 허무나 삶과 죽음이 하나가 되어 생사존망의 시간적·공간적 차별을 초월한 만물이 모두 하나라는 만물제동(萬物齊同)의 입장에 있는 네 사람을 열거하고 있다. 또 삶을 사람 몸에 달라붙어 있는 군살이나 혹 정도로, 그리고 죽음을 붓거나 곪은 종기가 터진 것 정도로 생각하는, 죽음과 삶의 호오(好惡)를 구분하지 않는 생사일여(生死一如)의 관념을 서술하고 있다. 그런가 하면 또 태어나는 까닭을 알지 못하고 죽은 까닭도 모르며, 자연의 변화를 따라 어떤 존재가 되는 상관하지 않고, 그리하여 앞으로 닥쳐올 미지의 변화를 기다릴 뿐인 맹손씨를 통하여 사망을 부정하고 그것이 생명의 필연적 귀숙임을 부정하며, 사망은 생명의 단절이 아니라 존재 형식의 전화일 뿐이라고 역설하고 있다. 이로부터 우리는 장자와 원시 신화 그리고 원시 종교 사이에 많은 일치성이 존재함을 쉽게 인식할 수 있다.

셋째, 장자의 '만물이 일체'(萬物皆一)의 관념이나, 혹은 '인간과 만물이 일체'(物我同一)라는 관념 역시 원시 신화와 완전한 일치성을 보여 주고 있다. 원시 인류들은 사물 사이의 구별을 인정하지 않았으며, 다른 사물 사이의 성질의 한계에 대해서 아랑곳하지 않았다. 어떤 사물이 자기 자신이자 동시에 다른 사물이기도 한 것은 원시 인류들의 매우 보편적인 관념이었다. 때문에 일체의 사물은 모두 일체의 다른 사물로 전화될 수 있다는 변형 법칙이 성립할 수 있다.

신화 사유가 인식하는 세계는 주관과 객관이 구분되지 않는 물아동일의 혼돈 세계이다. 창조 신화의 원시 인류가 객관 세계를 인식하는 과정에서 외물에 대해 가공을 할 때에 자신들의 주관적 정감과 객체는 서로 융합되어 버린다. 다시 말해 주관 세계와 객관 세계가 자각하지 못하는 사이에 결합되어 버리는 것이다. 때문에 신화 세계에서는 만물 사이의 구분이 없으며 피차가 모두 평등하다. 또 만물이 하나이기 때문에 물아가 서로 융합하는 데 한계가 존재하지 않으므로 물물 사이에도 모두 평등하다.

장자 역시 작은 풀과 거목이 동일하다 하였다. 추녀와 미녀 역시 동일하며 장주와 나비가 하나이다. 이는 중국의 신화에서 과보가 버린 지팡이가 복숭아 숲으로 변하고, 전욱이 죽어서 어부(魚婦)가 되고, 백곤(伯鯀)이 죽어서 황웅(黃熊)으로 변하고, 대우(大禹)가 백웅(白熊)으로 변화는 이치와 동일한 맥락이다.

장자 철학과 원시 신화 관념의 일치성은 장자 철학이 원시 신화의 계승이며 양자 사이에 밀접한 상호 관련이 있음을 반영하는 것이다. 양자 사이에 차이가 있다면 그것은 이러한 관념이 신화에서는 구체적으로, 산만하게, 동시에 잠재적으로 모호하게 표현되고 있고, 장자는 그것을 제련하고 개괄하였으며, 명확하고 직접적인 철학 관념으로 체계화하였다는 것이다.

제3장

중국 신화와 종교

1. 신화와 종교의 공통성

1) 본질적 측면

신화가 기본적으로 신에 관한 서사이고, '종교가 신앙의 체계로, 초자연적인 존재에 대한 믿음과 의지, 그리고 경외를 기본으로 함과 동시에 언제 어디서든지 인간을 지배하거나 영향을 미치는 것'이며,[370] '인류의 심리 기제 및 초자연적인 신성존재에 대한 체험과 관련이 있다'[371]는 점에서 신화와 종교는 공통의 본질을 가지고 있다고 할 수 있다.

또한 생성의 시기 역시 동일 시대라고 하는 점에서도 신화와 종교는 불가분의 관계를 가지고 있다. 신화와 종교는 공통적으로 인류 사회가 씨족사회에 들어선 이후에 비로소 생성되었을 가능성이 크다. 왜냐하면 신화

370 蕭兵·周俐,《古代小說與神話宗教》(太原: 山西人民出版社, 2005), p. 15.
371 張榮明,《殷周政治與宗教》(臺北: 五南圖書出版公司, 1997), p. 5.

와 원시 종교가 출현할 수 있는 가장 중요한 조건과 기초는 언어와 의식이고, 원시 인류의 언어와 의식은 원시의 모계 씨족 사회에 비로소 생성되었고 그에 따라 인류가 동물과 완전히 구별되는 사회적 인간으로 진보를 시작하였기 때문이다.[372]

사유 유형과 문화 형식에서 보면 신화와 원시 종교는 동일한 역사 시기 즉 인류 의식의 발전 과정의 가장 초기 단계의 산물이라고 할 수 있다. 본질적 측면에서 신화와 종교는 모두 세계를 능가하는 초현실적인 존재나 힘을 신봉할 뿐만 아니라 인류의 원시 사유를 기초로 하여 그 실현을 추구하였다는 점에서 공통성을 가지고 있다.[373]

또한 종교의 끊임없는 발전에 따라서 신화 역시 많은 변화가 발생한다. 예를 들면, 원시의 토템 사회에서는 토템식물과 동물이 인류와 동질의 생명을 가진 것으로 인식되었다. 그러나 토템 신앙이 사라지자 신화 속의 동식물들이 모두 인간으로 전환되는 모습이 나타난다. 또 원시 종교에서는 조상의 영혼이 재생되어 존재한다는 관념이 있었고, 신화 속에도 이런 관념은 상견되는 것이다. 그러나 후세에는, 전생과 재생이라는 관점이 아주 사라지는 것은 아니나 원시 종교가 가지고 있었던 형태와는 전혀 다른 모습이 된 것이다.[374]

이상에서 보듯이 신화와 원시 종교가 밀접한 관계를 가지고 있다고 보는 것은 모든 학자의 공통된 인식이다. 그러나 신화와 종교가 어떤 관계를 가지고 있는가를 설명함에 있어서는 여러 가지 분분한 의견들이 제시되고 있다. 다양한 견해들을 정리하면 대략 두 가지 범주로 나눌 수 있다. 하나는 신화를 종교의 다양한 차원 중의 하나의 요소로 이해하여, 종교 이전의

372 潛明玆, 〈神話與原始宗教源于一個統一體〉, 馬昌儀 編, 《中國神話學文論選萃(下)》(北京: 中國廣播電視出版社, 1994), pp. 138-139.

373 趙沛霖, 앞의 책, p. 23.

374 龔鵬程, 〈古代的宗教與神話〉, 馬昌儀 編, 앞의 책, p. 267.

단계로서 과학의 단계와는 연결될 수 없는, 인간 문명의 발달 과정 중에서 가장 열등한 것으로 평가하는 것이다. 다른 하나는 이와는 반대로 신화를 종교의 본질 내지는 가장 중요한 요소로 이해하여, 신화가 없다면 어떤 종교도 탄생할 수 없었으며, 모든 종교는 신화에 의존하여 발달하였다고 보는 견해이다.[375]

그러나 사실 신화와 종교를 서로 분리된 정체로 파악하는 것은 현대인의 관점일 따름이다. 수많은 학자들이 지적한 대로 원시 사유, 원시 문화, 원시 의식 형태는 모두 혼합이나 융합의 특징을 가지고 있다. 모든 개체가 독립하여 존재하는 것이 아니라 상호작용과 영향을 기본으로 하는 호삼율(互滲律)의 지배를 받는 것이 원시 사유의 기본 특징 중의 하나이다. 때문에 자연과 인간이 서로 분리될 수 없고, 자연의 변화가 인간의 길흉화복에 절대적으로 영향을 미친다고 생각하였다. 이것이 바로 '천인합일'의 원리이다. 객관적 정경이 나의 마음과 별도로 존재하는 것이 아니라 내 마음과 하나로 융합되어 있기 때문에 그 객관적 정경도 내 마음에 따라 얼마든지 변화한다. 이것이 바로 바로 정경교융(情景交融)의 원리이다.

이런 관점에서 본다면 똑같이 환상의 산물이라고 할 수 있는 종교와 신화는 원시인의 머릿속에서는 결코 현대인의 그것처럼 분명하게 구분되어 있지 않았다고 보는 것이 타당하고 합리적인 생각이다. 종교와 신화는 모두가 현대인이 원시 문화를 분석하는 것으로부터 확립된 개념과 술어이지 결코 원시인으로부터 전승된 개념과 술어가 아니다. 수많은 민족의 역사 저작에 역사적 사실과 신화 전설이 서로 뒤섞여 있는 것을 쉽게 발견할 수 있다. 이는 인류가 문명의 단계로 진입한 이후 아주 오랜 기간 동안 역사와 신화에 대한 정확한 개념을 확립하지 못했다는 것을 말해 주는 것이다. 때

375 김재영, 〈칼 구스타프 융의 신화 이론〉, 《신화와 역사》(서울: 서울대학교출판부, 2003), p. 81.

문에 역사와 신화, 신화와 역사를 하나로 혼합하여 설명하곤 하였다. 이러한 사실에 기초하여 역사 사유와 신화 사유를 혼용한 것보다 훨씬 더 오래전의 원시 인류가 그들의 종교 사유와 신화 사유가 서로 영향을 미치고, 상호작용하는 호삼과 혼융의 특성을 가졌다고 보는 것은 너무나 자연스러운 사고이다.[376]

신화적 관점에서 신화와 종교를 보면, 신화는 세계 구성의 원형 또는 세계 형성의 모델이며, 종교는 어떤 권위 있는 모델로서의 신화에 근거한 생활 세계, 생활 방식, 또는 삶의 양식이나 태도를 갖는 현상이다. 때문에 신화는 특정한 삶을 가능하게 하는 특정한 종교 현상 내지는 종교적 현상으로서의 종교 세계 또는 문화권을 생산하는 기능을 갖는다. 종교적 관점에서 신화와 종교를 보면, 신화는 종교적 재현의 삶 또는 종교적 행동의 권위 있는 모델이 된다. 예배를 비롯한 종교의례나 종교 활동 등은 모두 신화의 재현이다. 종교 행위가 의미 있는 삶의 재현과 동일시되므로, 신화는 재현되어야 할 위대한 행위와 덕목을 모델로 제시함으로써 종교적 삶의 기준이 된다.[377]

신화는 원시 종교를 바탕으로 하는, 종교 관념의 구체화이고 형상화이다. 원시 시대 추상의 교의가 아직 생성되지 않았을 때 교의는 신화를 운반체로 하여 신화를 통해서 구현되었다. 때문에 원시 인류로 말하자면 신화는 바로 살아 있는 종교이며, 종교의 직능은 신화를 통해서 완성되었다. 에른스트 카시러(Ernst Cassier)는 '역사 발전의 과정에서 종교는 처음부터 끝까지 신화와 서로 연계되어 있었으며, 신화의 내용이 스며들어 있다. 다른 한편으로, 신화는 그 가장 원시적이며 가장 거친 형식 중에서, 역시 어떤

376 馬焯榮, 〈神話與宗教的關係及其基本特徵〉, 《湘潭師範學院學報》(1960年 第1期), pp. 29-30.
377 차충호, 《신화와 종교》(서울: 한국 문화사, 2005), p. 49.

의미에서는 이미 예시된 종교적 이상에 관한 주지(主旨)를 포함하고 있다. 신화는 생성되면서부터 잠재적인 종교'[378]라고 하였다. 만약 종교가 신화의 바탕이 없이 단지 종교 의식이나 건축과 같은 다른 형태의 매체에만 의지해서 표현되었다면 지금과 같이 발전되거나 확대되지 못했을 것이다.

원시 인류에게 있어 신화와 종교는 구분되는 것이 아니라 하나의 유기체로 융합되어 있었다. 신화 사유에서는 사유의 주체와 대상이 구분되지 않기 때문에 신화는 물아동일(物我同一), 천인교감(天人交感)의 특징을 가지게 되었다. 이것은 바로 원시 종교가 공유하고 있는 심리적 기초이기도 하다. 이러한 공동의 심리적 배경 아래, 만물은 영혼을 가지고 있어, 그들은 모두 사람과 동일한 감정, 의지, 그리고 혼백을 구비하였으며, 사람과 유사한 심리 기능과 기타 기능을 구비하고 있다고 확신한 것이다. 천인교감이란 천지만물의 한 조짐이 인류 사회의 길흉화복에 대응하고 있으며, 사람의 행위가 모종의 자연 규율과 우주 질서의 변화를 인도할 수 있다고 생각하는 것이다. 하늘이 맑고 흐린 것이 바로 천신의 희로(喜怒)이고, 수확의 풍성 여부는 지모(地母)가 부여하고 빼앗는 것이다. 수목이 입을 벌려 말을 할 수 있고, 뇌신이 그의 누이들과 난교를 할 수 있다. 그래서《산해경》에는 수많은 기이하고 특이한 동식물이 등장하여, 이들이 나타나면 가뭄이 들기도 하고, 큰 전란이 일어나기도 하며, 또 역병이 돌기도 한다. 또는 이들 위에 올라타면 천 년의 수를 누릴 수도 있고, 잡아먹으면 어떤 의혹이든 없어지기도 한다. 때문에 신화 속에서 '하루에 아홉 번 변화하며'(一日九變), 무형의 기운과 혼연일체였던 반고, 여와 등의 자손이라고 명명된 후인들에 의해서 수많은 종묘 사우가 건립되어, 자식이 없으면 자식을 기원하고, 돈이 없으면 돈을 기구하게 되니, 이러한 행위를 계속하면 어떤 자연규율(不姙)과 사회 질서(不勞所得)도 바꿀 수 있다고 믿게 되었다. 지금도 중

---

378 趙沛霖, 앞의 책, p. 23에서 재인용.

국 전역에 수없이 남아 있는 여와복희묘(女媧伏羲廟), 반고묘(盤古廟)가 좋은 예이다. 여기에서 신화는 어느 틈에 종교가 되어 버렸고, 그 구분은 사라지게 되었다.

고대 중국에서 제전(祭典)은 매우 중요한 국가 행사로, 춘하추동 계절마다 천지일월(天地日月), 산림천곡(山林川谷), 수한한서(水旱寒暑), 사시오방(四時五方)에 대해 모두 제사를 지냈다. 자연신에 대해서뿐 아니라 사회신에 대해서도 제사를 지냈다. 조상신이건 토지신이건 씨족과 종족 집단에 공이 있는 신이라면 모두 제사를 지냈다. 때문에 신농(神農), 기(夔), 후토(后土), 제곡(帝嚳), 요(堯), 순(舜), 곤(鯀), 우(禹) 등 중국 신화의 문화 영웅 혹은 문화 신 등은 모두 제사를 받았다. 이러한 제전은 고대 문화 의식 활동 중에서 매우 중요한 부분으로 전 종족이 심리적으로 문화적 공동 인식을 갖게 하는 중요한 계기가 되었다. 제전은 제례와 마찬가지로 그 사회적 종교적 기능이 명확하였고, 신화가 그 속에서 담당한 역할 또한 분명하였다. 즉 초자연적이며, 초인적인 풍격으로 민족이나 씨족 집단의 구성원의 문화 심리 속에 깊은 영향을 남겨 유사 신앙과 같은 힘을 형성하게 되었다. 초자연적이거나 초인간적인 방식으로 민족의 응집력을 강화하고 부락의 집단 의식을 강화하며, 동식물의 생식과 인구의 증가를 촉진하여 신령과 조상에 대한 신앙을 확고하게 하였다. 원시 문화의 중요한 표현 방식 가운데 하나는 행위적(제사전례)인 것이고 하나는 언어적(신화, 주술)인 것인데, 이 양자는 상호 혼합되어 존재하며 동시에 병용되었다. 이것이 바로 중요한 제사나 전례에 대부분 신화를 음송하는 이유이고, 아울러 신화를 강술할 때 역시 특정한 시간과 장소를 선택하는 원인이다.[379]

379 鄧啓耀,《中國神話的思維結構》(重慶: 重慶出版社, 1996), pp. 58-63.

2) 기능적 측면

신화는 대체로 다섯 가지 기능이 복합되어 있다고 한다. 인간의 죄악과 타락으로 인해 낙원으로부터 추방당한 원죄 의식, 특정한 집단이나 제도의 기원과 발전 과정에 대한 설명, 자신의 직업적인 본보기를 보여 줌으로써 후세인간의 모범이 되는 교훈적인 기능, 시나 회화 그리고 건물의 기원을 신화에서 찾는 미적인 기능, 흔히 집단적 나르시시즘(kollektives Narcissism) 이라고 말하는 선민 의식의 조장 등이 그것이다.[380]

그러나 무엇보다도 중요한 신화의 기능은 말리놉스키가 말한 대로 '현실 생활 속에 지금도 살아 있는 원초적 현실의 서술로서 또는 선례에 의한 정당화로서의 신화는 도덕적인 가치나 사회적 질서나 주술적 신앙의 회고적 전형을 제공한다는 점이다'.[381]

원시 사회에서 신화는 단순한 이야기가 아니었다. 우리의 관점에서 보면 그것은 황당무계한 것이지만, 원시 인류에게 있어서 그것은 진실이었고 신성한 것으로 함부로 훼손하거나 침범할 수 없었다. 각 민족은 모두 민족 신화의 신실성(信實性)을 확고하게 신봉하였고 또 수호하였다. 신화의 구술자는 반드시 씨족의 추장이거나 대표였으며, 강술의 장소와 시간, 그리고 방식은 모두 신성한 규율과 의식을 구비하여야 하였다. 이러한 종교적 기능이 신화가 장구한 세월 속에서 끊이지 않고 전승되고 또 그 기본적인 원형을 유지할 수 있었던 중요한 원인이다. 동시에 신화는 원시 인류에게 기이한 정신 세계를 개척하게 하였으며, 인류 정신에 전면적인 종교 정신을 부여하였다. 때문에 종교 신앙을 공고히 하고 또 선교하는 작용을 하

---

380 황선명, 〈신화의 타락〉, 서울대학교 종교 문제 연구소 편, 《신화와 역사》(서울: 서울대학교출판부, 2003), pp. 53-54.

381 王彬, 앞의 책, p. 42.

기도 하였다. 한마디로 민족의 신화는 민족을 통일시키고 구성원으로서의 소속 의식을 갖게 하는 가장 중요한 수단이었다.

원시 종교 역시 원시 인류의 자연과의 투쟁에서 대단히 적극적인 작용을 하였다. 종교는 심리학적 측면에서 '인간에게 심리적 안식처를 제공'하며, 또 인류학적 측면에서 가치와 열망으로 이루어진 '의미의 한 체계'로서의 기능을 보유하고 있는 것 외에, 사회학적 측면에서 '사회적 통합의 기능'을 가지고 있다. 종교는 개개인을 교육시키고 서로 연계시키어 한 공동체를 이룰 수 있는 기능을 담당하도록 한다. 개개인으로 하여금 한 공동체의 구성이 되도록 하는 이 과정이 바로 사회화의 측면이며, 사회 구성원들을 통합시키는 하나의 방식이라는 점에서 신화와 종교가 공동의 기능을 보유하고 있다고 할 수 있다.

우리들의 시각에서는 원시 종교가 대단히 미개한 것으로 보일지라도, 신이 보우(保佑)한다는 신념은 생존을 유지하는 의지력과 활력을 원시 인류에게 부여하였다. 때문에 원시 종교는 원시 인류들 스스로의 생존과 신을 위한 생산 활동에 적극적으로 참여할 수 있는 필수적인 수단으로 작용하게 되었다. 그 결과 원시 종교는 원시 인류들이 생활을 영위하는 데 없어서는 안 될 중요한 문화 형식이 되었다.[382]

2. 신화와 종교의 분리

신화와 원시 종교가 일종의 의식 형태로서 일정한 역사 단계에서 생성되었고, 사회의 현실 생활에 의해서 결정되고 제약을 받았다고 한다면, 그것

382 趙沛霖, 앞의 책, p. 24.

의 형성과 변화 발전, 그리고 쇠퇴와 소멸 역시 마찬가지로 사회 현실 생활에 의해서 결정되고 제약을 받을 수밖에 없다. 원시 사회는 계급과 사유재산의 출현으로 점차 해체되었고, 서로 다른 계급들은 자신들의 소망을 대표하는 신들이 자신들을 위해서 봉사해 주기를 희망하게 되었다. 그에 따라 원시 신앙 속의 신은 이미 사람들의 정신적인 수요를 만족시킬 수 없게 되었다. 이제 사람들은 각자 스스로의 수요에 따라서 원래 신봉하였던 신을 개조하거나 새로운 신을 창조하게 되었다.

단일한 형태를 가졌던 원시 사회가 차츰 분화되어 가고, 특히 생산력이 점차 발전해 가자, 자연을 정복하고자 하는 인류의 욕망도 갈수록 커져갔다. 더욱이 사물에 대한 인식 능력이 급속하게 제고됨에 따라서 원시의 유신론 신앙 속에 점차 무신론적인 관념이 생겨나게 되었다.

어떤 의식 형태라고 하더라도 고정되어 변하지 않는 것은 없다. 생산 수단의 발전과 인식 수준의 제고에 따라 원시의 의식 형태도 끊임없이 변할 수밖에 없었다. 절대적 존재로서의 신에 대한 관념에도 차츰 변화가 생겼고, 마침내 신의 존재에 대한 회의가 확대되어 갔으며, 결국 신의 족쇄를 벗어던지는 결과에까지 이르게 되었다. 바로 이러한 단계에서 원시 신앙은 신화와 종교라고 하는 상호 의존, 상호 투쟁, 상호 이용, 상호 영향, 상호 침투의 의식 형태로 분화되었다.

인간 세계가 어떠한가에 따라서 신의 세계도 달라진다. 독일의 철학자인 포이어바흐(Ludwig Andreas Feuerbach, 1804-1872)는 '인간이 무엇을 소망하는가에 따라서 그들의 신도 결정된다'[383]고 하였다. 어떤 측면에서는 신이 인간을 창조한 것이 아니라 인간이 신을 창조하였다고 할 수 있는 것이다. 그리스 신화를 예로 들면 제우스의 조부인 우라노스는 아이들이 태어날 때마다 그들을 삼켜 버린다. 그러자 그의 아내 가이아는 자신의 자식들

383 潛明玆, 앞의 책, p. 146.

에게 우라노스를 죽이도록 권유한다. 결국 제우스의 부친인 크로노스만이 그 말을 따르고, 우라노스의 성기를 잘라버린다. 그리고 그는 자신의 누이인 레아와 결혼을 한다. 이는 모두 씨족 사회의 도덕 관념, 모계 제도에서 부계 제도로로 전환되는 과도기의 격렬한 투쟁, 그리고 당시의 혼인 형태 등을 반영하는 것들이다. 훗날 제우스를 중심으로 하는 신들의 세계가 정립되어서 신들은 마침내 자신들의 위치에 자리하여 자신들의 고유한 업무를 관장한다. 이들 신들이 거주하는 올림포스 산은 철저한 등급으로 구성되어 있는데, 이는 바로 인간 세계의 축소판이다. 신들은 인간과 마찬가지로 오욕칠정을 가지고 인간이 바친 제물을 먹고 마신다. 특이한 본령을 가진 것을 제외하면 인간과 다른 점을 하나도 발견할 수 없다. 제우스는 분명히 신계의 통치자이다. 이와 동시에 인간의 영웅적 면모와 지혜, 그리고 숭고한 미덕을 상징하는 프로메테우스같이 종교신에 대항하는 반역신이 출현한다.

중국 신화에는 그리스 신화의 제우스와 같은 주신이 없다. 또한 반고, 여와, 복희, 황제 등과 같이 대부분의 신들이 모두 역사화되어서 존재할 따름이다. 중국 신화의 보고라고 하는《산해경》에는 여와·염제·황제·전욱·제준·제요·제순·제우 등등과 같이 소위 '제'(帝)라고 하는 신들이 대거 등장한다. 이는 당시 중원 지역이 군사부락연맹 시기였음과 밀접한 관련이 있다. 부락마다 자신들의 수령이 있었고, 부락 사이의 전쟁에서 승자는 신이 되고 패자는 괴수(怪獸)가 되었다. 황제와 치우, 황제와 형천(刑天)의 투쟁과 같이 중국 신화에 유독 양자 사이의 전쟁의 이야기가 많은 것 역시 이러한 사실을 반영하는 것이다. 이들 신들과 신화 속에서 자연을 정복하여 인간을 구제하는 신이나 특정한 문화물을 발명하여 인간의 생활을 편리하게 만드는 신은 비록 신의 외투를 걸치고 있지만 이미 원시 신앙 속의 신들과는 전혀 다른 차원이며, 무신론이 싹트고 있었음을 나타내는 것이다. 이는 신화 성숙기의 신으로, 전설로 변화 발전하여 가면서 점점 쇠퇴해 간다.

신화와 종교는 서로 분리된 이후, 양자가 전혀 관련이 없는 의식 형태가 된 것은 아니다. 여전히 계속적으로 상호 연계되어 깊은 영향을 미쳐 왔다. 신화는 종교에 의탁하여 보존되고 전승되었으며, 종교는 또 자신의 종교적 수요에 적합하도록 계속하여 신화를 소재로 삼거나 개조해 왔다. 특히 원시 종교가 인위 종교로 변화된 이후에는 원시 신앙 속의 신들을 대량으로 차용하여 종교 신화를 창조하였다.[384]

3. 신화와 종교의 차이

신화와 종교는 본질적이고 기능적인 측면에서는 공통의 특질을 가지고 있지만 기원의 측면에서는 서로 상이한 특징과 경향을 가지고 있다.

종교의 기원에 관해서는 시대와 학자들에 따른 각종 이설이 존재하고 있다. 신비한 힘을 가졌다고 믿어지는 특정 물건을 숭배하는 주술적인 물신주의 즉, 페티시즘(fetishism) 기원설, 꿈과 죽음의 경험에서 육체 이외에 영혼의 존재를 상상한 것이 기원이라고 보는 애니미즘(animism) 기원설, 또 애니미즘 이전에 마나(mana)와 같은 비인격적이며 초자연적인 힘이 영력(靈力)을 가지고 있다고 믿는 마나이즘(manaism) 기원설, 동식물과 인간과의 밀접한 관계가 있다고 생각하는 원초(原初)적인 토테미즘(totemism) 기원설과 사자(死者)의 숭배로부터 시작되었다고 보는 견해 등이 있다.

또한 사회과학적 측면에서는 신을 사실상 이상화된 인간의 형상(A Human Image), 즉 인간의 창작물이라는 이론적 입장을 취한다. 그리하여 종

384 潛明玆, 앞의 책, p. 148.

교가 인간의 소망과 필요의 투사체이며, 인간 상황을 표현한 꿈 또는 환상에 의해 생겨났다고 보는 이론, 자신을 찾지 못한 자의 자아 의식 즉 지배 계층에 의해 억압된 자의 탄식에 의해 기원했다는 이론, 그리고 인간의 무의식적인 죄의식의 산물로 보는 이론 등이 있다. 그러나 이러한 수많은 종교의 기원에 대한 각종 학설의 배경을 이루는 공통점은 역시 연약하고 무력한 존재로서의 인간이라는 점이다.

신화의 기원에 관해서도 여러 가지 이설이 존재하지만 가장 기본적인 전제는 역시 불가항력적인 현상에 대한 해석과 설명이라는 점은 부인할 수 없다. 다만 동일한 현상에 직면하여 그것을 해결하고자 하는 인간의 자세의 차이에 따라서 종교와 신화는 기원을 달리한다. 즉 '인간을 곤혹스럽게 하는 자연의 힘과 사회의 힘에 인간이 직면하였을 때 생성된 연약한 무력감에서 종교가 기원하였다고 한다면, 주위 현실을 이해하고 설명하고자 하는 인류 지혜의 기본적인 욕구와 수요에 의해 신화는 기원하였다'.[385]

원시인들은 대자연과의 투쟁의 과정에서 인간의 힘으로는 어쩔 수 없는 불가항력적인 경우에 수없이 직면하였다. 연약한 자신들의 힘으로는 대자연의 조화를 벗어날 길이 없었다. 천둥과 번개, 홍수와 한해, 풍우와 화재 등과 같은 변화막측한 자연 규율과 현상이 발생하는 원인을 이해할 수 없었으며, 자신이 꾼 꿈이나 질병, 그리고 인간의 탄생과 사망 등에 대해서도 역시 인식할 능력을 갖지 못했다. 그들은 이로 말미암아 두려워하고 당황하였다. 자연 과정의 진정한 원인에 대해 이해하지 못하고, 자신의 힘으로 자연 과정을 제어하지 못하는 상황에서, 자연은 오로지 두려운 초자연적인 힘으로 표현될 수밖에 없었다. 보이지 않으나 오로지 느낄 수밖에 없는 초자연적인 힘이 자연계와 인간의 운명을 주재하고 있는 듯했다. 그것은 때로는 인간에게 광명, 따뜻함, 식물과 기타 이익을 가져다주기도

385 趙沛霖, 앞의 책, p. 24.

하였으나, 때로는 기아와 추위, 질병과 재난을 가져 오기도 하였다. 때문에 원시 인류들은 각종 사물과 자연 현상의 원인을 모종의 기이한 정신적 힘의 활동으로 해석하였다. 동시에 감격하고 경건하며 외경의 마음으로 그것을 숭배하며 그것과 좋은 관계를 맺기를 희구하였다. 이리하여 최초로 자연 숭배를 핵심으로 하는 종교가 발생하였다.

자연 현상과 생로병사에 대해 원인과 해답을 인식하지 못하였기 때문에 원시 인류는 신령이 모든 것을 주재한다고 생각하였다. 천둥과 번개가 어떻게 하여 발생하는지 이해할 수 없었기 때문에 천상의 뇌신이 분노하면 천둥과 번개가 발생한다고 설명하였다. 인간이 어떻게 탄생하는지 몰랐기 때문에 신이 흙을 빚어 인간을 창조하였거나 혹은 신이 죽어서 인간으로 화생하였다고 설명하였다.

신화는 원시 인류가 그들의 독특한 사유를 통해서 그들이 인식할 수 없는 모든 현상에 대해서 해석한 것으로, 원시 인류들의 자연과 세계에 대한 탐색과 지적 욕구의 산물이지 오로지 종교적 수요에 의해서만 생성된 것은 아니다.

결론적으로 원시 종교와 신화는 모두 인류가 자연과 세계의 각종 현상에 대해서 인식할 수 없었기 때문에 생성된 것이다. 동일한 자연과 사회의 현상에 대해서 연약하고 무력한 존재인 인간이 그 원인을 알지 못함으로 말미암아 초자연적인 힘의 주재로 인식하여 숭배하고 경배한 것이 원시 종교의 시작이라고 한다면, 신화는 그러한 현상에 대해서 원시 인류가 스스로도 자각하지 못한 고도의 예술적 수법과 상상력을 동원하여 설명하고 해석하고 또 그것을 극복하고자 한 노력의 결과라고 할 수 있다.

바꾸어 말하자면 원시 종교와 신화는 똑같이 알 수 없는 사물을 이해하고자 하는 원시 인류의 사유 행위의 결과로 생성된 것이다. 이런 이유로 종교와 신화가 하나의 의식 형태에서 근원한 것이라고 말하는 것이다. 다만 종교가 인간이 극복할 수 없는 불가항력적인 자연의 힘과 사회의 힘에 직면하여 생성된 연약한 무력감에서 기원하였다고 한다면, 신화는 원시 인류가 자신들의 지혜로 주위 환경에 대해 이해하고 설명하고자 하는 기본적 수요에서 기원하였다는 차이를 가지고 있다.

인류의 문명이 발전해 가면서 종교와 신화의 구별은 더욱 분명해졌다. 현실의 고난과 죄악의 심연에 직면하여 종교는 신이라고 불리는 절대자 내지 초월자에게 끊임없이 의지하였다. 현실의 부정으로부터 출발한 종교는 심령의 피난처와 유토피아를 구축함으로써 피안의 세계 또는 내세에 모든 희망을 기탁하였고, 또 이를 통해 상처받은 영혼을 위안하였다. 이런 점에서 종교는 적극적이고 진취적인 정신으로 충만한 신화와는 다른 길을 걷게 되었다. 신화는 원시 인류들의 자연에 대한 투쟁과 정복 그리고 승리를 주로 표현하고 있지만, 원시 종교는 대자연에 직면한 원시인들의 무력하고 연약한 반응으로, 무술(巫術)이나 기도의 방식으로 초자연적인 힘을 구하고자 하였다. 그렇다고 해서 종교가 신화와 완전히 결별한 것은 결코 아니었다. 추상적인 신령에 대한 개념을 구체적인 형상으로 발전시키자면 근본적으로 신기한 내용을 담고 있는 신화를 이용하지 않으면 불가능하였기 때문이다.[386]

386 같은 곳.

4. 중국 종교와 중국 신화

1) 종교와 신화의 변천

원시 사회에서 신화는 진실로 기록되었고, 원시 신화는 원시 종교의 신에 대한 숭배와 긴밀하게 결합되어 있었다. 종교 활동 속에 상호 표리를 이루고 있어서 신화는 신에 대한 숭배의 근거가 되었고, 신에 대한 숭배는 신화의 강술을 통해서 진행되었다. 신에 대한 숭배 활동이 종교의 제의가 되었고, 이러한 원시의 제의는 우상의 수립이나 신령의 조각, 신묘의 건설, 신을 숭배하는 도구의 제조 등 여러 활동을 수반하게 되었다.

신화에 변화가 발생하는 원인은 주로 종교 문화의 변천에서 비롯된다. 대체로 한 민족의 종교 관념은 생기론(Animatism) → 만물유령론(Animism) → 영혼론(Daimonism) → 신인동형론(Anthopomorphism) → 일신론(Monothrism)과 범신론(Pantheism)의 순서로 발전한다. 신화 역시 이러한 종교 발전을 동인으로 하여 내재적인 변화가 발생한다. 애니미즘의 종교 문화 시기의 신화는 그 내용이 대부분 영혼과 정령 등으로 사물의 형상이나 현상(事象)을 해석하거나, 아니면 영혼과 정령의 활동을 서술하는데, 신화의 주인공은 대부분 동물이며,[387] 그 표현도 주로 주술의 형태를 포함하고 있다. 영혼론 종교 문화 시기에 이르게 되면, 신화는 비로소 신령의 형태와 직능이 확정되며 선악의 관념 역시 싹이 트기 시작한다. 신인동형론 이후 신성(神性) 인과율이 주술 인과율(금기)을 대체하게 되며, 기술성 신화가 해석성 신화를 대체하게 된다. 그리고 신화 역시 신령의 종속 관계와 혈연 계보를 규정하기 시작한다.[388]

387 王孝廉,《中國的神話世界》(臺北: 臺北時報文化, 1987), pp. 474-475.

예를 들면《산해경》에서의 서왕모(西王母)는 호랑이 이빨에 표범의 꼬리를 한 반인반수의 모습으로 출현한다. 그러나《목천자전》(穆天子傳)에서는 서방의 제왕으로, 다시《장자》〈대종사〉에서는 '서왕모는 도를 터득하여 소광(少廣)에 있었으나 늘 (싱싱하게 젊으므로) 태어난 때도 죽은 때도 알지 못한다'[389]고 하여 이미 득도한 진인(眞人)으로 등장한다. 신화의 이성적 수준이 갈수록 높아져서, 종교 문화의 발전 역시 갈수록 원시의 몽매한 경지를 벗어나고 있음을 나타내고 있다. 아울러《산해경》에서《목천자전》그리고《장자》에 이르는 서왕모 형상이 종교 문화의 변화 과정에서 나타나는 신화 주인공의 형상 변화와 완전히 일치하고 있음을 쉽게 알 수 있다.

또《산해경》(山海經)〈해외북경〉(海外北經)에는 뽕나무와 여인과의 직포 관계를 해석하는 다음과 같은 신화가 실려 있다.

> 구사야(歐絲野)가 대종국(大踵國)의 동쪽에 있다. 한 여자가 무릎을 꿇고, 나무에 의지하여 실을 토하고 있다. 세 그루의 뽕나무가 있는데 가지가 없는데 구사야의 동쪽에 있다. 나무의 높이가 백 길이며, 가지는 없다.[390]

그러나 훗날의《수신기》권 14에는 삼국 시대 오나라 사람 장엄(張儼)의《태고잠마기》(太古蠶馬記)를 인용하여 역시 말과 소녀에 얽힌 다음과 같은 이야기가 실려 있다.

> 아주 옛날에 한 사람이 원정을 가게 되어 집안에는 어린 딸과 한 마리 말만이 남게 되었다. 어린 딸은 아버지가 그리워 말에게 장난으로 만약

388 龔鵬程, 앞의 책, p. 268.

389 西王母得之, 坐乎少廣, 莫知其始, 莫知其終(《莊子》〈大宗師〉).

390 歐絲之野, 在大踵東, 一女子跪據樹歐絲. 三桑無枝, 在歐絲東, 其木長百仞, 無枝(《山海經》〈海外北經〉).

아버지를 데려오면 너에게 시집을 가겠다고 하였다. 그러자 어느 날 말은 과연 아버지를 태우고 집으로 돌아왔다. 그러나 아버지는 물론 딸 역시 말에게 시집가기를 원치 않았고, 결국 말을 죽여서 그 가죽을 벗겨 정원에 널어놓았다. 어느 날 딸이 정원에서 말의 가죽을 걷어차면서 '짐승인 주제에 어찌 사람을 아내로 맞이하려 했느냐? 결국은 가죽이 벗겨져도 싸지 않느냐?'고 말했다. 딸의 말이 채 끝나기도 전에 말가죽이 갑자기 날아오르더니 딸을 감싸안고서 달려가 버렸다. 며칠이 지난 후, 큰 나무 사이에서 딸과 말가죽이 누에가 되어서 나무에 겹쳐 있는 것이 발견되었다. 그래서 그 나무를 상(桑, 뽕)이라고 하였는데, 상은 죽을 상(喪)의 뜻이다.

《수신기》에 실려 있는 이야기는 이미 하나의 서사 구조를 갖추고 있다. 누에의 형상이 왜 말의 머리와 같이 생겼으며, 그것이 뽕나무와는 어떤 관계를 가지고 있는가를 완벽한 서사 구조를 통해서 기술하고 있다. 때문에 기술성 신화가 이미 해석성 신화를 대체하고 있다고 할 수 있고, 이 역시 종교 문화의 변천 과정에서 나타나는 신화의 변천 과정과 완벽하게 일치하고 있다.

2) 중국의 원시 종교와 신화

종교는 역사 범주이다. 서로 다른 역사 시대 종교는 다른 특징을 가진다. 원시 사회와 고대 사회에서 종교는 대단히 보편적이고 상견되는 현상이었으며, 인류의 사회 생활 전반에 걸쳐서, 사상에서 행위에 이르기까지, 경제 활동에서 정치, 군사 활동 등등에 이르기까지 모두 종교적 영향이 미치지 않은 곳이 없다.[391]

---

391 張榮明, 앞의 책, pp. 5-6.

중국의 종교 형태는 대체로 4단계를 거쳐 발전해 왔다. 첫 번째는 원시 종교(소위 씨족 종교, 자발 종교)의 단계이고, 두 번째 단계는 부족지상신교(部族至上神敎)이며, 세 번째 단계가 민족지상신교(民族至上神敎), 네 번째 단계가 현대의 일신교이다.[392]

중국 원시 종교의 성질과 형태에 대해서는 확실한 단정을 내리기 어렵다. 원시 종교와 관련된 유물이나 자료가 대단히 희소하기 때문이다. 그러나 중국 원시 종교는 대체로 자연 숭배와 귀신 숭배, 그리고 점복과 무술 등 미신의 3분야가 가장 대표적이라고 할 수 있다. 자연 숭배에는 천상과 지상의 각종 자연 대상의 신격화와 숭배가 포함되며, 귀신 숭배에는 각종 귀신과 신령, 그리고 조상의 혼귀(魂鬼)에 대한 숭배가 포함된다.[393]

(1) 자연 숭배와 자연 신화

중국 원시의 자연 숭배 중에서 가장 대표적인 것은 천체 숭배로, 그 대상은 주로 태양의 신격화와 태양신에 대해 제사 활동, 월신 숭배, 성신(星辰) 숭배 등과 아울러 풍우운뇌(風雨雲雷) 등의 기상신(氣象神)들에 대한 숭배가 포함된다. 이처럼 중국의 원시 종교가 천체 숭배 위주로 형성된 것은 초기 인류의 생활환경과 밀접한 관계가 있다.

사실 초기 인류는 정주 생활을 하지 않았다. 지상의 자연 환경의 변화에 따라서 끊임없이 이동하였다. 그러나 천상의 해와 달, 그리고 별 삼광(三光)은 언제나 그들과 동반(同伴)하였다. 이들 천체에다가 천상(天象)과 기상의 변화가 보태어져 하나의 체계를 구성하여서 원시 인류의 생활에 가장 지대한 영향을 미치는 자연 조건이 되었다. 때문에 어떤 민족의 원시 종교라 하더라도 모두 천체, 천상 그리고 기상의 신격화와 숭배의 현상을 가지

392 위의 책, p. 7.

393 朱天順,《中國古代宗敎初探》(臺北: 麥芽文化, 年度未詳), p. 5.

고 있게 된 것이다.[394]

그러나 모든 민족이 하늘 자체를 자연 숭배의 대상으로 삼지는 않았다. 그리스 신화에서는 풍요의 원천인 하늘의 의인화로 우라노스가 출현한다. 이집트 신화에는 하늘의 여신 누트(Nut)가 출현하며, 별들은 그녀의 남편인 대지의 신 게브와의 사이에서 태어난 자식들이다. 때문에 누트는 게브 위에 엎드려 있는 모습으로 표현되며, 누트의 옷에는 별들이 수놓아져 있다.

중국의 고대 원시 종교에서 하늘이라고 하는 자연 속성을 숭배하는 천신은 없다. 또한 천상의 종합체로서의 자연신도 없다. 훗날 고대 중국인들은 여러 신들 중에서 최고의 신으로 천신(天神) 즉 상제(上帝)를 창조하였지만, 이는 자연신이 아니라 사람들이 각종 신령의 속성을 종합하여 창조한 인격신으로, 하늘이라고 하는 자연 속성과는 관계가 없다.

고대 중국의 자연 숭배 중에서 가장 대표적인 것은 바로 태양 숭배이다. 《초사》(楚辭)의 〈구가〉(九歌) "동군"(東君)에는 다음과 같이 태양을 가송하고 있다.

> 아침에 동녘에서 나와, 내 난간 부상(扶桑)을 비추네.
> 내 말을 어루만지며 천천히 달리니, 어둠이 물러가고 서광이 밝아 오네.
> 신룡이 끄는 수레 타고 천둥치듯 바퀴소리 울리며,
> 구름깃발 휘날리며 달려가네.[395]

《예기》(禮記) 〈교특생〉(郊特牲)에 '교외에서 드리는 제사는 낮이 가장 긴 날을 영접한다. 왜냐하면 천체는 지대하여 하늘이 사람들에게 하사한 많은 은혜에 보답하기 위해서는 어쩔 수 없이 낮이 가장 긴 날을 빌려서 숭배

---

394 위의 책, p. 7.

395 暾將出兮東方, 照吾檻兮扶桑. 撫余馬兮安驅, 夜皎皎兮既明. 駕龍輈兮乘雷, 載雲旗兮委蛇(〈九歌〉"東君").

의 주체로 삼아야 하기 때문이다'[396]고 하였다. 이에 대해 정현(鄭玄)은 '하늘의 여러 신들 중에서 일신이 가장 존귀하다'[397]고 설명하고 있다. 또 공영달(孔穎達) 역시 '하늘의 여러 신들 중에서 해보다 더 위대한 것은 없다. 〔…〕 하늘의 여러 신들 중에서 오로지 해가 가장 존귀하다. 〔…〕 일신이 여러 신들 중에서 주신이기 때문에 고로 숭배의 주체라고 하였다'[398]고 설명하고 있다. 또한 은허(殷墟)의 복사(卜辭)에 해를 숭배하는 내용이 기록되어 있다. 또《주례》(周禮)〈대종백〉(大宗伯)[399]이나《상서》(尙書)〈요전〉(堯典) 등에도 해와 달에 대한 제사를 지내는 기록이 있다. 사마천의《사기》〈악서〉(樂書)에 따르면 한대에 가장 유행하던 예악 활동이 태일제의(太一祭儀)였으며, 태일신에 대해 거국적으로 융숭한 제사를 지냈던 것으로 기록되어 있다. 이 태일제의는 원래 사전(史前) 시대의 태양신 숭배에 관한 의식 활동으로 그 본의는 태양신이 정상적으로 운행하여 인간에게 빛과 열을 제공하고 이에 따라 정상적인 사회 활동이 이루어지기를 기원하기 위한 것이었다. 무한한 신비력을 가진 태일신은 단지 원시 신화 속의 태양신의 추상화이자 관념화인 것이다.[400]

이러한 기록들을 통해서 우리는 중국 고대에 해와 달, 그리고 별을 숭배하는 원시 종교가 널리 성행하고 있었음을 미루어 짐작할 수 있다.[401]

해뿐만 아니라 달을 숭배하는 원시 종교 역시 널리 성행했다고 주장하는 학자도 있다. 대표적으로 뚜얼웨이(杜而未) 같은 학자는 중국 고대의 천(天), 상제(上帝), 곤륜(崑崙), 태극, 태일 등은 물론《역경》과《노자》와《장

396 郊之祭也, 迎長日之至也, 大報天而主日(《禮記》〈郊特牲〉).

397 天之神, 日爲尊(《禮記》鄭玄注).

398 天之諸神, 莫大于日 〔…〕 天之諸神, 唯日爲存 〔…〕 日神爲諸神之主, 故云主日(《禮記》孔穎達疏).

399 以實柴祭日月(《周禮》〈大宗伯〉).

400 葉舒憲(2004), 앞의 책, p. 11.

401 高福進,《太陽崇拜與太陽神話》(上海: 上海人民出版社, 2001), p. 91.

자》의 도(道)가 모두 달이나 월신의 숭배에서 비롯된 것으로, 중국의 고대 신화와 문화 표현은 모두가 월신 숭배의 특성을 가지고 있다고 주장하였다.[402]

별을 숭배하는 것도 보편적이었다. 《사기》(史記) 〈봉선서〉(封禪書)에 의하면, 한대(漢代)까지 백여 개의 신묘(神廟)에서 별에 대한 제사를 지냈다. 《상서》(尙書) 〈홍범〉(洪範)에는 '백성은 마치 별과 같아, 어떤 별은 바람을 좋아하고, 어떤 별은 비를 좋아한다'[403]고 하였는데, 이는 서민은 대단히 많으나 그 의사를 나타내는 것은 별(星)이므로 별의 운행이 어긋나면 인민이 불안한 징조라는 의미로, 별에 대한 일반적 숭배의 풍조가 존재했음을 알 수 있다.

이처럼 원시 중국에는 해와 달, 그리고 별과 같은 천체를 숭배하는 원시 종교가 분명히 성행했다고 보여지나, 그것이 신화적 서사로 남아 있는 것은 해에 관한 것이 주를 이루고 있다. 《산해경》에는 다음과 같이 태양의 탄생과 운행에 관한 신화 기록이 실려 있다.

> 동남쪽 바다 밖의 감수(甘水) 근방에 희화(羲和)의 나라가 있다. 여자가 있는데 이름을 희화라고 한다. 그녀는 감연(甘淵)에서 해를 목욕시키고 있는 중이다. 희화는 제준(帝俊)의 처로 열 개의 해를 낳았다(《山海經》〈大荒南經〉).[404]

> 그 밑에 양곡(湯谷)이 있다. 열 개의 해가 목욕하는 곳이다. 흑치국(黑齒國)의 북쪽에 있다. 물 속에서 큰 나무가 자라고 있다. 아홉 개의 해가 아래 가지에 있고, 한 해가 윗 가지에 있다(《山海經》〈海外東經〉).[405]

---

402 杜而未, 《中國古代宗教系統》(臺北: 臺灣學生書局, 1978), pp. 157-164.

403 庶民惟星, 星有好風, 星有好雨(《山海經》〈大荒南經〉).

404 東南海之外, 甘水之閒, 有羲和之國, 有女子名曰羲和, 方日浴(浴日)于甘淵. 羲和者, 帝俊之妻, 生十日(《山海經》〈大荒南經〉).

405 下有湯谷. 湯谷上有扶桑, 十日所浴, 在黑齒北. 居水中, 有大木, 九日居下枝, 一日居

대황(大荒) 한가운데 산이 있다. 이름하여 얼요군저(孽搖頵羝)라고 한다. 산 위에는 부목이 3백 리 높이로 솟았다. 그 잎은 갓과 같다. 탕곡 위에 부목(扶木)이 있는데 한 해가 막 도착하고, 한 해가 막 떠나고 있다. 모두 까마귀에 실려 있다(《山海經》〈大荒東經〉).[406]

한대의《회남자》에도 역시 열 개의 해가 한꺼번에 떠올라 백성들이 많은 고초를 당하고, 이에 예(羿)가 하늘에서 내려와 아홉 개의 해를 쏘아 떨어트려서 백성들의 재난을 구휼(救恤)하였다는 기록이 있다.《산해경》과《회남자》의 해와 관련된 신화 기록 가운데 태양 숭배와 관련이 있는 내용은 희화가 열 개의 해를 낳았다는 전설이다. 이러한 전설이 생겨난 이유는 어떤 씨족이나 부족이 해를 자신의 집단과 혈연 관계가 있다고 생각하여 해를 토템으로 삼아서 숭배했거나 자신의 집단을 보호하는 보호신으로 숭배했기 때문일 가능성이 있다.

《초사》〈초혼〉과《장자》〈제물론〉 등에도 역시 열 개의 해가 한꺼번에 떠올랐다는 기록들이 산재해 있다. 이는 중국 고대에 열 개 혹은 다수의 해가 한꺼번에 떠올랐다고 하는 신화 전설이 상당히 보편적으로 유행했음을 말해 주는 것이라고 할 수 있다. 또한 이에 따라 서로 다른 내용의 십일(十日) 신화가 각기 다른 신앙을 표출하고 있는 것도 알 수 있다. 예가 아홉 개의 해를 활로 쏘아서 떨어트렸다고 하는 신화는 원시 종교 신앙에서 보자면 두 측면으로 설명할 수 있다.

첫째는 해가 사격의 대상이라는 점에서 해와 인간이 적대의 관계를 가지고 있음을 나타내나, 그러나 그 실제적인 함의는 신과 신 사이의 적대 관계를 의미하는 것으로 설명할 수 있다. 또한 여기에는 두 개의 적대 관계를

上枝(《山海經》〈海外東經〉).

406 大荒之中, 有山名曰孽搖頵羝. 上有扶木, 柱三百里, 其葉如芥. 有谷, 曰溫源谷. 湯谷上有扶木, 一日方至, 一日方出, 皆載於烏(《山海經》〈大荒東經〉).

가진 집단의 투쟁이 반영되고 있다. 말하자면 예를 숭배하는 집단과 해를 숭배하는 집단과의 투쟁이라고 볼 수 있다는 것이다. 둘째, 이 신화는 조상이 부족들에게 가져온 공덕을 추도하는 의미를 내포하고 있는 것으로도 볼 수 있다. 말하자면 열 개의 해가 상징하는 극한의 환경을 뛰어넘어 부족들을 인솔하여 새로운 천지로의 이주를 성공시켰던 부족 영웅의 공덕을 기리는 의미가 내포되어 있다고 보는 것이다.[407]

(2) 토템 숭배와 감생 신화

《좌전》에는 중국 고대의 전설적인 군주들이 설치한 부서의 명칭이 모두 특정한 자연물 및 동식물과 관련되었음을 말해 주는 기록이 있다.

> 옛날 황제씨는 구름으로 사실을 기록하였기 때문에 각부의 장관을 설치하는 데 모두 구름 운자로 명명하였다. 염제는 불로 사실을 기록하였기에 각 부문의 장관을 설치하는 데 모두 불 화자로 명명하였다. 공공씨는 물로 사실을 기록하였기에 각 부분의 장관을 설치하는 데 모두 물 수자로 명명하였다. 대호씨는 용으로 사실을 기록하였기에 각 부분의 장관을 설치하는데 모두 용 용자로 명명하였다. 우리 고조인 소호씨가 즉위할 때 봉조가 날아들었고, 그로써 새로 일을 기록하기 시작하였으므로, 각 부문의 장관을 설치하는 데 모두 새 조자로 명명하였다.[408]

여기서 중국 고대의 전설적인 군주들이 모두 구름이나 새 등의 특정한 사물과 동물로 사실을 기록하였다는 것은 그들 군주를 수장으로 하는 특정한 집단이 이들 자연물이나 동식물들과 아주 특별한 관계가 있다는 것

407 朱天順, 앞의 책, p. 11.

408 昔者黃帝氏以雲紀, 故爲雲師而雲名; 炎帝氏以火紀, 故爲火師而火名; 共工氏以水紀, 故爲水師而水名; 大皞氏以龍紀, 故爲龍師而龍名. 我高祖少皞摯之立也, 鳳鳥適至, 故紀于鳥, 爲鳥師而鳥名(《左傳》〈昭公十七年〉).

을 말해 주는 것이다. 프랑스 인류학자 뒤르켐(E. Durkhein)에 의하면, '어떤 집단이 피차가 모두 친속 관계가 있다고 생각하나, 이러한 친속 관계는 혈통으로부터 생겨난 것이 아니라 하나의 특별한 기호의 범위 내에 있음을 공감하는 데서 생겨난 것인데, 이 기호가 바로 토템이다'[409]라고 정의한 바 있다. 뒤르켐의 정의에 따르면 바로《좌전》의 이 기록은 중국 고대의 여러 부족들의 토템 기호에 관한 흔적이라고 해도 과언은 아닐 것이다. 다시 말해서《좌전》에 등장하는 특정한 자연물과 동식물은 이들 부족의 토템이라는 이야기이다. 즉 황제씨의 토템은 구름이고, 소호씨의 토템은 새이며, 대호씨의 토템은 용이고, 염제씨는 불로 기록하였다고 했으니 그들의 토템은 바로 해라는 의미이다. 이로부터 우리는 중국의 상고 시대가 토템 신앙의 사회였다는 것을 추론할 수 있다.

토템은 사회 집단의 유지 방식이자 또한 신앙의 종교 체제이다. 그것의 유래와 의의에 대해서는 지금까지도 많은 이설이 존재한다. 동식물을 포함한 특정한 자연물이 자신의 집단과 특별한 관계가 있다고 믿고 그것을 집단의 상징으로 삼아 그 집단의 명칭으로 삼거나 또는 숭배하는 신앙을 흔히 토테미즘이라고 한다. 때문에 일부 학자들은 특정한 동식물을 토템으로 삼은 집단은 자신들과 그 토템을 완전히 동일시한다고 보기도 한다. 그러나 레비스트로스 같은 학자는 토템은 단순한 변별적 수단에 불과한 것으로 보았다.

중국의 고대 신화 신들의 모습이 대체로 반인반수의 모습을 하고 있는 것은 이러한 토테미즘의 영향 때문이라고 흔히 말한다. 중국 고대의 많은 시조들, 예를 들면, 복희, 신농, 황제, 소호, 전욱, 제곡, 대우, 고요(皐陶), 백익(伯益) 등에 관한 탄생 설화는 이들이 모두 토템 숭배와 밀접한 관련이 있다는 것을 보여 주고 있다.[410]특히 상족(商族)의 시조 설(契)과 주족(周族)

409 李則綱,《始祖的誕生與圖騰》(上海: 上海文藝出版社, 1988), p. 1.

시조 후직(后稷)에 관한 설화는 이들 부족들이 오랜 기간 토템 숭배를 대표적인 신앙으로 가지고 있었음을 보여 준다.

> 천제께서 현조에게 명하여 내려가 상을 낳도록 하였다.[411]

> 은의 시조 설의 어머니 간적은 유융씨의 딸로 제곡의 둘째 비이다. 어느 날 세 사람이 들로 목욕을 나갔다가 제비가 그 알을 떨어트리는 것을 발견하게 되었는데 간적이 그것을 주어서 삼켜 버렸다. 그러자 잉태를 하여 은의 시조 설을 낳게 되었다(《史記》〈殷本紀〉).[412]

주족(周族)의 시조에 관한 탄생 설화는《사기》(史記) 〈주본기〉(周本紀)에 상세하게 기록되어 있다.

> 주의 시조 후직(后稷)은 이름이 기(棄)다. 그의 어머니는 강원(姜嫄)인데 유태씨(有邰氏) 부족의 딸로 제곡(帝嚳)의 정비(正妃)이다. 어느 날 들에 나갔다가 땅위에 거인의 발자국을 보게 되었는데 마음속으로 기쁘고 흥분되어서 그 발자국을 밟고 싶은 마음이 생겼다. 한 발자국 한 발자국 딛고 가는 도중 마치 임신을 한 것같이 몸이 진동하는 것을 느끼게 되었다. 열 달이 지난 후 아들을 낳았는데, 강원은 이 아이가 불길하다고 생각하여 그를 좁은 골목에 내다 버렸다. 그러나 지나가던 소와 말이 모두 그를 피해 가면서 결코 밟지 않았다. 그래서 다시 숲에 갖다 버리려 했으나 마침 숲에서 많은 사람들을 만나서 다른 곳으로 갔다. 얼어붙은 하천에 버렸으나 날아다니던 새들이 날개를 펴서 그를 덮어 주었다. 이렇게 되자 강원은 아주 신이하다고 생각하여 아이를 다시 거두

410 위의 책, pp. 4-24.

411 天命玄鳥, 降而生商(《詩經》〈商頌〉).

412 殷契母曰簡狄, 有娀氏之女, 爲帝嚳次妃, 三人行浴, 見玄鳥墜其卵, 簡狄取呑之, 因孕生契(《史記》〈殷本紀〉).

어 키우게 되었다. 처음에 그를 버리려 하였기 때문에 이름을 버릴 기(棄)라고 불렀다(《史記》〈周本紀〉).[413]

중국의 전설적인 군주들, 예를 들면 복희, 신농, 황제, 소호, 전욱, 제곡, 우, 고요, 백익, 설, 기 등은 일반 사람들이 남녀의 교합으로 탄생하는 것과는 달리 반드시 바람, 거인의 발자국, 신룡의 머리, 우레, 유성, 요광(瑤光), 황웅, 의이(薏苡), 백호, 현조 등과 같은 자연물이나 동식물에 의한 감생(感生)에 의해 탄생한다. 뿐만 아니라 이들 전설적인 군주들과 대치 관계에 있었던 씨족 영수, 예를 들면 환두(驩兜), 공공(共工), 삼묘(三苗), 곤(鯀)과 같은 소위 사흉(四凶)과 더불어 혼돈(渾沌), 궁기(窮奇), 도올(檮杌) 등도 역시 그 탄생에는 모두 감생의 기록들을 가지고 있다.[414]

때문에 이성적인 관점에서 생각하면 역사상 실제로 이런 인물이 존재했다고 믿을 수는 없다. 다만 이들의 탄생 설화를 통해서 토템의 명물(名物)이 이들 개조 영웅의 개인 신상에 전이되는 과정을 여실하게 보여 주고 있음은 분명한 사실이다. 더욱이 이들의 탄생 신화에서 일컫는 시조, 바꾸어 말하자면 암시하는 씨족들은 모두 하나같이 중국 고대 역사에서 혁혁한 명성을 가진 우수한 씨족이거나, 그러한 씨족에 대항했던 씨족이다. 다시 말해서 이들 씨족들은 최후의 결과와는 상관없이 모두 그들의 씨족 영웅의 노력으로 번성할 수 있게 되어서 역사적으로 타 부족을 능가하는 지위를 획득할 수 있었거나, 아니면 그러한 과정에서 실패하여서 몰락하게 되었다.

413 周后稷, 名弃. 其母有部氏女, 曰姜原. 姜原爲帝嚳元妃. 姜原出野, 見巨人迹, 心忻然說, 欲踐之, 踐之而身動如孕者. 居期而生子, 以爲不祥, 弃之隘巷, 馬牛過者皆避不踐; 徙置之林中, 適會山林多人, 遷之; 而弃渠中冰上, 飛鳥以其翼覆荐之. 姜原以爲神, 遂收養長之. 初欲弃之, 因名曰弃(《史記》〈周本紀〉).

414 李則綱, 앞의 책, pp. 29-36.

때문에 이들의 탄생이 실제적으로 토템과의 감생에 의한 것이 아니라 이들이 생전에 부족을 위해 쌓아올린 공적으로 말미암아 토템의 명물들을 이들의 신상에 전이시켜 시조 탄생의 전설이 만들어짐에 따라서 이들 시조들은 모두 신이한 인물로 거듭나게 되었다고 볼 수 있다. 또한 그 배경은 중국 고대에 널리 성행했던 토템 숭배가 절대적인 영향으로 작용했다고 할 수 있다.

다만, 성공하여 잔존한 씨족들의 개조 영웅들에게는 다시 더 불가사의한 공훈들이 보태지게 됨에 따라서 역사에서 말하는 복희, 신농, 황제, 대우 등과 같은 사적이 전승되어서 마침내 성덕(聖德)의 인물로 추앙되었고, 이들 성공한 씨족들은 자신들에게 대항하였으나 실패하여 몰락한 씨족의 영웅들에는 흉악(凶惡)의 굴레를 덧씌워서 역사적으로 부정한 인물로 전락되도록 한 것이라고 볼 수 있다.

(3) 조상 숭배와 조상신

토템 숭배의 시기에 모든 부족들은 그들이 바로 토템으로부터 번식된 것이라는 믿음을 가지고 있었다. 때문에 토템 숭배는 바로 조상 숭배라고 할 수 있다. 동일한 집단의 사람들이 모두 어떤 한 가지 토템의 후예라고 스스로 여김으로써 생명의 공통성을 가지는 것이다.

토템 숭배가 조상 숭배로 변화되는 것은 사회 제도의 변천에 따른 것이라고 할 수 있다. 토템 숭배는 모계 중심 씨족 사회의 대표적인 원시 종교이다. 농업과 수공업 등의 생산력의 발전에 따라서 남자가 생산 활동에서 차지하는 지위와 작용이 갈수록 커졌고, 사회 중심이 자연스럽게 한쪽으로 기울게 됨에 따라 모계 씨족 사회는 부계 씨족 사회로 변화되었다.

그에 따라서 조상 숭배가 토템 숭배를 대체하게 되었다. 말하자면 모계 씨족 사회는 한마디로 자신을 낳은 어머니는 알지만, 아버지는 알지 못하는 사회이다. 따라서 인간의 탄생이 특정한 토템과 관련이 있다고 하는 논리가 쉽게 성립할 수 있다. 그러나 부계의 씨족 사회에서는 남성의 재산권과 사회적 지위가 여성보다 월등하다. 자녀들은 더 이상 모계 씨족의 성원에 속하지 않고 부계 씨족의 성원에 속하게 됨에 따라서 부계 재산의 계승자가 되었다. 부계 씨족은 부친의 혈연의 유대를 중심으로 사회 집단이 형성된다. 한 남성 시조로부터 출생한 자손과 그 배우자들이 씨족의 구성원이 된다. 따라서 조상에 대한 숭배는 부계 씨족 사회의 구성원이 자신의 소속감을 확인할 수 있는 관건(關鍵)이었다. 이런 이유로 인해서 모계 씨족 사회의 토템 숭배는 자연스럽게 조상 숭배로 전이되었다.

조상 숭배는 부계 조상을 주요한 숭배의 대상으로 삼는다. 부계의 시조는 대다수가 '제'(帝)라고 칭해졌다. 제는 오로지 한 명인 데 비해서 신(神)은 여러 명으로, 천지만물의 운행을 관장한다는 의미를 가지고 있기 때문에 산천의 신, 사방의 신 등이 있는 것이다. 사람이 죽으면 신이 되는 것으로 생각하였으며, 귀(鬼)와 그다지 커다란 차이는 없다. 이러한 사고는 모두 사람이 죽어도 영혼은 존재한다는 영혼불사의 관념에서 비롯된 것이다. 또한 중국 고대에 점을 치는 대상은 특정한 존재가 아니라 바로 자신들의 조상이었다.

조상 숭배에서 '제'는 단 한 명이라고 했으나 실제 중국 신화에서는 여러 명의 '제'가 등장한다. 황제·염제·전욱·복희·제준 등이 모두 제의 지위를 가지고 있다. 이들 제들은 원래는 원시 민족의 상제, 즉 시조였을 것이다. 중국에 산재해 있던 여러 부족들이 서로 각축을 하면서 점차 융합의 과정을 겪는 도중에 하나의 집단 체계를 형성함에 따라서 이들이 모두 오제(五帝) 등과 같은 칭호를 부여받게 된 것으로 보인다.

귀신은 조상 숭배에서 매우 중요한 의미를 가진다. 중국은 고대의 은상시대 이전부터 모두 귀신을 숭상하는 풍속을 가지고 있었다. 귀신을 받드는 전문 직업의 사람을 사축(史祝)이라고 하였다. 사축과 무(巫)는 서로 다르다. 무가 비록 인간과 토템 사이의 소통을 전문으로 하지만, 그의 기능은 기도를 통해서 신명에게 재난을 제거하고 복을 내리도록 하거나, 아니면 주술을 이용하여 사악을 물리치고 길상을 구하는 소위 기양압승(祈禳壓勝)을 위주로 한다. 이에 비해서 사축은 소통의 대상이 조상과 산천의 여러 신들이다. 때문에 적극적으로 '축'(祝)을 하는 것이다.

조상신 내지 시조신에서 발전된 '제' 또는 '상제'는 상대(商代)에서 모든 신들 중에서 최고의 신인 지상신(至上神/supreme god)을 가리키는 명칭이 되었다. 또한 상제는 훗날 유가의 최고신이자 하늘(天)에서 가장 존귀한 신으로 자리잡게 되어서, 상제와 천제가 동일한 의미로 사용되었다. 유가의 성인은 상제의 사자이고, 소위 천자 역시 상제의 마음을 헤아려 그대로 행하여야 하였다.

복사에 의하면 제 혹은 상제는 천신이다. 그는 두 가지 측면의 권능을 가지고 있는데 먼저 초자연적인 능력을 가지고 있어서 해와 달, 그리고 별의 운행은 물론, 바람이 불고 비가 내리는 것도 모두 상제의 의지에 따른 것으로 한마디로 자연의 지배자이다. 산천의 신들은 스스로는 이러한 권능을 가지지 못하고 오로지 상제의 지시에 따라서 그 명령을 이행할 따름이다. 은주(殷周) 시대를 포함한 중국 원시 사회의 천신이 어떻게 생겼는지 또는 어떤 기능을 하는지에 등의 명확한 인격 형상은 없지만, 그가 구사하는 힘이 모두 바람과 비, 그리고 구름과 우레(風雨雲雷)로 현시(顯示)되고 있는 것으로 보아 자연신의 속성을 가졌음이 분명하다. 하늘(天空)은 천신〔天神, 상제(上帝)〕의 소재지이고, 이것이 상제를 '천'(天)이라고 칭하는 원인이기도 하다.

다음으로는 인간의 길흉화복을 주재하는 것도 모두 상제이다. 복을 내릴 수도 있고 재난을 내릴 수도 있다. 전쟁에서의 승리와 실패도 모두 상제의 의지에 달렸다. 또한 은왕을 보우할 수도 있고, 또 그에게 화를 내릴 수도 있다. 인간의 군주를 천자라고 하는 이유는 천자가 바로 상제의 아들로, 상제가 내린 명령, 즉 천명을 받아서 천하를 다스리는 사람이기 때문이다. 흔히 말하는 화(禍)는 상제가 복을 내리지 않는다는 의미이다. 이런 관점 때문에 은대에서는 전쟁과 같은 국가의 대사는 물론 일상생활의 크고 작은 일에 대해서도 모두 점을 쳐서 결정하였다.

또한 상제는 인간의 군주와 마찬가지로 조정(朝廷)을 가지고 있으며, 인군과 마찬가지로 각종 전문적인 업무를 담당하는 신하들을 부린다. 이러한 제정(帝廷)에 세상을 떠난 선왕(先王) 선공(先公)들이 손님으로 갈 수 있으며(賓天), 이러한 관념이 주인(周人)들에게서는 점차 배천(配天) 의식으로 발전하였다. 즉 선왕 선공이 그들 생전의 업적에 따라서 제정의 일정한 직책을 부여받게 되며, 또한 지상의 살아 있는 인군도 역시 반드시 상제의 배천을 받아야만 천자로서 즉위하여 군림할 수 있다는 것이다. 이러한 관점에서 유래하여 배천은 훗날 제왕의 죽음을 일컫는 말로 사용되기도 하였다. 또한 상제가 비록 조상신으로부터 연역된 지상신이긴 하지만 사람들의 직접적인 기우나 기도의 대상도 아니며, 생물이나 노예의 희생을 받지도 않는다. 바꾸어 말하면 사람들은 직접적으로 상제에게 제사를 드릴 수 없으며, 반드시 조상을 중개로 삼아야만 했다.[415]

《초사》〈천문〉에서 '계가 상제로부터 구변과 구가를 얻었다'(啓棘賓商, 九辯九歌)고 하였고, 또《산해경》〈대황서경〉에 이와 유사한 고대의 빈천과 관련된 다음과 같은 기록이 있다.

> 서남해의 바다 밖, 적수의 남쪽, 유사의 서쪽에 한 사람이 있는데, 두 마리의 푸른 뱀을 귀에 걸고 두 마리 용을 모는데 이름을 하후개라고

415 龔鵬程, 앞의 책, p. 278.

한다. 하후개는 세 차례 하늘에 올라서 손님이 되었으며, 하늘의 음악인 구변과 구가를 얻어서 지상으로 가지고 내려왔다(《山海經》〈大荒西經〉).[416]

〈천문〉의 '계'(啓)와 《산해경》의 '하후개'(夏后開)는 모두 중국 고대 하나라 계왕(啓王)을 의미한다. 계왕은 전설적인 하(夏)의 개국 성왕인 우임금의 아들이다. 우가 일찍이 익(益)에게 양위를 하였으나, 인민들이 우의 공적을 잊지 못해 그의 아들인 계를 옹립하여 천자로 삼았으며, 계가 즉위한 후 유호(有扈) 부족이 이에 불복하여 독립을 선포하였다. 계는 이에 군사를 일으켜 유호 부족을 멸하고 자신의 지위를 공고히 하여 군주 세습의 국면을 확립했다는 기록들이 전해지고 있다. 이러한 사실로 미루어서 하늘에 올라 상제로부터 '구변'과 '구가'를 얻어왔다는 것은 바로 죽은 조상으로부터 정통성을 부여받았다는 것임을 상징한다고 볼 수 있다. 또한 복사에 조상에 대한 빈천(賓天)의 기록이 다수 출현하고 있어서 은상 시대에 조상 숭배가 보편적으로 성행했음을 쉽게 이해할 수 있지만, 하후계의 이러한 삼빈(三賓) 상제의 신화로부터 일찍이 은상 이전부터 조상 숭배가 중국고대의 중요한 종교 신앙으로 자리잡고 있었음을 알 수 있다.

조상신으로부터 변화 발전된 상제는 풍우와 같은 자연 현상은 물론 인간의 길흉화복을 주재하는 절대적 존재이다. 은대에 갑골을 이용하여 길흉에 관해 점을 쳤던 대상이 바로 하늘이었고, 이로부터 파생된 것이 바로 상제(上帝) 관념이다. 바꾸어 말하면 상제 관념이 형성되었음을 나타내는 중요한 표지가 바로 점복(占卜)이다. 왜냐하면 점복은 상제가 의지를 가지고 있으며, 일정한 장소와 시간에 사람과 서로 소통될 수 있다고 사람들

416 西南海之外, 赤水之南, 流沙之西, 有人珥兩青蛇, 乘兩龍, 名曰夏后開. 開上三嬪于天, 得九辯與九歌以下(《山海經》〈大荒西經〉).

이 체득해야만이 비로소 출현할 수 있는 활동이기 때문이다. 점복을 통해서 상제의 보우(保佑)를 기구하기도 하고, 알 수 없는 미래의 사실을 예견할 수 있기를 바라기도 한다. 이는 상제가 확실한 의지를 가지고 있는 존재임을 확신할 때에 비로소 가능한 믿음이다. 이처럼 추상적인 의지를 가지고 있으면서 인격이 없는 상제 관념이 은대의 종교적 숭배의 중심이 되었다. 결론적으로 점복을 지상신을 숭배하는 전조(前兆)로 인정한다면, 신석기 시대부터 중국 고대인들은 상제를 숭배하였고, 그때의 신화는 바로 천공 중에 신통력이 빼어난 상제가 있다는 것으로, 이것이 바로 상제 숭배의 기원이었고, 또한 은대의 가장 중요한 종교 활동이었다는 것이다.[417]

(4) 천신 숭배와 천명 사상

조상 숭배가 은대의 대표적인 종교 신앙이라고 한다면, 주대의 대표적인 조상 숭배는 천신 숭배라고 할 수 있다. 또한 조상 숭배에서의 최고의 신이 상제라고 한다면 천신 숭배에서의 최고의 신은 바로 천제이다.

고대의 천신 숭배는 직접적으로 천체(天體)를 숭배한 것이 아니라 천체를 천신과 하나로 융합한 것이다. 때문에 원시 인류는 높은 산(高山)에서 하늘에 제사를 올렸고, 진한(秦漢) 시기에는 태산(泰山)의 정상에 제단을 만들어 봉선제(封禪祭)를 올렸는데 고산이 하늘과 가깝다고 생각했기 때문이다. 고대의 무사(巫師)들은 하늘과 통하는 데 있어 모두 고산을 택했거나 혹은 그곳에 거주하였다.[418] 또 중제(衆帝)들은 건목(建木)과 같은 거목을 통하거나, 아니면 새나 용을 타고 하늘을 오르내렸다. 무사의 소행은 신비한 천공에 오르는 것이니, 하늘과 통하거나 하늘에 제사를 지내는 것이 모두 하늘을 향해 있음을 알 수 있다.《국어》〈초어〉의 관사부(觀射父)에 관한

417 田兆元, 앞의 책, pp 75-76.

418 肇産, 有人名曰 柏高, 柏高上下于此至于天(《山海經》〈海內經〉).

기록으로 '전욱이 제위를 계승한 이후, 남정〔南正, 양(陽)의 관리〕인 중(重)에게 하늘을 관장(司天)하여 중신(衆神)에 대한 제사를 총괄하도록 하였고, 화정〔火正: 음(陰)의 관리〕인 려(黎)에게 지상의 일을 관장하여 토지와 인민을 다스리는 법을 총괄하도록 하였다'[419]고 한 데서 하늘이 신들의 대본영임을 알 수 있다. '사천'(司天)은 자연의 하늘을 관리한다는 것으로, 중려씨(重黎氏)가 훗날 천문 음양의 비조가 된 것은 그가 천상을 관리하는 신화 경력에 기초한 것으로, 천신은 바로 자연신이며 중국 고대 천신(상제)과 자연의 하늘과 밀접한 관계가 있음을 알 수 있다.[420]

일반적으로 천신 관념의 발전은 두 단계의 과정을 거친다. 원시 시대 천신은 천계의 여러 신들을 지칭하는 것이었다. 중국의 소수 민족이나 아프리카의 토착민들 사이에는 이러한 개념이 아직도 존재하고 있다. 국가 체제가 출현함에 따라서 천신은 어느 특정한 구체적 신령을 지칭하는 것이 아닌 피안 세계의 통칭이 된다. 이러한 개념 역시 아프리카 토착민들이나 중국의 일부 소수 민족들 사이에 잔존하고 있다. 때문에 사전(史前) 인류는 보편적으로 천신(sky god) 신앙을 가지고 있었다고 할 수 있다. 그것은 천을 초자연적인 힘이 거처하는 곳이라고 생각하였기 때문이다.[421]

《상서》나 《시경》 등 유가의 전통적인 문헌에서 은대와 주대 모두 '제'와 '천'을 신앙하여 양자를 혼동해서 사용한 것으로 나타나고 있으나, 사실 이는 역사적 진실이 아니라 훗날의 종교 신앙이 혼합되어서 생긴 결과라고 할 수 있다. 이미 앞에서 설명한 대로 은대의 사람들은 '제'를 신봉하였고, 주대의 사람들은 '천'을 숭배하였을 따름이다. 그런데 주가 은을 멸망시킨 이후에 '천'과 '제'가 혼합되어 하나의 개념으로 등장하였다. 은대

419 顓頊受之, 乃命南正重司天以屬神, 命火正黎司地以屬民(《國語》〈楚語·下〉).

420 田兆元, 《神話與中國社會》(上海: 上海人民出版社, 1998), p. 74.

421 張榮明, 앞의 책, pp. 54-55.

에 '천'에 대한 종교적 신앙이 아주 없었다고는 할 수 없으나, '제'와 같이 그렇게 일반적이거나 보편적이지 않았으며, '천'을 종교적 관점으로 신봉한 것은 주대부터이다. 주나라 사람들이 은나라 사람들의 조상신인 상제를 신봉한 목적은 오로지 정치적인 것으로서, 그 목적은 새로운 형세 아래서 은의 유민과 은대의 영향력 아래 있었던 지방국을 통치하기 위한 것이었다. 이미 설명한 바와 같이 은나라 사람들의 '제'는 본래 은나라 사람들의 조상신이자 부족신으로, 은대의 왕권을 보호하는 것이 중요한 권능이었다. 그런데 주가 은을 멸망시킨 이후에 이에 대항하기 위해 만들어 낸 신령이 바로 '천'이었다.[422]

'천'에 대한 신앙은 원래 아시아 유목 민족들 사이에서 아주 성행하였다. 주는 아주 오랫동안 중국의 서북부 지역을 중심으로 활동하였고, 이러한 유목 민족들과 매우 빈번한 교류를 하였다. 때문에 유목 민족들이 가지고 있었던 천에 대한 신앙을 자연스럽게 주도 받아들일 수 있었던 것이다. 무력을 이용하여 한 민족이나 국가를 정복하여 지배한다고 해도, 피정복자나 피지배자의 종교 신앙이 그대도 존속한다면 완전한 통치를 기대하기는 어렵다. 또한 은나라 사람들이 자신들의 보우자인 상제에 대한 신앙을 버리지 않는 한 상제가 언젠가는 자신들을 비호하여 다시 일어설 수 있다는 믿음을 가질 수 있다. 때문에 주는 자신들의 고유 신앙인 '천'을 이용하여 은나라 사람들은 압박하고 견제하였을 뿐 아니라 이를 통하여 은나라 사람들이 만들어 낸 종교 신앙의 사상적 기저를 대체하였던 것이다. 즉 '천'을 만민의 부모로 삼음으로써 상제의 지위와 작용을 무산시키고 나아가 '천'을 신봉하지 않는 은을 정벌한다는 하나의 중요한 빌미로 삼을 수 있었던 것이다. 때문에 주나라 사람들은 끊임없이 '천'의 지위를 끌어올림으로써 최고신령의 지위에서 은인들의 상제를 압도하기를 바랐다. 이것이

422 王剛, 〈尙書·西伯戡黎'我生不有命在天'新銓〉, 《殷都學刊》(2011年 第4期), p. 9.

바로 은과 주 사이의 신앙 투쟁의 중요한 일면이다.[423]

주가 은을 멸망시킨 이후에도 은의 유민들이 주의 통치에 대항하여 항쟁이 끊임없이 일어났고, 이에 따라 종교 투쟁 역시 상당 기간 동안 계속되었다. 단지 주는 정치적인 주도권만을 장악했을 뿐 신앙적인 측면에서는 은을 완전히 지배하지 못했다. 이러한 압박 때문에 주는 부득불 '상제'를 빌려서 은의 유민들을 위무하였고, 은의 통치권을 대체하기 위하여 형이상학적인 근거를 만들어 내었던 것이다. 이러한 원인으로 말미암아 '제'와 '천'이 하나로 융합이 가속화되었고, 후인들은 그것을 하나로 혼합하였다. '제'와 '천'이 이질에서 동질로 변화하였고, 양자가 완전하게 융합된 이후, 주나라 사람들은 '제'와 '천' 두 개의 개념에 대해서 처음에는 의식적으로 혼용을 하였지만, 뒤에는 무의식적으로 혼용을 하였다.[424]

결론적으로 '천'(天)에 대한 신앙은 주대의 중국인들이 고유한 종교로서, 그 개념은 아득히 망망한 공간임과 동시에 상제를 포함한 모든 신들이 거처하는 천국 세계의 총칭이었다. 그러다가 차츰 신령 세계의 총칭으로 발전하고 또 상제와 하나로 혼합되어 우주자연과 인간 사회를 주재하는 최고신이자 지상신으로 등극하며, 마침내 춘추전국 시대에 이르러서는 정의와 도덕을 대표하는 이성의 화신으로 변화했다. 이러한 정의와 도덕의 구체적 구현이 바로 하늘이 인간의 운명을 주재한다고 생각한 소위 천명(天命) 사상이다.[425]

모든 자연 현상과 인간의 모든 활동을 전부 하늘의 의지로 귀결시킨 것이 바로 천명 사상이다. 상제는 인간 화복의 주재였다. 그러나 직접적으로 헌제(獻祭)할 수 없었기에 은나라 사람들은 단지 소극적으로 덕으로서 상

423 위의 글, pp. 11-12.
424 위의 글, p. 12.
425 선정규(1997), 앞의 책, p. 213.

제의 명, 즉 천명과 그의 보우를 획득한다는 관념을 가지게 되었다. 비교적 체계적인 천명 사상은 주대 이후에 비로소 형성되었다.

신하의 신분으로 군주의 나라인 은을 정벌한 주나라 지도자들은 은을 무력으로 멸망시킴에 있어 그 혁명(革命)의 정당성을 확보할 필요가 있었다. 은인들의 유일한 최고신인 상제는 기본적으로 조상신이기 때문에 결코 은을 멸망시킬 수 없었다. 때문에 주인들은 자신들이 신앙하였던 천신의 개념으로 이 상제를 대체함과 동시에 천명 즉, 하늘의 의지가 결코 영원불변한 것이 아니며, '천'은 결코 맹목적으로 또 임의대로 통치권을 군주에게 하사하는 것이 아니고 거기에는 반드시 일정한 조건이 있어서, 만약 군주가 덕정을 베풀지 않고 민의에 순종하지 않으면 '천'은 언제든지 그의 명령을 바꾸어서 다른 사람에게 임무를 부여할 수 있다는 것을 강조함으로써 자신들의 은 정벌을 정당화시킴과 동시에 통치권 역시 강화할 수 있었다.

결국 천명 사상은 주나라 사람들의 고유한 하늘에 대한 신앙으로부터 출현한 것이지만, 그것이 확대 발전된 것은 정치적 목적이 크게 작용한 것이요, 그 대표적인 개념이 바로 혁명(革命)이다. 혁명의 '혁'은 변혁의 의미요, '명'은 바로 천명이다. 신권 정치관에 입각하여 민의에 따라서 한 왕조를 변혁하여 교체한다는 것이 원래의 의미였다. '인간의 운명이 일정하지 않는 것'(惟命不于常,《尙書》〈康誥〉)처럼, 천명미상(天命靡常) 즉 '천명도 일정하지 않음'을 강조함으로써 혁명의 정당성을 강화한 것이다. 다시 말해서 운명이 일정하지 않으니 오로지 자아 수양과 자아 계발을 통해서 끊임없이 노력해야 일정한 운명을 가질 수 있듯이, 천명을 부여받은 군주 역시 천명에 위배되지 않도록 근신하고 경계해서 언제나 새로운 사람이 되도록 노력해야만이 수시로 변하는 천명을 자신의 것으로 할 수 있다는 것이다.

이러한 천명 사상(天命思想)은 특히 공자의 일생에 커다란 영향을 미쳤다. 그는 수차례 천명 사상을 빌려서 자신의 행위의 합리성을 위한 근거로 삼으려 하였으며, 극기복례(克己復禮)의 이상을 실현하기 위한 정신적 근거로 삼고자 하였다. 공자와 제자들은 극기복례가 하늘의 뜻이라고 생각하였고, 또한 그들의 노력이 하늘의 뜻과 일치한다고 보았다. 예악(禮樂)의 붕괴, 다시 말해서 기존의 사회 질서와 체제가 완전히 허물어졌던 공자 당시의 사회 현황에서 이러한 극기복례를 기본으로 하는 천명 사상은 사회 질서의 회복을 위한 정신적 근거가 되었다.

천명 사상은 왕권신수설과 마찬가지로 전제군주 사회를 공고히 하는 작용을 하였다. 중국의 역대 봉건 왕조가 교체될 때마다 도덕적 원칙에 있어서 새로운 통치자의 입지를 강화하는 근거가 됨으로써 신왕조가 구왕조를 대체하는 정치적 과도기가 비교적 평안하게 지나갈 수 있게 하는 긍정적인 작용을 하였다. 그러나 부정적인 측면의 영향도 존재한다. 모든 것이 하늘의 의지에 의해서 결정된다고 하는 숙명적 사고로 말미암아 천명 사상은 사람들의 정신적 의지와 자유를 박탈함과 동시에 근본적으로 인간의 책임 의식을 말살함으로써 중국 사회의 봉건 전제 왕조가 단지 악성적으로 순환 반복되는 것을 방지하지 못하게 하는 데도 커다란 영향을 미쳤던 것이다.

3) 중국 도교와 선화(仙話)

도교는 중국의 전통적인 토착 종교이다. 때문에 중국의 여러 중교 중에서 가장 강렬한 민족적 특색을 구비하고 있다. 도교의 형성에 대해서는 여러 가지 이설이 존재하지만 대체로 동한 중엽부터 하나의 종파로 성립되어 활동했다고 알려지고 있다. 위진남북조 시대에 도사 구겸지(寇謙之)와 도홍경(陶弘景) 등의 활약으로 도교는 새로운 단계로 도약하게 되었고, 수·

당에 이르러 급속하게 발전하였으며, 명대 중엽 이후 쇠락하기 시작하였다.[426]

도교의 가장 큰 특징은 아름다운 선경(仙境)과 자유로이 소요하는 신선을 추구하지만, 그렇다고 해서 유한한 생명과 현실의 삶을 버리지 않는다는 것이다. 현실이 고통스럽다고 해도 현실을 부정하고 피안의 길을 찾아 나서는 것이 아니라 도리어 현실의 삶에 무한한 생명을 확장시킨다. 생명에 몰입하는 방식으로 생명을 초월하는 것이라고 할 수 있다. 또한 육체와 정신과의 관계에 있어서 육체는 원기를 담는 그릇이기 때문에 정신의 거처라고 생각한다. 원기가 영원하기에 육체도 영원할 수 있다고 생각해 장생불사를 주장하여 반드시 정신과 육체를 함께 양생할 것을 강조한다. 진리를 추구하는 방법에 있어서 대부분의 종교들이 속세를 버리는 출세간적(出世間的)인 태도를 취하는 데 비해서 도교는 철저하게 현실 정치에 참여하고 또 영향력을 발휘하고자 하는 입세간적(入世間的)인 태도를 취한다.[427]

도교는 중국 자생의 토착 종교로서 더욱 많은 신도를 쟁취하기 위해서 외래 종교인 불교와 상호 경쟁해 왔고, 우상 숭배와 경전 저술에 있어서 불교와 서로 우열을 경주하였다. 이러한 경쟁의 과정에서 도교는 신령의 조직을 구축하거나 경전을 편찬하는 데 있어 자체적인 노력도 하였지만, 상당수는 불교의 내용을 차용하기도 하였다.[428]

도교는 중국의 원시 종교와 무술(巫術), 신선 사상과 방술(方術), 음양오행학설, 황로(黃老)학설 등을 기초로 유가와 불가의 이론이 합성되어서 만들어진 종교이다. 도교의 가장 중요한 기본 교리가 장생불사(長生不死)와

426 선정규(2007), 앞의 책, pp. 223-224.

427 위의 책, pp. 225-226.

428 馬書田, 《華夏諸神》(北京: 北京燕山出版社, 1990), p. 1.

육체성선(肉體成仙)이다. 이러한 도교의 기본 교리를 구체적으로 구현된 것이 바로 신선(神仙)이다. 신선은 초인적인 능력을 갖추고 현세를 초탈하여 장생불로하는 인물을 말한다.

(1) 신선 사상의 기원과 문화적 배경

춘추전국 시대는 대혼란의 시대였다. 그러나 이러한 혼란의 와중에서 새로운 사회 규범이 생겨났다. 도처에서 신구의 사상과 사물들이 교체되는 급격한 변화가 일어났다. 이처럼 급격한 문화 변혁, 사회 혁신의 시대에 즈음하여 구시대의 사상 체계를 대표하는 천명신학(天命神學)은 날로 그 사회적 기초와 근거가 붕괴되어 권위와 위엄을 상실하게 되었다. '천지는 무정한 존재'[429]라는 구호가 이미 사람들의 입에서 터져 나왔다. 구시대의 신앙이 심각한 위기를 맞이하는 가운데 새로운 신앙이 고개를 들기 시작하였다. 오랜 전쟁의 참상과 동란의 혼란에 시달리며 새로운 질서와 새로운 생활을 갈망하던 사람들은 갈수록 자신과 자신의 생활 방식을 중시하고, 갈수록 생존의 가치와 미래의 운명을 중시하였다. 이로 말미암아 '사람'에 대한 자아 발견, 자아 각성의 위대한 시기로 진입하게 되었다. 백성이 천명이요,[430] 백성이 신명의 주인[431]이라는 생각에 차츰 대다수 사람들이 동감하게 되었다.

생명의 가치에 대한 각성과 함께 지금까지 존재하지 않았던 심각한 비극 의식도 함께 싹트기 시작하였다. 인생은 무상한 것이요, 생명의 시간은 짧다고 하는 생명촉박감(生命促迫感)이 생겨났고, 생존의 공간이 극히 제한적이라고 하는 생명속박감(生命束縛感) 역시 생겨났다. 그래서 생명의 영원

429 天地不仁, 以萬物爲芻狗(《道德經》第5章).

430 民受天地之中以生, 所謂命也(《左傳》〈成公十三年〉).

431 夫民, 神之主也(《左傳》〈桓公六年〉).

과 자유를 갈구하였고, 이러한 사고가 하나의 시대 사조가 되어서 모든 사람들에게 보편적으로 인식되기 시작하였다.

유가적 입장에서는 생명의 영원과 자유에 대한 갈구를 개체 생명이 사회적 가치를 실현하는 데서 찾는다. 때문에 '수신제가치국평천하'(修身齊家治國平天下)가 생명의 비극을 초월하는 기본적인 노정이 된다. 그리고 이러한 의식 속에는 '만약 아침에 인생의 의의를 분명히 알 수 있다면, 저녁에 죽어도 가치가 있다'[432]는 정신이 내포되어 있다.

그러나 도가의 입장에서는 오로지 개체 생명의 자연적 가치를 실현하는 것만이 의의가 있다. '생과 사가 일체요 너와 내가 하나이며'(齊生死, 同人我), '천지 본연의 모습을 따르고 자연의 변화에 순응하여 무한의 세계에 노닐어'[433] 대자연과 하나가 되어야만 비로소 생명의 진정한 영원과 자유를 획득할 수 있어서, '사나운 천둥이 산을 쪼개고 모진 바람이 바다를 뒤흔들어도 놀라게 할 수 없는'[434] '지인'(至人)이 되고, '큰 산을 거쳐도 방해받지 않고 못물에 들어가도 젖지 않는'[435] '진인'(眞人)이 되며, '피부는 눈처럼 희고 몸매는 처녀같이 부드러우며 곡식을 먹지 않고 바람과 이슬을 마시는'[436] '신인'(神人)이 된다. 이러한 유가와 도가의 서로 교차하는 문화 영역에서 생명의 영원과 자유에 대한 갈구가 여러 가지 문화 요소의 작용을 기초로 하여 세속에서는 신선 사상으로 전화되고 신선 세계로 발전되었다.[437]

432 朝聞道 夕死可矣(《論語》〈里仁〉).
433 乘天地之正, 而御六氣之辨, 以游無窮(《莊子》〈逍遙游〉).
434 疾雷破山, 飄風振海而不能驚(《莊子》〈齊物論〉).
435 經乎大山而無介, 入乎淵泉而不濡(《莊子》〈田子方〉).
436 肌膚若氷雪, 肌膚若冰雪, 綽約如處子, 不食五穀, 吸風飮露(《莊子》〈逍遙游〉).
437 周光慶,《神仙解讀》(廣西民族出版社, 1999), pp. 3-4.

(2) 선화의 흥성

신선 사상이 세상에 알려진 이후, 가장 먼저 일어나기 시작하였던 방사(方士)들이 여러 가지 방법을 동원하여 사회의 각계각층, 특히 상층의 통치자들에게 이를 전파하였다. 장생불사 사상의 영향 아래서 춘추전국 시기 신선불사를 목적으로 하는 방사 집단이 점차 형성되기 시작하였고, 그들은 신선 방술을 가지고 사회에서 활동하면서 점차 사회의 상층 계층으로 침투하였으며 나아가 이를 하나의 생계의 수단으로 삼았다.[438] 방사는 원래 방술사(方術士)나 유방지사(有方之士)로 불렀으며 이는 방술(方術)을 가진 사람이라는 의미이다. 일반적으로는 방사 혹은 술사(術士)라고 부른다. 이들을 한대(漢代)에는 도사(道士)라고 불렀으며, 위진 이후에 방사라는 칭호는 점차 사라지고 주로 도사로 불렀다.

이들 방사들의 가장 중요한 전파 방식이 바로, 이미 오랜 기간에 걸쳐 전승되어 왔던, 생명의 한계를 초월할 수 있다는 의식을 담고 있었던 원시의 신화를 개조하여 신선 사상으로 표현하거나 신선 활동을 강조하는 것이었다. 방사나 도사들에 의하여 신선 사상과 신선 세계의 전파를 위해 개조된 신화를 후세에는 선화(仙話)라고 불렀으며 또한 도교 신화라고 부르기도 한다. 때문에 '도교 신화란 도교의 신령과 신선을 주인공으로 삼아 도교의 초자연적인 사적을 주요 내용으로 하는 도교 신앙과 더불어 전승된 신성 서사(神聖敍事)를 가리킨다'.[439]

선화는 오로지 중국에만 존재하는 설화이다. 중국의 유일한 토착 종교인 도교의 신선 사상의 영향 아래 형성되었다. 선화가 비록 도교의 건립과 동시에 시작되지는 않았지만, 도교의 건립으로 더욱 발전이 촉진되었다.

438 邱文山, 〈先秦齊地'方士文化'及其價值判斷〉, 《齊史研究》(2012年 第2期), p. 37.

439 陳建憲, 〈道教對中國神話的繼承與發展〉, 熊鐵基·劉固盛 主編, 《道教文化十二講》(安徽教育出版社, 2005), p. 107.

또한 선화의 발전은 도교의 기초를 더욱 공고히 하였다. 이처럼 도교와 선화는 불가분의 밀접한 관계가 있다. 따라서 선화는 실제로는 도교의 신화인 것이다.[440] 선화는 한마디로 신선의 활동이 주요 내용이며, 장생불사, 자유평등을 중심 주제로 한 민간 문학 작품이다.

선화는 이미 언급한 바와 같이 전국 시대의 신선 사상에서 기원한 이래 방사들의 적극적인 노력에 의해서 제(齊) 선왕(宣王)과 위왕(威王), 연(燕) 소왕(昭王) 같은 당시의 군주들에게 깊은 애호를 받았다. 훗날 도가(道家)의 청정무위(淸淨無爲) 사상과 결합하여 도사(道士)들에 의해 널리 선양됨에 따라 각종 기이하고 특이한 내용을 말하는 선화가 더욱 유행하게 되었다.

도사는 도교의 신직을 담당한 사람을 말한다. 도교를 신앙하고 귀의하여 입교의 예의를 이행함과 아울러 자발적으로 도교의 교의와 계율을 엄수한다. 속세의 생활과는 완전히 다른 고난과 적막을 스스로 감내하면서 심신의 수양을 이어가는 것이다. 도사는 도교 문화의 전파자이며 또 각종 신비한 재능과 방식으로 도교를 포교한다. 선화의 중심 내용은 하나같이 이들 도사들이 곡식을 배제하고 수심양성(修心養性)하거나, 연단(煉丹)이나 채약(採藥)을 복용하여 신선이 될 수 있다는 것이다.[441] 이는 주로 전국 시대 후기의 신선 사상과 한(漢) 이후의 도교(道敎) 사상을 선전하는 것이다.

이런 이유로 말미암아 선화는 봉건 시대의 낙후된 사상의 상징으로 간주되기도 하였고, 또 개인적인 향락과 이기주의를 전제로 하는 것[442]으로 폄하되기도 하였다. 때문에 선화가 단순히 문자 그대로 신선 즉 장생불사에 관한 설화로 생각되거나, 중국 신화의 변종 혹은 말류[443]로 인식되어 그 가치를 평가받지 못하였다. 그러나 긍정적인 측면에서 살펴보면 선화는

440 袁珂,《中國神話通論》(成都: 巴蜀書社, 1993), p. 17.
441 위의 책, p. 13.
442 譚達選, 앞의 책, p. 29.
443 袁珂,《神話故事新編》(北京: 中國靑年出版社, 1979), p. 13.

환상적인 수법을 통하여 계급 사회 속의 인생과 자연, 그리고 사회를 초월하는 숭고한 이상을 표현하는 설화이다. 선화는 인간이라면 누구나 가질 수밖에 없는 행복한 삶에 대한 가장 원초적인 이상을 구현하는 민간 작품이라고 할 수 있다.

(3) 선화와 신화의 구분

선화는 대단히 특수한 문학 양식으로 신화와는 공통점과 차이점을 동시에 가지고 있다. 먼저 선화와 신화의 공통점을 대체로 다음과 같이 세 가지로 정리할 수 있다.[444]

첫째, 서사의 주인공이 서로 동일하거나 유사하다. 신화 인물의 선화화로 선화와 신화가 서로 통한다. 신화의 발전과 전승, 그리고 변화로 말미암아 신화와 선화, 신화 인물과 선화 인물 사이에 서로 통하는 부분이 있게 되었다. 대표적으로 황제(黃帝)와 서왕모(西王母) 등은 중국 신화의 주요 인물임과 동시에 중국 선화의 주요 인물이기도 하다.

둘째, 신화와 선화가 공통적으로 장생불사의 사상을 내포하고 있다. 모든 선화는 장생불사를 기본 모티프로 한다. 그러나 이러한 장생불사의 모티프는 중국의 고대 신화나 외국의 신화에서도 상견되는 부분이다. 예를 들면《산해경》에는 상당수 불사국(不死國)이나 불사민(不死民)에 관한 신화 기록이 존재한다.

셋째, 신화와 선화는 모두 공통적인 변형 구조를 가지고 있다. 형체 변화만 가지고 보더라도 신화에선 반고가 만물로 변화하였고, 여와의 장이 열 명의 신으로 변화하였다. 또 여왜(女娃)가 정위(精衛)로, 곤(鯀)이 황웅(黃熊)으로, 그리고 우(禹) 역시 웅(熊)으로, 전욱(顓頊)이 어부(魚婦)로 변화하였다. 선화에서는 왕지교(王子喬)가 백예(白蜺)나 대조(大鳥)로, 정령위(丁

444 袁珂,《中國神話通論》(成都: 巴蜀書社, 1993), pp. 17-18.

令威)가 학으로, 수양공(修羊公)이 백석(白石)으로, 황석공(黃石公)이 황석(黃石)으로 변화하는 등 열거할 수 없이 많은 변형의 구조가 나타난다.

선화와 신화의 차이점도 생성의 시기를 비롯하여 불사 관념의 유래와 그 수단, 창작의 의식성 여부, 신성(神性)과 인성의 존재 여부 등 세 부분에서 커다란 차이가 있다.[445]

우선 탄생의 시기에 있어서 신화는 원시 야만의 시대에 생성되어 계급 사회에 들어서 생존의 토양을 잃어버리고 점차 소실되었다. 그러나 선화는 춘추전국 시대, 바로 계급 사회의 산물이다. 불사 관념의 유래와 방법에 있어서, 신화의 불사는 외재적 수단을 필요로 하지 않지만 선화의 불사는 반드시 일정한 수단을 동원해야만 비로소 가능하다. 신화 속의 신의 장생(長生)은 실제로는 초목이 봄이면 움트고 겨울이 되면 시드는 춘생동쇠(春生冬衰), 그리고 동물이 봄이면 활동하고 겨울이면 칩거하는 춘출동칩(春出冬蟄), 달이 차고 이지러짐 등 자연의 주기적 반복 현상에 대한 원시 인류들의 해석이라고 할 수 있으며, 신의 불사는 대단히 자연스러운 것으로 어떤 외재적 수단이 필요하지 않다. 하물며 원시인들은 영혼불사의 관념의 지배를 받아 생과 사의 개념이 모호하였기 때문에 신화 중의 신의 불사는 실제로는 영혼불멸을 가리킬 따름이지 육체의 영생 문제와는 관련되어 있지 않다. 이에 비해 선화의 장생불사는 반드시 외재적 수단이 동원되어야 가능하다. 말하자면 일정한 기간의 수련이나 단련, 그리고 복약을 통해서만이 장생불사의 목적에 도달할 수 있는 것이다.

동일한 인물이라고 하더라도 신화와 선화에서의 역할과 형상은 크게 차이가 난다. 예를 들어 황제는 신화에서는 최초에 뇌신(雷神)이었다가 후에는 중앙 천제(天帝)로 승격된다. 또 치우(蚩尤), 염제(炎帝) 등과 대규모 전쟁을 치르게 된다. 《산해경》〈대황동경〉의 기록에 따르면 '치우가 병사를

445 鄭土有·陳曉勤, 《中國仙話》(上海: 上海文藝出版社, 1991), pp. 1-3.

일으켜 황제를 토벌하자 황제는 응룡을 시켜 익주(翼州)의 들에서 그를 공격하게 하였다. 응룡(應龍)이 물을 가두었다. 치우는 풍백(風伯)과 우사(雨師)를 청하여 커다란 풍우를 일게 하였다. 황제는 천녀 발(魃)을 내려 보내 비를 그치게 하고 치우를 쫓아 살해하였다'.

그러나 민간에서 유전되는 선화에서 황제는 이와는 전혀 다른 형상을 가지고 있다. '어느 날 황제는 자신의 두 귀밑머리가 이미 하얗게 되었음을 발견하고는 이 때문에 대단히 고민하게 된다. 선인이 장생불사한다는 이야기를 듣고서, 부구공(浮丘公), 용성자(容成子) 등의 신하와 황산(黃山)에 와서 천신만고 끝에 마침내 단약을 제련하게 되었고, 단약을 복용하고 나서 비로소 신선이 되었다.' 신화 속의 황제는 천제의 지위를 지키기 위한 토벌 전쟁의 중심이지만, 선화 속의 황제는 개인의 이기적 차원에서 영생불사의 향락을 추구하고 있다. 신화와 선화의 가장 커다란 차이가 바로 여기에 있다.

둘째로 신화의 창작은 무의식적인 것으로, 초기 인류의 이해할 수 없는 자연물상에 대한 일종의 환상적인 해석이다. 그러나 선화는 분명히 의식적인 창작이다. 어떤 것은 인간 자신과 자연에 대한 오묘한 이성적 논리로 탐구한 결과를 표현하기도 하고, 어떤 것은 사람들의 시비선악의 관념 또는 권선징악을 이야기하는 것이 대부분을 차지한다. 선화 속에 용해되어 집적된 민중의 바람과 정감은 민중이 자연과 더불어 사회의 사악한 세력에 항쟁하는 과정에서 우러나온 것으로 가장 대표적인 것이 바로 팔선 선화(八仙仙話)이다.

팔선(八仙)은 중국 민간에 광범위하게 유전된 여덟 명의 득도한 선인을 말한다. 모두 일곱 명의 남자와 한 명의 여자로 구성되어 있다. 한종리(漢鐘離)·장과로(張果老)·한상자(韓湘子)·철괴리(鐵拐李)·조국구(曹國舅)·여동빈(呂洞賓)·람채화(藍采和) 그리고 하선고(何仙姑) 등이다. 팔선의 전설은 일찍이 생성되어 당대부터 《팔선도》(八仙圖)와 《팔선전》(八仙傳)이 있었다. 그러나 그중의 성명은 고정되지 않았었다. 명대 오원태(吳元泰)의 소설 《동유기》(東游記)에서 비로소 이상의 8인이 팔선으로 확정되었다.

이 팔선은 중국인들이 인간세상을 구성하는 가장 기본적인 군상이라고 생각하는 남녀노소(男女老少) 부귀빈천(富貴貧賤) 등 8개 부분을 대표한다.[446] 한종리(漢鐘離)는 귀인, 장과로(張果老)는 노인, 한상자(韓湘子)·철괴리(鐵拐李)는 천인(賤人)·조국구(曹國舅)는 부자, 여동빈(呂洞賓)은 남자, 람채화(藍采和)는 빈인(貧人)을, 그리고 하선고(何仙姑)는 여자를 대표한다.

마지막으로 신화 속의 신은 자연스럽게 생성된 존재이나 선화 속의 신선은 보통 인간의 기초 위에서 수련을 통하여 창조된 것이다. 그들은 비록 초월적인 능력을 구비하고 있지만 그 본질은 사람이다. 황제·안기생(安期生)·왕자교(王子僑)·모녀(毛女)·갈홍(葛洪) 등은 원래 보통 사람이었으나 단약이나 선약 또는 선인의 도움을 통하여 신선이 되었다.

(4) 선화의 중국 문화에 대한 영향

선화는 중국에서 이미 2천 년 이상의 역사를 가지고 있으며, 오늘날까지 중국의 민간에 광범위하게 유전되고 있다. 중국의 정치 경제·철학 사상·종교 신앙·풍속 습관·문학 예술·민족 심리는 물론 과학 기술에 이르기까지 심원한 영향을 미쳐 왔다.

도가 사상과 도교는 모두 신선 사상을 흡수하여 형성 발전되었다. 그들은 모두 선화를 자신의 이론을 논증하는 합리적 이론의 근거로 삼았다. 동시에 선화를 통하여 자신들의 사상과 종교를 선전하였다. 문학적인 측면에서 초사와 한부, 위진의 유선시(游仙詩)와 지괴(志怪) 소설, 당대의 전기(傳奇), 명청의 신마(神魔) 소설 등은 모두 선화의 영향을 받았다. 자연과학

---

446 www.library.ln.edu.hk/etext/chi/chi305/2002_3/pdf/chi305_0315.pdf(2012_ 06_07).

에서도 현대 화학의 비조로 일컬어지는 연단술(煉丹術)은 선가에서 발명하여, 선화 속에서 구체적으로 반영되었다. 선화 속의 사람이 하늘을 나는 등의 기이한 환상은 어찌 보면 현대 과학 사상의 맹아(萌芽)라고 할 수 있으며, 오늘날에는 이미 실현되고 있는 것들이다. 선화는 중국의 민간 신앙, 풍속 습관에도 큰 영향을 미쳤다. 오늘날 현대 중국에서도 옥황대제(玉皇大帝), 왕모낭낭(王母娘娘)은 선계의 남녀 수령으로 추앙받고 있으며, 중국 각지에는 이들을 모시는 무수한 사당이 건립되어 향화(香火)가 그치지 않고 있다. '마고헌수'(麻姑獻壽), '팔선축수'(八仙祝壽) 등은 오늘날까지 장수를 비는 여러 활동 중에서 가장 중요한 제의 중의 하나이며, 중국 각지에는 신선으로부터 기원한 수많은 민속 활동이 그 수를 헤아릴 수 없이 많다.[447]

(5) 선화의 미학적 특징[448]

선화의 가장 커다란 특징은 환상성에 있다. 이는 대체로 세 가지로 나타나는데 하나는 인체의 생리적 제한을 초월하는 것이 가장 일반적이다. 신선은 흔히 오곡을 먹지 않고 단순히 바람과 이슬에만 의지하여 생존할 수 있을 뿐 아니라 장생불사한다. 또한 새처럼 공중을 자유롭게 날 수 있으며, 변형을 할 수 있어 노인이나 젊은이로 마음대로 바뀔 수 있다. 또 자신이 변하거나 다른 사물을 변하게 할 수 있으며, 축소되어 호로병 안에서도 음주를 할 수 있고, 한 사람이 여러 사람으로도 변할 수 있고 심지어 천군만마로도 변형될 수 있으며, 인간의 어떤 생리적 기제(機制)의 제한도 받지 않고 수시로 변할 수 있다. 귀신을 부릴 수도 있고, 그를 위해 봉사할 수도 있다. 둘째는 자연을 초월하는 것이다. 신선은 자연을 주재하며, 가뭄이 들면 비를 내릴 수도 있고, 홍수가 나면 그치게 할 수도 있다. 또 고산과 거석

447 鄭土有·陳曉勤, 앞의 책, p. 3.
448 위의 책, p. 4.

도 돼지나 양을 몰듯이 움직일 수 있다. 셋째는 사회를 초월한다. 사람이 일단 신선이 되면 선적(仙籍)에 들어가게 되고, 현세를 떠난다. 신선은 비록 사람들 사이에서 활동하지만 통치자는 그를 통제할 수 없다. 만약 통치자가 그를 통제하려고 하면 신선은 도술을 부려 투쟁하여 그를 굴복시키고 만다.

선화의 두 번째 특징은 내용이 복잡하고 우열의 작품이 동시에 병존한다는 것이다. 일부 작품에는 통치자와 도사의 윤색을 거친 많은 소극적 내용이 스며들어 있다. 그러나 대부분 민간에서 유전되는 작품은 그 내용이 적극적이고 건강하다. 신선의 백성을 위한 축복, 빈민의 구제와 백성의 고난 해결, 권선징악, 불평을 해소하는 것이 주요 내용으로, 민중의 선악관념의 구체적 표현이라고 할 수 있으며, 일정한 교육적 내용을 구비하고 있다.

선화의 세 번째 특징은 높은 심미적 가치를 가지고 있다는 점이다. 선화 속의 선계(仙界)는 자유와 평등, 풍족한 의식(衣食)은 물론 아름다운 생활환경을 갖춘 승지(勝地)이다. 선인은 칠선녀(七仙女)와 같이 심신이 모두 아름답거나, 철괴리(鐵拐李)와 같이 외모는 추악하지만 심령은 아름답다. 민중의 관념 속에 자리잡고 있는 이상적 경지, 전인적인 인격미의 전형을 표현한 것으로, 민중들이 공통으로 갖춘 심미관의 이상적 형상을 반영한 것이다.

제4장

중국 신화와 문학

신화를 흔히 원시 사회의 백과전서라고 하는 것은 신화가 각종 원시 사회의 자연과 사회의 실재와 변화에 대한 내용을 담고 있기 때문만이 아니라, 신화가 문화 정신을 집중적으로 구현하고 있는 원시 문화의 축영(縮影)이기 때문이기도 하다. 또한 신화는 민족 문화의 원천 중의 하나이다. 신화의 사유 방식, 심리적 특성, 서사 구조 등은 민족 심리, 민족 문화, 민족 정신의 저층에 침적되어 후세 문화의 형성과 민족의 성격에 깊은 영향을 미친다.[449]

특히 신화가 상징과 은유, 그리고 서사 구조를 기본으로 한다는 점에서 문학과 신화는 동일한 언어 예술이라고 할 수 있다. 다시 말해서 신화와 문학은 기본적으로 동일한 언어공간에 있고, 신화에는 문학의 구조 원리가 순수한 형식 그대로 존재하고 있다. 신화는 인류가 가지고 있는 상상력의 미적 창조(an aesthetic creation of the human imagination)이자, 상징의 방법으로 원시 인류가 가지고 있는 심리상의 의상(意想/image)을 표현한 것이며, 이러한 의상이 은유의 방법으로 상징화되는, 즉 암시적인 은유에 의한 동일

449 涂元濟·涂石,《神話·民俗與文學》(福州: 海峽文藝出版社, 1993), p. 1.

성의 예술이라는 점에서 문학과 불가분의 관계를 가지고 있다.[450]

우리가 흔히 접하는 인류를 비롯한 우주 만물의 기원을 설명하는 세계 각국의 창조 신화에는 모두가 원시의 종교 관념과 함께 흡사 산문시와 유사한 문학적 요소를 가지고 있다. 때문에 문학의 요소는 신화를 따라서 생겨났으며, 신화 기원의 각도에서 말하자면 심미적인 문학의 요소는 실제로 신화의 기본 요소이다. 신화가 서사 형식으로 출현하는 그 순간이 바로 문학이 시작되는 때이다. 다만 신화의 이러한 문학적 요소는 신화가 시대의 발전에 따라 변천해 가는 도중 종교 관념 등에 의해 은폐된다. 이 시기에 바로 자연계를 주재한 수많은 대소 신령들이 신화에 출현함과 동시에 언어와 행위로 자연을 제어하거나 또는 무술(巫術)로 적을 물리치며, 신과 인간의 매개가 되어서 양자를 소통시키는 무사(巫師)가 출현한다. 무사의 출현으로 신화는 종교 선전의 도구가 되어 그 종교적 색채가 더욱 농후해지고, 문학적 요소는 매우 쇠약해진다. 그러나 신화가 점차 퍼져 나가면서 마침내 신화라는 종합체에서 가장 먼저 종교 의식이 분리되어 나간다. 그리고 신화는 심미(審美) 위주의 자신의 길, 바로 문학의 길로 나아가게 된다.[451]

신화로 표현된 한 민족의 민족적 경험은 화석화(化石化)되어서, 그 작가가 의식하든 의식하지 못하든 간에 시공을 초월한 종족 기억(種族記憶)의 흔적으로 남아, 그 작가로 하여금 상징과 은유의 세계로 진입하게 하기 때문에, 신화에 대한 문학의 운용은 고대나 현대를 막론하고 언제나 신화의 재창조라는 기본 범주를 이탈하지 않았다. 어느 시대 어느 민족을 막론하고 그 민족의 우수한 문학과 예술은 그 민족이 가지고 있는 신화라는 유즙(乳汁)의 영양소를 먹고 자라난다. 만약 그리스 신화의 유즙이 없었다면 16

450 선정규(1997), 앞의 책, p. 35.

451 袁珂,《中國神話通論》(成都: 巴蜀書社, 1993), pp. 30-31.

세기 이래 휘황찬란하게 피어났던 서양 르네상스의 문학과 예술의 꽃은 결코 피어날 수 없었을 것이다.[452]

이런 관점에서 중국 신화의 후대 중국 문학에 대한 영향은 신화의 두 가지 특징인 외형적인 특징과 내재적인 특징에서 결정되었다고 할 수 있다. 외형적 특징이란 주로 신화에 등장하는 신격(神格)의 형상이나 서사 체재(敍事體裁), 그리고 계보상의 특징 등을 말하며, 내재적인 특징이란 신화가 함유하고 있는 사유의 원형을 말하는 것이다. 그러나 엄격한 의미에서 말하면, 신화의 서사 체재인 문체상의 특징은 토론할 방법이 없다. 이는 신화의 생성과 전승, 그리고 그 기록이 완전히 다른 시대에 이루어진 것이기 때문이다. 예를 들면 그리스 신화는 주로 호메로스의 《일리아드》와 《오디세이》와 같은 영웅 서사시나, 헤시오도스의 《신통기》, 나아가 기타 고전 문학 및 역사와 문학 저작에 의해 기록되었다. 때문에 이들 그리스 신화의 기록은 호메로스의 문체이지 그리스 신화의 원래의 문체는 아니다. 중국 신화도 마찬가지다. 중국 신화는 주로 《산해경》·《초사》·《회남자》·《상서》·《시경》·《역경》·《좌전》·《국어》·《장자》·《묵자》·《한비자》·《여씨춘추》 등의 선진문헌에 짧은 기록으로 산재해 있다. 때문에 이들 기록은 단지 신화의 내용일 따름이지 중국 신화 원래의 문체는 아니다. 또한 신화의 외형적인 특징은 누구라도 쉽게 그것을 지적해 낼 수 있으나, 내재적인 특징은 보는 이의 각도에 따라 다르게 해석될 수 있는 문제이다. 동일한 신화를 두고서 갖가지 서로 다른 신화 해석을 내리는 것은 바로 이러한 이유에서이다. 상술한 바와 같이 중국 신화가 가지고 있는 외재적 내재적 특징을 망라하여 중국 문학에 미친 영향을 정리하면 다음과 같다.

452 선정규(1997), 앞의 책, pp. 40-41.

1. 서정시 위주로의 발전에 결정적 요인으로 작용

중국 신화의 외형적 특징이라고 할 수 있는 원시의 질박성은 중국의 고대 신화가 그리스와 같은 완벽한 신화 체계를 형성할 수 없도록 하는데 결정적인 계기가 되었다. 즉 산문체(散文體)로 된 장편의 신화나 서사체(敍事體)의 민족 영웅 역사시(英雄歷史詩)가 생성될 수 없게 하였으며, 단지 독립적이면서 단소하고 영쇄(零碎)한 상태에 머물도록 한 직접적인 원인이 되었다.

왜냐하면 신화의 체계적인 형성은 대개 하나의 주신(主神)이 필요하고, 이 주신을 둘러싸고 종횡 양방향에서 여러 신들이 방대한 구조를 형성하게 되는 것이 일반적인 상례이다. 그러나 중국의 신화는 이러한 조건을 갖추지 못했다. 더욱이 신의 형상이 반인반수(半人半獸) 등 원시적이고 질박하면서도 기괴한 데다, 이야기의 분위기마저 억압적이며 침중하고 엄숙하다. 이런 조건 아래서는 아름답고 감동적인 애정 고사가 만들어지기 어려웠던 것이며, 다른 형상의 인물들과 더불어 서로 평화적으로 교류하고 왕래하거나 조화된 서사 형식으로 정리될 수 없었다. 만약에 서왕모(西王母)가 계속하여 표미(豹尾)에다가 호치(虎齒), 그리고 휘파람이나 불어대는 모습이고, 목천자(穆天子)가 저급 단계의 신화 형상으로 머리가 세 개 달린 괴물이었다고 한다면, 두 사람의 회합과 연정, 사념(思念)의 고사는 생겨날 수 없었을 것이다. 중국 소설의 맹아(萌芽)라고 할 수 있는 육조의 지인지괴(志人志怪) 소설의 내용이, 《산해경》(山海經)에 등장하는 기금이수(奇禽異獸)나 정령괴물(精靈怪物)을 중심으로 전개되는 것도, 중국 신화에 등장하는 신의 외형적 특징과 무관하지 않다.[453]

또한 중국 상고 신화의 강한 지역성 때문에 각지에 독립된 신령이나 토

453 劉勇强, 《中國神話與小說》(鄭州: 大象出版社, 1997), pp. 42-44 .

템이 있게 되었고, 자연히 횡적인 방면에서 각지의 서로 다른 신령이나 토템을 통일된 신화 계통 속에 연계시키거나 융화시킬 수 없었다. 예를 들면 《좌전》(左傳) 〈애공〉(哀公) 6년의 기록에 따르면 초(楚)나라 소왕(昭王)이 병이 나서 점을 치니, 하신(河神)의 재앙이라고 하였다. 왕이 제사를 드리지 아니하니까 대부들이 교외에 나가 황하의 신에게 제를 올릴 것을 청하였으나, 왕은 황하가 자신의 영내 소속이 아니며, 삼대의 제사가 지역을 넘지 아니하였다고 하여 기어코 제사를 올리지 않았다는 기록은 중국 고대의 종교 신앙의 지역적 제한성을 여실하게 말해 주는 것이다. 이는 신화 전파의 각도에서 보면 초(楚)의 신화가 다른 지역의 신화와 융합될 수 없었다는 것과 반대의 경우도 마찬가지라는 것을 설명하는 것이다. 설사 지역이 서로 다른 신화가 타 지역에 전파된다 하더라도 상호 융합되는 것이 아니라 지역·풍속·언어 등의 차이로 말미암아 오히려 새로운 신화가 만들어지게 되었다. 그 결과 동일한 신화 시대이지만 지역에 따라 각기 차이가 나거나 상호 모순되는 내용이 만들어지게 되었던 것이다.

더욱이 시조신을 중심으로 하는 중국 신화의 특징이 이러한 현상을 더욱 강화시켰다. 수많은 제후국이 모두 자신의 시조와 토템 신화를 가지고 있었다. 《묵자》 〈비공〉에는 옛날의 제후가 1만여 개라고 하였고, 《여씨춘추》(呂氏春秋)에는 3천여 국이라고 하였다. 이러한 독립 병존(竝存)의 시기에, 누구라도 자신의 시조신을 버리고 다른 종족의 신에게 제사 드리고 싶어 하지 않았으며, 본족의 시조신이 다른 종족의 신 밑에 놓이는 것을 원치 않았을 것이다. 오로지 전쟁이나 다른 원인에 의해 씨족이 병합되어야만 시조신이 소멸하였고, 그래야만 비로소 신화 통일의 가능성이 있게 되었다. 그러나 설사 그렇다 해도 병합된 씨족은 문화적으로는 자신의 조상을 선양(宣揚)하여 묵묵히 반항을 계속해 갔다.

이러한 신화적 특징으로 말미암아 중국의 신화는 체계화되지 못했으며, 특히 민족의 영웅 서사시로 발전해 가지 못하였다. 이는 단순히 신화의 비체계화(非體系化)로만 끝나지 않고 후세의 중국 시가가 서정소시(抒情小詩) 위주의 전통을 만드는 결정적인 계기가 되었다. 물론 여기에는 주대(周代)에 발흥한 사관 제도(史官文化)도 배제할 수 없는 주요한 영향이다.

즉 신화의 체계화에 따른 민족 영웅 서사시의 발생은 일정한 지적 능력을 가진 자의 참여가 있어야만 가능한 일이었고, 이는 고대에서는 일반적으로 무사(巫師)만이 담당할 수 있었다. 왜냐하면 당시의 무사들이란 풍부한 역사 지식, 심후한 문화 수양, 광활한 시야를 가지고 있었던 전문 지식층이었기 때문이다. 고대 중국에서는 '무'(巫)와 '사'(史)의 직분의 구분이 없었을 뿐 아니라 무사의 주요 직책이 정사를 기록하고 정무에 협조하며, 공문을 관장하는 데 있었다. 그러나 주대에 들어서면서 이미 언급한 대로 사관 문화가 급격하게 발달하면서 사관(史官)이 고귀한 신분으로 변하게 되었고, 사학이 번영하게 되었다. 상대적으로 지위가 저하된 무사는 지식이 그다지 많지 않은 맹인들이나 담당하게 되었다. 이들로서는 신화를 체계화하거나 가공을 할 수 있는 능력도 없었던 것이고, 특히 신화가 체계화되거나 민족 서사시로 발전해 가기 전에 사관 문화의 영향으로 역사화의 길로 들어서 버렸기 때문에 대부분의 신화가 망실되어 버린 것이다.

결론적으로 중국 신화의 이러한 외재적 특징은 첫째, 역사 사유에 빼어나, 사서(史書)의 저작이 흥성하게 되었고, 둘째, 서정소시를 음영하는 데 익숙해져 서정시의 사유가 발달하였고, 셋째, 민족사시 및 장편소설 등과 같이 구조가 방대하고 복잡한 사회 생활을 반영하는 서사적인 대형 작품의 사유에 익숙하지 않게 되었다.

중국은 사서(史書)가 세계에서 가장 일찍이 그리고 풍부하게 발달한 나라이다. 사서 편찬의 전통은 중국 고금의 역사를 통하여 시종 단절되지 않았으며, 그리하여 편년체(編年體)·기전체(紀傳體)·기사본말체(紀事本末體)

등 다양한 사서의 체재를 창조하였다. 중국은 또 시(詩)의 나라이다.《시경》(詩經)으로부터 초사(楚辭), 당시(唐詩)·송사(宋詞)·원산곡(元散曲), 그리고 산문(散文)·희문(戱曲)조차 모두 시화(詩化)되었다. 이러한 한족(漢族)의 고대 민족 서사시의 결핍은 그들의 민족 문화 속에 규모가 방대한 장편 서사시의 창작에 익숙하지 못한 사유 습관을 형성하였다. 그래서 신화가 원시의 개별적이며 독립적이고 아주 소략한 단계에 머물게 되었고, 후대의 민간 고사, 전설, 혹은 한위육조(漢魏六朝)의 지괴(志怪) 작품, 심지어 창작 시대에 들어선 당대(唐代)의 전기(傳奇)까지 모두가 단편이었다.

특히 중국 소설이 당대 이후에야 비로소 발흥하게 된 데도 이러한 신화적 특징이 크게 작용하였다. 즉 서양에서의 소설은 신화에서 기원하여 사시(史詩)-전기(傳奇)-소설(小說)로 이어지는 분명한 궤적을 보이고 있다. 그러나 중국 소설은 그것과 신화와의 사이에 하나의 문학 중계가 결핍되어 있다. 중국에서는 서양에서와 같은 사시와 전기가 만들어지지 아니하고 대신 서사 수준이 아주 높은 사전(史傳)이 있어서 이 사전이 소설을 만들어 내었다.[454] 만약 중국에서도 신화와의 체계화가 일찍 이루어져 영웅 서사시 등이 등장하였다면 혹 소설의 발흥이 서양과 마찬가지로 앞당겨질 수 있었을 것이다.

또한 장편 서사시의 사유에 익숙하지 않았던 점은 중국 고대 장편소설의 창작, 특히 장편소설의 구조적 틀에 직접적으로 영향을 미쳤다. 중국 고대의 장편소설 중 구조상 가치를 부여할 수 있는 것으로《홍루몽》(紅樓夢)을 제외하고는《삼국지연의》(三國志演義)와 몇 편의 역사연의(歷史演義) 소설을 꼽는다. 이는《삼국지연의》 등의 소설이 전체적 틀을 맞춤에 있어 편년체 사서(史書)의 덕을 보는 것이 편리하였기 때문이다. 구조상 사서의 도움을 그다지 받지 않은《수호전》(水滸傳)이나 혹 사서를 전혀 귀감으로 삼

454 石昌渝,《中國小說源流論》(北京: 三聯書店, 1995), p. 63.

지 않은《유림외사》(儒林外史)는 단순한 단편의 연결일 뿐이다.

《수호전》의 구조상의 문제점은 이미 마오둔(茅盾)이 지적한 바 있다. 《유림외사》는 비록 기전체 사서(史書) 중 열전(列傳) 부분의 창작 기교와 단편 소설의 창작 경험을 흡수하였다. 그러나 장편소설로서의 총체적인 구조의 틀에서는 큰 결함이 존재함을 인정할 수밖에 없다. 때문에 후스(胡適)는 '《유림외사》는 모조리 한 편 한 편의 단편 소설을 연결해 놓은 것으로 총제적인 구조가 없다'고 하였다. 루쉰(魯迅) 역시 '전편이 주된 골격이 없이 단지 각종 인물을 마음대로 늘어놓기만 하였기 때문에 장편이라고 하지만 단편과 마찬가지다'고 하였다. 완전한 장편이 아니라 옴니버스 형식의 단편을 이어 놓은 연환 조직(連環組織)인 것이다.

이러한 국면을 조성한 것은 중국 장편소설가의 비극이라고 할 수 있으며, 그 비극의 근원은 그들이 장편 거작의 사유 습관에 익숙하지 않았던 데 있는 것이요, 이런 사유가 양성되지 않은 근본 원인은 중국 상고 신화의 특성에 의해서 결정된 것이다.

2. 인생을 위한 예술관을 촉진

신화는 인류 최초의 의식 형태이다. 자연히 중국 신화에 내재한 인생을 위한 인간 중심의 예술 정신은 후세의 인생을 위한 문예관의 형성에 직접적인 영향을 미치게 되었다. 만약 후세의 인생을 위한 문예관으로부터 중국 신화의 예술 정신과 직접 상관이 있는 재료를 찾으라고 한다면 이는 방법이 없다. 단 문제의 관건은 직접적인 문자의 증거에 있는 것이 아니라 양자 사이의 정신상의 일치에 있다.

중국 문예의 예술 정신은 인생을 위한 예술로서, 그것은 바로 유가의 문예관이 이를 대표한다. 유가의 문예관은 공자(孔子)가 그 단서를 열었고 《악기》(樂記)를 거쳐 마침내 《시대서》(詩大序)에서 문예관과 현실 윤리 정치를 하나로 연계하여 마침내 '문이재도'(文以載道)라고 하는 유가의 전형적인 문예관을 완성하였다. 공자는 '시를 배우지 않는 사람과는 더불어 할 말이 없다'(不學詩, 無以言.《論語》〈季氏〉)고 하였고, 또 시를 통해서 '상상력과 관찰력을 배양하고, 사회성을 단련하며 또 풍자의 방법을 배울 수 있다(可以興, 可以觀, 可以群, 可以怨.《論語》〈陽貨〉)고 하였다. 이러한 공자의 논리는 여러 가지로 해석할 수 있지만 그 핵심은 사람에 관한 것이다. 즉 표면적으로는 시를 강조한 것이지만 그 주지는 인간을 인간답게 하는 가장 중요한 도구로 간주한 것이 바로 시라는 점이다.

신화는 분명 신에 관한 이야기이다. 그러나 이미 앞에서 설명한 바와 같이 중국 신화는 엄밀하게 말하면 신에 관한 이야기가 아니다. 신인(神人)으로 주로 표현되는 신화 영웅으로서, 인간 능력을 극대화하여 형상화한 바로 인간의 이야기이다. 다시 말하면, '중국의 고대 신화에서 비록 하늘(天)과 천제(天帝, 신으로서 절대적 주재자 혹은 至上神)에 대한 숭경(崇敬)·두려움은 볼 수 있지만, 그러나 천계(天界)가 도대체 어떠한 곳인지 전혀 불명확하다. 반고(盤古)의 천지개벽에 있어서도 천제가 무슨 역할을 하였는지 나타나지 않으며, 여와가 구멍 난 하늘을 보수하는 데도 천제가 무슨 일을 하는지는 없다. 또 항아분월(姮娥奔月)에서도 월궁이 도대체 어떻게 생겼는지 전혀 언급이 없다. 그런가 하면 《산해경》에도 승천에 관해서는 기록하고 있지만 천계 자체에 대해서는 전혀 언급이 없다'.[455] 이는 최소한 상당히 오랜 기간 동안에 걸쳐 중국인들의 머릿속에 인간세상이 아닌 천계에 대한 인식이 존재하지 않았다는 것이다. 천계의 상황에 대해 구체적으로

455 劉勇强, 앞의 책, p. 82,

언급하고 있는 것은 《열자》(列子)가 최초의 전적이다. 《열자》〈주목왕〉(周穆王) 편에 비로소 주목왕이 서극지국(西極之國)에서 온 신인과 천상을 유람하였다는 기록과 함께 화려하고 찬란하기 그지없는 천상에 대한 묘사가 나온다. 그러나 《열자》가 만들어진 시대가 최소한 전국 말에서 한 초에 이르는 시기임을 생각해 보면, 그 이전 중국의 고대인에게 있어 천계에 대한 명확한 개념은 없었다고 할 수 있는 것이다. 오로지 인간 중심의 사유로 인해 신들의 이야기가 중심이 되어야 할 '신화'에서조차 그들의 거처인 천계에 대한 명확한 개념을 설정하지 못하였고, 이러한 사유 체계는 후세의 문예관이 자연스럽게 인생을 위한 것으로 정착되는 결정적 요인으로 작용하였다.

물론 이러한 문예관이 형성된 이면에는 신화의 역사화에 따라 공리(功利)주의가 강조된 영향도 중요한 하나의 관건이다. 유가의 시론은 주지하는 바와 같이 《시삼백》(詩三百)을 경전으로 받들어, 봉건 의리와 협소한 공리주의의 관점에서 시가를 해석하여, 시가를 윤리·도덕화하고 역사화하였다. 자연히 《시삼백》의 원래의 모습과는 전혀 상관없는 억측과 부회가 가해졌고 왜곡되어졌다. 유가는 《시삼백》을 경전(經典)으로만 인식하였지 시집(詩集)으로서는 알지 못했다. 이는 마치 유가가 신화를 신화로 인정하지 않고 역사로 인정한 것과 똑같은 사유 의식에서 비롯된 결과인 것이다.

예를 들면, 자공(子貢)이 공자에게 《시자》(尸子)에 실린 '황제사면'(黃帝四面) 즉 '황제는 네 면의 얼굴을 가졌다'는 것을 어떻게 해석해야 하는가를 질문하자, 공자는 이에 대해서 '만약에 네 사람이 사방을 나누어 통치하여도 황제는 전국을 통찰할 수 있다'는 뜻이라고 말하고 있다. 또 《한비자》(韓非子)에는 '기일족'(夔一足), 즉 '다리가 하나밖에 없는 괴수 기(夔)'에 관해 기록하고 있는데, 애공(哀公)이 공자에게 이것이 무슨 뜻인가를 물었을 때, 공자는 '만약에 천하를 잘 다스리려고 한다면 단지 기와 같은 이런 사람이 한 사람만 있으면 충분하다'[456]는 뜻으로 대답하고 있다.

3. 낙천·낙관 정신을 기조로 하는 중국 문학의 특징을 생성

과보축일(夸父逐日)의 신화로 말하자면, 과보가 해와 달리기 경쟁을 하다가 목이 말라 황하(黃河)와 위수(渭水)의 물을 다 들이마시고도 해갈을 하지 못해 결국은 북방 대택(大澤)으로 가는 도중에 죽고 만다. 이는 생(生)에서 사(死)로 가는 변화 과정이다. 그러나 모든 것이 끝나고 종결되는 죽음이 아니다. 과보의 육체는 죽었으나, 대신 그가 갖고 있던 수중의 지팡이가 등림(鄧林)이라는 복숭아 숲으로 변한다. 해와의 경주에서는 비록 실패하고 육체는 죽었지만, 그의 정신은 등림으로 부활하여 영원한 생명력을 확보하게 된다. 마침내 사(死)에서 다시 생(生)으로의 전화가 이루어진 것이며, 실패 속의 승리, 슬픔 속의 기쁨이라고 하는 등식이 형성되었고 후세 사람들은 이러한 낙관 정신을 무의식적이고 잠재적으로 보유하게 되었다.[457]

우공이산(愚公移山)의 우공(愚公)은 자신 일가의 힘으로 출입을 불편하게 하는 태행(太行), 왕옥(王屋) 두 산을 옮기고자 한다. 고산(高山)과 인간의 대비, 산과 가래의 대비는 인간 역량의 열등함과 이산(移山)의 어려움과 고통을 극명하게 드러내 보인다. 그러나 인간의 강렬한 의지와 신념, 그리고 뜻이 있으면 이룰 수 있다는 낙관과 긍정의 정신은 마침내 신의 협조를 이끌어 내어 두 채의 산을 옮기게 됨으로써 비교될 수 없는 힘의 차이를 극복

---

456 魯哀公問於孔子曰: '吾聞古者有夔一足, 其果信有一足乎?' 孔子對曰: '不也, 夔非一足也. 夔者忿戾惡心, 人多不說喜也. 雖然, 其所以得免於人害者, 以其信也, 人皆曰獨此一足矣, 夔非一足也, 一而足也.' 哀公曰: '審而是固足矣'(《韓非子》〈外儲說左下〉).

457 涂元濟·涂石, 앞의 책, p. 11.

해 내고 만다. 바로 인간 역량의 강대함에 대한 강조이자 고진감래(苦盡甘來)의 낙관 정신에 대한 긍정인 것이다.[458]

'황제(黃帝)라고 하는 거대한 힘에 대항하다가 죽은 치우(蚩尤)의 경우, 그의 영혼이 전이된 질곡(桎梏)은 단목(楓木)[459]으로 변하여 강렬한 생명을 상징하는 붉은 색의 이미지로 남는다.'[460] 그런가 하면 형천(刑天)은 천제(天帝)와의 투쟁에 실패하였고, 그의 머리는 잘려서 상양지산(常羊之山)에 매장되었다. 그러나 그는 젖꼭지를 눈으로 삼고, 배꼽을 입으로 삼아 간극(干戟)을 들고 춤을 춤으로써 절망을 부정하는 낙관과 불사의 정신을 표현하고 있다.[461]

곤(鯀)은 치수에 성공하지 못하고 한을 품고 죽는다. 그러나 황웅(黃熊)으로 변하여 아들인 우(禹)가 홍수를 극복하는 것을 돕는다. 순(舜)은 아비인 고수(瞽叟)와 동생인 상(象)의 박해를 받지만 두 아내의 도움으로 마침내 그들을 극복하고 부친과 동생을 감화시켜 전 가족을 화목하게 만든다. 순(舜)은 위기에서 안전으로, 상(象)은 오만에서 순치로, 전 가족은 충돌에서 단결로 전환되었다.[462]

위에 열거한 상고 신화의 구조를 간단하게 표시하면 생(生)-사(死)-생(生), 영(榮)-고(枯)-영(榮), 성(盛)-쇠(衰)-성(盛)의 모델이다.[463] 중국의 민간 문학과 희극은 모두 이러한 구조를 기본으로 응용되고 있다. 특히 전설에서는 결단코 비극을 인정하지 않는다. 생성 초기에는 비극의 요소가 강하였던 것도 전승의 과정에서 반드시 해피엔딩의 결과로 변모하고 만다.

---

458 같은 곳.

459 楓木, 蚩尤所棄桎梏, 是爲楓木(《山海經》〈大荒南經〉).

460 김선자, 《중국 변형 신화의 세계》(서울: 범우사, 2002), p. 226.

461 涂元濟·涂石, 앞의 책, p. 11.

462 같은 곳.

463 위의 책, p. 12.

양축(梁祝) 전설이 그렇고, 백사전(白蛇傳)이 그렇고, 맹강녀(孟姜女) 고사가 그렇다.

양산백(梁山伯)과 축영대(祝英台)에 관한 전설은 대략 동진(東晉) 시대에 발생한 것으로 보인다. 당대를 거쳐 전승된 이 전설의 애초의 내용은 아주 간략하다. 축영대란 여인이 남장을 하고 집을 나가 양산백과 동문수학하면서 깊은 우정을 쌓게 되었다. 훗날 축영대가 먼저 집으로 돌아가게 되자 2년 후 양산백이 친구인 축영대의 집을 방문하였다가 비로소 축영대가 여인임을 알게 되었고, 사랑에 빠져 청혼을 하게 된다. 그러나 이때 이미 축영대는 다른 가문에 혼인을 허락한 상태였다. 상사병에 걸린 양산백은 끝내 세상을 떠나고 만다. 축영대가 시집을 가던 날 마침 이 무덤 앞을 지나가게 되었고, 그리움을 이기지 못한 축영대가 무덤 앞에서 통곡을 하였다. 그러자 갑자기 무덤이 열리면서 축영대도 그 속으로 빨려들어 가게 되었다. 마침내 양가에서 두 사람을 함께 합장시켜 줌으로써 이승에서 이루지 못한 사랑이 저승에서 성사되었다는 것이 양축 고사의 전부이다.

이 전설은 전승되는 과정에서 많은 새로운 내용이 첨가된다. 특히 송대의 기록부터는 죽은 두 사람이 나비가 되어 환생하였다고 전하게 된다. 즉 사망한 두 사람이 나비로 다시 부활하는 내용이 첨가된 것이다.[464] 또 소수민족 중의 하나인 수족(水族)의 단가(單歌)에서는 '두 사람이 나비가 되어 쌍쌍이 하늘로 올라가 별이 되고 달이 되었다'고 노래함으로써 두 사람에게 영원한 생명력을 부여하고 있다.[465]

'백사전'(白蛇傳)에 관한 기록은 당대(唐代) 무명씨의 전기소설《백사기》(白蛇記)이다. 이《백사기》를 송대《태평광기》(太平廣記) 권卷 458에서는《이황》(李黃)으로 인용하여 싣고 있다. 그 대체적인 내용은 이황(李黃)이란 사

464 譚達先,《中國四大傳說新論》(臺北: 貫雅文化, 1993), pp. 77-139.

465 김선자, 앞의 책, pp. 128-129.

내가 백의미인으로 변신한 백사에 홀려 그녀의 집에 사흘 동안 묵고서 돌아왔는데, 이후 신체가 물같이 녹아서 죽었다는 이야기이다. 이처럼 공포에 가득한 백사 전설은 이후 전승되는 과정에서 남송(南宋)의 《서호삼탑기》(西湖三搭記)를 필두로 전혀 다른 내용으로 변모한다. 즉 대체적인 줄거리는 천 년을 수련한 백사(白娘子)가 인간으로 변하여 허선(許仙)과 부부가 되나, 법해화상(法海和尙)에 의해 그 인연이 파괴되고 만다는 것이다. '백사전'의 전체적인 내용은 봉건인습에 의해 희생되는 청춘남녀의 자유연애를 그린 비극적인 전설이다. 그러나 중요한 것은 인간에게 해를 끼치는 형상으로 등장하였던 백사가 전승 과정에서 자신의 정인을 지키기 위해 최선을 다하는 선량하고 용감한 형상으로 변화하였다는 것이다.[466]

맹강녀(孟姜女) 전설의 원류라고 할 수 있는 《좌전》(左傳), 〈양공〉(襄公) 23년의 기록에는 단순히 기량(杞梁)이란 사람의 아내가 예법에 따라 남편의 죽음을 조문할 것을 제후(齊侯)에게 요구하는 것만 나타나 있다. 즉 제후가 거국(莒國)을 공략하는 데 기량이 선봉에 섰다가 전사하였다. 제후가 돌아오는 길에 들에서 그의 아내를 만나 형식적인 조문을 하자, 그의 아내는 '기량이 죄가 있어 죽었다면 조문할 필요가 없고, 죄가 없다면 그도 가정이 있는 사람이니 들에서 그의 조문을 받지 않겠다'고 하여, 제후가 그녀의 말대로 그의 집에 가서 조문을 했다고만 기록하고 있다. 그러나 이 맹강녀 전설은 전승의 과정에서 주로 진시황(秦始皇)의 만리장성 축성과 연계되어 발전하기 시작한다.

즉 서한(西漢) 유향(劉向)의 《열녀전》(烈女傳)에서는, 만리장성 축성에 잡혀간 남편을 찾아갔으나 남편이 이미 사망한 것을 알고서 자신도 스스로 물에 빠져 죽은 열녀 맹강녀를 칭송하고 있다. 이후 맹강녀 전설은 점차 만리장성을 무너뜨린 줄거리가 첨가되기 시작하였고 아울러 주로 진시황과

466 譚達先, 앞의 책, pp 145-191.

의 관계 속에서 발전해 간다. 대체로 맹강녀의 남편이 만리장성 축조에 붙잡혀 가서 죽고, 그를 찾아간 맹강녀가 남편의 죽음을 애도하며 통곡을 하자 만리장성이 무너져 그 밑에 묻혔던 남편의 시체가 발견되어 수습하게 되었으며, 또 진시황이 맹강녀의 미색에 빠져 그녀를 차지하기 위해 그녀가 요구하는 모든 수단을 들어주나, 결국 맹강녀는 스스로 물에 빠져 죽는다는 내용이 주종을 이룬다. 중요한 것은 후대로 올수록 맹강녀가 진시황을 농락하는 줄거리가 첨가되고, 또 죽은 맹강녀의 시체, 혹은 그녀의 남편이 물고기나 새(鳥)로 부활한다는 내용으로 변한다는 점이다. 심지어 어떤 지방에서는 오히려 진시황이 맹강녀에 의해 피살되어 그 죽은 시체가 은어(銀魚), 즉 인어(人魚)가 되었다는 전설도 존재한다. 현실에서 이루지 못한 염원을 전설을 통해서 복수하거나 또는 새로운 생명을 부여함으로써 대리만족을 하고 있음을 알 수 있다.[467]

뿐만 아니라 이미 설명한 바와 같이 중국의 희극은 일부를 제외하고는 모두가 행복한 결말로 끝나는 소위 대단원(大團圓)으로 결말을 장식하고 있다. 잡극(雜劇), 원본(院本), 전기(傳記), 경극(京劇) 등 중국 역대의 희곡과 소설들 중 특히 남녀의 애정 고사를 주제로 한 작품의 구조는 하나같이 모두 순경이 역경으로, 그리고 다시 역경이 순경으로 전환되는 순환 구조를 기본으로 하고 있다.

중국 문학의 이러한 순환 구조 내지 평행 구조는 중국 신화의 서사 구조와 완전히 일치한다. 대표적으로 과보축일을 비롯한 상당수 중국 신화가 일음일양(一陰一陽)의 사유 체계가 의인화(擬人化)된 희극(戲劇)이다.[468] 또한 이는 음양이 서로 교체하는 일음일양이라는《역경》(易經)의 명제나, 노자(老子)의 '도가 만물을 생성하고, 만물은 음과 양의 대립된 세력을 품고

467 譚達先, 앞의 책, pp. 137-144.

468 葉舒憲, 앞의 책, p. 134.

있으나, 그 음과 양은 보이지 않는 기(氣) 속에 통일을 이룬다'[469]는 변증법적 사고, 그리고 화이부동(和而不同), 과유불급(過猶不及)과 같이 균형과 조화를 강조하는 중용(中庸)의 철학을 주장한 공자의 인학(仁學) 등과 같은 중국의 철학 사유와도 일맥상통한다.[470]

중국 철학이 반영하는 이러한 근원적인 사유 체계는 이론상으로 신화의 최초 창작보다 더 시원(始原)하다고 할 수 없다. 만약에 중국 신화 중의 이러한 대립 변역(變易)의 사상이《역경》에 영향을 주지 않았다면, 최소한 신화가 전승되는 과정에서《역경》과 상호 영향을 주고받았다고밖에 할 수 없다.

결론적으로 중국 문학에서 비탄이나 비극을 회피하고 광명으로 종결되는 정서나, 평형과 안정을 강조하는 희극 일색의 에필로그의 서사 구조는 역사 이전의 신화나 민간 문학의 공통적 특성에서 기원하여, 이미 중국인들의 민족 심리의 중요한 한 부분이 되었다. 그리고 이러한 현실회피적인 정서가 어떤 비판과 질책을 받더라도, 일정 부분은 오랜 전제 봉건의 역사 속에서 고난과 역경을 피할 방법이 없었던 일반 중국인들에게 안위와 희망을 제공하였고, 나아가 삶에 대한 새로운 투지를 일깨우게 하였음을 송두리째 부정할 수는 없을 것이다.

4. 상선(尙善)의 문예 사조를 생성

'진선미'(眞善美)의 통일을 구하는 것은 동서양 문학의 공통적인 목표이다.

---

469 道生一, 一生二, 二生三, 三生萬物. 萬物負陰而抱陽, 沖氣以爲和(《道德經》42章).

470 涂元濟·涂石, 앞의 책, pp. 12-13.

다만 서양 문학은 '진'(眞)을, 중국 문학은 '선'(善)을 수위에 두는 차이가 있다. 이러한 차이는 서양의 심미관의 기본이 진을 미라고 생각한 데 반하여 중국의 그것은 선을 미라고 생각한 데서 비롯된 것이다. 공자의 '사무사'(思無邪)의 시론이나, 순임금과 무왕(武王)의 음악을 각기 다르게 평가한 음악관은 도덕, 즉 선을 최고의 이상으로 삼았던 결과이다. 또한 형식과 표현의 차이는 있지만 도가의 무위자연의 철학 체계 역시 모두 선을 기본으로 해서 형성된 것이다. 그리고 이러한 상선(尙善)의 태도는 문학창작에서는 일종의 이상주의와 인격 역량으로 형성되어, 문학 창작을 위한 인격의 수양과 도덕 규범의 준수가 후세 문인들에게 금과옥조로 작용하였으며, 또 이것은 중국 고전 문학의 가장 중요한 문예관이기도 하다.

신화는 원시인에게 있어서는 세계를 인식하는 일종의 도구이자, 자신을 인식하는 의식이다. 때문에 신화 속의 모든 것은 원시 인류에게는 진실한 존재로 인식되는 것이다. 비록 오늘날의 입장에서 보면 황당무계한 것이라 하더라도, 원시 인류에게 있어서 그것은 절실하고 실질적인 것이었다. 다시 말해서 사물이나 현상의 본질을 객관적으로 설명할 수 없었던 원시 인류가 유추(類推)를 통해서 모든 사물과 현상의 본질을 설명하는 것은 신화 논리의 중요한 형식이다. 중국 문화에서 흔히 말하는 천인교감(天人交感)은 바로 유추, 혹은 유추 추리의 신화 논리 연역이라고 할 수 있다.[471]

바로 이러한 신화 논리의 기초 위에서 원시 인류는 신화 속의 신령에 대한 자신의 이해에 근거하여 최초의 선악 관념을 가지게 되었으며, 최초의 윤리 판단을 가지게 되었다. 이러한 판단은 그다지 명백한 것은 아니지만 감각될 수 있는 것이었다. 이로 말미암아 신화 속에는 악신에 대한 공포와 혐오의 서술이 있게 마련인데, 이는 일종의 악에 대한 저주이다. 그리고 선신(善神)에 대해서는 아름다운 찬미가 계속되는데 실제로 이는 선에 대한

471 鄧啓耀,《中國神話的四維結構》(重慶: 重慶出版社, 2004), p. 149.

긍정이다.

공공(共工)은 염제(炎帝) 계통의 신을 대표하며 강성(姜姓) 부족의 영웅이고, 전욱(顓頊)은 황제(黃帝) 계통을 대표하는 신이자 또한 희성(姬姓) 부족의 영웅신이다. 이는 공공의 투쟁 상대인 요(堯)·순(舜)·우(禹)가 모두 신화의 계보에 있어서 황제(黃帝) 계통에 속하고 있음을 보아도 자명하다. 즉 종족 간의 항쟁에 패배함으로써 전승자인 황제족에 의해 흉악한 실패자로 규정되고, 이러한 패배는 공공 신화의 변천 과정에 절대적인 영향을 미쳐, 마침내 '천주를 부러뜨려 땅이 꺼지게 한 완고하고 우매한' 악신의 대표로 변해 버리고 마는 것이다. 이에 따라 홍수라고 하는 가장 두렵고 불가항력적인 재해를 모두 공공에 의해 야기된 것으로 첨가함으로써 공공에게는 또 홍수신의 직분이 첨가되었다.[472]

전욱(顓頊)과 공공(共工)의 대립에서 공공은 실패하였다. 그 결과 최초에는 영웅신이었던 공공이 중국 신화 최대의 악신으로 전락하고, 그의 신하들은 계속하여 악의 세력을 대표하는 것으로 등장하게 된다. 《산해경》(山海經)에 등장하는 공공의 신하인 상류(相柳)에 대한 묘사가 그 대표적인 것으로, 공공의 신하인 상류는 '아홉 개의 머리로 아홉 개의 산에서 나는 것을 먹으며, 상류가 이르는 곳은 모두 못이나 골짜기로 변한다. 우가 상류를 죽였는데 그 피가 비려서 오곡의 씨앗을 심을 수 없었다'(《山海經》〈海外北經〉)고 하였다.

사실 공공과 전욱의 투쟁은 종족 간의 갈등이 신화로 표현된 것이라고 볼 수 있다. 때문에 공공의 전력이나 행위의 정당성 여부에 상관없이 단순히 피아의 도덕적 개념만이 적용되어 공공에게는 악신의 형상이 고정된 것이다. 예사십일(羿射十日)의 영웅신 예(羿)도 마찬가지다. 예(羿)의 최초의 형상은 하민(夏民)을 구휼하기 위해 하늘에서 파견된 천제의 사자였다.

472 趙明, 《先秦大文學史》(長春: 吉林大學出版社, 1993), p. 87-88.

그러나 종족 사이에 벌어진 피아의 갈등과 봉건적 윤리관이 스며들면서 예는 희대의 악신으로, 그의 아들은 자신의 신하에게 삶겨지는 비극의 주인공으로 변모해 간다.

예(羿)는 천신(天神)의 사자(使者.《山海經》〈海內西經〉)에서 점차 반신반인(半神半人)으로(《楚辭》의 〈天問〉과 〈離騷〉) 다시 인성의 예(羿.《左傳》 襄公四年, 昭公二十八年)로 변화한다.[473]

황제 신화에서 사면(四面)의 얼굴을 가진 황제는 언제나 승리자로서 선을 대표한다. 이에 대항하는 염제나 치우는 모두 신화적 측면에서는 황제에게 손색이 없는 대표적인 영웅신, 시조신들이다. 그러나 황제에 대항하였기에 그에 대한 묘사는 지극히 부정적이고 공포스러운 모습으로 진행된다. 예를 들면《노사》(路史) 〈후4기〉(後四記) "치우전"(蚩尤傳)에서는 염제(炎帝)의 후예인 치우(蚩尤)를 전쟁이나 일으키기 좋아하는 못된 무리의 대표로,[474]《태평어람》(太平御覽) 권 79에서 인용한《용어하도》(龍魚河圖)에서는 무도하게 아무나 죽이고 인자하지 못하며 자비롭지 못한 자의 대표로 묘사하고 있고, 반대로 황제는 어질고 정의로워 치우의 이러한 무도한 행위를 차마 제지하지 못하는 것으로 묘사하고 있다.[475]

특히 중국 신화에 나타난 선악 대결, 그리고 선(善)이 외재한 힘을 빌려 악(惡)을 물리치는 의식 형태는 중국의 고전소설의 의식 형태에 직접적으로 영향을 미치게 된다. 황제와 치우와의 전쟁에서 현군으로서 정의를 대표하는 황제는 애초에 반역자로서 사악함을 대표하는 치우를 제압하지 못

473 선정규(1997), 앞의 책, pp. 291-305.

474 阪泉氏蚩尤, 姜姓, 炎帝之裔也, 好兵而喜亂, 逐帝而居於濁鹿, 興封禪, 號炎帝(《路史》〈後四記〉"蚩尤傳").

475 黃帝攝政前, 有蚩尤兄弟八十一人, 並獸身人語, 銅頭鐵額, 食沙, 石子, 造立兵仗刀戟大弩, 威振天下, 誅殺無道, 不仁不慈. 萬民欲令黃帝行天下事, 黃帝仁義, 不能禁止蚩尤, 遂不敵(《太平御覽》卷七九引〈龍魚河圖〉).

한다. 훗날 천녀(天女)가 내려와서 도움을 주면서 비로소 승리를 거두게 된다. 우(禹)의 치수도 마찬가지다. 우는 홍수와의 전쟁에서 간적과 황룡의 도움을 받고서야 비로소 치수에 성공을 거둔다. 순도 역시 아버지 고수와 이복동생 상과의 투쟁에서 요의 두 딸의 도움을 받고서야 비로소 위험에서 벗어난다.

선한 세력이 천신이나 외재자의 도움을 얻어 악한 세력을 물리치는 이러한 의식 형태 구조는 훗날의 신마 소설을 비롯한 중국 소설의 구조에 절대적인 작용을 하게 된다. 예를 들면,《서유기》에서는 손오공이 하늘나라에서 소동을 일으키자 옥황상제마저도 어찌할 수 없어 여러 천신들의 도움으로 그를 제압하게 된다. 또 현장과 그의 제자들이 구경(求經)의 길에서 만나는 수많은 요괴들을 물리치는 데는 대부분 천상의 관음보살이나 신선 등의 도움을 필요로 하였다. 또《수호전》 제42회에서는 송강이 관병의 추격을 받아 현녀묘(玄女廟)까지 도망을 치는데, 현녀의 도움을 받아 천서(天書)를 받고 돌아오게 된다.[476] 이러한 예는《평요전》(平妖傳),《여선외사》(女仙外史),《설인귀정동》(薛仁貴征東),《양가부연의》(楊家府演義),《봉신연의》(封神演義) 등에 수없이 많으며, 심지어 현대의 무협 소설도 예외 없이 이러한 구조로 되어 있다.

중국 신화의 선악 구별, 피아 대결의 사유 개념이 봉건의 도덕적 윤리 의식을 강화하기도 하였고, 반대로 봉건적인 도덕 윤리 의식이 신화 자체를 새롭게 변화시켜 버리기도 하였다. 중국 문학에서의 상선(尙善)의 태도는 이러한 원초적 신화 사유가 존재하였기에 유가의 도덕적 윤리관과 결합되어 2천 년 중국 문학사의 가장 기본적인 덕목으로 자리잡게 되었던 것이다.

---

476 石昌渝,《中國小說原流論》(北京: 三聯書店, 1995), pp. 55-56.

제5장

중국 신화와 역사

1. 신화와 역사

세계 각 민족의 역사서는 어김없이 자국 문명의 기원을 신화로부터 서술하고 있다. 어쩌면 신화의 역사로부터 시작되지 않는 인류의 역사는 없다고 해도 과언은 아니다. 예를 들면 중국 역사의 아버지로 불리는 사마천의 《사기》도 예외 없이 전설의 시대인 삼황오제 시대를 역사로 편입하여 서술하고 있다.

실존의 역사와 현실을 초탈한 신화 왕국 사이에는 언제나 신과 인간이 혼잡하게 공존하는 과도 시기가 존재하였다. 인류가 일정한 문명 단계에 도달하여 사물의 기원을 탐색하기 시작할 때에 발견할 수 있었던 것은 신화적인 기원일 따름이었지, 실존한 역사의 기원은 아니었다. 때문에 물리적 세계이든 사회적 세계이든 세계를 이해하기 위해서는 신화 시대의 과거를 반추할 수밖에 없었다. 이 때문에 인류의 역사가 신화로 대체될 때는 신의사관(神意史觀)이 당시의 유일한 역사 관념으로 전제되어, 인간의 관념이 하나도 예외 없이 신에 의해 주재된다고 확신하였다.[477]

실제로 고대사에 혼재된 역사와 신화를 구분한다는 것은 지난한 작업이다. 어느 민족의 고대 역사에도 전설과 사실(史實)이 혼재하여 구분되지 않는 부분이 존재한다. 사실이 분식되어서 전설과 다를 바 없는 것도 있고, 또 전설 속에도 왕왕 사실이 내포되어 있어서 양자를 분명하게 구분하기 어려운 부분이 있다. 그래서 고대의 역사는 전설과 역사가 병존하고 있다고 해도 과언은 아니다. 때문에 고대 역사의 진실을 찾아내는 데는 전설이나 신화가 중요한 재료가 될 수 있다. 쉬쉬성(徐旭生)은 다음과 같이 전설과 역사와의 관계를 설명하였다.

> 고대의 전설에는 언제나 역사적 사실이 내포되어 있다. 그것은 결코 완전하게 허구적으로 만들어진 것은 아니다. 고대인들은 허다한 사실을 날조하여 후대 사람들을 기망할 만큼 그렇게 한가하지 않았다. 또한 전설을 보존하고 그 전설을 전례로 삼아 행동했던 사람들은 그들이 선대로부터 물려받아 후대로 전승하는 것들을 언제나 신성하게 생각하였다. 전설의 시대에는 그것을 임의적으로 가감할 수 없었다. 바꾸어 말하면, 그들의 전설에 설사 사실과 상이한 부분이 있다고 하더라도 그것은 무의식적인 변화와 발전의 결과일 따름이지 그것을 임의로 조작하여서 그렇게 된 것은 아니다. 때문에 고대의 전설은 비록 역사 자체라고 할 수는 없지만 거기에는 분명히 근거가 있어서, 신화와 전설을 자세하게 연구하고 정리하면 역사적 진상을 획득할 수 있다. 이런 이유로도 전설은 결코 말살할 수 없는 것이다.[478]

전설은 사실과 허구가 결합되어서 만들어지기 때문에 그것이 형성되는 과정은 전해져 오는 사실이나 진상이 바탕이 된다. 더욱이 민족에 따라 나름대로의 이상을 가지게 되는데, 전설에는 이러한 민족적 이상이 필연적

477 趙沛霖, 앞의 책, p. 35.
478 徐旭生,《中國古史的傳說時代》(北京: 文物出版社, 1985), p. 20.

으로 포함된다. 따라서 한 민족의 역사와 그 민족성을 논의하고자 한다면 그 민족 고유의 전설을 탐구하여 정확한 해석을 내리는 것이 하나의 방법이 될 수 있다.[479]

엄밀한 사료 비판, 인간 심리에 대한 깊은 통찰로 인해 역사서의 고전으로 꼽히는《펠로폰네소스 전쟁사》(*History of Peloponnesian War*)를 저술한 고대 그리스의 위대한 역사학자인 투키디데스(Thukydides, B.C.460?-B.C.400?)가 최초로 역사와 신화, 사실과 전설을 구분하였다. 사실상 진정한 역사 의식은 인류 문명의 발달 과정에서 대단히 늦게 출현하였으며, 심지어 그리스 사상가들조차 역사 사상에 이론적 증거를 제시하지 못하였다. 진정한 신화와 실존의 역사를 구별한 것은 인류 역사관의 위대한 변혁으로, 인류의 사상 발전사에 있어서 거대한 의의를 가진 비약이라고 할 수 있다. 인류가 신화적 상상의 얼크러진 그물을 풀어헤치고 새로운 진리 개념을 형성한 것, 다시 말해서 신화와 역사를 구분한 것은 역사 관념에 대한 신의사관의 농단을 타파한 것으로, 이는 인류 문명사에 있어서 거대한 변혁이자 새로운 전기라고 할 수 있다.[480]

신화는 문화의 복합체이다. 때문에 신화는 원시 인류의 습속·신앙·제도·자연 현상·역사 명칭 등을 비롯한 각종 사건을 해석하는 데 가장 원초적 자료로 활용될 수 있다. 때문에 그리스 고대의 신화 해석의 한 방법인 우의설(Allegorism)이나 에우헤메리즘(Euhemerism) 그리고 팔레이파티즘(Palaephatism) 및 후대의 역사주의신화학 등은 모두 이성주의나 합리주의(rationalism)적 입장에서 신화의 불합리한 부분을 배제하고 합리적인 해석을 가하려고 하였다. 따라서 에우헤메로스(Euhemeros)는 '신화는 역사적 사건의 설명이요, 역사적 인물의 과장된 모험이고, 제신(諸神)은 실재 인물

479 楊棟,《神話與歷史—大禹傳說研究》(東北師範大學 博士學位論文, 2010), p. 2.
480 趙沛霖, 앞의 책, pp. 35-36.

로, 그들의 생전 행위가 와전되어 신격화되어 갔다'[481]고 보았다(제I부 제3장 '신화 연구의 역사와 방법' 참조).

신화는 어떤 방식으로든지 역사를 반영하거나 또는 신화 속에 부분적으로 역사적 진실이 내포되어 있다는 것은 많은 신화학자들이 인정하는 바이다. 신화는 한 민족의 구전되는 신성한 역사이기도 하고, 집단 생활의 중대한 사건들이 특수한 형식으로 그 속에 반영되어 있으며, 또한 민족 공동체의 집단기억이 신화 속에 보존되어 있다. 한편 한 민족의 시조이거나 혹은 민족 역사에서 특수한 공헌을 한 인물이 신화 속의 신이나 영웅 인물로 전화되어 나타나기도 한다.

그리스와 트로이의 전쟁에 관한 신화가 고고학의 발굴에 의해서 역사적 사실로 증명된 바 있다. 또 중국 상(商) 왕조에 관련된 신화들 역시 갑골문의 발견에 의해서 진실한 역사가 확인되었다. 또한 홍수 신화와 같은 것도 비록 그 정확한 연대나 사건 발생의 구체적인 상황은 증명할 수 없지만, 어느 정도 역사적 사실을 포함하고 있다고 유추할 수 있다.

신화를 합리적으로 해석하는 관점은 중국 신화의 역사화에 가해진 하나의 동인이 되기도 하였다. 예를 들면 여와가 구멍이 난 하늘을 오색의 돌을 구워서 보수하였다고 하는 소위 '여와보천'의 신화에서 '천'을 고대 인류들의 거주하던 동혈(洞穴)의 꼭대기(洞頂)로 보는 것이다. 대규모의 지진의 발생으로 산이 붕괴되고 땅이 갈라지며, 홍수가 범람하여 인류가 살던 동혈의 꼭대기도 무너진 것이 바로 공공과 전욱의 신화에서 말하는 '천주가 부러지고 지유가 끊어졌다'(天柱絶, 地維裂)로 표현되었고, 그로 말미암아 '땅은 동남쪽이 함몰되었고 하늘은 서북쪽으로 기울어지는'(地陷東南, 天傾西北) 거대한 재난이 발생하여 마침내 여와씨가 '오색돌을 구워서 하늘을 보수하였다'(煉五色石以補蒼天)는 위대한 업적으로 귀결되었다고 보는

481 曺喜雄, 앞의 책, p. 80.

것이다.

그러나 모든 신화를 역사로 간주하는 것은 자연주의신화학파들이 모든 신화를 자연 현상의 반영이라고 보는 것과 같은 착오를 범하는 것이다. 신화는 인류의 심령의 산물이다. 상상과 은유로 건조된, 현실과는 다른 또 하나의 세계이며 현실 세계와는 엄연한 구분이 있다. 신화 속에 등장하는 모든 신과 영웅을 역사상 존재하였던 실존 인물로 간주하는 것은 마치 우리가 우리의 소망과 꿈을 그려 낸 소설이나 드라마의 주인공을 실존 인물로 인식하는 것과 크게 다르지 않은 것이다. 신화에서 강술하고 있는 사적들이 비록 일정한 역사적 사건의 한 요소를 함유하고 있다 하더라도 그것이 정확한 연구를 거쳐 실증되어 사실로 인정되기 이전까지는 어디까지나 허구적인 요소에 불과한 것이다.

2. 중국 신화의 역사화

세계 역사에 있어 신화와 역사가 서로 혼동되어 있는 상황이 중국보다 심한 나라는 없을 것이다. 어느 것이 신화이고 어느 것이 진정한 역사인지 신화학자와 역사학자들에 따라 전혀 상반된 주장이 나오기도 한다. 이는 중국 신화 발전의 구체적 과정과 고사의 전설적 인물의 특수한 성질로 말미암아 필연적으로 초래될 수밖에 없는 결과이다.

황제·염제·대호·소호·전욱·제곡 등 고사의 전설 인물의 출현은 길고긴 역사 발전 과정을 거쳤다. 원시 사회 말기의 씨족과 부족의 조상이 신격화되어 조상신 내지 일반 신으로 발전하게 되었다. 또한 훗날의 신화 역사화의 사조 속에서 이러한 신격들은 다시 씨족과 부족의 조상이나 고대 국가

의 명군 현상(明君賢相)으로 전환되었다.[482]

죽음이라는 현상에 대해서 과학적으로 설명할 수 없었던 중국의 상고 시대 사람들은 육체와는 별도로 존재하면서 영원히 죽지 않는 영혼의 존재를 믿게 되었다. 육체는 소멸되지만 영혼은 죽지 않고 잠시 육체를 떠나는 것이 죽음이라고 이해했다. 생명의 영원성과 연속성을 보장하고 죽음의 공포를 해소하기 위해서 마련된 영혼불사의 관념은 귀신 숭배로 이어지게 되었다. 특히 씨족이나 부족의 수령으로 대표되는 자신들의 조상이 일반인과 똑같이 평범하게 죽는다는 것을 받아들일 수 없었던 당시 사람들은, 죽은 조상의 혼이 하늘로 올라가 천지만물과 인간세상을 주재하는 상제가 되어 살아 있을 때와 같이 후손을 위하여 어려움을 해결하고 생존을 위한 지침을 내려준다고 믿었다. 그래서 그들은 모든 일에 점을 치고 점치는 무사를 통해 드러난 조상신의 뜻에 따라 행동했다.[483]

죽은 조상이 차지하고 있었던 이승에서의 높은 지위는 그가 죽은 다음에도 여전히 그를 대하는 동족 구성원들의 태도에 영향을 미치게 되었다. 이들 동족 구성원들은 이왕에 가지고 있었던 죽은 자에 대한 종교적 태도, 즉 영혼불사와 귀신 관념에 근거해서 죽은 조상들을 신격화시킴에 따라 점차 조상 숭배로 발전해 갔던 것이다.[484]

씨족이나 부족의 수령이 조상신으로 신격화하는 과정이 바로 신화의 창조이고, 이 신화의 창조 과정에서 비로소 고사 전설 인물의 명호가 생겨나게 되었다. 신농씨 염제(神農氏 炎帝), 헌원씨 황제(軒轅氏 黃帝)·고양씨 전욱(高揚氏 顓頊)·고신씨 제곡(高辛氏 帝嚳)·금천씨 소호(金天氏 少昊)·복희씨 태호(伏羲氏 太皞) 등등이 바로 이것이다. 이러한 명호들은 조상과 수령이

482 趙沛霖, 앞의 책, pp. 36-37.

483 선정규(1997), 앞의 책, pp. 211-212.

484 위의 책, p. 212.

실제로 세상에 살아 있었을 때는 결코 존재하지 않았다. 그들이 신격화된 이후에 비로소 점차 생성되었다. 그리고 이들 신격들이 점차 고사의 전설 인물로 변화 발전하는 과정에서 그들의 명호는 그에 따라서 고사의 전설 인물의 소유로 다시 전화되었다.[485]

그렇다면 흔히 말하는 '중국 신화의 역사화'는 어떻게 이루어지게 되었는가? 대략 중국 고대의 사관 문화(史官文化)와 보편화된 조상 숭배, 그리고 유가학설의 성행 등 세 가지 요인을 중국 신화의 역사화를 조장한 원인으로 설명할 수 있다.

중국의 사관 문화는 오랜 역사적 유래를 가지고 있다. 당(唐)의 유지기(劉知幾)는 황제 시대에 이미 창힐 등의 사관이 설치되어 있었다고 하나, 이는 전설일 따름이다. 다만 갑골의 복사(卜辭)에 '사'(史)나 '윤'(尹) 등과 같은 사관의 명칭이 출현하고 있는 것으로 보아 상대(商代)에 이미 관방에서 역사를 기록하는 사관 제도가 있었음을 알 수 있다. 서주 시대에는 사관 제도가 더욱 발전하여서 천자국뿐만 아니라 일부 제후국에도 사관이 설치되었다.

사관의 기원은 고대 무사(巫師)에서 분화된 것이다. 중국 고대 국가의 형성 초기에는 무사 집단이 통치 계층에서 매우 특수한 지위를 차지하였다. 종교적 권위는 물론 부족의 신화와 전설, 그리고 역사를 보존하는 역할을 담당하였다. 중국은 은대부터 무풍(巫風)이 성행하였고, 주대에도 여전히 무풍의 열기는 식지 않았다. 당시의 무사들은 인생의 생사존망, 길흉화복을 예측하고 역법(曆法)을 시행하는 데 있어서 신과 같이 영험한 것으로 인정되었다. 때문에 신령과 조상에 대한 제사와 점복(占卜)은 물론 풍요를 기구하고 질병을 물리치는 등, 제 방면에서 있어서 전문적인 기능을 보유하고 있었다. 또한 어떤 무사들은 부족의 역사 전설을 보존하는 책임을 담당

485 趙沛霖, 앞의 책, p. 37

하였다. 때문에 그들은 부족의 신화와 전설은 물론 부족의 역사에 대해 능통하였고, 신화와 역사는 이들 무사 집단에 의해 보존되고 전승되었다.

무사는 원시 종교와 신귀(神鬼)의 권위를 대표하였다. 때문에 고대 사회에서 대단히 중요한 세력으로 등장하였다. 최초의 국가 정권은 원시 사회 말기부터 지위가 점점 공고해졌던 군사 수령과 무사를 대표로 하는 정신 수령이 상호 결합하여 구성된 것이었다. 당연히 가장 일찍이 국가의 정신적 지주가 된 주류 인물들은 대무사(大巫師)들이었고, 그들이 장악하였던 지식 기능은 훗날 초기 국가의 관방의 묘당(廟堂) 문화, 즉 하은주(夏殷周) 삼대(三代)에서 주류가 되었던 사관 문화로 변화 발전하였다. 그리고 사기(邪氣)를 몰아내고 나쁜 귀신을 쫓아내며 가벼운 질병이나 치료하는 일부의 소무사(小巫師)들이 무사 문화의 한 지류가 되었으며, 오랜 기간 민간에 유행하면서 통치자들에게 이용되었다. 이것은 바로 중국 본토 문화의 최초의 조야(朝野) 분리라고 할 수 있다. 무사 집단이 조기의 국가 체제에 융합되어 진입된 이 과정이 바로 중국 고대 특유의 종교 신학 세력이 끊임없이 소장(消長)되면서 세속 정치와 결탁하는 노정이었다. 동시에 조상을 경배하고 역사를 중시하는 경조중사(敬祖重史)에 바탕을 둔 무사 문화의 전통을 자연스럽게 모든 통치 집단의 영혼과 주류의 의식 형태로 확대하고 신장시키는 길이기도 하였다. 그런데 무사 집단은 본래 부족의 전설과 역사 지식을 중시하고 보존하는 전통을 가지고 있었기 때문에 관방 계통으로 진입된 후에 곧 궁중의 문서를 보존하고 기록을 책임지는 직책을 자연스럽게 담당하게 되었으며, 이로 말미암아 사관의 기사 제도(記事制度)가 급속하게 발전되었다.[486]

신화의 보존과 개작에는 고대의 음유시인이나 영웅 서사시의 작가를 비롯하여 역사가들의 역할이 절대적이었다. 고대의 역사가들은 신화 속의

---

486 http://z.baidu.com/question/1976621.html?fr=qrl3(2012_06_17).

신들을 모두 고대의 제왕으로 간주하였고, 당시의 신화를 모두 역사로 생각하여 초록하였다. 때문에 이들도 신화를 보존하는 데는 일정한 공로가 있었다. 그러나 그들이 신화를 초록하면서 자신의 의도에 따라 임의대로 원본을 수정하거나 첨삭하였을 가능성은 상존하였다. 후대의 고대 역사가들은 신화로부터 전화된 사료에 대해서 대단히 부심하였다. 이성의 논리에 부합되지 않았기 때문이다. 마침내 이들은 본격적으로 신화를 수정하고 개조하여 인간의 이성으로 신뢰할 수 있는 역사로 만들었다. 그러나 이는 사실의 역사가 아니었을 뿐만 아니라 동시에 신화의 진실한 면목도 소실되어 버렸다. 때문에 그들은 그럼으로써 신화를 개수하였을 뿐이고, 단지 신화를 소멸시켜 버렸을 따름이다. 중국의 신화는 대부분 이렇게 하여 멸실되었다.[487]

일찍이 중국 고대로부터 발달하였던 사관 문화는 신화에 대한 이성적 해석을 강조하였고, 이에 따라 중국 신화는 이들의 손에 의해서 모두 고대의 역사로 개조되어 신화의 역사화가 이루어지게 되었다. 다만 상술한 바와 같이 실존의 역사가 신화로 전화되고 다시 이 신화가 역사화되었다는 점에서 중국의 상고 고대 제왕의 역사는 신화적 성분과 역사적 성분을 동시에 보유하고 있다고 할 수 있다.

조상 숭배 역시 중국 신화의 역사화의 주요한 원인 중의 하나이다. 조상 숭배는 씨족 사회의 산물이고, 그것의 생리와 심리적 바탕은 혈연 친족 관계이다. 동시에 조상 숭배는 귀신 숭배의 산물이기도 하다. 귀신 숭배가 혈통 인연 관념과 서로 결합되어 조상 숭배로 발전하였다. 최초의 조상 숭배는 씨족 단체의 공동 조상을 숭배하는 것이었으며, 그런 다음 부족 집단의 공동 조상을 숭배하는 것으로 발전하였고, 다시 가정의 구성에 따라서 가정의 조상 숭배가 출현하였다.[487]

487 矛盾,《矛盾說神話》(上海: 上海古籍出版社, 2000), p. 20.

중국의 농업은 3천여 년의 역사를 가지고 있으며, 춘추전국 시대에는 농경 기술의 비약적인 발전으로 이미 원시 농업에서 전통 농업의 단계로 진입하였다.[489] 중국의 고대 문명이 조숙하였던 가장 큰 이유는 대륙이라고 하는 광활하면서도 고립된 영토 안에서 황하와 장강을 근간으로 하여 농업을 천하의 대본으로 삼았기 때문이다. 농경의 생산 방식 아래서 자연적인 분업의 가정이 과도하게 일찍 출현하였기 때문에 주대 초기로부터 종법 제도를 근간으로 하는 가족이 사회 구조의 기본 요소가 되었다. 종법 제도는 혈통을 바탕으로 한 '조상 숭배' 관념이 생산되는 토양이었다. 일찍이 가족의 발전에 공헌한 조상은 후대 자손의 숭배를 받았다. 조상 숭배 관념의 작용 아래서는 필연적으로 자신들의 뿌리를 찾는 의식이 생성될 수밖에 없었고, 가족의 명예를 위하여 모든 힘을 동원하여 가장 이른 기원을 찾음으로써 자신의 유구한 뿌리와 존재의 합리를 설명하였다. 개별적인 가정도 그러하였고, 종법제 가족을 기본적인 사회 조직 구조로 하는 국가는 더욱 이러한 노력을 경주하였다. 지나치게 일찌감치 발전한 중화 민족의 '역사 의식'으로 말미암아 환상을 기초로 하는 신화가 일찍이 역사화되고 말았고, 수많은 신화 인물, 신화 고사가 역사로 전환, 나열되어 역사의 일부가 되었다.[490]

중화 민족의 시조로 일컬어지는 황제(黃帝)를 보면 실제로는 황제족(黃帝族)이라고 하는 씨족의 명칭이었다가 다시 부락연맹의 명칭으로, 그리고 다시 대추장의 명칭으로 발전하였다, 조상 숭배의 관념에 따라 황제는 신격화되어 마침내 헌원씨(軒轅氏)와 결합되었다.[491] 이와 같은 과정으로 황제가 신격화되는 와중에 상고 신화 내지 종교에 등장하는 황제(皇帝)의 관

---

488 李宗桂,《中國文化導論》(廣州: 廣東人民出版社, 2002), pp. 43-44.

489 商聚德 外,《中國傳統文化導論》(保定: 河北大學出版社, 1996), p. 411.

490 徐儀明, 앞의 책, p. 70.

491 潛明玆,《中國神源》(重慶: 重慶出版社, 1999), p. 124.

념과 융합되면서 중신을 통제하는 지상신으로 등장하게 되었다. 다시 훗날에는 천신이 하강하여 인간의 조상으로 전환되면서 동주 시대의 각종 문헌에서는 수많은 민족의 공동 조상이 되었다. 서방 민족의 상제인 전욱(顓頊)과 요(堯), 은인(殷人) 동이(東夷)의 상제인 제준(帝俊)과 제곡(帝嚳) 및 제순(帝舜)은 물론 후대에 출현한 고사 전설의 핵심 인물 역시 모두 고대 신화, 종교와 밀접한 관계를 맺으면서 삼황오제와 같이 실존의 역사로 간주되어 역사서에 기록되었다.[492]

마지막으로 유가의 영향 역시 중국 신화의 역사화에 큰 영향을 미쳤다. 공자는 일찍이 '귀신과 같은 황당무계한 것은 말하지 않는다'[493]라고 주장한 바와 같이 자신의 이성적 판단으로 수긍되지 않는 전래의 신화 전설에 대해서 유보적인 태도를 취하거나 견강부회하여 이성적 판단을 부여하였다. 예를 들면 제4장 '중국 신화와 문학'에서 이미 언급한 '황제사면'(黃帝四面)이나 '기일족'(夔一足)에 대한 자공(子貢)의 물음에 대해 공자의 지극히 이성적인 답변이 좋은 예증이다. 이는 신화에 대한 근본적인 이해가 없었던 공자로서는 어쩔 수 없는 시대적 한계이기도 하다. 공자의 신화에 대한 이러한 태도는 유가학자들로 하여금 환상적 요소가 지극히 강한 고대 신화에 대해서 부정적인 태도를 견지하게 하였다. 유가는 수신제가치국평천하(修身齊家治國平天下)라고 하는 말에서 보듯이 실용을 교조로 하는 학파로서 귀신을 비롯한 태고의 황당한 신화 고사에 대해서는 결코 말하려 하지 않았다. 공자가 고대 신화에서 신화적 색채를 완전히 제거해 버린 데서 보듯이, 유가의 이러한 태도는 중국의 고대 신화가 전승되는 데 지극히 부정적인 영향을 미쳤을 뿐 아니라 신화를 역사로 개조하는 데도 적극적인 작용을 하였다.

492 徐儀明, 앞의 책, p. 70.

493 子不語怪力亂神(《論語》〈述而〉).

특히 한대에 이르러 유가가 독존적 지위를 확보하게 되어 대일통 사상과 왕권신수의 정치 관념이 널리 성행하게 되자 수많은 신화상의 인물들이 인간 제왕으로 변모하게 되어 중국 신화의 역사화의 과정은 더욱 빠르게 진행되었다. 이는 당시 사람들의 역사 의식과 관념의 구현이자, 동시에 당시 통일을 수호하고 통치를 공고히 하고자 하는 수요에 부합된 것이었다. 이 점은 중국 신화의 역사화의 결과로 중국의 상고 신화가 고사 전설 계통과 원시 재료 두 부분으로 분리되어, 역사 관점을 설명할 수 있는 신화들은 통치자에 의해 정사로 편입됨에 따라 신격(神格)이 인격(人格)으로 변화되었고, 또 황제를 비롯한 요·순·우 등과 관련된 일부 신화 재료는 통치자에 의해서 열조조종의 정신(正神)으로 추앙되어 그 면모가 변화되었는데, 이와는 상반되게, 예(羿)·곤(鯀), 공공(共工)·치우(蚩尤)와 같은 소위 반항의 신들은 영원히 악을 대표하는 반면 인물로 낙인된 것을 보면 쉽게 이해할 수 있다.

실존의 인간에서 조상신으로, 다시 역사상 영웅 인물(人-神-人)로 변화해 가는 중국 신화의 역사화의 3단계 발전 과정에서 우리가 주목해야 할 점은, 이러한 변화의 과정이 결코 아무런 근거가 없이 진행된 것이 아니라 모두 상호 연관되어 장기간에 걸쳐 진행되었다는 점이다. 실제로 존재하였던 조상이나 수령에서 초현실적인 신격으로의 전화, 그리고 다시 전설 중의 조상이나 수령 또는 명군으로 변화되는 과정이 우연이 아니라 중국 고대의 특정한 역사 단계의 문화 의식이 반영되어 있다는 사실이다. 그렇기 때문에 신화의 역사화로 말미암아 중국의 신화가 대부분 사라졌다고 해도, 신화의 역사화에 의해서 실제의 역사가 개조되었다고 해도, 중국 신화는 중국의 고대 역사를 연결하는 실마리이자 과거와 현재를 이어주는 통로임이 분명하다.

제6장

중국 신화와 정치

1. 중국 신화의 체계와 정치 사회 제도

중국은 역사 발전의 과정에서 원시 사회로부터 봉건 사회에 이르는 기간 동안 사회 형태는 수차례에 걸쳐 변화하였지만 전통의 농경 생활 방식은 변화가 없었다. 또한 중국 사회에서 통치 지위를 차지하는 기층 조직의 형식 역시 기본적으로 변화가 없었다. 언제나 농업을 근간으로 하는 가부장 제도가 절대 우위를 차지하였고, 모든 농경 사회는 언제나 혈통의 친소 관계를 바탕으로 하는 씨족 혈연 관계로 조직되었다. 때문에 중국의 장구한 봉건 사회에서 종법 제도를 근간으로 하는 가족 제도가 중국의 사회 정치 제도의 핵심이었다.[494]

나라와 가정을 구분하지 않는 중국의 봉건 통치 계급의 '가천하'(家天下)의 관념 아래서 '하늘 아래 모든 땅은 모두 군주의 땅이 아닌 곳이 없고, 땅 위의 모든 백성은 군주의 신하가 아닌 사람이 없다'는 식의 피아의 구분이 불분명한 가국일체(家國一體)라는 의식이 오랜 기간 성행하였다. 군신 관

494 李宗桂, 앞의 책, pp. 63-64.

계와 가국 관계를 연계하는 핵심은 효(孝)와 충(忠)의 관념이었다. 통치자가 국가의 정체(政體)를 안정적으로 유지하는 주요한 도구로 사용했던 것이 바로 이러한 가족 관계의 기초에서 발전된 윤리 규범이다. 이것은 사실상 인심을 장악할 수 있는 아주 유효한 통치 수단이었다. 역사상 수없는 농민 봉기가 있었지만 근본적으로 군주를 타도하는 것을 목표로 하지 않고 오로지 선정의 시혜를 요구하였던 것은 바로 이런 연유에서이다. 가족주의가 봉건 중국의 정치 제도를 규정하여, 국가라고 하는 가족의 집합체 내부에 자급자족의 생산 방식이 존재하였기 때문에 가족과 가족의 사이에는 횡적인 연계가 거의 없는 느슨한 관계가 유지되었다.[495]

사회와 국가를 가족의 확대로 간주하였고, 혈연의 친소 관계를 바탕으로 한 종법 제도가 주대 초기로부터 발전하였으며, 거기다가 가족이 생산 단위의 기본이 되는 소농경제를 바탕으로 한 농경 문화 속에서 생활하였던 중국의 고대 사회에서는 가족 우선의 사상이 팽배하여 사회 전체의 공동체 의식은 희박하였다.[496]

고대 중국의 이러한 사회 정치 제도적 특징은 중국 신화에서도 확실하게 드러난다. 중국 신화의 특징 중의 하나는 바로 모든 신을 통수(統帥)하는 주신(主神)의 개념이 없다는 것이다. 주지하는 바와 같이 그리스·로마 신화 속의 신의 계보는 제우스를 중심으로 하고 있다. 그러나 중국 신화에서는 그리스 신화의 제우스와 같은 주신의 개념이 없이 오로지 동서남북의 지역을 관장하는 신들만이 존재한다. 예를 들면 태호(太皞) 복희(伏羲)는 동방의 신이고, 염제(炎帝) 신농(神農)은 남방의 신이고, 황제(黃帝) 헌원(軒轅)은 중앙의 신이며, 소호(少昊) 금천(金天)은 서방의 신이며, 전욱(顓頊) 고양(高揚)은 북방의 신이다.[498] 심지어 인류 기원 신화마저도 반고, 여와 등

495 徐儀明 外, 앞의 책, p. 72.
496 같은 곳.

지역과 부족에 차이에 따라 전혀 다른 형태의 신화 내용을 담고 있다.

중국 신화에 주신의 개념이 없이 단지 각 지역을 주관하는 신과 각 씨족의 시조신(始祖神)만이 존재하는 것은 고대 중국에 조상 숭배의 관념이 오랫동안 유지되었기 때문이다. 중국은 일찍이 윤리화된 종법 제도의 규범 사회로 진입하였고, 이러한 종법 제도 아래서 조상 숭배가 가족 안정의 신앙과 연계되어, 숭배의 대상이 씨족 조상에서 전 민족이 신앙하는 영웅으로 전환되지 못하였다.[498] 춘추전국 시대 모든 제후국이 제각기 다른 자국의 보호신인 사직(社稷)에게 제사를 올린 것이 좋은 예이다. 사직의 '사'(社)는 토지신을 가리키는 것이요, '직'(稷)은 곡물의 신(穀神)을 가리키는 것이었으나, 훗날에는 사직이 일체가 되어 국가의 보호신으로 변화되었다. 주대에서는 천자국인 주 왕국이 중앙과 사방을 상징하는 모든 신들을 위한 종묘사직을 건설하여 제사를 드렸고, 제후국에서도 종묘사직을 건설하여 제사를 드렸으나 반드시 해당 지역 일방의 신만을 상징하는 것이었다. 때문에 사직이 해당 국가의 보호신의 성격을 가지게 되었고, 또 중국 전역에 수없이 많은 조상신들이 난립하였다. 이는 한 제후국이 다른 제후국에 의해 멸망당하면 전승국에 의해서 패전국의 사직이 제거되는 것에서 쉽게 이해할 수 있다.[499]

가족의 조상 숭배가 과도하게 발달한 관계로 중국 상고 신화에 통일된 의식이 결핍되었고, 이는 중국 신화의 산만한 체계로 나타나게 되었으며, 결국에는 하나의 주재신(主宰神)에 의한 일통 천하를 형성하지 못하였다.

497 東方木也, 其帝太皞(伏羲), 其佐句芒, 執規而治春; 南方火也, 其帝炎帝, 其佐朱明(或稱祝融), 執衡而治夏; 中央土也, 其帝黃帝, 其佐后土, 執繩而制四方; 西方金也, 其帝少昊, 其佐蓐收, 執矩而治秋; 北方水也, 其帝顓頊, 其佐玄冥(或稱禺强), 執權而治冬(《淮南子》〈天文訓〉).

498 徐儀明, 앞의 책, p. 73.

499 詹鄞鑫,《神靈與祭祀》(南京: 江蘇古籍出版社, 2000), pp. 64-65.

또한 그리스의 헤시오도스의 《신통기》와 같은 그러한 영웅 서사시도 탄생하지 못하였다. 과도하게 발달된 가족주의는 문화 공동체(민족)가 공동의 의식을 가지는 데 커다란 장애가 되었다.[500] 《시경》의 〈공유〉(公劉)나 〈생민〉(生民)이 부족 시조의 탄생을 찬송한 서사시의 성격을 띠고 있으나, 서사시라고 하기에는 너무나 편폭이 짧다. 또한 각기 상(商)과 주(周)의 시조에 대한 서사이지 중국 민족 전체의 서사시는 아니다.

통일된 신화 체계나, 씨족들의 원시 종교를 종합한 통일된 우주 신화를 형성하지 못하였다고 하는 것은 중국의 민족 문화에 공동체 정신이 가족 중심주의만큼 그렇게 강렬하지 못하였음을 의미하는 것이다. 가족 중심의 사고와 유풍은 중국에 민족적인 영웅 숭배를 형성할 수 없게 하였고, 오히려 자사자리(自私自利)의 개인주의가 팽배한 완고한 인생관을 형성하는 데 절대적인 영향을 미치게 되었다. 민족의 통일된 신앙 체계를 수립하지 못하고 지역마다 수를 헤아리기 어려운 많은 신격을 만들어 냄으로써 중국은 세계에서 가장 풍부한 조신(造神) 전통을 보유한 나라가 되어서, 신격의 수나 종류의 다양성만 놓고 보면 그 어느 나라에도 뒤지지 않는 상황이다.

지역 중심, 가족 중심의 의식 구조는 중국의 봉건 시대로부터 심지어 오늘에 이르기까지 중국의 정치현실 전반에 긍정적으로 혹은 부정적으로 심각하게 작용해 왔다. 중국의 봉건왕조는 모두 26번에 걸쳐 왕조가 교체되었지만 어떤 왕조라도 일성(一姓) 통치의 전통이 변한 적은 없었다. 한대는 유씨(劉氏)의 세상이었고, 위진남북조는 조씨(曹氏)와 사마씨(司馬氏)의 나라였다. 수당 이후 청대의 애신각라(愛新覺羅)에 이르기까지 중국의 역대 왕조는 예외 없이 동일한 성씨 출신만이 황제의 지위를 계승하였다. 한마디로 중국의 봉건 시대의 국가는 황족을 중심으로 하는 몇몇 대 가족에 의해서 장악되었으며, 지방의 주현(州縣) 역시 상황은 마찬가지였고, 향리에

500 徐儀明, 앞의 책, p. 73.

서는 토호 세력이 횡행하여 정부 관리들이 이들의 비위를 맞추지 않으면 정무를 돌볼 수 없을 지경이었다. 대표적으로 한대의 장원(莊園), 위진남북조의 문벌(門閥), 그리고 근대의 송씨(宋氏)와 공씨(孔氏)를 위시한 몇몇 족벌을 비롯하여 지방군벌의 횡행은 물론 현대 정치에도 엄연히 존재하는 파벌이 그 좋은 예이다.

2. 정치와 신화의 관계

1) 정치 신화의 개념

신화와 정치와의 관계는 주로 신화가 어떻게 정치에 이용되어 왔으며, 또 정치에 의해서 신화가 어떻게 변형되어 전승되는가 하는 두 가지 측면에서 생각할 수 있다. 이는 권력의 쟁취를 본질로 하는 정치에서 신화의 작용이 무엇이며, 또 정치적 목적에 이용된 신화가 어떤 모습으로 변형되어 전승되는가를 규명하는 문제이기도 하다. 이처럼 정치적 목적에 이용된 신화를 우리는 정치 신화(Political Myth)라고 부르며, 그것은 '바로 정치 사회가 어떻게 형성되었는가를 설명하는 신화라고 할 수 있다. 때문에 대부분의 정치 신화들은 모두 건국 신화(Foundation Myth)라고 부를 수 있다'.[501]

정치 신화는 주로 인류 역사의 문명 시기에 만들어진다. 계급성을 갖추고 있으며 또한 일정한 사회 집단의 현실적 이익을 대표한다. 그 때문에 정치 신화는 전기적 색채를 가지고 있는 사전(史前) 시대의 전설과는 서로 다르다. '정치 신화란 일종의 문명 신화이다. 이는 문명 사회에서 모종의 현

501 헨리 튜더 지음/송기복 옮김,《정치 신화》(서울: 도서출판 삼문, 1994), p. 119.

실적 목적에서 제작된 신화이며, 문명 사회의 형태에서 어떤 낙후 지역에 여전히 살아 있는 상태로 남겨진 원시 신화와는 다르다. 그것은 계급 사회에서 특정한 정치 경향을 품은 사람들(설사 개별이거나 익명의 방식을 채택하더라도)이 모종 정치적 목적을 위해서 문화 전통의 종교 사상과 신화 전설의 자료를 빌려서 조작한 허구적인 여러 신들에 관한 이야기이다.'[502]

정치 신화와 일반 신화를 비교하자면 그 형식의 측면에서는 전혀 차이가 없다. 단지 발생의 동기와 그 시기, 그리고 주제에서만 차이가 있을 뿐이다. 먼저 일반 신화가 무의식적 활동의 결과이자 상상의 자유로운 산물, 다시 말해서 풍성한 상상의 야생적 결실이라고 한다면, 정치 신화는 매우 솜씨 있고 교묘한 기술자들이 만든 인공품이라고 할 수 있다.[503] 또한 정치 신화가 인류가 문명 단계에 진입한 이후에 만들어지기 때문에 일반 신화와 비교하여 상대적으로 그 발생 시기가 늦다. 그리고 정치 신화는 명확한 정치적 목적을 가지고 있음으로 해서 정치가 신화의 주제이다.[504] 자연 현상을 해석하는 신화를 자연 신화, 영웅의 사적을 서술한 신화를 영웅 신화, 신에 대한 숭배를 서술한 신화를 종교 신화라고 한다면, 정치 신화는 정치를 주제로 한 신화라고 할 수 있다.

다시 말해서 '정치 신화는 정치 사회에 관한 강술이다. 대체로 세 가지 유형이 있는데, 첫째는 과거에 분명히 존재했고 현재에 이르러 복원 혹은 보존되어야 할 정치 사회에 관한 이야기이다. 둘째는 운명적으로 미래에 건설되어야 할 정치 사회와 관련이 있으며, 그러한 미래 사회의 도래를 촉진하기 위한 목적에서 이야기된다. 셋째는 기독교의 지복천년 신화, 독일의 아리안 민족의 신화처럼, 정치적으로 배제된 집단 혹은 참여가 비효율

502 冷德熙,《超越神話 — 緯書政治神話硏究》(北京: 東方出版社, 1996), p. 40.
503 에르스트 카시러 지음/최명관 옮김,《국가의 신화》(서울: 서광사, 1988), p. 341.
504 胡詳琴,〈十六國時期政治感生神話與民族融合〉,《西北第二民族學院學報》(哲學社會科學版, 2007年 第6期), p. 13.

적으로 규정된 집단이 자유와 안전을 얻기 위하여 그러한 정치 사회가 철폐되기를 희망하는 것을 대변하는 이야기이다. 때문에 정치 신화는 정치 사회에 속한 사람들에게는 읽혀야 할 필요가 없다. 정치 신화는 스스로가 정치 사회를 잃어버렸다거나 아직 갖지 못했다고 생각하는 사람들을 위주로 읽혀 왔다.'[505] 이는 만족스러운 정치 사회에서 살고 있는 사람들에게는 정치 신화가 필요하지 않으며, 만족스럽지 못한 정치 사회에 살면서 만족스러운 정치 사회를 갈망하는 사람들에게만 정치 신화가 필요하다는 의미이다.[506]

권력 체계는 정치 행위의 기초이며, 권력은 정치에서 가장 핵심적인 내용이다. 인간이 존재하는 곳이라면 어디든지 정치가 있고, 두 사람 이상이 존재하는 곳이라면 언제나 분명하게 드러나거나 혹은 드러나지 않은 권력 관계가 있게 마련이다. 권력이란 기본적으로 한 행위자 혹은 집단이 다른 행위자 혹은 집단의 태도와 행위에 영향을 미치는 능력을 가리킨다.[507] 또한 권력 현상은 국가의 제도에만 국한되어 나타나는 것이 아니라 광범위한 인간의 활동 분야를 망라하여 나타나고 있기 때문에 어떻게 보면 권력을 획득하기 위한 경쟁은 인간 활동의 가장 보편적인 활동이라고 할 수 있으며, 정치란 결국 권력 배분에 대해 영향력을 행사하고자 하는 행위나 노력이라고 할 수 있다.[508]

따라서 정치가 집단 사이의 행위인 것처럼, 정치 신화 역시 언제나 집단의 신화라고 헨리 튜터(Henry Tudor)는 보았다. 그에 따르면, 정치 신화의 영웅이나 주인공은 결코 개인이 아니라 어떤 부족, 민족, 종족, 계급이나

505 헨리 튜터 지음/송기복 옮김, 앞의 책, pp. 263-264.

506 孫廣德,《政治神話論》(臺北: 臺灣商務印書館, 1990), p. 89.

507 〈祭壇上的政治家 —評政治與神話的關系〉. http://www.henanedu.com/(2003_08_18).

508 막스 베버 지음/전성우 옮김,《직업으로서의 정치》(서울: 나남, 2011), pp. 22-35.

심지어 이민 혹은 추방당한 자들의 우연한 집합이다. 종종 개인들이 정치 신화에 등장하기도 하나 그들은 단지 소속 단체의 대표이거나 혹은 운명의 접수자일 따름으로, 정치 신화의 주인공은 언제나 집단이 담당하였다는 것이다.[509]

2) 정치 신화의 기능

기능이란 수요를 만족시키거나 목적을 실현하는 데 작용하는 힘을 말한다. 따라서 정치 신화의 기능은 어떤 정치적 수요를 만족시키거나 혹은 어떤 정치적 목적을 실현시키는 작용을 말한다고 할 수 있다. 이런 관점에서 헨리 튜터는 정치 신화의 기능을 다음과 같이 정리하였다.

> 정치 신화는 어떤 집단의 구성과 현재 처해 있는 입장을 설명해 준다. 그리고 그 집단의 적이 무엇인지를 인식하게 하고 궁극적으로 승리를 약속해 준다. 간단히 말해서 정치 신화는 현재에 대한 이해를 통해서 과거와 미래에 대한 설명을 해 주는 셈이다. 이러한 설명은 설명 그 자체일 뿐만 아니라 현실적인 주장이 되기도 한다. 예컨대 정치 신화는 어느 특정 집단의 패권 장악, 주권적 독립, 혹은 영토 확장 등의 주장을 가능하게 만들며, 위급한 도전에 직면해서 집단의 결속을 강화시켜 주기도 하고, 바람직스럽지 못한 제도의 폐지에 대하여 그 주장을 확산시켜 주기도 한다. 정치 신화가 어디까지나, 이미 존재해 온 정치 사회에 관한 이야기라는 견지에서 보면, 정치 신화는 그 사회의 제도를 신성하게 만들며, 구성원들에게 운명을 신뢰하게 하고, 그들의 업적을 영광되게 하는 데 기여함을 알 수 있다.[510]

509 헨리 튜터 지음/송기복 옮김, 앞의 책, p. 264.
510 위의 책, p. 265.

헨리 튜터는 대략 두 가지 측면에서 정치 신화의 기능을 정리한 것으로 볼 수 있다. 첫째는 정치 신화는 시조의 신성하면서도 초현실적인 탄생이나 어떤 집단이 극복한 난관의 과정을 설명함으로써 그 집단의 우월성을 강조하여 단결력을 강화하는 기능을 가지고 있다는 것이며, 둘째는 정치 신화를 통한 선례를 강조함으로써 전통의 수립과 유지가 가능하고, 또 그러한 전통의 전승을 통해서 집단의 정치적 수요를 만족시키는 중요한 근거를 제공하는 기능을 한다는 것이다. 그러나 실질적으로 정치 신화는 이보다 더욱 광범위하게 그 기능을 발휘한다. 쑨꽝떠(孫光德)는 정치 신화의 기능을 권위의 형성과 유지, 집단의 심리적 안정과 정서적 균형 확보, 전통의 강화, 부분과 전체의 동질 의식 강화, 믿음의 강화를 통한 기대감 확대, 행위 모델을 공급하여 가치와 의의의 제공 등 모두 6가지로 나누어서 설명하고 있다.[511]

(1) 권위의 형성과 유지

정권을 획득하기 위해서는 반드시 타인의 옹호를 받아야 한다. 옹호를 받기 위해서는 또 타인의 마음속에 권위가 형성되어야 한다. 신화는 바로 이러한 권위를 형성하는 데 상당한 작용을 한다.《사기》(史記)에 의하면 한 고조가 백제(白帝)의 아들이라는 신화가 유포된 뒤로부터 그를 따르는 사람들이 날로 그를 두려워하였고, 그가 거처하는 곳이면 어느 곳이든 운기가 서렸다는 신화가 출현한 이후부터 시중의 제자들이 그러한 소문을 듣고서 모두 그에게 의탁하였다고 한다. 이러한 신화들은 고조의 권위를 제고시켜 타인이 그를 다른 눈으로 대하게 하고 그를 두려워하고 그에게 의탁하도록 하였다. 한의 왕위를 찬탈한 왕망(王莽)이나 이후 중국 역대의 상당수 개국의 제왕들이 자신의 출생이나 내력에 관한 신이한 전설이나 신화를

511 孫廣德, 앞의 책, pp. 137-151.

날조하여 전파시킨 것은 바로 정치 신화를 이용한 권위의 형성을 통하여 권력을 쟁탈하기 위한 하나의 수단이었다고 할 수 있다.

또한 정치 신화는 정권을 쟁탈하기 위한 사람에게도 그 권위를 형성하게 하지만, 이미 정권을 획득한 기득권자가 그 권위를 유지하는 데도 유효한 작용을 한다. 신화가 이처럼 권위를 강화하고 또 유지시킬 수 있는 이유는 신화가 권위를 합법화시킬 수 있는 기능을 가지고 있기 때문인데, 막스 베버(Max Wever)는 이를 '관습이나 불문율에 의해 정당화된 전통적 권력'[512]이라고 하였다. 예를 들면 신성로마제국의 황제가 백성들의 옹호를 받고 또 그들을 복종시킬 수 있었던 이유는 그의 권력이 하느님으로부터 온 것이라고 모두가 생각했기 때문이다. 당시의 기독교 이론에 따르면, 황제는 하느님을 대표하여 세속을 통치하는 것으로 인식되었기 때문에 그의 권력은 하느님이 부여한 것으로 인식되어서 사람들은 반드시 그를 옹호하고 복종해야 한다고 확신하였다. 중국 고대 성군의 시절에 봉황을 비롯한 특이한 현상이 나타난 것을 하늘이 성왕의 공덕을 축하하는 의미로 선전했던 소위 상서지설(祥瑞之說) 역시 실제로는 정치 신화의 일종이다. 성왕에 대한 백성들의 구심력을 강화함으로써 그에 대한 복종을 더욱 용이하게 할 수 있었던 것이다.

(2) 집단의 심리적 안정과 정서적 균형 확보

고대 전제군주의 치하에서 일반 백성들은 제왕을 선택할 자유나, 정치의 득실에 대한 질문을 제기할 수 있는 권리가 없었다. 어떤 사람이 제왕이 되었든, 그리고 어떤 정치를 실행하든, 무조건 접수하고 복종하여야 하였다. 그러나 실제로 자신이 다스리는 백성들을 만족시킨 전제군주는 거의 없었다고 해도 과언이 아니다. 때문에 사람들은 제왕과 정치에 대해 항시 불

512 막스 베버 지음/전성우 옮김, 앞의 책, pp. 23-26.

만을 가지고 있었지만, 그렇다고 해서 그것을 바꿀 수 있는 방법도 없었다. 그래서 단지 신화에서 만족을 구하고 자신들의 마음을 위로하고 정서적 평형을 유지할 수밖에 없었다.

예를 들면, 진시황의 폭압과 폭정은 많은 사람들의 원한과 분노를 샀다. 그런데 그가 태산의 봉선제(封禪祭)를 위해 순행하는 도중 폭풍우에 직면하여 큰 고초를 당하게 되자 당시의 많은 사람들이 그것이 곧 하늘이 자신들을 대신하여 진시황에게 천벌을 내린 것으로 생각함으로써 그에 대한 원한이 상당히 감소되었다고 한다. 또한 왕망이 한의 제위를 찬탈한 것은 대역무도의 행위이기에 당연히 당시 백성들의 저항을 받아야만 하였으나, 천명에 의한 왕위의 계승이라는 신화가 널리 유포되어 있었기 때문에 사람들의 분노가 거의 없었다. 일설에 의하면 왕망이 일찍이 한 고조가 죽였던 백사의 화신이라고 하는 신화가 유포되어 있었기 때문에 왕망의 행위가 단순한 복수를 위한 것으로 인식되어서 그다지 심각한 저항을 받지 않았다고 한다. 또한 송대의 악비(岳飛)는 수차례 금나라 군사를 물리친 그야말로 충신의 화신이다. 그러나 금과의 강화를 주장하였던 간신 진회(秦檜)에 의해서 죽임을 당하고 만다. 간신에 의해 충신이 억울하게 시살되었고, 더욱이 역적 진회가 어떤 처벌을 받지 않고 오히려 최고의 권력을 유지하는 것에 대해서 당연히 백성들은 심각한 심리적 불편을 느꼈다. 그러나 훗날 부처와 악비, 그리고 진회의 전생 신화, 즉 부처가 어느 날 서방 극락 세계에서 설법을 하던 도중 진회의 처의 전생이었던 여사복(女士蝠)이 그만 방귀를 뀌었고, 역시 악비의 전생이었던 부처의 호법신 금시명왕(今翅明王)이 그녀를 쪼아 죽임에 따라 부처의 안배에 따라서 이승에서 다시 악비가 진회에 의해서 죽임을 당했다는 신화가 유포되어서 비록 충신이긴 하지만 전생의 업보에 의해 죽은 것으로 인식되어서 백성들의 정서적 불편함이 다시 평형을 회복하였다는 것이다.

(3) 전통의 강화를 통한 민심 확보

신화와 과학의 큰 차이는 바로 전통에 대한 가치 부여의 차이이다. 과학은 언제나 진화적 관점에서 사물을 대하여 사물이 끊임없이 진보하는 것으로 생각하기 때문에, 출현이 이른 것일수록 조악하고 출현이 늦은 것일수록 더욱 완미한 것으로 본다. 때문에 전통은 그다지 중시되지 못하며 심지어 보존의 필요도 제기되지 않는다. 그러나 신화는 언제나 사물의 신성한 기원을 말하며, 더욱 높고, 더욱 훌륭하며, 더욱 초자연적인 상황으로 거슬러 올라간다. 신화에서는 인간의 탄생을 신이나 신비한 힘에 의한 것으로 설명하지 결코 원숭이로부터 진화되었다고는 말하지 않는다. 사물의 기원은 당연히 모두 과거의 일이다. 때문에 과거는 언제나 신비하고 신성한 색채로 가득하다. 그래서 전통은 더욱 강화되고 더욱 애호되며 더욱 존중된다.

정치 신화는 인물이나 사건의 연역과 분식을 통해서 인물을 신격화하고, 그렇게 신격화된 인물은 왕왕 집단의 우상으로 신봉되거나 숭앙되며 사회의 전통적인 전범으로 확정되어서 사회적 질서의 확립에 기여를 하게 된다. 대표적으로 은대의 탕(湯) 임금과《삼국지》의 주인공 관우(關羽)가 가장 좋은 예이다. 탕 임금 시절 7년 동안이나 가뭄이 이어졌다가 마침내 큰비가 내려서 재난이 제거된 일이 있다. 이는 아주 자연스러운 자연 현상에 불과한 일이다. 그렇지만 재난 종결이 모두 탕이 자신을 희생해 가며 성심으로 하늘에 기구한 결과로 연역되었다.[513] 그리고 이후로부터 차츰 탕은 인간의 몸으로서 신격화되어서 선정의 전범으로 확립되었다. 또 관우는 애초에는 보통의 무인에 불과하였다. 그러나 사후에 신으로 분식되면서 수많은 초인적인 능력이 그의 신상에 첨가되었다. 또 그에 따라 중국인

513 昔者湯克夏而正天下, 天大旱, 五年不收, 湯乃以身禱于桑林, 曰: '余一人有罪, 無及萬夫. 萬夫有罪, 在余一人. 無以一人之不敏, 使上帝鬼神傷民之命.'于是翦其髮, 櫪其手, 以身爲犧牲, 用祈福于上帝, 民乃甚說, 雨乃大至. 則湯達乎鬼神之化, 人事之傳也(《呂氏春秋》〈順民〉).

들의 뇌리에서 신 의의 전범, 의리의 화신으로 각인되었고, 이는 인간 관계를 평가하는 가장 중요한 척도가 되었다.

사실 정치 신화는 굳이 과거의 인물이나 사건에 대해서 고의적인 분식이나 장식을 하지 않고 단순히 그에 대해서 서술만 해도 전통을 강화하는 기능을 발생시킨다. 사람들은 사람과 사건에 대해서 단지 접촉만 해도 정감이 일어나기 때문이다. 쉽게 말해서 외국을 여행만 해도 그 나라 사람들과 그 나라에 대해서 특별한 정감이 유발되는 것과 같다. 어떤 나라를 유학하거나 연구의 대상으로 삼게 되면 자연스럽게 그 나라에 대해서 친밀한 감정을 가지게 된다. 과거의 전통에 대한 접촉과 인식은 주로 역사를 읽는 것에 의존된다. 그렇기 때문에 자신의 역사를 중시하지 않는 나라는 세상에 없다. 역사 교육은 국민의 애국 정서를 배양하는 가장 중요한 방법 중의 하나이다. 과거의 전통을 많이 접촉하고 많은 인식을 가지게 되면 그에 대한 정감이 발생할 수 있다. 그리고 그것을 애호하게 되고 존중하게 된다. 그 역사가 영광스러운 것이어도 좋고 아니면 치욕스러운 것이라도 좋다. 이와 같은 이치에서 정치 신화에서는 인물이나 사건에 대해서 어떤 연역을 하지 않고 단순히 서술만 하여도, 역사와 마찬가지로 사람들로 하여금 과거와 접촉하고 인식하게 하여 전통을 강화하는 작용을 발휘한다. 이는 사회적인 하나의 불문율적인 관습이나 도덕적 질서를 수립하고 유지해 가는 데 있어서 대단히 중요한 작용을 한다. 하물며 과거의 인물과 사건들이 대다수 연역되고 화장된 상태라고 한다면 그 효과는 더 이상 말할 필요조차 없을 것이다.

(4) 도덕의 강화

신화는 어떤 경우에도 그 신화를 소유하고 있는 민족이나 사회의 도덕을 위배하지 않는다. 오히려 신화는 언제나 그 민족이나 사회의 도덕을 표현하고 또 강조하며, 그러한 도덕은 또 신화로 인해서 더욱 강화된다. 말리놉스키는 '신화는 도덕을 수호하고 강화시켜 준다'[514]고 하였다. 그리스 사람들이 중시하였던 것은 조화의 아름다움이다. 이로 말미암아 그리스 신화를 읽노라면 마치 아름다운 시와 음악을 듣는 것과 같은 느낌을 받게 된다. 마찬가지로 그리스 사람들은 현실의 행복을 무엇보다도 중시하였다. 때문에 현실의 행복은 그리스 신화에서 매우 중시되었다. 그리스 신화에서 인간의 행복은 운명의 신에 의해서 안배된다. 그러나 때로 인간은 현실의 행복을 위해서 운명의 신과 투쟁도 불사하고 또 신을 패배시키기도 한다.

예를 들면 그리스 신화에는 인간 헤라클레스가 죽음의 신을 물리치고 인간의 현실의 행복을 유지시켜 준 다음과 같은 내용이 있다. 페라이의 국왕 아드메토스(Admetus)는 아폴론을 소치는 일꾼으로 받아준 덕택으로 운명의 신으로부터 명대로 죽어야 할 날, 만일 대신 죽겠다고 나서는 사람이 있으면 죽지 않아도 된다는 허락을 받았다. 하지만 막상 아드메토스가 죽어야 할 날이 되자 아무도 대신 죽으려 하지 않았고, 아드메토스의 아내 알케스티스만이 남편을 사랑한 나머지 자기가 대신 죽겠다고 나섰다. 그리하여 알케스티스가 죽었을 때, 마침 그곳을 지나가던 헤라클레스가 그 사실을 알고 곧장 하계로 내려가 죽음의 신과 싸워서 마침내 그녀의 혼령을 되돌려 받아 데려오게 되었고, 이들 부부는 다시 행복한 나날을 보내게 되었다.[515]

헤라클레스는 비록 제우스의 아들이긴 하지만 인간이다. 그가 죽음의 신을 물리치고 알케스티스의 혼령을 되돌려 받을 수 있었던 이유는 저승

---

514 말리노우스키 지음/서영대 옮김, 앞의 책, p. 25.
515 피에르 그리말 지음/최애리 옮김, 《그리스로마신화사전》(서울: 열린책들, 2009), p. 244.

의 신 하데스마저도 지아비 대신 죽겠다고 나서는 알케스티스의 사랑과 용기를 인정했기 때문이며, 이것이 바로 그리스인들의 사랑과 행복에 대한 정서를 배경으로 형성된 신화 이야기라고 할 수 있다.

게르만 민족은 전투를 좋아하고 무용을 숭상하고 희생을 찬미하는 것을 지상의 미덕으로 삼는다. 대신 개인의 애정이나 행복 등은 그다지 크게 중시하지 않는다고 한다. 게르만 신화의 주제가 끊임없는 복수를 위한 전투와 징벌, 그리고 죽음으로 일관되어 있는 것은 바로 이러한 상황이 신화에 그대로 반영되어 있기 때문이다.

한마디로 신화는 한 시대의 도덕을 반영하고, 한 시대의 도덕은 또 신화를 통해서 더욱 강화된다. 신화를 통해서 강화된 도덕은 시공을 넘어선 민족적 전통이 되어서 문화 형성이나 사회적 제도의 수립에 배경으로 작용하게 된다. 정치 신화의 이러한 도덕 강화의 기능은 더욱 분명하고 또 적극적이다. 중국인들에게 있어 요순(堯舜)은 가장 대표적인 성군이며, 그 요순의 시대는 바로 중국의 유토피아이다. 이는 요순의 정치 신화가 충효를 핵심으로 하는 도덕의 전범으로 요순을 분식하였기 때문이다. 일례로, 요는 제왕의 몸으로 백성들과 똑같이 초옥에서 살고 백성들이 먹는 것을 먹었으며, 백성들이 입는 것을 입었고, 마침내 그 제위를 자신의 아들이 아닌 순에게 선양(禪讓)하였다고 전한다. 순은 자신을 세 차례나 죽이려 하였던 아버지와 이복동생을 끝까지 효성으로 대하였고, 그 결과 마침내 제위에 올랐으며 그 역시 제위를 우에게 선양하였다고 전하고 있다. 이는 모두 중국인들이 가장 중요한 도덕 범주로 인식하는 충효와 절의를 바탕으로 전국 시대에 형성된 정치 신화이다. 즉 정치 신화가 당시의 도덕을 수용하여 더욱 강화되었고, 또 이렇게 형성된 신화는 사회의 도덕 의식을 더욱 공고하게 만들고 강화함으로써 사회적 질서 확립에 큰 영향을 미치는 것이다.

(5) 부분과 전체의 동질 의식 강화(귀속감의 강화)

신화적 사유는 본질적으로 부분과 전체를 구분하지 않는다. 부분이 단지 전체의 한 부분으로 존재하는 것이 아니라 바로 전체가 된다. 과학적 사유는 전체와 부분이 확실하게 구분되나 신화적 사유는 부분이 전체를 대표하고 그 속성이 실재와 같다. 또한 유사한 것으로 감각되는 것을 모두 동일한 사물로 간주하는 것이 신화적 사유의 특징 중의 하나이다. 예를 들어 사람으로 말하자면 두발, 손톱, 의복, 발자국 심지어 그림자 등의 부분이 단순히 사람을 구성하는 부분으로 존재하는 것이 아니라, 그 자체가 바로 사람을 대표한다고 할 수 있다. 무속에서 흔히 어떤 사람의 발자국이나 모발 또는 손톱이 그 사람 자체로 인식되어서 그것들에 대한 저주가 바로 그 사람 자체에 대해 무술(巫術)을 시행하는 것과 같은 것으로 간주되거나, 또는 기우제를 지낼 때 불을 피워 연기를 내는 것은 연기와 운우(雲雨)를 유사한 것으로 연상하여 연기를 피우면 운우가 몰려온다고 생각하였기 때문이다.

이러한 신화적 사고는 사회적 영향력이 대단하다. 부모가 범죄를 지으면, 그 화가 자손에게 미친다고 생각하는 것이나, 어떤 종족의 한 구성원의 범죄 행위를 전체 종족의 범죄 행위로 간주하는 것, 반대로 또 국가가 전쟁에서 승리하는 것은 바로 개별적인 공민이 승리하는 것으로 생각하여 우월 의식을 갖게 된다든가, 또는 스포츠에서의 승리를 마치 국가 자체가 상대방 국가에 승리한 것으로 느끼는 것 등은 모두 보이지 않는 신화적 사고의 영향이다.

때문에 이러한 추론 아래서는 한 개인은 존재하지 않으며 그 개인은 오로지 집단의 대표일 따름이다. 우리가 시조의 탄생 신화나 건국 영웅의 신화로부터 민족적 자부와 긍지를 느끼는 것은 바로 우리들 스스로를 그 시조나 건국 영웅과 동일시하기 때문이다. 그렇지 않다면 건국 신화나 시조 신화의 실제적 의의는 전혀 존재하지 않게 된다.

사실 부분과 전체를 동일시하는 것은 인류의 심리적 수요라고 할 수 있다. 사람이라면 모두 어떤 집단에 귀속되고자 하는 본능을 가지고 있으며, 최소한 심리적인 측면에서나마 귀속감이 필요하다. 그렇지 않으면 고독과 고립 내지 표류의 느낌을 가지게 된다. 이러한 귀속 의식은 일종의 연대 의식(連帶意識/conscience solidaire)이라고 할 수 있다. 그것은 사회 구성원 상호 간 또는 구성원과 사회 간의 상호의존을 지탱하는 의식, 또는 같은 사회의 구성원으로서 일체감, 공동 생활 양식, 공통의 관심과 가치, 우리라고 하는 공동체 의식을 나누어 가짐으로써 부분과 전체를 하나의 통일체로 인식하여, 단결을 촉진하는 기능을 만들어 낸다.

정치 신화를 포함한 모든 신화는 바로 부분과 전체를 동일시하여 사람의 귀속 의식을 만족시키거나 증진시키는 작용을 한다. 신화의 공유를 통해서 개인은 민족을 구성하는 한 분자가 되고, 민족이나 국가의 입장에서 사고하고 행동하게 된다. 민족이나 국가에서 한 사람의 개인은 모두 똑같이 민족이나 국가의 구성분자가 되기 때문에 다른 지역이나 계급 또는 직업에 대해서는 주의를 기울이지 않는다. 동시에 한 단체나 집단, 즉 민족이나 국가는 언제나 영광의 상징이 되며, 통상적으로 신성한 기원이나 조상을 구심점으로 해서 각 분자의 동질성이 확인된다.

단군 신화는 한 민족의 유구성과 정체성을 수립하는 중요한 구심점이다. 중국인들은 모두 황제의 자손임을 자랑스럽게 여긴다. 일본인이라면 누구나 아마테라스(天照女神)의 자손임을 영광스럽게 생각한다. 시조 신화 앞에서 후예들은 지위나 신분 이념의 차이와 상관없이 모두 하나이다. 때문에 이들 신화는 각 민족의 단결을 용이하게 하는 하나의 중요한 매개체이다. 수많은 원시 부족들은 토템을 공동의 조상으로 모시고 또 그것을 통해서 동질 의식을 강화하며 단결을 촉진한다. 때로 신화는 한 집단의 공동 이상을 드러나거나, 공동의 운명을 나타낸다. 집단의 분자들은 이러한 공동 이상과 공동 운명을 함께 향유함으로써 피차간의 동질성을 인식하게 되어 단결을 강화한다. 이는 바로 신화가 부분과 전체를 동일시하는 기능을 제공한 결과이다.

(6) 신뢰의 강화를 통한 기대감 확대

정권을 획득하고자 하는 사람의 자신감을 강화하여 사람들에게 희망을 주는 것 역시 정치 신화의 중요한 기능 중의 하나이다. 정치 신화의 가장 중요한 기능은 정권의 권위를 수립하여 정권을 획득하는 것을 돕는 것이다. 그런데 정권을 획득하고자 하면 대중들의 마음속에 권위가 수립되어야 하며 또한 자신의 확신 역시 매우 중요하다. 만약 스스로의 확신이 결여되면 정권을 획득하기는 매우 어렵다. 이러한 자신감은 늘 신화를 빌려 수립된다. 예를 들면《사기》는, 한 고조가 자신이 술에 취해서 백사로 현현한 백제의 아들을 죽였다는 소식을 전해 듣고는 내심 기뻐하며 자랑스럽게 여겼으며,[516] 또 그의 거처 상공에는 늘 운기(雲氣)가 출현한다는 이야기를 듣고서도 역시 아주 기뻐했다[517]고 전하고 있다.

자신을 주인공으로 하는 정치 신화가 유포된 데 대해서 한 고조 스스로 대단한 자부심을 가졌음을 알 수 있다. 바꾸어 말하면 정치 신화가 황제가 되려는 그의 확신을 확고하게 하였고, 이러한 확신은 그가 천하를 쟁취하는 데 있어서 심리적 지지가 되었으며, 정권을 획득하는 데 커다란 도움이 되었다고 할 수 있다.

정치 신화는 늘 미래에 대한 전망(vision)을 예시함으로써 사람들이 고난이나 불만스러운 현실에서 희망을 잃지 않도록 한다. 그에 따라 현실의 고난과 불만족스러운 처지는 전망에 도달하는 하나의 과정이자 희망을 실현

516 高祖乃心獨喜自負(《史記》〈高祖本紀〉).

517 高祖心喜(《史記》〈高祖本紀〉).

하는 예비된 징조가 된다. 기독교인들은 교회의 역사에서 직면했던 수많은 고난을 모두 예수가 사탄을 정복하는 전투로 해석하였다. 이로 말미암아 그 수많은 고난들은 예수교의 진리가 최후의 승리를 쟁취하기 위해서 필연적으로 겪어야 했던 과정으로서의 투쟁에 불과하게 되었다. 결국 정치 신화가 예비하는 미래에 대한 전망은 신화의 신봉자들에게 현실에서의 시련이 가혹하면 가혹할수록 승리의 날이 멀지 않았다는 희망을 갖도록 하여 현실의 고난을 극복할 수 있도록 위로하고 그들이 분발하도록 하는 작용을 한다. 즉 고난과 불만족스러운 현실에서 지나치게 비관하거나 절망하지 않도록 만들기도 하고, 또 한편으론 일종의 추세를 불러일으켜 열정과 의지를 가지도록 하며, 심지어 민족이나 국가 혹은 정당이나 계급이 바라는 목표를 향해 저돌적인 행동을 취하도록 한다.

당연히 정치 신화가 예시하는 전망은 그것이 달성되는 분명한 시간이 결코 지정되지 않고, 또한 구체적 내용도 제시되지 않는 모호한 구호에 불과하며, 이성적으로 판단할 수 없는 감정적 고무에 불과하다. 그럼에도 불구하고 그것은 사람들에게 희망을 준다. 그리고 이러한 희망은 예상하기 어려운 힘을 발휘한다. 바꾸어 말하자면 정치 신화가 제시하는 어떤 전망이 진정으로 달성될 수 없는 것이라고 하더라도 여전히 사람들에게 커다란 희망을 제공한다. 이는 인간이 스스로 기만당하고자 하는 본능을 가지고 있기 때문이다.

(7) 행위 양식의 제공과 가치와 의의의 부여

말리놉스키는 신화가 '선례로서의 정당성을 부여하는 기능'[518]을 가지고 있다고 하였다. 원시 사회에서 모든 행위와 활동의 정당성을 수립하거나 증명하는 데 있어서 신화의 작용이 지대하다는 것이다. 문명 사회에서도

518 말리노우스키 지음/서영대 옮김, 앞의 책, p. 87.

선례와 전범(典範)으로서의 신화의 이러한 기능은 여전히 작용한다. 기독교나 불교, 회교를 비롯한 어떤 특정 종교를 신앙하는 신도들에게 있어 그들 종교가 말하는 신화 내지 종교 지도자의 이적에 대한 신뢰도는 종교를 신앙하지 않는 사람들과는 전혀 다르다. 이들 종교들은 각기 고유한 제사, 기도, 의식 등의 일정한 양식(Pattern)을 통해서 이들 종교의 신화를 숭배한다.

정치 신화 역시 일정한 행위 양식을 제공함으로써 사회적 가치와 의의를 부여하고, 그를 통해서 그 정치 신화를 신뢰하는 사람들로 하여금 자신의 행위를 정당한 것으로 여기게 하는 작용을 한다. 히틀러 시대의 독일의 나치당원들은 나치 신화를 신봉함으로써 공동의 행위 양식을 가지고 있었다. 아리안인은 하느님의 선민으로 가장 우수하기 때문에 그들의 일거일동은 언제나 선민으로서의 자부와 긍지를 표양하였다. 그들이 유대인을 박해하고 유대인을 살해한 행위는, 나치 신화가 '유대인을 굴레를 씌우지 않은 이리와 같은 존재'로 영원히 아리안인의 적이라고 규정한 데서 유래한 것이다. 때문에 그들은 유대인을 박해하였고, 유대인을 살해하는 행위가 정당한 것이자 필요한 것으로, 또 그것이 그들의 임무이자 신성한 사명으로 행위로 인식하였던 것이다.

3) 정치 신화의 생성 배경

신화의 생성은 그 시대의 문화적 속성과 불가분의 관계를 가지고 있음은 주지의 사실이다. 문화적 속성은 주로 사실적 측면과 사상적 측면으로 구분할 수 있다. 사실적 측면이라 함은 주로 그 시대의 정치 제도나 사회 경제적 형태를 말하는 것이며, 사상적 측면이라 함은 주로 그 사회의 의식 형태나 신앙의 구조를 말하는 것이다.

먼저 문화의 사실적 속성과 신화 생성과의 관계를 보면 그리스 신화의 주신 제우스의 전지전능과 절대적 권위는 그리스·로마 사회의 가부장적 가족 제도와 결코 무관하지 않고, 로마 건국의 신화는 로마의 군사적 영광과 밀접한 관계를 가지고 있다. 중국의 견우직녀 신화 역시 중국 고대 사회의 남경여직(男耕女織)의 사회를 배경으로 형성된 것이다.

신화와 문화의 사상적 측면과의 관계는 주로 신화와 의식 형태(이념)와의 관계를 말하는 것이다. 의식 형태란 주의나 주장을 통하여 하나의 체계로 농축된 각종 신앙의 집합이라고 할 수 있으며, 과학·철학·신학·습속 등과 관련되어 보편적으로 유행하는 사상이나 관념이다. 이는 대다수 사람들에 의해서 접수되고 신봉되어 당연시되거나 자명한 진리로 간주되는 것이자, 하나의 전형적인 모델로 결정된 것이다.[519]

정치 신화는 그것이 진실한 것으로 신봉될 때 비로소 성공적으로 그 목적이 달성된다. 또한 그 내용이 그 시대에 유행하는 이론적 체계나 관념, 그리고 신앙과 부합되어야만 그 효과가 극대화된다. 때문에 정치 신화는 통상적으로 그 시대의 의식 형태(ideology)를 대표하는 보편적인 신앙을 바탕으로 제조되기 마련이다. 신앙과 부합된 신화만이 스스로 유행하며, 그 신화는 또 그 시대의 의식 형태를 구성하는 중요한 요소가 된다.[520]

예를 들면, 중국의 하(夏)·은(殷)·주(周) 삼대의 시조 신화는 모두 세 가지 공통 요소를 가지고 있다. 첫째는 시조들이 모두 감생에 의한 출생을 설명하고 있고, 다음으로 시조들이 모두 문화 영웅으로서의 혁혁한 명성을 보유하고 있으며, 마지막으로 이들 시조들은 모두 황제(黃帝)를 정점으로 하는 통일된 계보를 형성하고 있다는 것이다.

---

519 孫廣德, 앞의 책, p. 122.

520 王青, 〈商周秦漢時期政治神話的演變〉. http://rcf08211.blog.163.com/blog/static/134385242201032960548 48/(2011_08_13).

먼저 하(夏)나라의 개국 시조로 알려져 있는 대우(大禹)는 그의 모친이 율무를 삼키고서 잉태하였고,[521] 황하의 치수 성공과 구주(九州)와 구도(九道)의 개통 등과 같은 혁혁한 공훈으로 마침내 하의 개국 시조가 되었다.[522] 또 은(殷)의 시조 설(契)의 신화에서는 제곡(帝嚳)의 차비인 그의 모친 간적이 제비가 떨어트린 알을 삼키고서 설을 잉태하여 낳았고,[523] 설은 장성하여 우(禹)가 치수에 성공하는 데 큰 공적을 세웠으며, 그 공적으로 사도(司徒)로 임명되어 백성들을 가르친 것으로 되어 있다.[524] 주(周)의 시조 후직(后稷) 신화에서도 역시 제곡의 원비인 강원(姜嫄)이 들에 나갔다가 거인의 발자국을 밟고서 태기를 느껴 고기 덩어리(肉團)를 생산하게 되었고, 그 고기 덩어리에서 마침내 후직이 태어났다. 또한《사기》〈하본기〉에 의하면, 우의 아버지는 곤(鯀)이고, 곤의 아버지는 전욱(顓頊)이며, 전욱의 아버지는 창의(昌意)이고, 창의의 아버지는 황제(黃帝)이다. 우는 황제의 현손(玄孫)이자 전욱의 손자이다.[525]《세본》(世本)에 의하면, 제곡은 황제의 현손이고,[526] 설과 후직이 모두 제곡의 아들이다.[527] 또《상서》〈요전〉에 의하면 우와 기, 그리고 설이 모두 요순 수하의 네 개 부락의 수령으로 요순을 도와서 천하를 다스리는 데 혁혁한 공헌을 하였다.[528] 하우는 황하의 치수를

---

521 禹母呑薏苡生禹(《論衡》〈奇怪〉).

522 禹乃遂與益, 后稷奉帝命, 命諸侯百姓興人徒以傅土, 行山表木, 定高山大川. 〔…〕 以開九州, 通九道, 陂九澤, 度九山(《史記》〈夏本紀〉).

523 天命玄鳥, 降而生商(《詩經》〈商頌〉).

524 帝舜乃命契曰: '百姓不親, 五品不訓, 汝爲司徒而敬敷五敎, 五敎在寬.' 封于商, 賜姓子氏. 契興於唐, 虞, 大禹之際, 功業著於百姓, 百姓以平(《史記》〈殷本紀〉).

525 夏禹, 名曰文命. 禹之父曰鯀, 鯀之父曰帝顓頊, 顓頊之父曰昌意, 昌意之父曰黃帝. 禹者, 黃帝之玄孫而帝顓頊之孫也. 禹之曾大父昌意及父鯀皆不得在帝位, 爲人臣(《史記》〈夏本紀〉).

526 黃帝生玄器, 玄器生僑極, 僑極生帝嚳(《世本》〈帝繫〉).

527 帝嚳卜其四妃之子皆有天下, 元妃有邰氏之女, 曰姜嫄, 生后稷; 次妃有娀氏之女, 曰簡狄, 生契; 次妃陳豊氏之女, 曰慶都, 生帝堯, 次妃訾陬氏之女, 曰常儀, 生帝摯(《藝文類聚》十五引〈世本〉).

성공하였고, 구주를 개통한 영웅이며, 설은 그를 보좌한 공신이자 사도로서 백성의 교화를 책임졌으며, 후직은 백성들에게 농업을 가르친 농업의 영웅이다.

하은주는 그 발상지는 물론 사회 상황 역시 모두 상이하다. 하는 그 실체를 증명할 수 있는 문헌이나 고고학적 자료가 아직도 미비된 상태이다. 중국 역사의 진정한 시작이라고 할 수 있는 상은 목축을 근간으로 하는 금석병용의 모계 중심의 신본 사회였다. 이에 비해 주는 농업을 최초로 발명한 민족이자 철기사용의 노예제 사회였다.[529] 그럼에도 불구하고 삼대의 시조 신화가 구체적 내용은 비록 약간씩 상이하지만, 모두 공통적인 신화 모티프를 가지고 있다고 하는 것은 바로 이들 신화가 어떤 특정한 의식 형태와 신앙을 바탕으로 인위적으로 제작된 정치 신화의 일종임을 말해 주는 것이라고 볼 수 있다.

상주(商周) 시대에 이르기까지 중국의 고대 사회는 씨족 사회의 유풍을 그대로 보존하고 있었다. 혈통을 바탕으로 하는 당시의 씨족이 보편적으로 존재하였으며, 당시의 씨족은 긴밀하게 단결된 정치와 경제의 실체였다. 또한 사회 구조의 기본 세포이기도 하였으며, 심지어 국가가 씨족이나 종족의 확대였다고 할 수 있다. 그리고 상주 시대의 의식 형태는 바로 혈통 관념이고, 종교 신앙은 조상 숭배라고 할 수 있다. 조상 숭배는 비교적 원시적인 씨족 사회의 종교 관념이다. 원고 시기, 씨족 집단을 벗어난다는 것은 씨족의 개체 성원으로서는 생존과 직결되는 문제였다. 개인은 집단에 의존해야만 비로소 생존할 수 있었고, 씨족 집단은 씨족 수령의 통치 아

528 舜曰: '咨, 四岳!有能奮庸熙帝之載, 使宅百揆亮采, 惠疇?'僉曰: '伯禹作司空'帝曰: '俞, 咨!禹, 汝平水土, 惟時懋哉!'禹拜稽首, 讓于稷, 契暨皐陶. 帝曰: '俞, 汝往哉!'帝曰: '棄, 黎民阻飢, 汝后稷, 播時百穀'帝曰: '契, 百姓不親, 五品不遜. 汝作司徒, 敬敷五教, 在寬'(《尚書》〈堯典〉).

529 郭沫若,《中國古代社會研究》(香港: 三聯書店, 1978), pp. 7-14.

래에 있었기 때문에 씨족 집단에 대한 개인의 의탁은 수령이나 추장에 대한 복종과 숭배로 추상화되었다. 거기다가 이왕에 씨족 집단은 그 구성원과 수령 사이에 일정한 혈연적 정리(情理) 관계가 있었기 때문에 개인은 생존의 열정이나 희망, 사망에 대한 공포의 해소를 최종적으로 신비한 위력을 구비했다고 생각되었던 수령의 신상에 기탁할 수밖에 없었다. 조상 숭배의 관념이 발생한 것은 바로 이러한 이유에서이다.

따라서 혈통 관념과 조상 숭배는 당시의 사회 정치 제도의 가장 중요한 배경이 되었다. 당연히 상주 시대의 정치적 지위를 결정하는 가장 핵심적인 요소는 바로 친족 관계였다. 당시의 사회 제도가 친족을 기초로 하여 지배 계급이 형성되어 있었고, 천자의 권력 획득 역시 기본적으로 혈연에 의한 승계였다. 따라서 혈연의 정통성이 확립되기만 하면 그 권력의 합법적 지위는 쉽게 동요되지 않았다. 때문에 선진 시대 한 군주의 권력이 그 합법성 내지 정통성을 보장받기 위해서는 반드시 자신의 선조가 공적이 있는 씨족 부락의 수령으로, 하늘로부터 부여받은 신성을 보유하고 있다는 것과, 이 군주와 씨족 부락의 수령이 혈연 관계가 있음을 증명해야 했다. 그리고 이러한 것들을 가장 효과적으로 증명할 수 있는 수단이 바로 시조 신화의 창조라고 할 수 있다.

먼저 선조의 신성에 대한 증명은 바로 신이한 출생과 비범한 능력에 의한 영웅적 업적을 선전하는 것으로, 주로 시조의 감생(感生)에 의한 탄생과 문화 영웅으로서의 면모를 갖추는 것이다. 시조의 감생에 의한 탄생, 즉 무성생식은 일종의 기적이다. 그러나 그 기적은 신앙을 지탱하는 중요한 요소이다. 시조의 감생 출생은 오히려 씨족의 시조에게 일종의 신성한 배경을 부여하기 위한 하나의 수단이었으며, 시조에 대한 숭배를 더욱 강화하기 위한 방편이라고 할 수 있다. 또한 신화에서의 문화 영웅이란 한마디로 고대의 문명 창조에 걸출한 공헌을 한 신인으로, 발명의 창조자라고 할 수 있다. 발명은 바로 자연력의 지배를 의미하며 그것은 곧 권력의 중요한 원천이기도 하다. 따라서 군주의 시조가 문화 영웅의 후예라고 하는 것은 바로 관습이나 불문율에 의해 정당화된 전통적 권력을 보유하였다는 의미로 풀이될 수 있다. 다음으로 시조의 혈연적 정통성은 주로 신과의 계보 관계를 구축하는 것으로 증명되었으며, 이것은 군주 권력의 합법성의 기초가 되고, 혈통 승계의 정통성은 바로 자손이 권력을 향유할 수 있는 담보였다.

4) 중국 정치 신화의 유형

정치 신화는 시공을 뛰어넘어 존재하며 사회의 제반 요소들과 상호 결합하여 서로 다른 작용을 발휘한다. 권력 체계에서 신화가 일으키는 작용은 대부분 정신적 작용이다. 정치 신화는 먼저 신화와 권력을 결합시켜 사람들이 권력을 신앙하고 복종하도록 하는 데 중요한 작용을 한다. 이는 권력과 신화가 결합하는 가장 원초적인 동기이기도 하다. 정치 신화는 사람들이 어떤 정치적 현실을 받아들일 수 있도록 그 현실에 대한 해석을 제공하며, 정치 신화에 의한 권력과 세계에 대한 해석은 권력 체계를 건립하는 중요한 전제가 되어서 권력 체계를 유지하는 권위의 확보와 더불어 통치 계층의 바람대로 그 사회가 발전하도록 보증한다.

정치 신화는 권력의 발생, 작용 및 종결의 과정에서 그 스스로 끊임없이 변화 발전하거나 정치에서 분리 독립되기도 하고 또 정치와 긴밀하게 결합되기도 한다. 신화는 전통적 권위를 강화하는 데 있어 그 원천적이고 결정적인 근거를 제공하는 작용을 한다. 또한 합법적 권위나 카리스마적 권위가 지속적으로 유지되는 데도 대단히 중요한 작용을 한다.

중국 고대의 정치 신화는 주로 조신(造神) 운동의 형태로 나타났다. 그리고 이러한 조신 운동을 유형적으로 분류하면 대체로 세 가지로 분류되는

데, 첫째 존재론적 신이성(神異性)의 강조로 주로 시조의 비범한 탄생에 관한 신화, 즉 감생 신화와 신의 모습을 인간과 동물과의 합체(人獸合體) 즉 반인반수(半人半獸)로 설정함으로써 인간은 가질 수 없는 신들의 비범한 능력을 과시하는 것이다. 둘째는 군권신수설의 조장인데 주로 우주론적 징조와 신이성을 강조하는 것으로, 신도설교(神道設敎)와 참위신학 그리고 오덕종시설 등이 이에 속한다고 할 수 있다. 셋째는 시조의 위대한 업적이나 행위를 선양하는 방법인데, 이는 주로 조상이나 시조의 신상에 모든 문화의 창조를 집적시킴으로써 그들로 하여금 문화 영웅적인 면모를 갖게 하는 것이나, 특정한 역사 인물의 신격화 등을 들 수 있다.

(1) 존재론적 신이성의 강조

인수합체(人獸合體) 신화와 정치가 결합되는 가장 원시 형태는 바로 신화 속의 시조나 영웅의 모습을 반인반수(半人半獸) 또는 인수합체(人獸合體)로 상정하는 것이다. 중화 민족의 시조 황제(黃帝)는 사면(四面), 즉 얼굴이 네 개이고, 그의 적수였던 치우(蚩尤)는 쇠와 돌을 식용하였고, 사람의 머리에 소의 발굽을 하고 있는 데다가 눈이 네 개이고 팔이 여섯 개이다. 복희(伏羲)와 여와(女媧)는 뱀의 몸에 사람의 얼굴을 하였다. 이 외에도《산해경》에는 수많은 반인반수의 신들이 등장한다.

그리스 신화에도 많은 반인반수의 신들이 등장한다. 야만성과 폭력성의 상징으로 사람의 몸에 황소의 머리를 가진 괴물 미노타우로스(Minotaur), 하체는 말이거나 염소이고 허리 위 상체는 인간인 사티로스(Satyros)와 실레노스(Silenos), 상체는 인간이고 가슴 아래 하체는 말인 켄타우로스(Centauros), 머리가 별들에 닿을 정도로 크고 팔을 벌리면 한 손은 서방에 한 손은 동방에 닿을 정도의 거인으로, 백 마리의 용의 머리를 손가

락 대신 가지고 있고 날개 달린 동체를 가진 티폰(Typhon), 상반신은 여자이고 하반신은 다리 대신에 뱀의 꼬리를 한 괴물 뱀 에키드나(Echidna) 등등이 있다. 또한 이집트의 신상(神像)들은 사람의 머리에 사자의 몸을 하고 있는 스핑크스 외에 기본적으로 몸은 사람이고 머리는 모두 특정한 짐승의 모습을 하고 있다. 인류의 창조자 크놈은 숫양의 머리이며, 죽은 자를 심판하는 신인 토트는 따오기 머리이고, 다산의 여신 하토르는 인간의 모습이나 때로는 암소와 암사자, 뱀이나 무화과나무의 모습으로 나타난다. 이 외에도 고양이의 여신인 바스테트는 고양이 머리를 하고 있고, 두아트의 문지기는 독수리 머리이며, 미라 제작 기술의 고안자로서 죽은 자에게 도움을 주는 아누비스는 자칼의 머리를, 혼란의 신인 세트도 종종 개미핥기와 비슷한 상상의 동물로 묘사된다. 또 질서의 신인 호루스는 매의 머리이며, 악어 머리에 사자와 하마가 반반씩 섞인 몸을 가진 괴물 암무트도 있다.[530]

동서를 불문한 민족 신화에서 왜 이처럼 수많은 반인반수 혹은 인수합체의 신들이 등장하는 것일까? 흔히 동물 변형 신화라고 지칭하는 이러한 신화가 가지고 있는 문화적 함의에 대한 가장 일반적인 설명은, 이들이 바로 고대 원시 인류들의 토템 숭배와 밀접한 관계가 있다는 것이다. 말하자면 어떤 종류의 동식물 또는 무생물을 신성시하여 자신이 속해 있는 집단과 특수한 관계가 있다고 믿고 그 동식물을 집단의 상징으로 삼는 토템 숭배가 원시 사회의 변화에 의해서 조상 숭배로 대체되는 과정에서 자연스럽게 토템과 인간이 병합된 신의 형상이 나타났다고 보는 것이다. 이는 동물 변형 신화의 출현을 단순히 인간 사유의 진화로 인한 종교 신앙의 변화에 의한 필연적 결과로 보는 견해라고 할 수 있다.

---

530 피리스 플레밍 외 지음/김석희 옮김,《영생에의 길 — 이집트 신화》(서울: 이레, 2009), pp. 20-78.

그러나 반인반수의 신의 형상이 출현하게 되는 좀더 근원적인 이유는 오히려 원시 인류들이 만물유령의 사유를 바탕으로 사람과 동물, 그리고 신을 삼위일체로 인식하였던 것에서 비롯된 결과로, 가장 중요한 요소는 바로 생존을 위한 힘의 동경, 즉 자연에 대한 공포감이라고 할 수 있다. 왜냐하면 '신화의 창작과 종교적 열정은 분리될 수 없는 것'[531]이자, 원시 신앙이 맹아(萌芽)될 수 있었던 토양은 바로 공리적 색채가 전혀 없이 자발적으로 발생한 집단의식, 즉 생산력의 저급한 수준과 극도로 열악한 생활환경으로부터 필연적으로 가질 수밖에 없었던 집단 무지와 공포감이었기 때문이다.

인류 사회의 발전 역사를 조감하면 인간은 자연에 대해 굴종과 대등 그리고 정복의 단계를 거쳐 왔다. 원시 사회의 인류는 결코 다른 존재에 비해 월등한 존재가 아니었다. 오로지 원시 사회의 일부분이었고 어떤 우월적 지위도 가지지 못했다. 생명은 그 가장 저급한 형식이나 가장 고급한 형식에서 모두 똑같은 종교적 존엄을 가지고 있었다. 사람과 동물, 동물과 식물은 모두 동일한 수준에 놓여 있었다.[532] 특히 '동물은 열등한 존재가 아니라 인류보다 더 뛰어난 지식을 가진 존재로 받아들여졌다. 동물은 장수와 영생의 비밀을 알고 있는 존재였다'.[533] 이에 비해서 맹수를 비롯한 각종 동물들과의 투쟁에서 문명의 조력을 받지 못한 인류는 허약하기 그지없는 존재였다. 더욱이 약육강식은 인류와 동물들과의 사이에만 존재했던 것이 아니라 인류 상호간의 각종 능력의 차이에서도 발생하였다. 유한한 능력의 인류는 자신들보다 훨씬 강력한 힘을 보유하고 있다고 생각되는 각종 대상물에 대한 공포와 아울러 그들과 동일시되고자 하는 바람을 가

531 常金倉, 〈"山海經"與戰國時期的造神運動〉, 《中國社會科學》(2000年 第6期), p. 198.
532 陽清, 〈山海經與原始造神思惟〉, 《黑龍江民族總刊》(雙月刊, 2009年 第4期 總 第11期), p. 170.
533 카렌 암스트롱 지음/이다희 옮김, 《신화의 역사》(서울: 문학동네, 2005), p. 34.

지게 되었다. 이에 따라 아주 자연스럽게 강력하면서도 특이한 신체에 대한 외경과 경배의 정서가 인류 사이에서 발생하였고 그에 따라 초인적 능력을 지닌 신에 대한 이야기가 출현하였다. 이는 각 민족의 창세 신화가 본질적으로 자연력에 대한 경외인 것을 보아도 잘 알 수 있다. 인류의 능력이 유한하였기 때문에 인간이 빚어냈던 이상적 형상은 바로 인간으로서의 제한이 없는 신이었다. 그러면서도 이들 신들은 인간과 긴밀하게 서로 연계될 수밖에 없었던 것이다.

다시 말해서 '동물은 두려우면서도 친근한, 사냥의 대상이면서 숭배의 대상이었다. 동물에 대한 숭배의 감정과 인간의 영혼은 불멸한다는 사고가 고대인들에게 있었으며 또한 동물과 인간이 하나의 층위(層位)에서 서로 관계를 맺으며 살아간다는 사고 방식에서',[534] '동물에 대한 경외감과 두려움이라는 인간의 심리를 반영하면서 그러한 힘을 소유하고 싶은 고대인들의 소망이 그 존재들에 투사된 것'[535]이다. '강한 동물들이 지니고 있는 두려운 힘은 고대인들에게 있어서는 신성한 것이었고, 이들에 대한 두려움과 숭배의 심리가 반인반수의 신들에게 투사된 것으로 볼 수 있다'.[536]

《산해경》에는 도처에 뱀을 부리거나(操蛇) 뱀을 몸에 장식한(飾蛇) 신에 대한 언급이 있다. 신화에서 뱀의 상징은 매우 다양하고 다원적이지만 가장 근원적인 것은 역시 광폭하고 위험한 자연의 힘을 상징한다. 뱀을 마음대로 부리고 뱀으로 신체를 장식하는 것은 바로 이러한 공포로 가득한 자연을 인간의 의지대로 조종함으로써 신성과 영성 혹은 권위를 확보하고자 하는 바람이 구현된 것이라고 볼 수 있다.[537]

결국 원시 인류는 자신보다 월등한 능력을 가졌다고 인식한 각종 동식

534 김선자, 앞의 책, p. 62.
535 위의 책, p. 66.
536 위의 책, p. 74.
537 陽淸, 앞의 글, p. 172.

물을 신령한 것으로 간주하였고, 그에 따라 자연스럽게 그것들은 인류의 신성 확보를 위한 취재의 대상이 되었다. 그리고 마침내 그들의 부분적 외모와 능력이 인간과 융합됨으로써 반인반수, 인수합체의 신의 형상이 출현한 것이다. 신화에 등장하는 신들의 기이한 형상은 토템 숭배의 일단이기도 하지만, 다른 한편으로는 역시 원시 인류의 공포에서 유래한 이상적 형상에 대한 서술이기도 하다. 그리스 신화의 제우스나 로마 신화의 주피터는 모두 뇌신의 특성을 보유하고 있고, 사람들은 벼락이 떨어진 곳에 반드시 제단을 만들었다고 전하고 있다. 이는 천신에 대한 경배보다는 오히려 천신에 대한 공포 때문이라고 할 수 있다. 인류를 두렵게 하는 그들의 형상은 어떤 의미에서는 그들의 신성과 위엄의 표징이기도 하지만 동시에 신들에 대한 인류의 강력한 공포심의 표현이기도 하다.[538]

권력의 중요한 원천 중의 하나가 보상이자 또한 처벌과 위협이라는 점에서 보면 신화는 바로 원시 인류의 정치적 산물이라고 해도 무방할 것이다. 신이 세계를 창조하였고 또 세계를 제어하지만 언제든지 어떤 힘도 들이지 않고 너무나도 쉽게 이 세계를 멸망시킬 수 있다는 두려움으로 인해 인류는 끊임없이 신들에게 제사를 올렸다. 그리스 신화에서 신은 인류를 두 번 창조한다. 흔히 은의 시대(Silver Age)라고 불리는 이 시대 사람들은 오만하고 방자하여 서로 시기하고 질투하였다. 더 이상 신의 제단에 제물을 바쳐 신을 경배하지도 않았다. 분노한 제우스는 이들을 대지 위에서 소멸시켜 버린다. 인류의 보호신 프로메테우스는 인류를 위해 제우스를 속이고 불을 훔쳐 인간에게 주었기 때문에 날마다 독수리에게 간을 쪼이는 형벌을 받게 되었다. 신은 무소불위의 권력자요 그러한 권력 앞에서 인류는 언제나 순종함으로써만 안위를 유지할 수 있는 보상을 받았다. 신에게 불경을 저지르면 죽음이나 죽음보다 더한 고통이 뒤따른다고 생각한 데서

538 王德保,《神話的由來》(北京: 中國人民大學出版社, 2004), p. 50.

신화는 위엄 가득한 신들의 형상을 창조하였고, 또 인간의 능력 이상을 보유한 인수합체의 기괴한 모습들을 만들어 내었다.

결론적으로 신화 속의 신들이나 영웅 인물이 일반인과는 다른 경로로 출생을 하고 인수합체의 괴기스러운 형상으로 등장하는 것은 바로 원시 인류가 직면하였던 생존에 대한 위협과 공포, 그리고 그것을 극복하고자 하였던 갈망에 의해 초현실적인 존재를 만들어 내었고, 또 거기에다가 자신들이 생각하는 가장 강력한 힘의 상징을 부여한 결과라고 할 수 있다.[539] 또한 이는 정치와 신화가 하나로 결합되는 가장 초보적인 형태를 대표하는 것이기도 하다.

감생 신화 최초의 신화는 성(sex)과도 역시 밀접한 관계를 가지고 있다. 성은 인류가 생명을 번식하고 후대를 연속시키는 과정으로 신비 그 자체였다. 또한 성은 양성의 이성 사이에 행해지는 개체 행위로 이는 인류의 군집 생활에서 보면 분명히 분열이라고 할 수 있다. 외계의 생존에 대한 압력이 군집 내부의 분열의 장력보다 크게 될 때에, 사람들은 자신의 안위를 위해서 이 군집의 테두리를 벗어나기를 결코 원치 않았을 뿐만 아니라 언제나 이 군집의 테두리 안에서 적극적으로 자신의 능력을 발휘할 수 있게 되기를 갈구하였다. 이 때문에 이성 간의 성행위는 좀더 은밀하게 진행될 수밖에 없었다.

그러나 만약 씨족의 시조나 수령이 범인의 탄생과 똑같은 과정, 즉 남녀 간의 성행위를 거쳐서 태어났다면 그것은 신성성의 결여를 초래할 수 있고, 씨족의 결집이나 단합에 중대한 영향을 미칠 수 있다. 때문에 세계의 모든 시조 신화나 건국 신화가 신이한 감생에 의한 시조의 탄생을 설명하고 있는 것이다. 예를 들면 은(殷)의 시조 설(契)은 그의 모친 간적(簡狄)이

539 Karen Armstrong/蔡昌雄 譯,《神的歷史》(海口: 海南出版社, 2001), p. 5.

제비가 떨어트린 알을 먹음으로써 잉태되었고, 주(周)의 시조 후직(后稷)은 그의 모친인 강원(姜嫄)이 거인의 발자국을 밟고서 출산한 고기 덩어리에서 태어났으며, 진의 시조 대업(大業) 역시 그의 모친인 여수(女修)가 제비가 떨어트린 알을 삼킴으로써 잉태되었다. 이러한 경우는 우리나라 신화에서도 예외가 아니다. 고구려의 시조 주몽은 모친인 유화 부인이 햇빛에 감응하여 잉태하였고, 혁거세나 수로왕 등의 신화도 모두 이와 유사하다.

또한 막 태어난 영아는 허약하기 그지없어 쉽게 상해를 입는다. 그렇지만 성인의 신상에 모든 것을 기탁하였기 때문에 사람들은 성인을 일반인과 동일시하기를 원치 않으며 자발적으로 성인의 신상에 신비적 역량을 첨가하게 된다. 그러나 이러한 신비적 역량은 단순하게 부여되지 않는다. 반드시 일반인으로서는 감내하기 어려운 시련을 극복했을 경우에만 부여되는 보상이다. 로마 건국 신화의 로물루스와 레무스 형제가 테베레 강가에 버려졌다가 어미 늑대의 젖을 받아먹고 살아난 것이나, 주몽이 버려졌다가 다시 거두어진 후 부여의 왕자들에 의해 모진 박해를 받는 것이나, 또 주의 시조 후직(后稷)이 태어나자마자 버려졌다가 다시 수습되는 소위 기자(棄子)의 신화는 모두 영웅의 시련과 극복, 그리고 귀환이라고 하는 동일한 모티프로 이루어져 있다.

(2) 군권신수설(君權神授說)의 조장

군권신수설은 봉건군주 전제 제도의 정치 이론이다. 황권(皇權)은 신으로부터 부여받은 것이므로 천부적 합리성을 갖추고 있으며, 황제는 신을 대표하여 인간에게 권력을 행사하며 인민을 관리하는 사람이라는 것이다. 권력을 신으로부터 부여받았기 때문에 인간이라면 그 누구도 임의로 찬탈할 수 없다는 것이다.

| 신도설교(神道設敎) | 고대 중국에서 군권신수설은 대단히 장구한 역사를 가지고 있으며, 소위 신도설교의 방법을 통해서 주로 구현되었다. 《주역》(周易) 〈관괘〉(觀卦) "단사"(彖辭)에는 '성인이 대자연의 신묘한 법칙을 본받아 백성들을 교육시키고 감화시키면, 천하의 백성들이 분분히 순종하고 복종한다'[540]고 하였고, 또한 《예기》(禮記) 〈제의〉(祭義)에서는 '만물의 정령에 따라서 그것을 지고무상의 신으로 존중하여서, 백성들의 숭배의 대상으로 삼게 하여 모든 사람들이 두려워하고 복종하게 한다'[541]고 하였다. 신도(神道)란 결국 신의 규율과 도리임과 동시에 모든 사람들이 두려워하여 복종하는 것을 말한다. 오묘한 철리는 민중들의 이해를 구할 수 없으나 귀신에 대한 숭배는 대단히 보편적이고 오랜 역사를 가지고 있으므로 이를 통해서 백성들을 교육시키고 감화시킨다는 것이다.[542] 그리고 그 구체적 방법으로 복희와 대우의 하도낙서(河圖落書)의 전설뿐만 아니라, 주로 제왕들의 출생과 생사, 그리고 유년기와 평소의 행위가 모두 일반인들과는 전혀 다름을 강조하는 방식이 동원되었다.[543]

고대의 군주가 그 지위를 획득하는 방법은 대략 세 가지이다. 첫째는 무력에 의한 것이고, 둘째는 가족의 권력을 승계하는 것이며, 셋째가 정변으로 취득하는 것이다. 그러나 어떤 방법으로 군주의 지위를 획득했다 하더라도 그에 상응하는 권위까지 함께 획득하기는 대단히 어렵다. 권위는 수립되는 것으로, 고대의 제왕들이 자신들의 권위를 확고하게 수립하기 위해서 가장 쉽게 채용한 것이 바로 군권신수의 신화이다. 상조(商朝)의 시조신화가 '하늘이 현조에게 명하여 상나라 조상을 낳게 하시었다'(天命玄鳥,

540 聖人以神道設敎而天下服矣(《易》〈觀卦〉"彖辭").

541 因物之精, 制爲之極, 明命鬼神, 以爲黔首則, 百衆以畏, 萬民以服(《禮記》〈祭義〉).

542 晁福林, 〈試論先秦時期的神道設敎〉, 《江漢論壇/*Jianghan Tribune*》(2006年 2期), p. 93.

543 陽淸, 〈唐前造神運動與人神遇合的文學主題〉, 《社會科學評論》(2009年 第2期), p. 87.

降而生商)고 하는 것이나 주조(周朝)의 시조 후직(后稷)의 신화를 비롯하여 우리나라의 개국 신화 대부분을 차지하는 천손(天孫) 신화 역시 모두 대표적인 군권신수의 신화이다.

선진 시대의 이러한 시조 신화가 자신의 종족 기원에 대한 모호한 추측을 나타내는 것이라고 한다면, 진한(秦漢) 이후의 유사(類似) 신화는 완전히 통치자들에 의해서 날조되기도 한다. 예를 들어 진시황이 중국 황제들 중에서 최초로 용(龍)을 황권의 상징으로 삼았던 것은 천자의 권위를 높여서 국가 통치를 원활하게 하기 위한 목적에서였다.[544] 한(漢) 고조 유방(劉邦)은 그 출신이나 경력이 어떤 면에서도 천자의 권위에 어울리지 않았다. 때문에 그는 용을 중심으로 하는 신화 제조를 통하여 그의 지도력을 과시함과 동시에 정신적 지지를 획득하고자 하였다. 가장 먼저 시행한 것이 바로 출생의 신비감을 선전하는 것이었다.《사기》(史記) 〈고조본기〉(高祖本紀)에는 유방의 출생에 대해서, '모친 유온(劉媼)이 어느 날 큰 연못가에서 쉬다가 잠시 잠이 들었는데 천신과 교접하는 꿈을 꾸었다. 이때 하늘에서 천둥과 벼락이 쳤으며, 하늘색이 어두워졌다. 아버지 태공(太公)이 달려가 보니 교룡이 유온의 몸 위에 올라가 있었다. 얼마 후 유온은 임신을 하였고 아들을 낳았는데 이가 바로 고조이다'[545]고 적고 있는 것을 보면 유방은 인간의 아들이 아니라 용의 아들이다. 또한 그의 용모에 대해서 '높은 코에 이마는 튀어나와서 얼굴 모습이 용을 닮았으며, 멋진 수염을 기르고, 왼쪽 넓적다리에 72개의 검은 점이 있었다'[546]고 말한다. 특히《사기》〈고조본기〉는 전설을 빌려서 고조가 술에 취해서 죽인 백사(白蛇)가 백제(白帝)의 아들이고

544 黃震雲, 〈漢代神話的多態性與政治〉. http://www. literature. org. cn/Article. aspx?id=54012(2012_09_12).

545 其先劉媼嘗息大澤之陂, 夢與神遇. 是時雷電晦暝, 太空往視, 則見蛟龍于其上. 已而有身, 遂產高祖(《史記》〈高祖本紀〉).

546 高祖爲人, 隆准而容顔, 美鬚髯, 左股有七十二黑子(《史記》〈高祖本紀〉).

고조가 바로 적제(赤帝)의 아들임을 설명하고 있다.[547] 더 나아가 진시황이 늘 고조가 사는 동남 지역이 천자의 기가 있음을 걱정하여 수시로 진압하려고 하였다는 것과 의심을 피해서 은둔하는 고조를 아내인 여후가 언제나 쉽게 찾아낼 수 있었던 것 역시 그가 있는 곳이면 어디든 운기가 서려 있었기 때문이라고 말하는 것으로 고조의 군권은 바로 하늘로부터 일찍이 예정된 것임을 강조하고 있다.[548]

출생의 신이성과 용에 비유한 생김새, 그리고 적제의 아들로 자처한 것 등은 모두가 군권신수 신화의 대표적인 사례들이다. 내세울 것 없는 출신으로 군주의 지위에 오른 유방으로서는 정권의 정당성을 확보하기 위한 유일한 방법이 바로 자신의 즉위가 천명에 의한 것임을 강조해야 하는 것이었다. 그에 따라 출생의 신비와 용모의 비범함, 아울러 오행설을 이용한 백제와 적제의 신화를 만들어서 진을 대신하여 한이 건립될 수밖에 없는 당위성을 역설하였다.

▌참위신학(讖緯神學)의 활용▐ 한대에 널리 유행하였던 참위신학 역시 신격화를 통한 조신 운동의 일종이다. 참위(讖緯)는 중국 고대의 참서(讖書)와 위서(緯書)의 합칭으로, 경학과 신학의 용속한 혼합물이라고 할 수 있다. '참'(讖)은 진한(秦漢) 사이의 무사(巫師)와 방사(方士)들이 만들어 낸 길흉을 예시하는 은어로, 어떤 징조나 예언을 신의 계시로 삼아서 사람들에게

547 高祖被酒, 夜徑澤中, 令一人行前. 行前者還報曰: '前有大蛇當徑, 愿還.'高祖醉, 曰: '壯士行, 何畏!'乃前, 拔劍擊斬蛇. 蛇遂分爲兩, 徑開. 行數里, 醉, 因臥. 後人來至蛇所, 有一老嫗夜哭. 人問何哭, 嫗曰: '人殺吾子, 故哭之.'人曰: '嫗子何爲見殺?'嫗曰: '吾子, 白帝子也, 化爲蛇, 當道, 今爲赤帝子斬之, 故哭.'人乃以嫗爲不誠, 欲告之, 嫗因忽不見(《史記》〈高祖本紀〉).

548 秦始皇帝常曰: '東南有天子氣', 于是因東游以厭之. 高祖卽自疑, 亡匿, 隱于芒, 碭山澤岩石之間. 呂后與人俱求, 常得之. 高祖怪問之. 呂后曰: '季所居上常有雲氣, 故從往常得季.'高祖心喜. 沛中子弟或聞之, 多欲附者矣(《史記》〈高祖本紀〉).

길흉화복이나 흥망성쇠를 보여 주는 부전(符篆)이다. 대부분이 그림(圖)과 글(文)이 함께 있기 때문에 흔히 도참(圖讖)이라고도 한다. 위(緯)는 종교 미신의 관점에서 유가의 경전을 해석한 것이다. 경문(經文)은 마음대로 개편할 수 없기 때문에 유학의 신학화(神學化)를 위해서 위서(緯書)는 신의(神意)에 가탁하여 경전을 해석하고 그것을 신의 계시로 간주하였다.

참위신학은 미래에 대한 일종의 정치 예언이다. 주로 고대의 하도낙서(河圖洛書), 음양오행설 및 서한 동중서의 천인감응설(天人感應說)을 이론의 근거로 하여 자연계의 우연한 현상을 신비화함과 아울러 그것을 통해서 미래의 길흉을 예측하는 것이다. 진조(秦朝) 말기, 진승(陳勝)과 오광(吳廣)이 봉기하면서 '陳勝王'(진승이 왕이 된다)이란 세 글자를 비단에 써서 어부가 잡아 온 물고기의 뱃속에 집어 넣어둠으로써 이 물고기를 사서 먹은 병사들이 자연스럽게 이것을 보도록 하였다. 또 오광이 야밤에 막사 부근의 묘당에 들어가 불을 지르고 '초나라가 다시 일어서고 진승이 왕이 된다'(大楚興, 陳勝王)고 외침으로써 이를 들은 병사들이 자신들의 봉기가 신탁에 의한 것으로 확신하여 물불을 가리지 않고 전투에 임하도록 만들었다. 청말 태평천국(太平天國)의 홍수전(洪秀全)은 '승천하여 금빛 수염의 근엄한 노인으로부터 진도(眞道)와 검, 권능(權能)을 부여받고, 중년 남성의 도움을 받아 천상(天上)의 요마(妖魔)를 구축하고 세계를 구하라는 명령을 실행하는 꿈을 꾸고서, 상제(上帝)를 천부(天父)로, 예수를 천형(天兄)으로, 그리고 자신을 천왕(天王)으로 자처하는 삼위일체론을 창출'[549]하여 봉기를 일으켰다. 또 중국 역사상에 흔히 등장하는 수법으로 짐승이나 벌레를 이용하여 나뭇잎 등에 글자를 새기는 충식문(虫食文) 등을 통해서 특정한 인물의 즉위나 천하 쟁패를 비롯한 사회 현상을 예언하기도 하였다. 이런 것들은 모

549 金誠贊, 〈太平天國과 捻軍〉, 《講座中國史V — 中華帝國의 動搖》(서울: 지식산업사, 2002), pp. 84-85.

두 특정한 정치적 목적을 위해서 날조된 것으로 이 또한 참위신학의 일종이라고 할 수 있다.

한마디로 참위신학은 고대의 종교 신학적인 색채를 구비한 정치 선전 심리학이다. 권력을 도모하는 자 혹은 권력의 자리에 오른 통치자가 여론을 조성하여 전통적인 천명관(天命觀)에 몰입되어 있는 민중들을 설복함으로써 그 권력의 합리성을 증명하거나 강화하기 위한 것이라고 할 수 있다.[550]

이러한 참위신학을 가장 효과적으로 이용한 사람이 바로 한의 왕위를 찬탈한 왕망(王莽)이다. 그는 자신의 덕을 널리 선전하기 위하여 자신의 세 아들을 비롯하여 두 명의 사위 그리고 손자 손녀까지 살해했으며, 반드시 황제가 되어야만 한다는 수많은 참위 신화를 제작하여 유포하여, 마침내 황제의 자리에 오르게 되었던 것도 신화를 이용하여 정치적 권위를 만들어 내고 또 그것을 효과적으로 운용한 결과이다.

예를 들어, 《자치통감》에 의하면 서한의 '무공현(武功縣) 현장 맹통(孟通)이 우물을 파다가 위는 둥글고 아래는 네모진 백석(白石)을 발견하였는데 그 위에 '안한공(安漢公) 즉 왕망이 황제가 됨을 고하노라'[551]고 붉은 글씨로 써 있었다고 한다. 왕망이 이러한 단서석(丹書石)의 조작에 직접 참여하였다는 증거는 없지만, 이 단서석의 출현을 기점으로 왕망은 중국 역사상 유일무이한, '가황제'(假皇帝)라고 하는 황제 다음 가는 직위를 획득하게 되었다. 또한 단서석의 출현을 기점으로 하여 왕망이 왕위에 오르는 것이 소위 천의라고 하는 많은 참위의 증거들이 속속 발견되었고, 왕망은 왕위에 오르고 난 다음에도 전국에 출현했거나 영향을 미친 참위의 물증과 사례들을 한데 모아서 백성들에게 전람시킴으로써, 신조(新朝)의 출현은 천

---

550 http://zhidao. baidu. com/question/292589125. html(2011. 12. 14).

551 武功長孟通浚井得白石, 上圓下方, 有丹書著石, 文曰, 告安漢公莽爲皇帝(《自治統監》).

명에 의한 것임을 널리 선전하였다.[552]

중국 역대의 상당수 개국의 제왕들이 자신의 출생이나 내력에 관한 신이한 전설이나 신화를 날조하여 전파시킨 것은 바로 정치 신화를 이용한 권위의 형성을 통하여 권력을 쟁탈하기 위한 하나의 수단이었다고 할 수 있다. 또한 중국 고대에 흔히 등장하였던 성군의 시절에 봉황을 비롯한 특이한 현상이 나타난 것을 두고 하늘이 성왕의 공덕을 축하하는 의미로 선전했던 소위 상서지설(祥瑞之說) 역시 실제로는 정치 신화의 일종이다. 백성들의 성왕에 대한 구심력을 강화함으로써 그에 대한 복종을 더욱 용이하게 강요할 수 있었던 것이다.

신화 체계의 개조 신화의 체계를 새롭게 수립하는 것도 군권신수의 이론을 강조하는 한 방법이라고 할 수 있다. 예를 들면 한 무제(武帝)는 태일(太一)을 중심으로 새로운 통일된 신화 체계를 구축하여 중앙집권적 정치 체제를 실시하는 준거로 응용하였다.[553] 무제에 이르러 서한 사회는 이미 안정기에 접어들었고, 지방 제후들의 세력이 약화되어 중앙집권이 날로 강화됨에 따라 정치적으로 이미 대일통의 국면에 이르렀다. 그러나 절대신의 관념이 없는 오제(五帝)만으로는 통일된 중앙 정권을 공고히 하는데 불리하다고 판단하였다. 그에 따라 오제 위에 새로운 천신을 세울 필요가 생겼고 이것이 바로 태일이었으며, 오제는 단순한 태일신의 보좌로 격하되었다. 바로 현실 정치의 국면과 부합되는 새로운 신화 체계를 수립함으로써 정치 권력 체계의 당위성이 더욱 강조됨과 아울러 황권의 권위 역시 자연스럽게 제고되기를 바랐던 것이다.

---

552 蔣海波, 〈王莽靠讖緯之學當上皇帝〉, 《東方收藏》(2010年 6期), pp. 90-91.

553 黃震雲, 〈漢代神話的多態性與政治〉 http://www.literature.org.cn/Article.aspx?id=54012(2011_12_14).

측천무후(則天武后)는 불경 속의 고사를 차용하여 자신에게 유리한 여론을 형성함으로써 정치적 목적을 달성하였다. 여성의 몸으로 황제의 지위에 오른다는 것은 유가의 전통적 문화 관념에 위배되었다. 때문에 측천무후는 여론이 자신에게 유리하게 조성되도록《대운경》(大云經)을 널리 반포하였는데,《대운경》에는 정광천녀(淨光天女)가 여성의 몸으로 국왕이 되어서 전륜왕(轉輪王)이 통치하는 사분지일의 강토를 획득하였으며, 자신이 속한 곳의 남녀노소들이 사견과 이견을 배제하도록 교화시켜 널리 보살 사업을 펼쳤다는 이야기가 실려 있었다. 불경의 고사를 이용하여 자신을 신격화함과 아울러 마침내 황제의 지위에 오를 수 있는 근거로 삼아서 그녀의 정치적 목적을 달성하였다. 그런가 하면 송(宋)의 진종(眞宗)은 꿈에 옥황(玉皇)의 계시를 받았다는 것을 핑계로 억지로 '보생천존조현랑'(保生天尊趙玄朗)이라고 하는 조씨 제왕의 조상을 만들어 내었고 이후 도교에서는 이를 옥황의 다음가는 존신(尊神)으로 받들기도 하였다. 또 명(明)의 성조(成祖)는 자신을 진무대제(眞武大帝)의 화신으로 자칭하기도 하였다. 이처럼 봉건 군주들이 조신(造神) 운동에 열중하였던 것은 오로지 군권신수의 관념을 널리 선양하여 황실 통치의 합법화를 도모하고, 또한 날조된 신을 우상화시킴으로써 황실과 황권을 더욱 공고히 하고자 하는 목적에서 비롯된 것이었다.[554]

‖오덕시종설(伍德始終說)의 원용‖ 고대 제왕들이 군권신수의 신화를 고취하는 데 음양오행설 즉 오덕시종설(五德始終說)은 매우 중요한 이론적 근거가 되었다. 오덕시종설은 전국 시기의 음양가 추연(鄒衍)이 최초로 제시한 것으로, 그 이론의 핵심은 오행(五行) 즉 금목수화토 다섯 가지 원소가 서로 상극(五行相剋)하거나 상생(五行相生)한다는 것이다.

554 王德恒/張寶樹,《造神史話》(天津: 百花文藝出版社, 2002), p. 4.

추연은 이러한 소박한 유물주의적인 물질관을 인류 사회의 변화의 원리로 끌어들여서 모든 왕조는 오행 중의 어느 하나의 원소가 대표한다고 보았으며, 오생상극의 규율에 따라 구왕조가 신왕조로 대체되어 간다고 인식하였다. 예를 들면, 하(夏)가 상(商)에 의해 멸망당한 것은 하는 목덕(木德)이고 상은 금덕(金德)이기 때문에 금극목(金克木)의 원리에 따른 필연적인 결과라고 보았다. 또 상이 주에게 멸망당한 것 역시 주가 화덕(火德)이기 때문에 화극금(火克金)의 원리에 따른 필연적인 결과라고 보았다. 그리고 훗날 주를 대신할 새로운 왕조는 반드시 수덕(水德)의 왕조라고 보았다. 이러한 이론은 당시에 매우 유행하였다. 진시황이 육국(六國)을 통일한 후에 추연의 이론에 근거하여 자신이 수덕에 속한다고 생각하였고, 그래서 모든 법률 제도를 모두 수덕의 성질에 맞추어 안배하였다. 서한(西漢)이 건립된 후, 오덕의 속성을 여러 차례 바꾸다가 무제(武帝)에 이르러 마침내 수성(水性)으로 확정하였다. 왕망(王莽)이 선양의 방식으로 한의 왕위를 찬탈하였기 때문에 오덕의 이론을 오덕상극에서 오덕상생으로 바꾸었다. 그 결과 왕망의 신조(新朝)는 토덕(土德)에 속하게 되었다. 광무제(光武帝) 유수(劉秀)가 한조(漢朝)를 중건하면서 다시 한조의 속성을 화덕(火德)으로 바꾸었다. 이 후 매번 왕조 건립의 초기에는 천상에 새로운 오덕과 서로 부합되는 길조가 나타났다는 설들이 유포됨으로써 이 왕조가 천명에 의해 건립된 것임을 증명하였다. 또한 신왕조는 이에 근거하여 자신의 오덕의 속성을 확정함과 아울러 오덕의 속성과 부합하는 각종 제도를 제정하였다.

중국 고대의 봉건 사회는 수시로 왕조가 교체되었다. 때문에 어떤 한 왕조의 수립자라고 해도 그 권위는 무조건 복종의 대상이 되기에는 부족하였다. 오로지 왕조의 건립에는 반드시 천우신조(天佑神助)가 필수적이었고, 이 천우신조는 바로 오행의 순환에 따른 필연적 결과로서 증명되었다. 신의 세계를 완벽하게 구축함과 동시에 그 신의 의지를 권력의 근원으로 삼을 수 있게 된다면, 왕조의 정통성과 합법성은 더 이상 의문시될 수 없는 것이다. 말하자면 자신의 왕조를 오행의 속성으로 상징화시키는 작업은 구왕조의 천명이 다했음과 아울러, 그 천명이 자신에게 부여되었다는 것을 널리 선양함으로써 군주의 권위와 왕조 건립의 합법성을 보장받기 위한 하나의 수단이었다. 이는 또한 막스 베버가 말하는 정치 권력에서 전통적 권위를 확보하는 방법 중의 하나이다.

(3) 역사 인물의 신격화

신격화(Apotheosis)란 특정한 이익 집단이 어떤 목적을 위해서 민중의 힘을 대규모로 구동시키고자 날조된 신화나 전설을 유포시키는 것을 말하며, 이는 정치신학(政治神學/Political Theology)적인 의미를 내포한다. 때문에 이러한 신격화는 군권신수설의 조장과 일면 중복되는 개념이기도 하다. 중국 역사에 등장하는 수많은 성왕(聖王) 등에 관한 이야기는 대부분 이러한 신격화에 의한 결과라고 할 수 있다. 예를 들면 중화 민족의 공동 시조로 추앙되는 황제, 중국의 유토피아 시대를 열었다고 하는 요순, 하족의 개국 성왕 우, 그리고 만세사표로 칭송되는 공자 등을 들 수 있다.

사마천의 《사기》 〈오제본기〉에 기록된 황제(黃帝)는 강보에서도 말을 할 수 있었으며, 그의 전설은 후대로 갈수록 더 많은 신격의 요소가 첨가된다. 황천상제, 오제중의 중앙제, 도교의 신선 등이 그것이다.[555] 순(舜)은 눈동자가 두 개로, 효도의 화신이다. 우(禹)는 과문불입(過門不入)으로 상징화되는 근면과 성실의 대명사이다. 이런 신격들은 모두 전국 시대를 전후하여 당시의 지식들의 현실적 필요, 즉 시대적 대혼란을 극복하고 평화와 안정을 도모하기 위한 정신적 지주의 필요성에 의해서 날조된 조신 운동의

555 高强, 〈人格的黃帝與神格的黃帝〉, 《寶鷄文理學院學報》(社會科學版, 第27卷 第6期, 2007年 12月), p. 46.

일환이라고 할 수 있다.

특히 공자는 제자들에 의해 신격화된 대표적인 인물이라고 할 수 있다.[556] 우리가 잘 알다시피 공자는 3천 명의 제자를 두었고 그중에서 현인의 반열에 오른 사람만도 70명이라고 전해지고 있다. 이 수많은 제자들 중에서 단명한 안연(顔淵)이나 염경(冉耕) 그리고 전사한 자로(子路) 등을 제외하고는 심지어 공자로부터 제자로 인정받지 못한 재아(宰我)까지도 모두 대부분이 공자학설의 계승자가 되었다. 이들은 스승에 대한 더할 수 없는 존경과 사랑의 감정을 실제 행동으로 표현하여 세상을 떠난 스승에 대한 어떤 폄훼도 용납하지 않았으며, 그를 해와 달과 같이 빛나는 인류사의 유일무이한 성인으로 추앙하기를 주저하지 않았다.

이와 같은 공자의 신격화 이면에는 여러 측면의 문화적 함의가 내포되어 있다. 사실 공자와 그의 제자들의 관계는 인의와 도덕을 바탕으로 진정한 의미의 스승과 제자의 감정으로 융합되어 있었다고 할 수 있다. 외부적인 통제나 제어에 따른 행동이 아니라 내심에서 우러나오는 스승에 대한 진정한 감정이 자리잡고 있었기 때문에 공자의 제자들은 스승이 세상을 떠난 다음에도 그에 대한 추앙과 존경을 버리지 않았다고 할 수 있다.

그러나 공자의 신격화에는 이보다 더욱 절실했던 현실적인 이유가 존재했다고 보인다. 다시 말해서 설사 유가의 제자들이라고 하더라도 공리적 타산이 전혀 없이 오로지 스승에 대한 존경의 마음으로만 그를 신격화했다고 생각할 수 없다는 말이다. 공자의 제자들이 일단 공자에 입문하게 되면 그들은 바로 붓으로 살아가는 문인이자 문화인이 되고 만다. 노동에 종사하지 않고서 생계를 일구어 가는 것은 그다지 녹녹한 일이 아니다. 그들 역시 생계를 위한 방편을 도모해야만 하였고, 유가 학문이라고 하는 케이크가 크면 클수록 유리함은 당연지사였다. 그 전제가 바로 스승의 신성

556 黃朴民, 〈孔門造神運動〉, 《文史知識》(2003年 第11期), pp. 114-117.

함과 영명함이었다. 왜냐하면 스승의 위인으로서의 자격을 확인하려면 스승의 학문이 위대하고 영명하다는 것이 정확하게 증명되어야 하였고, 그래야만 자신들 역시 스승의 사업을 계속할 수 있고, 스승의 학설을 널리 선전해야만 그를 추종하는 제자들의 사회적 지위 역시 더욱 공고해질 수 있었기 때문이다. 결국 스승을 가송하는 것은 결국 자신들을 구제하는 것이었으며, 스승이 성인이면 제자들 역시 설사 현인의 반열에는 오르지 못한다 해도 최소한 아성(亞聖), 복성(復聖), 종성(宗聖)의 보좌에는 오를 수 있었기 때문이다.

공자는 분명히 칭송받을 만한 충분한 자격이 있는 위인이다. 그가 중국 문화에 미친 영향을 생각하면 그와 비견할 수 있는 제왕도 그리 많지 않다. 사마천이 굳이 공자를 세가(世家)에 배열한 것도 바로 이런 이유에서이다. 때문에 그가 후세의 추앙과 존경을 받는 것은 당연하다. 다만 공자를 인류 역사의 유일한 성인,[557] 천지와 같은 영원한 존재(與天地參), 완전무결한 인격체(聖協時中), 성인도 모자라 성인을 뛰어넘는 신인(神人, 聖神天縱) 등으로 미화한 것은 명백하게 사람에 대한 신격화의 일환이라고 할 수 있다.

신격화의 또 다른 예는 새로운 왕조의 창시자가 누구나 존경할 만한 역사상의 유명 인사를 자신의 가계에 끌어들여 조상으로 삼는 방법이다. 예를 들면 노자(老子)는 춘추 시대 전국 시기의 초국인으로 남만(南蠻)의 자손이다. 그러나 당조(唐朝) 황제는 선비족(鮮卑族)으로 북적(北狄) 사람이다. 이씨(李氏) 성은 동일하지만 혈연적인 관계가 전혀 없다. 그럼에도 불구하고 당의 황실은 도가학파의 창시자인 노자의 성이 이씨라는 것에 착안하여 자신들의 조상으로 삼았다.

명 태조 주원장은 빈농의 출신으로 중노릇을 하였다. 역대 중국의 황제 중에서 출신 신분이 가장 비천한 사람이다. 그래서 성씨가 같은 성리학의

557 自有生民以來, 未有孔子也(《孟子》〈公孫丑上〉).

집대성자인 주희(朱熹)를 조상으로 끌어다 쓰려고 했다. 그래서 어느 날 주희와 같은 성을 가진 관원을 불러서 그와 주희가 어떤 관계인가를 물었다. 그러나 그 관원은 황제의 뜻을 정확히 알지 못하고 거짓말을 할 수 없어서 아무런 관계가 없다고 말했다. 그러자 주원장은 그 말을 듣고 창피해져서 주희를 조상으로 삼고자 하는 생각을 버렸다. 그리고 한 고조 유방이 늘 자신을 포의(布衣)라고 칭했던 것처럼 자신도 스스로를 포의라고 자칭했다. 그러나 다른 사람이 자신의 출신을 제기하는 것은 결코 용납하지 않았다. 심지어 '광'(光)이니 '량'(亮)이니 하는 단어도 쓰지 못하게 하였다. 이들 글자기 자신이 중노릇 했던 과거를 연상시켰기 때문이다. 만약 이를 어기면 황제를 풍자하려고 한다는 혐의를 받아서 피살의 위험에까지 처하게 되었다. 그는 비록 황제의 몸이긴 하였으나 신격화할 수 있는 조상이 없었음을 스스로 부끄럽게 생각하였다고 볼 수도 있다.[558]

558 金海心, 〈造神運動〉, 《雜文選刊》(2004. 10)(下), pp. 16-17.

제7장

중국 신화와 민속

1. 신화는 언어 민속이다

민속은 인간이 자기가 속한 자연적 환경, 역사적 환경, 사회적 환경에 대처하고 적응하기 위하여 지혜와 신앙으로 엮어 낸 생활풍속으로, 민간에서 창조되고, 민간에서 전승되며, 세대를 걸쳐 세습되는 특징을 가진 전통적인 문화 현상이다. 현대적 관점에서 보면 '민속이란 문명 국가의 서민 사회에 전승하는 잔존 문화(殘存文化)'[559]라고 할 수 있다. 때문에 각종 의례에서부터 세시풍속·민간 신앙·미신·언어·복제(服制)·예능 등 그 범위가 대단히 광범위하다.

민속은 지역에 따라서 크게는 동·서양이나 각 나라에 따라서, 작게는 한 나라 안에서도 지방 또는 종족·계절·생업에 따라서 각기 독특한 생활풍속을 가지고 있다.[560] 민속은 형태에 따라서 심리 민속(무형 민속), 행위 민속(유형 민속), 언어 민속 등 세 가지로 크게 분류한다. 심리 민속은 신앙을 핵

559 고려대학교 민족 문화연구소,《학국민속대관(1)》(1980), p. 7.

560 http://100. naver. com/100. nhn?docid=67667((2012_01_14).

심으로 하여, 사물의 인식에 대한 심리 활동과 신념으로 나타나는 전승이다. 행동 민속이란 심리 민속의 반영으로, 의식(儀式)·제사(祭祀)·혼례·기도·악귀 추방 등과 같은 각종 유형의 전승 활동을 통하여 각종 무형의 심리를 나타내는 민속 형태이다. 언어 민속이란 언어를 수단으로 하는 예술적 형상과 환상 색채를 부여하여 전승된 민속 관념이 결합하여 인류의 사상이나 바람, 그리고 요구를 표현하는 구두로 전승되는 예술 형식이다.[561]

신화는 원시 사회에서 생성되어 전승된 구두 언어 예술이다. 이런 의미에서 신화는 언어 민속의 중요한 일부이며, 인류 심리의 발전 과정에 나타난 특수한 잠재의식이 언어로 반영된, 매우 중요한 민속 문화 현상이라고 할 수 있다. 신화 자체가 일종의 구두 언어를 주요한 매체로 하는 민속 현상이기 때문에 신화를 언어 민속이라고 하는 것이다. 또한 어떤 민속 현상도 사회 속에서 고립되어 있지 않고 반드시 사회의 기타 사물들과 연관되어 존재한다.[562]

중국에서도 신화와 관련된 민속 현상은 아주 많으며, 신화에 종속된 신앙 민속과 신앙 민속으로부터 파생된 행위 민속이 주를 이룬다. 현실 생활에서 언어 민속으로서의 신화와 신앙 민속이나 행위 민속은 서로 표리를 이루고 있으며, 인과 관계를 맺고 있다. 신화가 이왕에 심리적인 문화 침적을 형성할 수 있고, 또 신앙 민속을 생성할 수 있기에, 신앙 민속의 구사 아래 사람들은 신앙을 행동의 방식으로 표현하며, 이로 말미암아 행위 민속을 생성한다. 거꾸로 행동의 민속은 또 신앙 민속과 언어 민속의 근거가 될 수 있다.[563]

언어 민속으로서의 신화는 원시 인류의 사물에 대한 인식을 반영한다.

---

561 張振犁·陳江風,《東方文明的曙光》(上海: 東方出版中心, 1999), p. 228.

562 같은 곳.

563 張振犁·陳江風, 앞의 책, pp. 228-229.

또한 이런 인식으로 말미암아 형성된 풍속과 습관을 반영한다. 예를 들면, 원시 인류의 혼인 형태를 들 수 있다. 그리스 신화의 용사 페르세우스(Perseus)는 에티오피아를 지나다가, 어머니 카시에페이아의 경솔한 말에 대한 속죄물로 바쳐지기 위해 바위에 묶여 있는, 아름다운 처녀 안드로메다(Andromeda)를 보고 사랑을 느낀다. 그녀의 아버지 케페우스에게 만일 딸을 자신과 결혼시켜 준다면 그녀를 구해 내겠노라고 청했다. 약속이 이루어졌고, 페르세우스는 자신이 가진 비밀 무기들 덕분에 별 어려움 없이 바다 괴물로부터 안드로메다를 건져 내어 부모에게 데려갔다. 그러나 결혼에는 어려움이 있었다. 안드로메다는 본래 숙부 피네우스와 약혼한 몸이었다. 이 숙부는 페르세우스가 안드로메다와 결혼하는 것을 못마땅하게 여겨 그를 해칠 음모를 꾸몄다. 그러나 페르세우스는 제때에 그 음모를 알아차리고 피네우스와 그 일당에게 고르곤의 머리를 보였고 그들은 모두 돌로 변해 비렸다.[564]

《성경》의 테라는 칠십 세가 되었을 때, 아브람과 나호르, 하란을 낳았다. 나호르가 맞이한 아내 밀카는 하란의 딸로서 이스카와 동기간이었다. 나호르는 질녀와 결혼을 한 것이다. 중국의 신화에도 여와 복희 오누이가 서로 결혼을 하여 인류를 번식시킨다. 또 아랍 민족의 《천일야화》에도 근친간의 결혼에 대한 이야기가 등장한다. 예를 들면, 〈첫 번째 노인의 이야기 — 영양이 된 아내〉에서는 노인과 조카딸과의 결혼이, 〈우마르 빈 알 누우만 왕과 두 아들〉과 〈첫 번째 애꾸눈 탁발승 이야기〉에서는 친남매 사이의 결혼에 관한 이야기가 있다. 이처럼 근친결혼에 관한 이야기는 동서양을 불문하고 세계의 많은 신화에 등장한다. 이는 인류의 초창기 시대 근친결혼의 풍속이 보편적으로 존재하였음을 설명하는 것이다.

564 피에르 그리말 지음/최애리 외 옮김, 앞의 책, p. 576.

2. 신화와 민간 신앙

언어 민속으로서의 신화는 사전 시대의 풍속과 습관을 반영할 뿐만 아니라 그것이 구두로 전승되는 동안에 심리적인 집적이 일어나 신앙을 형성하게 되며, 아울러 두려움이나 존경의 대상에 대한 숭배나 각종 금기의 심리를 형성하게 되어 심리 민속을 만들어 낸다. 심리 민속은 일단 형성되면 집단의식이 되어서 대대로 전승되며, 이를 통해 사물을 해석하거나 새로운 언어 민속을 형성하게 된다.[565]

《사기》(史記) 〈주본기〉(周本紀)에는 다음과 같이 주의 시조 기(棄)의 탄생 신화가 기록되어 있다.

> 제곡(帝嚳)의 원비(元妃) 강원(姜嫄)이 야외에 나갔다가, 지상에 거인의 발자국이 있는 것을 발견하였는데, 마음이 갑자기 흥분되고 기뻐서 그것을 밟아 갔다. 발자국을 밟아 가다 보니 문득 몸이 임신을 한 것처럼 움직이는 것을 느꼈다. 상당한 시간이 지나니 과연 아들을 생산하였지만, 불길하다고 여겨서 좁은 골목길에 내다 버렸다. 그러나 지나다니는 소와 말들이 그것을 피해 가면서 밟지 않았다. 그래서 다시 숲으로 옮기는데 마침 숲속에서 많은 사람들을 만나게 되어서 장소를 바꾸어 얼음이 얼어 있는 하구에다가 버렸다. 그러나 새들이 날아와서 날개를 펴서 그를 덮어 주었다. 강원이 이를 신이하게 생각하여 마침내 그를 거두어서 양육하였다. 당초에 그를 버리려 했기 때문에 그래서 이름을 기(棄)라고 불렀다.[566]

565 郭精銳, 〈神話與民俗〉, 《中山大學學報》(哲學社會科學版, 1987年 第4期), p. 119.

566 姜嫄出野, 見巨人迹, 心忻然說, 欲踐之, 踐之而身動如孕者. 居期而生子, 以爲不祥, 弃之隘巷, 馬牛過者皆避不踐; 徙置之林中, 適會山林多人, 遷之; 而弃渠中冰上, 飛鳥以其翼覆荐之. 姜嫄以爲神, 遂收養長之. 初欲弃之, 因名曰弃(《史記》〈周本紀〉).

주민족의 시조인 후직(后稷) 기(棄)는 골목과 숲 그리고 얼음 위 등에 세 번이나 버려지는 곤경(三難)을 거쳐 마침내 모친에 의해 거두어진다. 그러나 사실 이 세 번이라고 하는 횟수는 실수가 아니라 허수일 따름으로 여러 번이라는 의미이다. 이것은 후직이 수많은 고난과 역경을 겪었다는 것을 상징적으로 보여 주는 것이다. 순 역시 창고와 우물에 갇히고 마지막으로 술에 취해서 죽음의 고비를 맞이하는 삼난의 고비를 겪고서 살아나오며, 문왕의 유리성(羑里城) 수금(囚禁)과 같이 후대의 영웅 인물이나 군주들도 이와 유사한 고난의 과정을 겪는 것이 하나의 형식으로 자리잡게 된다.

이러한 사고 체계가 심화되어 마침내 '하늘이 어떤 사람에게 중대한 사명을 맡기려 하면, 반드시 먼저 그 사람의 마음을 고통스럽게 하고, 그의 근골을 수고롭게 하며, 그로 하여금 기아를 겪게 하여서, 피부가 메마르게 하고, 그가 하는 일을 어지럽게 만들어서 결코 뜻대로 되지 않게 한다. 이러한 고통스러운 일들을 통하여 그가 내심으로부터 깨닫도록 하며, 그의 성격이 굳건해지도록 하여 그가 갖추지 못했던 재능을 증가시킨다'[567]는 철리(哲理)로 집약되었다. 신화가 철리와 결합되어서 마침내 전통적인 민족 심리 내지 민속 심리를 형성하게 되고, 이는 또한 후세의 문학에 고정된 하나의 형식으로 등장한다. 예를 들면, 명대의 무명씨의 저작인《영열전》(英烈傳)의 주인공 장일(章溢) 역시 아버지에 의해서 버려졌다가 계곡물이 보호하여 살아남게 되고, 청대의 전기소설(傳奇小說)인《설악전전》(說岳全傳)의 악비(岳飛)는 태어나자마자 홍수에 휩쓸려 갔다가 구사일생으로 살아남는다. 또 청대의 소설《삼협오의》(三俠五義)의 포증(包拯)은 호랑이를 만나기도 하고 독이 든 떡을 먹기도 하며 우물에 빠지기도 하는 등의 고난을 겪는다.

---

567 天將降大任于是人也, 必先苦其心志, 勞其筋骨, 餓其体膚, 空伐其身行, 行弗亂其所爲, 所以動心忍性, 曾益其所不能(《孟子》〈告子下〉).

신화는 이처럼 전승의 과정에서 심리 민속을 형성하게 되고, 전승된 심리 민속은 작가의 창작 정신을 규범화시켜서 새로운 언어 민속을 만들어 낸다. 이런 상황은 일반 문학 작품이 구조적인 측면에서 상호 영향을 미치는 것과는 다른 것으로, 관건은 그것이 일종의 신앙심이나 습관화된 심리적 제약 아래서 진행된다는 데 있다. 믿을 수 없는 것도 믿게 되어, 민중의 영웅에 대한 예찬과 긍정으로 나타난다. 때문에 언어 민속으로서의 신화는 있어도 그만, 없어도 그만인 인습(因襲)이 아니다. 이것이 있음으로 인해 이단(異端)이 정통(正統)으로 바뀔 수도 있고, 한빈(寒貧) 출신도 왕업을 도모할 수도 있다. 이러한 상황이 답습(踏襲)될수록 더욱더 인위성이나 고의성이 배제되어 자연스럽게 결합되며, 상호 부합되는 부분이 많을수록 더욱 그것을 신뢰하는 데 보탬이 된다. 반대로 언어 민속의 일반적 형식에 위배되면 영웅도 영웅이 될 수 없고, 사람들의 숭배도 받을 수 없다. 이 때문에 설사 학식이 풍부한 문인이라고 해도 이런 종류의 소설이나 희극을 저작할 때는 민중들이 수천 년 동안 쌓아 온 민속 심리를 부득불 답습할 수밖에 없는 것이다.[568]

신화는 유전되는 과정에서 각종 유형의 전승 활동을 형성하는데, 이런 전승 활동은 행동 민속이라고 부른다. '간적(簡狄)이 제비의 알을 삼키고 설을 잉태하였다'고 하는 상민족 시조 설의 탄생 신화로부터 많은 새로운 예속(禮俗)이 만들어졌다. 간적은 신화 속에서 상민족의 시조모이다. 따라서 훗날 상민족의 고매(高禖) 즉, 혼인과 생육의 신이 되었다. 또한 상인들은 그를 위해 사당을 세우고 제비가 날아오는 시절이면 고매신에게 제사를 드렸다. 정현(鄭玄)의 《예기》(禮記) 〈월령〉(月令)의 주석에 의하면 제비가 '생명이 약동하는 시절에 날아와 인가에 둥지를 틀고 알을 낳'[569]는데, 이

568 郭精銳, 앞의 책, p. 121.

569 燕以施生時來, 巢人堂宇而孚乳(《禮記》〈月令〉鄭玄注).

는 혼인의 상징이기도 하지만 더욱 중요한 것은 생육을 상징하는 것이기 때문이다. 그리고 이러한 습속이 유전되는 과정에 후세의 음력 3월 3일 상사일(上巳日)이 되었다.

뿐만 아니라 중국 신화 속에 등장하는 많은 신들이 후대에는 민간에서 신앙하는 신들로 변화하였으며, 또한 어느 한 지역을 비호하는 보호신이 되기도 하였다. 때문에 수많은 지역에 사묘(祠廟)가 건립되어 있고 상당히 큰 규모의 제사를 지내고 있다.

반고산(盤古山)의 반고묘(盤古廟)에서는 3월 3일부터 시작하여 7일 동안 반고에 대한 제사를 지낸다. 반고산은 하남성(河南省) 필양현(泌陽縣) 진장향(陳莊鄉) 경내에 있다. 산정에 오대(五代)부터 반고묘가 있었으나 문혁 시기에 파손되었다가 근년에 들어 다시 새롭게 중건되었다. 복희에 대한 제사 역시 매년 2월 2일에서 3월 3일까지 무려 한 달 동안이나 이어진다. 오늘날 중국의 경내 도처에 복희를 제사하는 사묘(祠廟)가 있으며, 그중에는 하남(河南) 회양(淮陽)의 태호복희릉(太昊伏羲陵) 및 복희의 출생지로 중국인들이 알고 있는 감숙성(甘肅省) 괘태산(卦台山)과 천수(天水) 서관(西關)의 복희묘가 가장 유명하다. 또 대만 지역에도 복희를 제사지내는 사당이 있다.[570]

여와에 관한 신앙 역시 고대에서 현재에 이르기까지 소실되거나 무용의 화석으로 존재하는 것이 아니라 여전히 살아 있는 신화로써 민간 생활에 깊은 영향을 미치고 있다. 지방에 따라 신앙·음악·무용·공예·민속·언어 등 여러 방면에서 커다란 족적을 남기고 있다. 예를 들면 1981년에서 1986년까지의 발굴 결과 여와성(女媧城) 유적지가 하남성 서화현(西華縣)에 위치하고 있었음이 증명되었다. 서화현은 태호(太昊) 복희릉(伏羲陵)이 위치한 회양(淮陽)과 백 리의 거리밖에 되지 않는다. 1980년에는 여와각(女

---

570 劉惠萍,《伏羲神話傳說與信仰硏究》(臺北: 文津出版社, 2005), p. 356.

媧閣)을 중건하여 많은 활동을 벌이고 있다. 하북성(河北省) 섭현(涉縣)의 와황궁(媧皇宮)에서는 음력 2월 15일부터 3월 18일까지 인류의 시조인 여와를 기리는 각종 민간 활동이 진행된다. 이 외에 섬서성(陝西省) 여산(驪山) 지역의 인조묘(人造廟)와 단자회(單子會), 산서성(山西省) 교성현(交城縣) 담촌(覃村)의 유리절(琉璃節) 등은 모두 인류 창조의 여신으로서의 여와와 그 보천 공적이 민간 신앙으로 변화 발전된 것이다. 또 대만의 여러 지역에서는 여와 신앙이 도교와 결합하여 여와를 구천현녀(九天玄女)로 받들어 제사를 드리고 있다.[571]

알백태(閼伯台)는 불의 신인 설(契)을 기념하고 제사하기 위한 사당으로, 하남성(河南省) 상구현(商丘縣) 서남쪽 고성에 위치하고 있다. 상고 시대 상(商)의 시조인 제곡(帝嚳)의 아들 설이 화정(火正)이 되어 불씨를 관리하고 화성(火星)에게 제사를 드리며, 또 화성의 운행을 관찰하여 사람들이 재난을 피하고 제때에 농작물을 경작하고 수확할 수 있도록 하였다고 한다. 오늘날 남아 있는 알백태는 한대(漢代)의 건물로 알져지고 있다.

하남성 영보시(靈寶市) 부근에 위치한 황제령(黃帝嶺) 역시 황제가 연단을 제조하여 백성들을 구휼하였다는 곳이다. 과보산(夸父山)도 역시 오늘날 하남성 영보시 부근에 있다. 이곳에는 두 가지의 과보에 관한 신화가 전해지고 있다. 하나는 '과보는 단지 해가 뜨는 것만 보고 해가 지는 것을 보지 못하였다. 그래서 해가 지는 것을 보기 위해 해를 따라 쫓아갔다. 정오에 과보가 과보곡 입구에 이르러 물을 마신 후 잠이 들었다. 깨어나 일어났을 때는 이미 해를 쫓아갈 수 없었다. 과보는 화가 나서 죽었고 그 시체가 과보산이 되었다'는 것이다. 다른 하나는 '황제와 염제가 판천(阪泉)에서 전쟁을 치렀는데, 염제가 응룡(應龍)에게 패배하여 그 방계였던 과보족 역시 서쪽으로 패퇴하였다. 마침 극심한 가뭄이 닥쳐 과보가 목이 말라 죽은

571 楊利惠,《女媧的神話與信仰》(北京: 中國社會科學出版社, 1997), pp. 151-153.

후 그 시체가 과보산이 되었다. 과보가 죽기 전에 자손들에게 복숭아 나무를 심으라고 당부하였고, 그래서 이곳의 동서 백 리 안에 모두가 복숭아 숲이 되었다'는 것이다. 영보시를 도림현(桃林縣)이라고도 부르는 것은 이 때문이다.[572] 전설적인 제왕인 우임금을 기리는 우왕묘(禹王廟) 역시 우주시(禹州市)를 비롯하여 소주(蘇州), 개봉(開封), 무한(武漢) 등 중국 도처에 건립되어 있다.

상술한 여러 신들의 사묘는 모두 제사 및 제사와 상관된 신령의 장소이며, 또 고정적인 제사 기간이 있다. 이러한 제사 활동은 제사를 받는 신에 관한 신화 전설을 널리 알리는 계기가 되고, 또한 신화는 이러한 제사 활동에 의지하여 광범위하게 전파될 수 있었다. 거꾸로 신화 전설이 이러한 제사 활동에 신비감을 부여하여 더욱더 많은 민중들로 하여금 경건하게 제사를 봉행하도록 하기도 한다. 결국 반고·여와·복희·알백 등의 전설 속의 소상에 대한 중국인들의 제사와 숭배는 중국의 민속에 고전 신화의 의미를 충만하게 하였으며, 특히 조상신들에 대한 제사는 '무위(無爲)의 통치'라고 할 수 있는 예속(禮俗) 사회의 사회 질서와 전통의 윤리 도덕, 그리고 가치 관념을 유지해 가는 가장 효과적인 수단이 되었다.[573]

농업 생산을 위주로 하였던 고대 중국에서 생존의 선결 조건은 알맞은 바람과 비, 그리고 풍성한 수확이었다. 자연재해는 농업 생산의 가장 커다란 재앙이었다. 그러나 자연을 지배할 능력을 갖지 못한 원시 인류들은 신령이 자신을 보우해 줄 것을 기구하는 것이 유일한 방법이었다.

여와보천(女媧補天)의 신화는 여와가 오색의 돌을 달구어서 구멍 난 하늘을 메움으로써 재앙을 막았다는 것이다. 여와보천의 신화가 생성되어

---

572 http://www.enweiculture.com/culture/dsptxt.asp?file=03/0301/20021017030104050079.htm&lmdm=03010304(2011.12.14).

573 張振犁·陳江風, 앞의 책, pp. 229-238.

전승된 이후 여와는 아주 자연스럽게 사람들의 마음속에서 자연을 지배할 수 있는 신으로 여겨지게 되었으며, 이러한 심리는 오늘날까지 지속되어 중국인들의 의식 속에 자리잡고 있다. 예를 들면 한대에는 풍우가 순조롭지 못하면 여와에게 제사를 드렸고,[574] 송대 이전까지 민간에는 천천절(天穿節)이 널리 성행하였다. 정월 23일이 천천절인데 이날 민간에서는 전병을 부쳐서 지붕 위에 올려 놓는다. 이는 우수에 지붕에 누수가 생기지 말 것을 기원하는 의미이다. 지방에 따라서는 전병을 천정에 올려놓기도 하고, 우물 속에 던지기도 하며, 또 전병을 부쳐서 용에게 제사를 지내기도 한다.[575] 이는 여와가 오색의 돌을 가지고 하늘에 난 구멍을 막은 것을 모방하여 오색의 돌 대신 전병을 부쳐서 지붕이나 우물에 던짐으로써 여와의 공로를 기리는 것이며, 용에게 제사를 드리는 것은 여와의 신체가 인두사신(人頭蛇身)임을 상기한 데서 유래된 습속이다.[576]

인간 창조는 여와의 가장 큰 공적이다. 이로 인해 여와는 하남 지역을 중심으로 한 광범위한 지역에서 '자식을 점지해 주는 삼신할머니'가 되었다. 여와의 초상을 그려 놓은 사당이 도처에 있으며, 결혼 후에도 자손이 없는 사람들은 여와의 사당에 가서 제사를 올리며 자식을 점지해 줄 것을 기구한다.

당말(唐末) 이견(李見)의 《독이지》(獨異志)에는 여와 오누이가 결혼하여 인류를 창조했다는 다음과 같은 신화가 실려 있다.

> 옛날 우주가 처음으로 개벽되었을 때, 여와 오누이 두 사람만이 곤륜산에서 살고 있었고 세상에는 아직 사람이 없었다. 의론 끝에 부부가 되

---

574 雨不霽, 祭女媧(《論衡》〈順鼓〉).

575 宋以前正月二十三日爲天穿節, 言女媧氏以是日補天, 所以煎餅置屋上, 名曰補天(《癸巳存稿》).

576 劉勇强, 앞의 책, p. 23.

기로 하였으나 스스로 부끄럽게 생각하였다. 그래서 오빠가 누이동생을 데리고 곤륜산에 올라가 하늘에 기도하였다. '하늘이 만약 우리 두 사람이 부부로 맺어지는 것을 허락하신다면 지금 피우는 연기를 합해지게 하시고, 그렇지 않으면 흩어지게 하소서.' 마침내 두 갈래 연기가 하나로 합해졌다. 누이가 오빠에게 시집을 왔다. 그리고 풀을 묶어서 부채를 만들어 그 얼굴을 가렸다. 오늘날 아내를 맞이하면서 신랑이 부채를 드는 것은 그 일을 모방한 것이다(《獨異志》).[577]

여와와 복희의 관계가 오누이 겸 부부임을 기록한 선진의 문헌은 없다. 한대의 문헌인《풍속통의》에 비로소 여와는 복희의 누이라고 적고 있고, 당대에 또 여와는 본래 복희와 부부라고 밝히고 있다. 한대 석각화상과 전화(磚畵)에 사람의 머리에 뱀의 몸을 한(人首蛇身) 복희와 여와가 서로 꼬리를 교차하여 하나로 꼬여 있는 모습이 쉽게 발견되고 있는 것으로 보아서 복희와 여와의 관계가 부부라는 견해가 일찍이 생성되었음을 알 수 있다. 이로 말미암아 중국 고대에 성행하였던 사촌 오누이 사이의 결혼 역시 여와 오누이의 결혼이라는 신화에서 그 기원을 찾을 수 있다. 또 결혼의 풍속에서 신부의 얼굴을 가리는 것과 중매혼 역시 여와 신화와 관련이 있음을 쉽게 알 수 있다.[578]

577 昔宇宙初開之時, 有女媧兄妹二人, 在崑崙山, 而天下未有人民. 議以爲夫妻, 又自羞恥. 兄卽與妹上崑崙山, 咒曰, "天若遣我二人爲夫妻, 而煙悉合, 若不, 使煙散. '于煙卽合. 其妹卽來就兄. 乃結草爲扇, 而障其面. 今時取婦執扇, 象其事也(《獨異志》),

578 劉勇强, 앞의 책, p. 24.

3. 신화와 명절

1) 설날

한 해를 나타내는 년(年)은 지구가 태양의 주위를 한 바퀴 도는 시간을 표시하는 단위이다. 1년을 보내고 맞이하는 의식이 바로 설날 명절이고 이를 중국에서는 과년(過年)이라고 한다. 과년(설날)의 기원이 언제부터인지 정확하게 규명하기는 어려우나 대체로 은상(殷商) 시대 세말연초에 거행하던 제사 활동에서 비롯된 것으로 추정한다. 설날 즉 과년(過年)은 오늘날에는 춘절(春節)이라고 불리며 단오절(端午節) 및 중추절(仲秋節)과 함께 중국의 삼대 전통 명절에 속한다. 과년의 유래에 대해서는 다음과 같은 전설이 있다.

아주 오랜 옛날에 중국의 선조들은 매우 흉맹한 야수의 위협 속에서 살았다고 한다. 이 맹수의 이름이 바로 '년'(年)이다. 머리는 사자와 같이 위세 당당하였고, 몸은 황소와 같이 비대하였으며, 힘은 비할 바 없이 세어서 한번 화를 내고 울부짖으면 산들이 모두 진동할 정도였다고 한다.

년은 백수들을 먹이로 삼았지만 매해 겨울, 날씨가 추워서 땅이 얼어붙어 산중에 먹거리가 없어지게 되면 인가로 내려와 사람과 짐승을 잡아먹었기 때문에 이때가 되면 사람들은 언제나 전전긍긍하였다. 이처럼 불안한 세월이 얼마나 흘러갔는지도 몰랐지만 사람들은 차츰 년의 약점을 발견하었다. 년은 붉은 색과 화광(火光), 그리고 큰소리를 두려워하였다. 사람들은 년을 물리칠 방법을 고안하기 시작하였다. 년이 겨울에 침입해 올 때가 되면 집집마다 붉은 색의 복숭아나무 목판을 대문에다 걸어 놓았고, 문전에는 불더미를 지피고 태우면서 밤새 잠을 자지 않았다. 그리고 날이 밝을 때까지 막대기 등을 두드리면서 큰소리를 내면서 보냈다. 년이 하산하여 인가로 내려왔으나 집집마다 모두 자신이 가장 두려워하는 붉은 색과 붉은 불빛이 넘쳐나는 것을 보고서 그대로 도주하고 말았다. 사람들은 년이 도망치는 것을 보고서 더욱더 큰 소리를 내었고 이후로는 년이 다시는 인가를 침범하지 않았다.

밤이 지나고 날이 밝아오자 사람들은 기쁨에 넘쳐서 서로 축하를 하였다. 그리곤 큰 잔치를 열어 승리를 자축하였다. 이 승리를 기념하기 위해서 이후 매년 겨울의 이 시간이 되면 집집마다 붉은 종이 위에 대련(對聯)을 써서 문에다 붙이고 등불을 밝혀 놓고 밤새 잠을 자지 않고 징과 북을 치면서 즐겼다. 잔치는 날이 밝을 때까지 이어졌고 아침이 되어 날이 밝으면 서로 축하의 인사를 나누며 기뻐하였다. 이러한 풍속이 대대로 전해진 것이 바로 과년의 풍속이라고 한다. 이날이 바로 현재의 섣달그믐과 새해 첫날이다.[579]

중국의 농촌에서는 음력 설날이면 모두 연화(年畵)를 그려 붙이는 풍속이 있다. 연화는 각양각색의 낭만적인 민간 회화 형식을 빌려서 새해의 길상과 행운을 추구하고 기원하는 풍속이다. 그중 가장 중요한 것이 바로 문신(門神)을 붙이는 것이다. 이 문신은 고대 신화의 신도(神荼)와 욱루(郁壘) 두 신이 인간에게 해악을 끼치는 악신들을 잡아서 호랑이 밥으로 준다는 것에서 유래되어, 이 두 신의 초상을 그려 문에 붙임으로써 악신들의 침입을 막고자 하는 벽사의 목적으로 중국 민간에서 행해지는 풍속이다.[580]

579 馮兆偉,《神話與節日》(臺北: 靈犀齋, 1984), pp. 53-54.

580 劉勇强, 앞의 책, p. 26.

2) 단오절

단오절(端午節)은 매년 음력 5월 5일로 단양절(端陽節) 또는 중오절(重午節)이라고도 부른다. 단오절의 유래에 대해서는 오늘날의 장수성(江蘇省)과 저장성(浙江省) 일대인 오월(吳越) 지역의 용 토템에서 비롯되었다는 설이 있고, 하지(夏至)에서 근원했다는 설, 5월 5일이 악일(惡日)이기 때문에 단오절의 활동을 통해서 병마를 쫓아낸 데서 비롯되었다는 설, 춘추 시대 초나라 오자서(伍子胥)와 관련된 설 등 여러 종류의 기원설이 있다. 그러나 이 중에서 가장 널리 전해지는 것이 바로 전국 시대 초나라 시인 굴원(屈原)에 관한 전설이다.[581]

굴원(屈原, B.C.340?-B.C.278?)은 초나라 왕족 출신의 정치가로 중국 최초의 낭만주의 시인이자, 중국 문학사 최초로 성명을 남긴 애국시인으로 일컬어지고 있다. 《사기》〈굴원가생열전〉(屈原賈生列傳)에 의하면 굴원은 일찍이 초 회왕(懷王)의 신임을 받아 좌도(左徒)와 삼려대부(三閭大夫)를 역임하며 임금과 국사를 논의하였고, 법률의 제정에 참여하였다. 법도의 창명(彰明)과 능력 있는 자를 선발하여 적재적소에 배치할 것, 그리고 정치 개혁과 제나라와 연맹을 맺어 진나라에 대항하는 연제항진(聯齊抗秦) 등을 주장하였다. 굴원은 자신의 이러한 정치적 주장과 이상을 그의 대표작 〈이소〉(離騷)에서 미정(美政)으로 표현하였다.

불의와 타협할 줄 모르는 강직한 성격으로, 법규를 수정하는 작업을 진행할 때 조정 내부의 간신배들의 의견을 받아들이지 않아 이들과 불화가 계속된 데다가, 회왕 주변의 영윤자란(令尹子蘭)·상관대부 근상(靳尙), 그리고 회왕의 총비인 정수(鄭袖) 등이 진나라의 사자 장의(張儀)의 뇌물과 유혹에 넘어가 회왕이 굴원의 의견을 받아들이지 않도록 함과 동시에 그를 멀

581 선정규(2007), 앞의 책, p. 416.

리하도록 회유함에 따라 결국 굴원은 장강 이북으로 추방되었다. 그사이 회왕은 진나라의 속임에 넘어가 결국은 진나라에 수금되어 죽고 만다. 그의 아들 경양왕(頃襄王)이 즉위하였으나 굴원은 계속해서 박해를 받고 또 다시 장강 이남으로 추방당하는 고초를 겪게 된다. 기원전 278년 초국의 수도 영도(郢都)가 진나라의 대장 백기(白起)가 이끄는 군사들에 의해서 공략됨에 따라 굴원의 정치적 이상은 파멸되었다. 조국을 위한 일편단심의 충정을 가졌지만 펼칠 수 있는 기회를 갖지 못했을 뿐 아니라 이제 더 이상의 기회도 없었기 때문에 죽음으로 자신을 뜻을 밝히기 위해서 스스로 멱라강(覓羅江)에 뛰어들어 생을 마감한다. 이날이 바로 음력 5월 5일이었다. 굴원이 강물에 뛰어들어 자진하였다는 소식을 전해 들은 백성들이 다투어 그의 시체를 찾으러 강으로 뛰어들었으나 아무런 소득이 없었다. 대신 물고기들이 충신 굴원의 시체를 훼손하지 말라는 염원을 담아서 찹쌀로 빚은 밥을 갈대 잎으로 싼 떡(粽子)이나 달갈 등을 강물에 던지고 또 웅황주(熊黃酒) 등을 강물에 뿌렸다. 이후 매해 굴원이 순국한 날이 되면 초국의 백성들은 멱라 강변에 모여서 용주(龍舟)를 젓고 쭝즈(粽子)를 빚어 강물에 던지면서 굴원을 애도하였다. 이러한 제사 활동이 대대로 전해지면서 하나의 풍속이 된 것이 오늘날 음력 5월 5일의 단오절이 되었다. 오늘날도 단오절이 되면 용주 대회를 열고, 또 쭝즈를 빚어 먹는 풍속을 그대로 유지하고 있다.

3) 중추절

중추절의 기원과 관련된 신화로는 예(羿)의 아내 항아(嫦娥/姮娥)가 예가 서왕모(西王母)로부터 얻어 온 불사약을 몰래 훔쳐서 달로 도망갔다고 하는 항아분월(嫦娥奔月)의 신화가 있다. 어느 날 열 개의 해가 동시에 떠오르자 지상의 초목이 시들고 강물이 말라서 백성들은 목숨을 유지할 수 없었다. 이러한 참상을 구제하기 위해서 천제의 명령을 받은 예가 지상으로 내려와 열 개의 해 가운데서 아홉 개를 쏘아서 떨어트린다. 이로 인해 지상은 다시 안정을 되찾았지만 예는 오히려 천제의 형벌을 받아 다시는 천상으로 되돌아 갈 수 없게 된다. 예가 쏘아 떨어트린 아홉 개의 해는 동방의 천제 제준(帝俊)과 그의 아내 희화(羲和)의 아들이었을 뿐만 아니라 해 속에 살고 있는 삼족오(三足烏)마저도 모두 죽어버렸기 때문이다. 또한 예와 함께 지상으로 내려왔던 천상의 신녀 항아마저도 예와 더불어 천상으로 되돌아 갈 수 없게 되었다.

그러다 어느 날 예가 서왕모를 만나서 불사약을 얻어 집으로 가져와 좋은 날을 택해서 함께 먹기 위해서 아내 항아에게 보관하라고 건네주었다. 그러나 아내인 항아가 이 불사약을 혼자 먹어치우고 월궁(月宮)으로 도망치게 된다. 예는 분노와 실망 그리고 비탄에 젖어서 살게 되었다.《설부》(說郛) 〈삼여첩〉(三余帖)에 다음과 같은 기록이 있다.

> 항아가 달로 도망간 이후, 예(羿)는 주야로 그리움에 사무쳐 마침내 병이 들고 말았다. 정월 14일 밤, 문득 한 동자가 알현을 청하여 말하기를 '신은 부인의 사자입니다. 부인께서는 임이 부인을 그리워하는 마음을 알고 있으나 지상으로 내려올 수가 없습니다. 내일 보름달이 뜨고 난 다음, 임께서 쌀가루로 달과 같이 둥근 환단(丸團)을 만드시어 방의 서북방에 두고서 부인의 이름을 부르시면 사흘이 지나 부인이 내려올 수 있을 것입니다'. 기약한 때가 되니 과연 항아가 내려와서 다시 처음과 같이 부부가 되었다.[582]

582 姮娥奔月之後, 羿晝夜思憔成疾. 正月十四夜, 忽有童子謁宮求見, 曰, 臣夫人之使也. 夫人知君懷思, 無從得降. 明日乃月圓之後, 君宜用米粉作丸團, 團如月, 置室西北方, 呼夫人之名, 三夕可降耳. 如期果降, 復爲夫婦如初(《說郛》卷三十二 〈三余帖〉).

이후부터 매년 음력 8월 15일이 되면 민간에서 월병(月餠)을 만들어 월궁에 살고 있는 항아에게 불사약을 가지고 다시 돌아오라는 제사를 올렸던 것이 오늘날의 중추절이라고 한다.

4) 기타

음력 7월 7석이 견우직녀가 1년에 한 번 만나는 날이라는 것은 우리나라에서도 잘 알려진 신화 고사이다. 고대 중국에서는 이날을 칠석걸교(七夕乞巧)라고 하여 부녀자들이 재주가 많기를 비는 날이기도 하다.《형초세시기》(荊楚歲時記)에 다음과 같은 기록이 있다.

> 음력 7월 7일은 견우직녀가 만나는 밤이다. 이날 저녁 민가의 부녀들은 단청을 입히거나 아름답게 조각을 한 누각인 채루(彩樓)를 만들거나, 칠공침에 오색실을 꿰기도 하고, 또 금이나 은, 유석(鍮石)을 갈아서 바늘을 만들기도 하며, 오이를 정원에 진열해 놓고 재주가 많기를 기원한다. 다음 날 아침 오이 위에 거미줄이 쳐 있으면 소원이 이루어진 것으로 생각한다.[583]

또 과거 중국의 농촌에서는 음력 6월 24일을 뇌공의 생일로 간주하는 '뇌공탄'(雷公誕)이라는 축제를 벌이는데, 가축을 잡아 제사를 지내고 여러 가지 오락 활동을 하였다. 이는 중국의 자연신 중의 대표적인 신격인 뇌신을 기념하기 위한 것인데, 중국 신화에서는 헌원 황제가 뇌신이다. 원시 인류에게 가장 두려운 존재는 자연재해이다. 그중에서 천둥과 번개는 가장 커다란 공포와 위협을 주는 대표적인 자연 현상이었으므로, 중국 신화에

583 七月七日爲牽牛織女聚會之夜. 是夕人家婦女結彩樓, 穿七孔針, 或以金銀鍮石爲針, 陳瓜果于庭中以乞巧. 有喜子網于瓜上, 卽以爲符應(《荊楚歲時記》).

서 커다란 위망을 지닌 황제에게 뇌신을 의탁하였을 것으로 생각된다. 또 이는 중국이 고대로부터 농업 국가였으므로 경작과도 밀접한 관계를 가지고 생성된 신화라고 할 수 있다. 뇌신은 점차 그 지위가 하락하여 훗날에는 뇌공(雷公)으로 변천되나, 주로 사악한 무리들이나 불효자를 징벌하는 직능은 여전히 변하지 않는다. 《서유기》에서 손오공이 요괴를 물리치는 데 도움을 주는 등화(鄧化)와 장번(張蕃) 등의 뇌공이 그 예이다.[584]

584 劉勇强, 앞의 책, p. 25.

제8장

중국 신화와 과학

1. 원시 과학으로서의 신화

객관적으로 증명하거나 설명할 수 없는 실현 불가능한 사실에 직면하는 경우, 우리는 흔히 '신화일 따름이다'라고 말한다. 또 일반 사람들이 상상도 할 수 없는 절대적이고 획기적인 업적이나 성취를 이룬 것을 두고 '신화를 이루었다'고 한다. 이 말의 의미에는 신화는 비이성적이고 비과학적인 단지 환상에 불과한 것이라는 의식이 잠재해 있다.

당연히 신화는 원시 인류가 객관 세계를 상상과 환상이라고 하는 주관적 방법으로 인식하고 설명한 결과이기 때문에 신화의 서사 형식은 황당무계하고 비과학적인 형태로 보일 수밖에 없다. 그러나 사물과 현상 사이의 인과 관계를 찾아서 지적하며, 나아가 그것을 통해서 자연을 정복하고 자연을 지배하는 데 이용하고자 하였다는 점에서 신화와 과학은 동일한 과학적 인식 목표를 준수하고 있다고 할 수 있다.[585]

585 徐儀明, 앞의 책, pp. 78-79.

사물과 현상에 대한 합리적 해석을 내리고자 하는 것은 인간의 가장 기본적인 지적 수요이다. 이러한 지적 수요를 만족시키기 위한 대표적인 학문이 바로 과학이다. 과학은 한마디로 세계에 대한 보편적인 법칙과 객관적인 진리를 체계적으로 해석하고 설명하는 학문이라고 할 수 있다. 신화 역시 세계와 현상을 해석하고 설명한다는 점에서 과학과 근본적인 취지가 다르지 않다. 특히 상상력을 바탕으로 한다는 점에서 신화와 과학은 대단히 밀접한 관련을 가질 수밖에 없다.

신화와 과학이 차이가 있다면 세계를 해석하고 설명하는 데 있어, 신화는 상징과 은유의 방식을 사용하고 과학은 가설과 추리의 방식을 사용한다는 점이다. 결국 신화와 과학은 동일한 사실을 두 가지 서로 다른 방언으로 말하는 것과 같다. 비록 사용하는 억양과 어휘가 사뭇 달라서 어떤 경우에는 완전히 다른 내용을 말하는 것과 같이 들리지만 그러나 두 가지 방언을 모두 이해하는 사람은 그것이 동일한 사물을 사로 다르게 표현하고 있음을 알 수 있는 것과 같다.[586] 다음의 그리스 신화를 보면 고대 그리스인들이 어떻게 상징과 은유의 방식으로 세계를 설명하고 해석하고 있는지를 쉽게 이해할 수 있다.

그리스 신화의 아켈로스(Achelous)는 아이톨리아에 있는 최대의 강이자, 그 강의 신이다. 그는 변신하는 능력이 있어서 황소나 뱀 등, 자기 마음에 드는 모습으로 변할 수 있었다. 왕의 딸이자 미인으로 이름난 데이아네이라를 두고서 헤라클레스와 결투를 하였다. 처음에는 아켈로스의 몸집이 워낙 컸기 때문에 헤라클레스가 아무리 공격을 해도 소용이 없었다. 서로 버티며 한 발자국도 물러서지 않으려 했으며, 쉬었다가 싸우고 싸우다가 쉬는 것을 반복하다가 마침내 네 번째 만에 헤라클레스가 아켈로스를 땅 위에 넘어뜨리고 그의 등 위에 올라탔다. 마친 산이 내리 덮친 것 같은 헤

586 http://zhidao. baidu. com/question/17576348. html (2012_ 01_12).

라클레스의 완력을 견디지 못하고 아켈로스는 하는 수 없이 뱀으로 변하여 빠져 나갔다. 뱀의 형태로도 헤라클레스를 감당하지 못한 아켈로스는 마지막 수단으로 황소로 변신하였다. 그러자 헤라클레스는 황소로 변신한 아켈로스의 목을 팔로 감고 머리를 땅바닥에 질질 끌다가 모래톱 위에 내던졌다. 그러고는 무자비한 손으로 그의 뿔을 하나 뽑았다. 님프(Nymph) 나이아스들이 그것을 손에 쥐고 성화(聖化)시켜 그 속을 향기로운 꽃으로 채웠다. 풍요의 여신이 아켈로스의 뿔을 받아 자기의 것으로 하고, '풍요의 뿔'이라는 의미로 코르누코피아(Cornucopia)라고 불렀다. 그 지방의 님프 네 명이 강기슭에서 희생 제사를 드리면서 아켈로스에게 비는 것을 잊어버리자, 화가 난 아켈로스는 물을 차오르게 하여 그녀들을 바다로 휩쓸어 가 버렸고, 그녀들은 바다의 섬이 되었다 한다.[587]

이 신화는 표면상으로는 단순히 한 여인을 서로 쟁취하기 위해 두 영웅 사이에서 빌어진 결두의 과정과 그 결과를 설명한 것으로 보인다. 그러나 그 내용을 자세히 살펴보면 이 신화는 자연을 극복하고자 하는 인간의 투쟁과 함께 하천의 변화와 인간 생활에 미치는 영향을 상징적으로 설명하고 있음을 알 수 있다. 우선 아켈로스는 우기(雨期)에 제방을 넘어 범람한 하천을 의인화한 것이다. 아켈로스가 데이아네이라를 사랑하고 구혼했다는 이야기는, 그 하천이 데이아네이라의 왕국을 관류하였다는 것을 의미한다. 그것이 뱀의 형태가 된다는 것은 굴곡을 이루며 흐르기 때문이며 우리가 흔히 말하는 사행천의 의인화이다.

물은 중력 때문에 높은 곳에서 낮은 곳으로 흘러간다. 그러나 지형의 고저에 따라서 상류와 중류 하류로 구분되고, 상류에서 빠르게 흐르던 강물은 중류와 하류로 내려오면서 점차 유속이 느려지고 강폭도 넓어진다. 상

587 피에르 그리말 지음/최애리 외 옮김, 앞의 책, pp. 292-293. 토머스 불핀치 지음/최혁순 옮김, 앞의 책, pp. 232-234.

류에서 하류로 흐르는 동안 암석 등에 부딪쳐서 강은 반드시 구부러진다. 즉 침식에 의한 퇴적 작용으로 강물의 바깥쪽에서는 물살이 빠르기 때문에 바닥이 깎여 나가고, 강물의 안쪽에서는 물살이 느리기 때문에 강물이 휩쓸려 내려온 물질이 쌓인다. 이를 반복하다보면 강은 갈수록 더욱더 심하게 구부러지고 이렇게 구부러진 강을 사행천이라고 한다.[588] 이러한 사행천이 범람하게 되면 다른 수로를 만들어 내는데, 황소로 변신한 아켈로스가 머리에 두 개의 뿔이 달렸고 헤라클레스의 힘에 눌려 꼼짝 못하게 되자 뱀으로 변해 간신히 빠져 나갔다는 것은 이를 의미한다. 고대인들은 세월이 지나면서 점점 구부러지는 강줄기를 보고 강의 신 아켈로스가 뱀으로 변했다고 생각한 것이다. 헤라클레스가 아켈로스와 결투를 하였고 마침내 네 번 만에 아켈로스를 물리쳤다는 것은 사람들이 제방을 쌓고 운하를 파서 하천의 주기적인 범람을 막고자 하는 과정을 의미한다. 그리고 헤라클레스가 하신을 정복하고 그의 뿔을 하나 베어 버렸다는 것은 구불거리던 사행천이 곧게 뻗고, 구부러진 강줄기는 잘려 나가 우각호가 된 것을 의미한다. 마지막으로 하신 아켈로스의 뽑힌 뿔을 풍요의 상징으로 부르는 것은 범람한 강물에 의해 퇴적된 우각호 주변이 대단히 기름져서 여러 가지 농작물이 잘 자란다는 것을 표현한 것이다.[589]

다시 중국 신화의 공공촉산(共工觸山)이라고 하는 다음과 같은 신화를 보자.

> 옛날 공공이 전욱과 천제의 지위를 두고 다투었는데, 승리하지 못하자 분노한 나머지 서북의 부주산에 머리를 들이박았다. 하늘을 지탱하고 있던 천주인 부주산이 부러지고 말았고, 하늘에 매어 있던 끈도 끊어지

---

588 정창훈 글/민은정 그림, 《신화, 과학을 들어올리다》(서울: 웅진주니어, 2011), p. 16.
589 토머스 불핀치 지음/최혁순 옮김, 앞의 책, p. 234. 정창훈 글/민은정 그림, 앞의 책, p. 17

> 고 대지의 일각 역시 함몰되고 말았다. 이로부터 하늘은 서북쪽으로 기울어져서 해와 달 그리고 별들이 모두 그쪽으로 이동하게 되었다. 대지는 함몰되어 동남쪽이 낮아졌기 때문에 강하와 백천(百千)의 물길이 진흙과 모래와 함께 그쪽으로 흘러가고 말았다.[590]

중국의 원시 인류는 자신들이 거주하는 광활한 토지를 조감할 수 없었다. 또한 천상의 별들이 배치되어 있는 상황을 객관적으로 설명할 방법도 없었다. 그러나 그들은 중국의 토지가 서쪽은 높고 동쪽이 낮은 서고동저(西高東低)의 형태를 이루고 있어 모든 강들이 동쪽으로 흘러 황해로 들어가고, 하늘의 별들은 북극성을 중심으로 운행하고 있음을 경험적으로 인식하고 있었다. 그들은 대지와 우주의 천체 구조에 대해서 의문을 품었고, 위대한 가설을 세웠으며 그것을 자신들만의 인식 방법으로 해석하고 설명하였다. 이것이 바로 공공촉산의 신화가 가지고 있는 의미인 것이다.

신화를 운용하고 강술한 원시 인류에게 있어서 신화는 그들 특유의 문화 부호이고 사유 암호이며, 신화적 사유가 구비하고 있는 사물을 해석하고 인식하는 모종의 능력을 구현하는 것이었다. 원시 인류들은 현대인들과는 다른 자신들만의 세계를 인식하고 이해하는 특수한 사유 방식을 가지고 있었으며, 신화는 바로 이러한 사유의 산물 중의 하나이다. 때문에 신화는 원시 인류들의 원시 세계에 대한 해석 체계와 실용 체계라고 할 수 있다. 레비스트로스는 신화와 과학의 기능이 동일한 것으로 생각하여, 양자가 모두 인류가 혼란 속에서 질서를 수립하고 세계를 인식하거나 해석하고자 하는 데 사용하는 일종의 수단이라고 생각하였다. 또 과학철학가 포퍼(Sir Karl Raimund Popper, 1902-1994)는 심지어 신화가 과학의 전기 단계라

---

590 昔者共工與顓頊爭爲帝, 怒而觸不周山, 天柱折, 地維絶. 天傾西北, 故日月星辰移焉, 地不滿東南, 故水潦塵埃歸焉(《淮南子》〈天文訓〉).

고 하였다. 신화는 원시 인류가 조기 관찰을 기초로 하여 만들어 낸 일종의 가설로서, 해석의 수요에 의해 생성된 것이며, 원시의 이론적 틀이거나 과학 이전의 논리 행위라는 것이다. 이 말의 전제는 과학의 체계적 발전으로 보았을 때, 과학이 신화에서 시작하였다는 것이다. 신화의 의의는 아인슈타인의 말대로 '하나의 문제를 제출하는 것이 왕왕 문제를 해결하는 것보다 더욱 중요'한 데 있다. 신화와 종교의 차이 중의 하나는 신화 속에 종교(원시 종교)적 성분이 포함되어 있긴 하지만 그러나 과학의 주요 기능인 '문제 제기'와 그것을 해결하려는 시도는 과학의 특징과 동일하다. 그러나 종교의 주요 기능은 교조를 유지하고 신앙을 공고히 하는 것으로 과학의 태도와는 거리가 멀다.[591]

2. 과학적 사고의 선구로서의 중국 신화

중국 신화를 비롯하여 각 나라의 신화에는 세상의 기원에 관한 이야기가 있다. 이들 기원 신화는 천지는 물론 인간과 만물, 밤과 낮, 그리고 모든 자연 현상이 어떻게 해서 생겨났는지를 설명한다. '이런 종류의 신화들은 과학과 관심 영역을 공유하고 있으며, 과학처럼 자연계에서 일어나는 여러 사건들을 설명하고 있다. 그러나 이 신화들이 우주 구성물의 생성과 자연현상의 발생을 설명하는 방식은 오늘날의 과학이 설명하는 방식과는 사뭇 다르다. 과학적 인식론의 관점에서 보면, 비합리적이고 비논리적인 듯이 보이는 신화의 설명 방식은 무지몽매한 사유에서 기인한 것처럼 보인다.'[592]

591 鄧啓耀, 앞의 책, pp. 41-42.

592 김현자, 〈잃어버린 낙원을 찾아서〉, 《종교학 연구 20집》(서울: 종교학연구회, 2001),

그러나 이러한 신화적 사고는 비록 소박하기는 하지만 세계가 물질로 이루어졌다는 우주론(宇宙論/Cosmology)의 시작이라고 할 수 있다.

신화는 인류가 사상 기원의 시대에서 혼돈 세계에 대한 인류의 초기 단계의 사유를 체계화시킨 것이라고 할 수 있다. 모방성 무술이나 신화의 강술어의 기초는 동류(同類) 심지어 이류(異類)의 사물까지도 모두 감응 상생할 수 있다고 확신한다. 때문에 창세 신화나 기원 신화 역시 생물 혹은 우주 기원의 가설로 간주할 수 있다. 알려진 대로 '과학의 개창자'라고 불리는 고대 그리스의 밀레토스학파(Melisian School), 이오니아학파(Ionian School)의 우주 기원에 관한 견해는 그들 시대의 창세 신화와 매우 근접되어 있다.[593]

그리스의 창세 신화에서 전하는 만물의 기원은 알과 혼돈, 그리고 강물이다. 니크(밤이라는 뜻)라는, 시커먼 날개를 가진, 엄청나게 큰 새가 바람에 의해 잉태해서 은빛의 거대한 알을 낳았다. 이 알 속에서 금빛 날개를 가진 사랑의 신 에로스가 태어났고, 그가 그 알을 깨고 나왔을 때, 천지가 나뉘어 세계가 창조되었다.[594] 또 헤시오도스의《신통기》에 의하면, 세계의 시초는 형체도 아직 잡히지 않은 걸쭉한 덩어리로서 하늘과 땅, 그리고 바다도 모두 한데 뒤섞여 있었다. 이것을 카오스(혼돈)라고 한다. 이 카오스에서 맨 먼저 태어난 것이 가이아였다. 가이아는 대지를 상징하는 여신으로 가슴이 떡 벌어져 있었다. 그래서 그 가슴이 모든 신의 은신처가 되었다. 이 가이아에서 사랑의 신 에로스, 암흑의 신 에레보스, 하늘의 신 우라노스, 바다의 신 포세이돈 등이 태어났다. 가이아는 사라의 신 에로스의 주선으로 나중에 자기가 낳은 하늘의 신 우라노스와 결혼하게 되어, 우라노

---

p. 43.

593 鄧啓耀, 앞의 책, p. 42.

594 楊利惠,《女媧的神話與信仰》(北京: 中國社會科學出版社, 1997), p. 9.

스가 신들의 왕이 되었다. 그래서 이 하늘의 신과 대지의 신 사이에서 열두 명의 아이들이 나왔는데, 아들이 여섯, 딸이 여섯으로, 티탄(거인)이라 불리며 다들 엄청나게 크고 힘이 센 신들이었다. 그중 여덟 사람이 형제자매끼리 결혼하였다.[595]

그리스 최초의 시인인 호메로스가 전하는 것을 보면 만물은 신들의 어버이인 오케아노스에 의해 창조되었다. 오케아노스는 대지의 끝에 있으며, 대지를 빙 둘러싸고 있는 강으로서 모든 바다, 모든 강, 모든 샘이 거기서 흘러나온 것, 즉 그의 아들이라고 생각하였다. 대지를 기르고, 모든 동식물을 육성하므로 옛날 그리스 사람들이 강을 신이라 믿고, 그 두목 오케아노스가 만물의 시초라고 생각하였던 것이다. 이 때문에 옛날 그리스의 처녀들이 결혼 전에는 전부 강으로 들어가서 목욕을 한 것도, 신의 축복을 받아 융성하게 낳을 수 있는 높은 힘을 얻기 위해서였다.[596]

제4장 '중국 신화와 철학'에서 이미 언급한 대로 밀레토스학파의 대표적 인물들인 탈레스, 아낙시만드로스, 아낙시메네스 등은 자연 현상에 대한 연구를 기초로 세계의 본질에 대해 탐구하였는데, 그들은 만물의 기원을 일종의 물질적인 것으로 생각하였고 이로써 만물의 발생과 변화를 설명하였다. 예를 들면 탈레스는 만물의 본원을 물(水)이라고 생각하였고, 아낙시만드로스는 양적으로나 질적으로나 무한(無限), 무정(無定)의 것, 즉 고정되지 않은 형상과 성질의 물질인 아페이론(apeiron)이라고 하였으며, 아낙시네데스는 공기라고 하였다. 이들에 의해서 세계 최초로 수학과 천 문학 등의 과학이 시작되었으며, 또 하나의 근본 물질이 자연 만물의 기원이 된다는 일원론(一元論), 만물의 근원이 되는 근본 물질이 살아 있고, 스스로 운동 변화하여 만물을 생성한다는 이론인 물활론(物活論), 우주가 살아 있

595 安東林,《그리스 로마 신화》(서울: 무등출판사, 1972), p. 10.

596 위의 책, p. 8 .

는 근본 물질에서 어떻게 형성되었는가를 해명하는 이론인 우주론의 특성을 갖춘 자연 철학이 발전하게 되었다. 만약 그리스 신화의 전승이 없었다면 이들의 과학과 철학의 이론도 개발되지 않았을 것이다.

1775년 칸트에 의해 창시되어 라플라스로 이어진 소위 '칸트 라플라스 가설'(Kant-Laplace hypothesis)이 제시한 우주 기원에 관한 이론이나, 또 데시테르가 아인슈타인의 상대성 이론에 의거하여 제시한 빅뱅(Bigbang) 이론으로 발전한 우주팽창론(宇宙膨脹論/theory of expanding universe) 등과 같은 오늘날의 천 문학, 지구물리학에서 말하는 우주 기원론은 모두, 우주가 대폭발에 의해 만들어진 '원시원자'에서 기원하였거나, 아니면 가득한 물질에서 기원하였든 간에 모두가 원소로 구성되었다고 설명하고 있다. 시공간이 양자역학적 요종을 하는 상태(혼돈)에서, 양자학적인 에너지 벽을 통과하여 우주가 팽창하고 물질이 생성되며 구조물이 탄생한다는 현대 과학의 우주 기원론은, 무(無) 또는 원초직 혼돈 상태가 스스로 시양되며(음양 이신의 탄생), 질서가 부여되고 천지가 창조되는 신화적 우주 기원설에서 한 치도 벗어나지 않고 있다.

중국의 반고 신화 등에서 말하는 혼돈과 운기에 의한 세계 창조 역시 과학사에서 말하는 과학적 가설들과 모형적으로 대단히 유사한 형태를 보이고 있다. 예를 들면 반고의 개벽 신화에서는 천체의 구성 원리를 모두 천지 개벽을 할 때 탄생한 반고가 죽음에 이르러 그의 신체의 각 부위가 변화하여서 생긴 것으로 설명하고 있다. 해와 달은 반고의 두 눈이 변해서, 별들은 반고의 두발과 수염이 변해서 생성되었다. 기타 바람과 대지, 산천과 강하 그리고 인간도 모두 반고의 몸이 화생하여 생긴 것이다.

반고에 의한 천지개벽 내지 세계 창조는 바로 원시 인류의 신화적 사고에서 형성된 소박한 우주론이라고 할 수 있고, 또 그것은 자연과학에서 말하는 발생학의 원리와 완전하게 부합된다. 다시 말해서 세계는 본질적으로 물질로 이루어진 것이고, 자연계는 영원한 변화와 운동을 거듭하며, 한 물질이 단독으로 존재하는 것이 아니라 상호 연계되어 존재하다는 특징을 설명하고 있다. 또한 음양이 교감하여 만물이 생성한다는 것은 사물 간의 상호작용에 관한 철학 관점이기도 하며, 이는 변증법적인 유물주의의 기본 원리와 부합되는 것이다. 동시에 중국 고대 철학이 천인감응, 음양오행 학설 등과 같이 도처에 상생(相生), 상극(相剋)의 변증 사상을 기초로 하고 있는 것은 신화적 사고가 과학과 철학적 사고로 전화되었기 때문이다.[597]

반고 신화로 대표되는 중국 원시 인류의 신화적 사고와 논리는 춘추전국 시대 노장(老莊)으로부터 한대의 유가들에 이르기까지, 중국의 고대 철학가들에게 고스란히 계승되고 발전되었다. 다시 말해서 중국의 고대 철학가들은 반고의 창세 신화에서 보는 신화적 사고 체계를 초보적으로 이론화시킴으로써 모든 세계의 본원을 원기의 운동 결과라고 규정하게 된 것이다.

예를 들면 노자는 "'도'(道)가 하나를 낳았고, 하나는 둘을 낳았으며, 둘은 셋을 낳았고, 셋은 만물을 낳았다. 세상 만물에는 대립되는 성질의 음양이 내포되어 있고, 이들 음양은 보이지 않는 기 속에서 통일을 이룬다"[598]고 하였다. 또《역경》에서는 세계를 구성하는 본원 물질을 천(天), 지(地), 뇌(雷), 화(火), 풍(風), 택(澤), 수(水), 산(山) 등 여덟 가지 종류라고 하였고, 천지가 파생된 이후 생성된 여섯 가지 물질이 변화 발전하여 세계를 구성하였다고 설명한다. 그런가 하면 또 '천지의 형체는 마치 까마귀 알과 같아서 하늘이 땅을 감싸고 있는 것이 흡사 달걀 속의 노른자 같다. 형체의 시작도 끝도 없이 끊임없이 회오리쳐서 흐릿한 상태이기 때문에 혼천지(渾

597 같은 곳.

598 道生一, 一生二, 二生三, 三生万物. 万物負陰而抱陽, 冲气以爲和(《道德經》〈四十三章〉).

天地)라고 한다'[599]고 하였다. 아울러《역경》은 이러한 복잡한 자연 현상과 사회 현상 중에서 음양 두 개의 범주를 추출하여, 이 양자를 대항, 추이시켜 8괘를 만들었고, 8괘를 두 개씩 대립시켜 서로 교차 배합함으로써 64괘(卦)를 생성시켰고, 또 384효(爻)로 세계 만물을 연출하였다.[600]

《상서》(尙書) 〈홍범〉(洪範)에서는 수(水), 화(火), 목(木), 금(金), 토(土) 소위 오행(五行)을 '우주 내지 세계를 구성하는 기본 원소이며, 또한 인류가 생존해 나가는 데 반드시 필요한 자연 물질',[601] 즉 만물의 본원으로 규정하고 있다. 춘추 시기의《국어》(國語) 〈정어〉(鄭語)에서는 토가 금, 목, 수, 화와 섞여서 세계가 구성되었다고 하였다.[602] 이 역시 물질이 세계의 본원이라는 것이다.[603] 또 한대의《회남자》(淮南子) 〈정신훈〉(精神訓)에서는 '옛날에 하늘과 땅이 아직 형성되지 않았을 때에는, 상(像)만 있고 형태는 없었다. 고요하고, 흐릿하고 아득하고, 까마득하고 깊어서 그 문을 알 수 없었다. 두 신(神)이 함께 섞여 생겨나 하늘과 땅을 만들어 내었다. 그러나 깊숙하여 그 끝나는 곳을 알지 못하고, 매우 커서 그 멈추는 곳을 알지 못하였다. 이에 나뉘어 음양(陰陽)이 되고, 또 나뉘어 팔극(八極)이 되었으며, 단단한 것과 부드러운 것이 어울려 만물이 형성되었다. 어수선한 기운은 벌레가 되고, 맑은 기운은 사람이 되었다'[604]고 전하고 있다.

반고가 혼돈(우주란) 속에서 태어나 그의 손으로 껍질을 깨트리고 탄생

---

599 天地之體, 狀如烏卵, 天包地外, 猶殼之裏黃也, 周旋無端其形, 渾渾然, 故曰渾天地(《周易》〈乾歷象〉).

600 같은 곳.

601 이재훈 역해,《書經》(서울: 고려원, 1996), p. 150.

602 故先王以土与金木水火雜, 以成百物(《國語》〈鄭語〉).

603 張振犁·陳江風, 앞의 책, p. 52.

604 古未有天地之時, 惟像無形, 窈窈冥冥, 芒芠漠閔, 澒濛鴻洞, 莫知其門. 有二神混生, 經天營地; 孔乎莫知其所終極, 滔乎莫知其所止息; 于是乃別爲陰陽, 離爲八極; 剛柔相成, 萬物乃形; 煩氣爲蟲, 精氣爲人(《淮南子》〈精神訓〉).

하였다는 중국의 반고 신화는 중국 원시 인류의 과학적 사유의 환상적 표현이라고 할 수 있다. 천체, 우주, 만물, 인류 기원에 관한 신화적 의식과 이에 관한 현대의 과학적 사고는 그것들이 내포하고 있는 문화적 가치 의식이 서로 동일하다. 다만 전자는 가설을 환상의 수법으로 표현하였고, 후자는 그것을 이성으로 체계화하여 증명한 차이만 존재할 뿐이다. 때문에 만약 신화적 사유가 존재하지 않았다면 인류의 과학 문명도 역시 존재하지 않았다고 하는 말이 과언은 아닌 것이다.

3. 신화 체계에 의한 과학의 발전과 지체

신화는 원시 인류의 집단의식의 산물이다. 신화에 침적되어 있는 민족의 집단의식은 어떤 경우에도 결코 사라지지 않고 전승된다. 비록 시대의 변천에 따라 이러한 집단의식이 어떤 변화를 가져온다고 하더라도 그것은 언제나 최초의 집단의식과 관계를 가지고 있다. 이는 마치 도도하게 굽이치며 대해로 흘러 들어가는 강물이라고 할지라도 그 발원지는 졸졸 흐르는 옹달샘인 것과 같다. 옹달샘이라고 하는 발원지가 없었다면 결코 어떤 강물도 존재할 수 없다. 바다로 흘러들어가는 그 강물에 발원지의 흙과 모래가 녹아 있듯이 모든 신화에는 민족의 원초적 집단의식이 녹아 있다.

우리는 이미 과학과 신화가 모두 상상력을 바탕으로 전개되는 세계에 대한 해석과 설명이라고 하였다. 그러나 민족과 지역의 역사 경험의 차이는, 동일한 세계라고 할지라도 그에 대한 해석과 설명의 방법, 즉 인식을 제각기 달리한다. 이러한 세계에 대한 인식의 차이가 바로 신화의 체계와 내용의 차이를 가져온다. 바꾸어 말하면 한 민족의 세계에 대한 인식은 바로 신화를 통해서 표현되기 때문에 신화에 녹아 있는 민족의 사유 체계는 바로 그 민족의 문화 체계를 형성하는 가장 기본적인 형태라고 할 수 있다. 또한 이러한 신화적 사유 체계 내지 집단의식은 후세의 민족 문화의 체계를 결정하는 가장 기본적 동인으로 작용한다.

원시 인류가 신화를 통해서 해석하고 설명하고자 하였던 최초의 대상은 자연이다. 자연은 원시 인류가 생존을 유지할 수 있는 가장 중요한 수단이었음과 동시에 그것은 또한 원시 인류의 생존에 가장 큰 위협을 주는 대상이기도 하였다. 어떤 민족의 신화에도 자연 현상을 설명하고 자연을 정복하고자 하는 원시 인류의 희망과 욕구가 형상화되어 있는 것은 바로 이런 이유에서이다.

시작할 때의 미세한 양의 차이가 결과에서는 상상할 수 없을 정도의 큰 차이를 만들어 낸다. 나비의 날갯짓이 토네이도를 만들어 내기도 하고, 폭풍우를 몰아오기도 한다. 우리는 이것을 나비 효과(Butterfly effect)라고 한다. 자연을 해석하고 설명하는 원시 인류의 인식의 차이가 후세의 과학을 포함한 모든 민족 문화의 차이를 만들어 낸다. 이런 관점에서 근대 과학이 중국을 비롯한 동양보다는 주로 서양을 중심으로 발전하였던 가장 큰 이유를 왕첸링(王黔玲)은 중국 신화와 그리스 신화에 존재하는 신의 본질과 자연과 인간, 인간과 신의 관계에 대한 사유 체계의 차이에서 비롯되었다고 말한다. 그의 견해를 바탕으로 이를 정리하면 다음과 같다.[605]

1) 신의 본질적 차이

고대 그리스인들은 자연을 인격화하여 신을 창조하였다. 바꾸어 말하면

605 王黔玲, 〈神話與科學—兼論近代科學産生于西方的原因〉, 《社會科學研究》(2005. 4), pp. 58-62.

그리스 신화의 신은 인격화된 자연이다. 이에 비해 고대 중국인들은 자신들의 조상인 인간을 신격화하여 신을 만들어 내었다. 중국 신화의 신은 신격화된 인간인 것이다.

'호메로스(Homeros)의 《일리아드》(*Iliad*)에서는 오케아노스(Okeanos)가 모든 신과 사물의 기원으로 그려지고 있다. 오케아노스는 대지를 휘감고 둘러싼 대양강(大洋江)으로 샘·개울·강·바다 등 지상의 모든 물이 흘러 들어가고 나오는 거대한 원천이다. 그것은 태초의 물의 여신 테티스(Tethys)와 결합하여 모든 것을 생성하고 순환시켰다. 한편 오르페우스 교도들은 오케아노스에 앞서 밤의 여신 닉스(Nyx)를 우주의 기원으로 내세운다.'[606] 그런가 하면 헤시오도스의 《신통기》에 의하면 태초에 카오스가 있었고, 그 다음에는 넓은 젖가슴을 지닌 대지의 여신 가이아가 있었으며, 다시 에로스가 있었다. 또 카오스에서 태초의 암흑의 신 에레보스(Erebos)와 밤의 여신 닉스가 나왔으며, 이들의 결합에 의해 대기의 신 아이테르(Aither)와 낮의 신 헤메라(Hemera)가 태어났다고 전한다. 그리고 대지의 신 가이아가 하늘의 신 우라노스를 낳음으로써 하늘과 땅, 낮과 밤의 창조는 모두 완결되었으며, 그 이후 수많은 신들이 만들어지게 되었다. 대지의 여신 가이아와 하늘의 신 우라노스가 결합하여 6남6녀의 티탄족 거인들을 낳았다. 그 중에서 가장 막내인 크로노스가 아버지인 하늘의 신 우라노스를 제거하여 다시 하늘의 신 자리에 오른다. 크로노스의 아들 제우스가 역시 그의 아버지가 그랬던 것처럼 자신의 아버지인 하늘의 신 크로노스를 제거하고 대신 하늘 신의 자리에 오름으로써 천국과 인간 세계는 주신 제우스에 통치되며, 이로써 그리스 신화의 신보는 종결된다.[607]

---

606 윤일권·김원익, 《그리스 로마 신화와 서양 문화》(서울: 문예출판사, 2004), p. 35.
607 헤시오도스 지음/김원익 옮김, 《신통기 — 그리스 신들의 계보》(서울: 민음사, 2003), pp. 27-37.

이상에서 보듯이 그리스 신화에서 우주의 기원에 관한 이야기는 전승자에 따라서 약간씩 다르기는 하나, 열거된 신들은 하나같이 모두 자연신으로 대지·암흑·밤·대기·낮 등의 자연 현상의 신격화임은 예외 없이 동일하다. 엄밀하게 말하면 창세 이전의 '혼돈', '암흑과 밤', '밤과 낮'은 진정한 신이 아니며, 그들에 대한 숭배 의식도 없다. 그것들은 실제로 순수한 자연 현상일 따름이다. 이는 그리스인들이 순수한 자연 현상을 그들의 의식 행위의 중요 대상으로 삼았다는 것을 설명하는 것이다. 또한 우라노스와 크로노스, 그리고 제우스 삼대의 '신들의 왕'은 모두가 하늘(天空)의 신이다. 특히 제우스의 유력한 무기는 바람과 비, 번개와 천둥으로, 천공 속의 자연 현상이 아닌 것이 없다. 고대 그리스인들은 자신들의 눈앞에 펼쳐지는 모든 현상들을 인격화하여 신으로 창조하였던 것이다.

그렇다면 중국 신화의 신들은 어떤 존재인가? 한마디로 그들은 모두 인간, 즉 종족 조상의 신격화이다. 신은 바로 신격화된 인간이다. 중앙의 천제 황제(黃帝)를 비롯하여 황제의 적수였던 남방의 염제(炎帝)와 동방의 치우(蚩尤), 서방의 천제 소호(少昊), 북방의 천제 전욱(顓頊), 그리고 태양신 제준(帝俊)과 제곡(帝嚳), 홍수 신화의 곤(鯀)과 우(禹), 그리고 요(堯)와 순(舜)은 물론 인류의 창조신으로 여겨지는 복희(伏羲)와 여와(女媧)에 이르기까지 모두 조상신의 특성을 지니지 않은 신격은 없다.

자연은 질박하여 결코 꾸미지 않는다. 때문에 그리스 신화의 신들은 모순 덩어리이지만 결코 그것을 은폐하지 않는다. 그것은 그들의 본질이 자연이기 때문이다. 그리스 신화에서 신은 인간의 모습으로 출현하지만 그러나 본질은 여전히 신이다. 신과 인간이 동형이성(同形異性/isomorphism), 즉 표면적인 형태는 동일하지만 그 이면의 성질은 전혀 다르다.

이에 비해서 중국의 신들은 신의 모습으로 출현하지만 그 본질은 인간이다. 당연히 인간의 본능과 속성에 따른 분쟁과 또 욕망이 표출되어야 정상이라고 할 수 있다. 그렇지만 인간이지만 인간과는 다른 신의 존재로 인식되어야 했기 때문에 중국 신화의 신들은 도덕의 전범이나 침범할 수 없는 권위로 스스로를 분장하여 인간과의 분리를 강조할 수밖에 없었다. 때문에 중국의 신들은 언제나 세속의 생활과는 거리가 먼 이상적인 세계에 자리하였으며, 온갖 수단을 모두 동원하여 원래의 모습을 감추어 버리고 신성(神性)을 위조하였다.

그리스 신화의 신은 자연의 인격화이기에 자연이 영원한 것처럼 영원불멸의 존재이지만, 중국 신화의 신은 인간의 신격화이기에 결코 영원불멸의 존재가 아니다. 인간과 마찬가지로 일시적이고 순간적 존재일 따름이다. 때문에 그리스인들의 신에 대한 경배는 바로 자연에 대한 경배요 긍정이다. 중국인들의 신에 대한 경배는 바로 인간에 대한 긍정이다. 때문에 그리스 신화가 자연을 향해 발전하였다고 한다면, 중국 신화는 오로지 정치와 도덕만을 향해 발전하였다.

자연에 대한 긍정은 바로 인간과는 다른 외부 세계가 존재한다는 것을 인정하는 것이다. 자연 현상은 결코 도덕적 판단이 아닌 사실적 판단으로만 규명할 수 있기 때문이다. 자연계의 각종 현상에 대해 이성과 논리에 근거한 사실 판단이 강조되고, 그에 따라 독립적이고 체계적이며 정확한 표현이 추구된다. 또한 자아 부정을 포함하여 기존의 존재에 대한 끊임없는 비판과 수정을 통해서 새로운 것을 추구하고 발견하는 것이 매우 중시되었다. 이로 인해서 고대 그리스에서 자연 철학이 크게 발전하게 된 것이다. 그리고 이 자연 철학을 모태로 근대의 서양과학이 뿌리내리게 되었다.

2) 객관적 질서와 규율에 대한 인식의 차이

인류는 유사 이래로 자신의 운명을 이해하고 장악하기 위한 노력을 추구해 왔다. 이는 사유 능력을 갖춘 인류가 자신의 생명을 유지하고 종족의 보존과 연속을 추구하기 위한 자연적 경향이다. 인류의 이러한 자연적 경향은 사회 행위에서는 생활에 대한 안정과 질서의 추구로 표현되고, 의식 행위에서는 영원하고 불변하는 규율을 추구하는 것으로 나타났다.

그러나 인류가 자나깨나 갈구하던 인류의 운명을 지배하고 결정하는 규율은 어디에 존재하였는가? 그리스 신화에 따르면 이 규율은 인간에게는 존재하지 하지 않았으며, 인류의 활동과도 무관하게 자연계에 존재하였다. 원인은 아주 간단하다. 인류는 신이 창조한 것이고, 신이 인류의 운명을 지배하며, 신은 자연 현상과 자연력의 화신이기 때문이다. 말하자면 인류는 대자연으로부터 왔고 자연계의 지배를 받는다. 때문에 인간의 운명을 지배하는 힘, 즉 규율은 말할 것도 없이 자연계에 존재하며, 당연히 이 규율은 영원하며 불변한 것이고 보편적으로 적용되는 것이기 때문에 신은 영원하고 진능한 것이다. 이는 바로 고대 그리스인들의 잠재된 의식 행위가 신화로 해석되어 나타난 것이라고 할 수 있다.

자연을 움직이는 객관 규율은 바꿀 수 없듯이, 신이 정한 인간의 운명도 바꿀 수 없다. 인간은 신이 창조하였고, 신은 또 자연의 화신이기 때문이다. 신들의 세계는 혼란과 피비린내 나는 살육과 투쟁을 거쳐 마침내 주신 제우스를 정점으로 철저한 질서와 규율로 체계화되어 있다. 그 어떤 신도 제우스의 권위를 인정하지 않을 수 없다. 제우스는 올림포스 산상에 거주하며 세계를 통찰하며 천상과 인간의 길흉화복을 결정함과 동시에 신과 인간의 운명을 결정한다. 또한 천상과 인간의 모든 분쟁은 그에 의해서 중재된다. 한마디로 제우스는 우주의 법이자 질서이다. 그렇지만 그 역시 인간과 마찬가지로 정해진 운명은 결코 위배할 수 없다. 운명은 규율이며 인간의 힘으로도, 대로는 신의 힘으로도 바꿀 수 없는 것이다. 규율의 형성은 인간과 무관한 것이라고 하는 관념이 고대 그리스인들의 뇌리에 확고하게 뿌리내려 있었기 때문에 운명이란 요소가 그리스 신화 전편을 관통하고 있는 것이다. 이는 또한 인간 사회의 질서나 규율과는 상관없이 자연은 스스로의 규율과 질서에 의해 운행된다는 것에 대한 자각이자, 또 그리스인들이 생각하였던 인간 사회의 질서가 아닌 엄격한 객관 규율에 의해 운행되는 자연 질서의 연역이기도 하다.

영원하고 불변하는 규율을 추구하자면 바로 자연의 운행 규율에 대한 세심한 관찰과 분석이 진행되어야 하였다. 그리스인들은 자연스럽게 자연으로부터 만물의 근원과 규율을 찾고, 관찰자와 관찰대상을 분리하는 관념을 형성하게 되었다. 그들은 자연을 하나의 타자로 인정하고 그것의 규율과 질서를 냉정한 시선으로 분석하고 정리하였다고 한다면, 고대 중국인들은 자연이 그들의 의식주를 비롯한 모든 행위를 주재함과 동시에 인간과 분리될 수 없는 존재라고 인식하였다. 자연을, 인간의 주관의지가 전이될 수 없는 객관 규율로서가 아니라, 인류와 화목하고 공생할 수 있는 도덕적 역량으로 인식했던 것이다. 장자(莊子)가 〈제물론〉(齊物論)에서 말하는 '천지의 유구함이 나와 함께 살아 있고, 만물의 다양함도 나와 함께 하나가 된다'(天地與我竝生, 而萬物與我爲一)는 관념이나 또 중국 고전 철학의 근본 관념의 하나인 천인합일(天人合一)의 사상, 즉 대자연과 인간은 일체로 서로 상응하는 존재라고 하는 관념은 모두 이러한 사유 체계가 구현된 것이라고 할 수 있을 것이다.

자연을 움직이는 객관 규율을 찾아낸다면, 그것은 바로 인간이 자신의 운명을 이해하고 장악할 수 있는 것이요, 더 나아가 종족의 보존과 연속의 실마리를 찾아낼 수 있는 것이다. 따라서 고대 그리스인들은 자연 현상의 원인과 규율을 파악하고자 하는 강력한 의지를 가지게 되었으며, 이러한 의식이 자연스럽게 자연 철학을 발전시킬 수 있는 계기와 환경을 제공하게 된 것이다.

고대 그리스의 자연 철학의 시조로 불리는 탈레스(Thales, B.C.624-B.C. 546?)가 '물'(水)을, 헤라클레이토스(Herakleitos, B.C.535-B.C.475)가 불을, 아낙시메네스(Anaximenes, B.C.585년경-B.C.525)가 대기를 우주 만물의 근원으로 보는 것이나, 피타고라스(Pythagoras, B.C.580-B.C.500)의 기하학, 데모크리토스(Democritus, B.C. 460-B.C. 380)의 원자론 등이 모두 고대 그리스인들의 만물의 근원과 규율에 대한 개념의 연역이라고 할 수 있는 그리스 신화로부터 계시된 자연 철학의 영향 아래서 자연 현상의 원인과 기본 원칙, 자연에 내재된 객관적 규율과 질서를 이성적이고 논리적인 체계로 승화시킨 것이라고 할 수 있다. 이러한 추세는 오늘날까지 계속하여 이어져 오고 있어 여전히 서양 문화를 발전시키는 하나의 동인으로 작용하고 있다.

이에 비해 중국 신화에는 이러한 질서와 규율을 추구하는 정신이 아주 미약하다. 가장 비근한 예가 바로 신들의 상호 관계와 지위가 대단히 혼란스럽다는 것이다. 주신의 개념이 존재하지 않고, 지역을 관장하는 신들이 각기 혼재해 있는 형태이기 때문에 그리스 신화에서 보는 것과 같은 신국의 질서와 규율은 전혀 존재하지 않는다. 근본적으로 조상의 신격화로 이루어진 신들이기 때문에 씨족과 부족에 따라 제각기 다른 독립된 신들이 존재할 수밖에 없고, 또 이들 신들 사이에 주종의 관계를 비롯한 질서나 규율은 존재할 수 없었다.

특히 중국 신화에는 그리스 신화에서 보는 것과 같은 자연신의 지위가 높지 않다. 그 대신 조상신(祖上神)이 모든 것을 압도하고 있다. 《산해경》(山海經)에 등장하는 '제'(帝)나 '신'(神)은 모두 조상신의 신격을 가지고 있다. 또한 그리스 신화를 비롯하여 대부분 민족의 신화에서 가장 중요한 지위를 차지하고 있는 태양신의 지위가 중국 신화에서는 아주 미미하다. 중국 신화에서는 해와 달의 어버이로 일컬어지는 제준(帝俊)과 희화(羲和), 그리고 중화 민족의 공동 조상으로 받들어지는 염제(炎帝)와 황제(黃帝), 서방의 신 소호(少昊), 염제의 보좌인 화신(火神) 축융(祝融)을 비롯하여 《초사》(楚辭) 〈구가〉(九歌)의 동군(東君) 등 다수의 신들이 태양신의 신격을 지닌 것으로 주장되고 있으나 대부분 추정일 뿐, 그리스 신화나 이집트 신화에서 볼 수 있는 태양신의 활동에 관한 구체적 내용은 거의 전해지고 있지 않다. 또한 모두가 단순히 자연물의 하나인 태양을 상징하는 존재로서 등장할 뿐 특별한 신성이 부여되지 않는다. 예를 들면 염제에 관해서 한대의 《백호통》(白虎通)에서 '염제는 태양이다'(炎帝者, 太陽也)라고 하는 단편적인 기록만 전해지고 있을 뿐 태양신으로서의 고유한 능력이나 활동에 관한 기록은 거의 보이지 않는 반면, 오히려 농업의 신으로서의 특성이나 황제와의 투쟁에 관해서는 비교적 구체적 내용이 전해지고 있는 실정이다. 이는 그리스 신화의 신들이 기본적으로 자연이 인격화된 존재로서 자연이 가지고 있는 엄격한 질서와 규율을 신화 체계에 그대로 구현하고 있는 것과는 대조되는 현상이라고 할 수 있다. 때문에 최고신 제우스가 '천상의 현상들을 주재하여 비를 불러오고 천둥과 벼락을 내릴 뿐 아니라 세계의 질서와 정의를 유지하면서도 그 자신 역시 운명의 신들에게 복종하며 그들의 뜻을 해석하고 다른 신들의 변덕에 맞서 운명을 수호하는'[608] 데 비해서 중국 신화의 최고신이라고 할 수 있는 황제를 비롯한 어떤 신들에게도 자연 현상을 제어하고 주재하는 권능이 부여되어 있지 않다. 예를 들면 황제와 치우(蚩尤)가 대결하였던 탁록(涿鹿)의 전투에서 치우가 오히려 안개와 풍우를 전쟁의 수단으로 삼아서 황제의 군대를 제압하는데, 이에 대항하여 황제는 겨우 자신의 딸인 가뭄의 신 발(魃)에게 도움을 청하여 난국을 모면하는 것으로 묘사되고 있다. 심지어 《초백서》(楚帛書) 〈갑편〉(甲編)에서는 복희(伏羲)와 여와(女媧) 그리고 그들의 소생인 우(禹), 설(契), 준(俊), 염제(炎帝), 축융(祝融), 공공(共工) 등이 모든 자연계와 그 운행의 규칙(曆法)을 만든 것

608 피에르 그리말 지음/최애리 옮김, 앞의 책, p. 429.

으로 설명하고 있다. 그리스 신화에서는 자연이 인류를 창조하였는데 중국 신화에서는 인류가 자연을 창조한 것이다. 이는 중국 전통의 인본주의적 사유 체계와 완전하게 일치되는 개념이다.[609]

신들이 대부분 조상신이었던 관계로 중국 신화의 기본적 사유 체계는 자연의 질서보다는 인류 상호간의 질서가 더욱 중요한 요소가 될 수밖에 없었다. 중국 신화 도처에서 흔히 볼 수 있는 신의 계보에 대한 강조가 이를 증명한다. 이런 관념은 자연의 객관적 규율과 질서를 규명하는 이성적이고 논리적 사고를 중시하는 것보다는 도덕과 정치를 중심으로 인간 사회에서의 상호 질서를 더욱 강구하는 사고 체계를 확립시켰다. 이는 또한 근대 과학이 서양에 비해 뒤떨어질 수밖에 없었던 사회적 환경을 조성하였다고 할 수 있다.

3) 신과 인간 세계의 차이

신은 영원불사의 존재요 인간은 순간의 존재라는 것을 제외하고는 그리스 신화에서 신과 인간의 세계를 구분하는 기준은 없다. 그리스 신화에서 신과 인간은 오로지 신은 영생하고 인간은 죽어야 하는 운명을 가졌다는 것으로만 구분된다는 것이다. 이는 신의 세계와 인간의 세계가 그다지 엄격하게 분리되어 있지 않고, 신과 인간이 하나의 세계에 뒤섞여 활동하고 있다는 것 외에도 신에게 인간이 가진 모든 속성이 고스란히 드러나고 있고 또 인간에게도 신과 같은 자유의지가 존재한다는 의미이다.

그리스 신화에서 신은 비록 절대적인 위력을 가졌지만 결코 위험과 권위의 상징만은 아니다. 인간과 마찬가지로 사랑하고 질투하고 시기도 한

609 董楚平, 〈中國上古創世神話鈎沈 — 楚帛書甲編解讀兼談中國神話的若干問題〉, 《中國社會科學》(2002年 第5期), pp. 157-158.

다. 인간 여인을 사랑한 신만 해도 주신 제우스를 비롯하여 포세이돈, 디오니소스, 아폴론, 에로스 등이 있다. 특히 주신 제우스는 시도 때도 없이 아내 헤라 여신 몰래 인간 여인들과 애정행각을 벌인다. 그가 사랑한 인간 여인은 이오(Io), 에우로페(Europa), 세멜레(Semele), 다나에(Danae) 등이었다. 제우스는 아내의 눈을 피하기 위해서 이오를 염소로 변신시키기도 하였고, 또 스스로가 황소로 변하여 에우로페를 등에 태우고 크레타 섬까지 도망가서 마음껏 사랑을 나누기도 한다. 세멜레의 경우는 제우스의 사랑을 받아 아이를 배자, 아내 헤라 여신의 질투 끝에 타죽기도 한다. 지하 감옥에 있는 다나에와 사랑을 하기 위해 제우스는 스스로 황금비가 되어 스며들기도 하였다. 남성신만이 인간 여인과 사랑을 나눈 것도 아니다. 사랑의 여신 아프로디테(Aphrodite)는 목축을 하는 앙키세스(Anchises)와 사랑을 나누었고, 달의 여신 셀레네(Selene)는 미남 목동 엔디미온(Endymion)을 사랑하여 50명의 딸을 낳았고, 새벽의 여신 에오스(Eos)는 케팔소스(Cephalus)를 납치하여 아들을 낳기도 하였다. 또 아테나와 레토는 인간의 몸으로 신과 겨루기도 하였다. 그리스 신화에서는 신의 위력과 더불어 인간의 의지도 함께 표현하고 있다. 신이 아닌 인간이지만 뛰어넘지 못한 역경도 없고, 도전하지 못할 권위도 없다.

이에 비해 중국 신화에서 신과 인간의 세계는 완벽하게 분리되어 있다. 먼저 신의 외모에서도 그리스 신화의 신들이 소수를 제외하고는 모두 인간의 모습을 하고 있는 데 비하여 중국 신화의 신들은 모두 하나같이 반인반수(半人半獸)의 기괴한 모습을 하고 있다. 다음으로 그리스 신들이 인간과 동일한 정서와 속성을 가지고 있는 것에 비해서 중국의 신들은 인간의 정서나 속성과는 완전하게 절연된 도덕의 화신이요, 완벽한 인격의 전범으로 등장한다. 황제가 인간을 위한 숱한 문명과 문화의 창조자로 등장하는 것 외에도 그 밖의 모든 신들은 제각기 모두 인간을 위한 헌신과 희생을 전제로 한 갖가지 공적을 이룩한 것으로 묘사되고 있다. 그리스 신화의 신들이 얽매이지 않는 자유분방한 모습으로 출현하는 것과는 대조적으로 중국 신화의 신들은 근엄하고 비장한 모습으로 등장하고 있다. 중국 신화의 신들은《초사》(楚辭)〈구가〉(九歌)의 하백(河伯), 운중군(雲中君), 상군(湘君), 상부인(湘夫人) 등의 소수의 자연신들을 제외하고는 인간이 경외하고 공경하는 대상일 뿐 결코 친화하거나 서로 사랑을 나누는 대상이 아닌 것을 보면 이를 쉽게 이해할 수 있다.

신들의 자유분방한 속성, 천진스럽고 활발한 모습 그리고 인간의 자유의지가 십분 인정되는 그리스 신화의 사유 체계는 그리스인들에게 자연스럽게 뛰어넘지 못한 권위는 존재하지 않는다는 의식을 심어 주었다. 권위의 부정은 결국 다양성의 존중과 동일한 개념이다. 다양성의 인정은 곧 민주적 의식의 기본이다. 고대 그리스에서 민주주의가 일찍이 발달할 수 있었던 것은 바로 그리스 신화로부터 무의식적으로 계시된 신과 인간의 관계가 바탕이 되었다고 해도 결코 과언은 아니다. 또한 권위의 부정은 절대성에 대한 회의와 비판을 전제로 한다. 이는 곧 과학적 사고의 출발점이다. 왜냐하면 과학적 사고란 '권위가 있고 당연한 사실로 보이는 기존의 보편적 지식에 대한 의식적인 반성이고, 객관성과 측정에 근거한 지식의 정량적 고찰과 실증적 검토를 진행함과 아울러 지식의 반증 가능성을 인정하면서 합리적 체계로 설명하고 시도하는 것을 기본으로 하기 때문이다'.[610]

결국 서구 근대과학의 발원지는 그리스 신화라고 할 수 있다. 그리스 신화는 서구의 근대과학의 발전에 매우 중요하면서도 불가결한 조건으로 작용을 하였다. 고대 그리스 신화는 고대 그리스의 자연 철학을 통하여 근대과학이 발생할 수 있는 모체와 배경이 되었다. 그것은 근대과학의 발생에 반드시 필요한 사유 방식, 사유 방법, 개념의 틀과 이성 분석과 비판 반사

610 최무영,《최무영 교수의 물리학 강의》(서울: 책갈피, 2009), pp. 39-44.

등의 일련의 규칙과 원리를 제공하였다. 그러나 중국은 이러한 사상적 조건을 갖추지 못했다. 때문에 이론자연과학이 오늘날 일반 원리의 발생과 발전의 역사 근원을 거슬러 올라가 보려고 한다면 어쩔 수 없이 그것은 그리스 신화로 갈 수밖에 없는 것이다.[611]

611 王黔玲, 앞의 글, p. 62.

참고문헌

문헌류

• 국내 출판도서

1) 王彬,《신화학입문》(서울: 金蘭出版社, 1980).
2) 韓相壽,《韓國人의 神話》(서울: 文音社, 1980).
3) 이광규,《레비스트로스》(서울: 대한기독교서회, 1980).
4) 고려대학교민족문화연구소,《학국 민속대관(1)》(서울: 민족문화연구소출판부, 1980).
5) 曺喜雄,《說話學綱要》(서울: 새문社, 1993).
6) 주경복,《레비스트로스》(서울: 건국대학교출판부, 1996).
7) 선정규,《중국신화연구》(서울: 고려원 , 1996).
8) 아서 코트렐(Arthur Cotterell),《그림으로 보는 세계신화사전》(서울: 까치글방, 1999).
9) 이윤기,《이윤기의 그리스 로마 신화(1-4)》(서울: 웅진닷컴, 2000).
10) 김선자,《중국 변형 신화의 세계》(서울: 범우사, 2002).
11) 이경재,《신화 해석학》(서울: 다산글방, 2002).
12) 최창모,《금기의 수수께끼》(서울: 한길사, 2003).
13) 이유경,《원형과 신화》(서울: 이끌리오, 2004).
14) 김현자,《신화, 신들의 역사 인간의 이미지》(서울: 책세상, 2004).
15) 이강엽,《신화》(서울: 연세대학교출판부, 2004).
16) 차충호,《신화와 종교》(서울: 한국문화사, 2005).
17) 한국천주교주교회의,《성경》(서울: 한국천주교중앙협의회, 2005).
18) 차충호,《신화와 종교》(서울: 한국문화사, 2005).
19) 김동섭,《신화 어떻게 이해할 것인가》(서울: 만남, 2006).
20) 박일호,《예술과 상징 상징 형식》(서울: 예전사, 2006).
21) 김동섭,《신화, 어떻게 이해할 것인가》(서울: 도서출판 만남, 2006).
22) 양승태,《앎과 잘남》(서울: 책세상, 2006).

23) 김동섭,《신화, 어떻게 이해할 것인가》(서울: 도서출판 만남, 2006).
24) 선정규,《중국의 전통과 문화》(서울: 신서원, 2007).
25) 이용주,《20세기 신화 이론》(서울: 이학사, 2008).
26) 정재서·전수용·송기정,《신화적 상상력과 문화》(서울: 이화여자대학교출판부, 2010).
27) 정창훈 글/민은정 그림,《신화, 과학을 들어올리다》(서울: 웅진주니어, 2011).
28) 윤일권·김원익,《그리스 로마 신화와 서양 문화》(서울: 문예출판사, 2004).
29) 최무영,《최무영 교수의 물리학 강의》(서울: 책갈피, 2009).

• 국내 출판 번역서

1) 南晩星 譯,《周易》(서울: 현암사, 1971).
2) 安東林 譯,《그리스 로마 신화》(서울: 무등출판사, 1972).
3) 金相一 譯,《프레이저 黃金의 가지》(서울: 乙酉文化史, 1980).
4) 토머스 불핀치 지음/최혁순 옮김,《그리스·로마神話》(범우사, 1981).
5) 에른스트 카시러 지음/최명관 옮김,《국가와 신화》(서울: 서광사, 1988).
6) 헨리 튜더 지음/송기복 옮김,《정치신화》(서울: 도서출판 삼문, 1994).
7) 스티픈 앨 해리스·글로리아 플래츠너 지음/이영순 옮김,《신화의 미로찾기 I》(서울: 도서출판 동인, 1995).
8) 쿠르트 휘브너 지음/이규영 옮김,《신화의 진실》(서울: 민음사, 1995).
9) 레비 스트로스 지음/안정남 옮김,《야생의 사고》(서울: 한길사, 1996).
10) 이재훈 역해,《書經》(서울: 고려원, 1996).
11) 미르세아 엘리아데 지음/이은봉 옮김,《神話와 現實》(서울: 성균관대학교출판부, 1985).
12) 大林太良 著/兒玉仁夫·權泰孝 譯,《神話學入門》(서울: 새문社, 1996).
13) 지그문트 프로이트 지음/이윤기 옮김,《종교의 기원》(서울: 열린책들, 1997).
14) 조지프 캠벨 지음/이진구 옮김,《신의 가면 II — 동양 신화》(서울: 까치, 1999).
15) 袁陽 지음/박미라 옮김,《중국의 종교 문화》(서울: 도서출판 길, 2000).
16) 사무엘 헨리 후크 지음/박화중 옮김《중동 신화》(서울: 범우사; 2001).
17) 말리노우스키 지음/서영대 옮김,《말리노우스키의 원시 신화론》(서울: 민속원, 2001).
18) Karen Armstrong/蔡昌雄 譯,《神的歷史》(海口: 海南出版社, 2001).
19) 사무엘 헨리 지음/박화중 옮김,《중동 신화》(서울: 범우사, 2001).
20) 나카자와 신이치(中澤新一) 지음/김옥희 옮김,《신화, 인류 최고의 철학》(서울:

동아시아출판사, 2002).
21) 미르치아 엘리아데 지음/심재중 옮김,《영원 회귀의 신화》(서울: 이학사, 2003).
22) 헤시오도스/김원익 옮김,《신통기 — 그리스 신들의 계보》(서울: 민음사, 2003).
23) 조셉 캠벨(Joseph Campbell) 지음/박경미 옮김,《네가 바로 그것이다》(서울: 해바라기, 2004).
24) 미야모토 코우지 지음/양인실 옮김,《삐탁이로의 초대》(서울: 모멘토, 2004).
25) 카렌 암스트롱 지음/이다희 옮김,《신화의 역사》(서울: 문학동네, 2005).
26) 미르시아 엘리아데 지음/강용섭 옮김,《신화·꿈·신비》(서울: 도서출판 숲, 2006).
27) 조셉 캠벨·빌 모이어스/이윤기 옮김,《신화의 힘》(서울: 이끌리오, 2007).
28) 프리드리히 니체/박찬국 옮김,《비극의 탄생》(서울: 아카넷, 2007).
29) 이반 스트렌스키 지음/이용주 옮김,《20세기 신화 이론》(서울: 이학사, 2008).
30) 후나비키 다케오·고바야시 야스오 지음/오상현·유진수 옮김,《지의 노래》(서울: 경당, 2008).
31) 조지프 캠벨 지음/다이엔 K 오스본 엮음/박중서 옮김,《신화와 인생 — 조지프 캠벨 선집》(서울: 갈라파고스, 2009).
32) 피에르 그리말 지음/최애리 옮김,《그리스로마 신화사전》(서울: 열린책들, 2009).
33) 피리스 플레밍 외 지음/김석희 옮김,《영생에의 길 — 이집트 신화》(서울: 이레, 2009).
34) 뤼시앙 레비브륄 지음/김종우 옮김,《원시인의 정신 세계》(서울: 나남, 2011).
35) 조지프 캠벨 지음/정영목 옮김,《신의 가면 III — 서양 신화》(서울: 까치, 2011).
36) 막스 베버 지음/전성우 옮김,《직업으로서의 정치》(서울: 나남, 2011).
37) 브라이언 페이건 지음/김수민 옮김,《크로마뇽》(서울: 더숲, 2012).

• 외국 출판도서

1) 魯迅,《中國小說史略》(北京: 人文文學出版社, 1957).
2) 張光直,《中國青銅時代》(臺北: 聯經出版社, 1973).
3) 林崇漢,《西洋神話故事》(臺北: 志文出版社, 1977).
4) 杜而未,《中國古代宗教系統》(臺北: 臺灣學生書局, 1978).
5) 王孝廉,《中國的神話與傳說》(臺北: 聯京出版社業公司, 1978).
6) 郭沫若,《中國古代社會研究》(香港: 生活·讀書·知識三聯書店, 1978).
7) 玄珠,《中國神話研究》(臺北: 廣文書局, 1979).
8) 袁珂,《神話故事新編》(北京: 中國青年出版社, 1979).
9) 矛盾,《中國神話研究 ABC》(北京: 百花文藝出版社, 1981).

10) 袁珂,《神話選譯百題》(上海: 上海古籍出版社, 1982).
11) 袁珂,《山海經校注》(臺北: 里仁書局, 1981).
12) 袁珂,《古神話選釋》(臺北: 長安出版社, 1982).
13) 游國恩,《中國文學史》(北京: 人民文學出版社, 1984).
14) 馮兆偉,《神話與節日》(臺北: 靈犀齋, 1984).
15) 徐旭生,《中國古史的傳說時代》(北京: 文物出版社, 1985).
16) 王孝廉,《神話與小說》(臺北: 時報文化出版社, 1986).
17) 謝逸駿,《神話與民族英雄》(湖南: 山東文藝出版社, 1986).
18) 馮天瑜·周積明,《中國古代史的奧秘》(武漢: 湖北人民出版社, 1986).
19) 任繼愈 譯著,《老子新譯》(上海古籍出版社, 1986).
20) 王孝廉,《中國的神話世界》(臺北: 臺北時報文化, 1987).
21) 朱狄,《原始文化研究》(北京: 北京三聯書店出版, 1988).
22) 李則綱,《始祖的誕生與圖騰》(上海: 上海文藝出版社, 1988).
23) 林惠祥《神話論》(上海: 上海文藝出版社, 1989).
24) 陶陽·鐘秀,《中國創世神話》(上海: 人民出版社, 1989).
25) 孫廣德,《政治神話論》(臺北: 臺灣商務印書館, 1990).
26) 馬書田,《華夏諸神》(北京: 北京燕山出版社, 1990).
27) 王鍾陵,《中國前期文化 — 心理研究》(重慶: 重慶出版社, 1991).
28) 鄭土有·陳曉勤,《中國仙話》(上海: 上海文藝出版社, 1991).
29) 徐儀明·陳江風·劉太恒,《中國文化史綱》(開封: 河南大學出版社, 1992).
30) 葉舒憲,《中國神話哲學》(北京: 中國社會科學院出版社, 1992).
31) 涂元濟·涂石,《神話·民俗與文學》(福州: 海峽文藝出版社, 1993).
32) 袁珂,《中國神話通論》(成都: 巴蜀書社, 1993).
33) 涂元濟·涂石,《神話·民俗與文學》(福州: 海峽文藝出版社, 1993).
34) 譚達先,《中國四大傳說新論》(臺北: 貫雅文化, 1993).
35) 趙明,《先秦大文學史》(長春: 吉林大學出版社, 1993).
36) 馬昌儀 編,《中國神話學文論選萃(上·下)》(中國廣播電視出版社, 1994).
37) 王森洋·範明生,《東西哲學比較研究》(上海: 上海教育出版社, 1994).
38) 陳建憲,《神祇與英雄 — 中國古代神話的母題》(北京: 生活·讀書·新知三聯書店, 1994).
39) 石昌渝,《中國小說源流論》(北京: 三聯書店, 1995).
40) 鄧啓耀,《中國神話的思維結構》(重慶: 重慶出版社, 1996).
41) 冷德熙,《超越神話 — 緯書政治神話研究》(北京: 東方出版社, 1996).

42) 商聚德 外,《中國傳統文化導論》(保定: 河北大學出版社, 1996).
43) 袁珂,《袁珂神話論集》(成都: 四川大學出版社, 1996).
44) 張榮明,《殷周政治與宗教》(臺北: 五南圖書出版公司, 1997).
45) 楊利慧,《女媧的神話與信仰》(北京: 中國社會科學出版社, 1997).
46) 劉勇强,《中國神話與小說》(鄭州: 大象出版社, 1997).
47) 謝選駿,《神話與民族精神》(山東文藝出版社, 1997).
48) 趙沛霖,《先秦神話思想史論》(臺北: 五南圖書出版社, 1998).
49) 田兆元,《神話與中國社會》(上海: 上海人民出版社, 1998).
50) 陳連山,《結構神話學: 列維 — 斯特勞與神話學問題》(北京: 外文出版社, 1999).
51) 鐘明善·朱正威,《中國傳統文化精義》(西安: 西安交通大學出版社, 1999).
52) 周光慶,《神仙解讀》(南宁: 廣西民族出版社, 1999).
53) 潛明茲,《中國神源》(重慶: 重慶出版社, 1999).
54) 張振犁·陳江風,《東方文明的曙光》(上海: 東方出版中心, 1999).
55) 矛盾,《矛盾說神話》(上海: 上海古籍出版社, 2000).
56) 矛盾,《矛盾說神話》(上海: 上海古籍出版社, 2000).
57) 詹鄞鑫,《神靈與祭祀》(南京: 江蘇古籍出版社, 2000).
58) 蕭兵,《神話學引論》(臺北: 文津出版, 2001).
59) 高福進,《太陽崇拜與太陽神話》(上海: 上海人民出版社, 2001).
60) 李宗桂,《中國文化導論》(廣州: 廣東人民出版社, 2002).
61) 王德恒·張寶樹,《造神史話》(天津: 百花文藝出版社, 2002).
62) Reinach, Salomon, *Apollo: An Illustrated Manual of the History of Art Throughout the Ages*(上海: 上海書店出版社, 2004).
63) 高樂田,《神話之光與神話之鏡》(北京: 中國社會科學出版社, 2004).
64) 葉舒憲,《老子與神話》(西安: 陝西人民出版社, 2004).
65) 鄧啓耀,《中國神話的四維結構》(重慶: 重慶出版社, 2004).
66) 王德保,《神話的由來》(北京: 中國人民大學出版社, 2004).
67) 劉惠坪,《伏羲神話傳說與信仰研究》(臺北: 文津出版社, 2005).
68) 蕭兵·周俐,《古代小說與神話宗教》(太原: 山西人民出版社, 2005).
69) 姬昌 等著,《全本周易》(北京: 北京出版社, 2006).
70) 袁珂,《中國古代神話》(北京: 華夏出版社, 2006).
71) 王增永,《神話學概論》(北京: 中國社會科學出版社, 2007).
72) 胡吉省,《死亡意識與神話》(北京: 中國社會科學出版社, 2007).
73) 王增水,《神話學概論》(北京: 中國社會科學出版社, 2007).

74) 關永中,《神話與時間》(臺北: 臺灣學生書局, 2007).
75) 鐘健,《創世神話》(北京: 中國社會出版社, 2008).
76) 朱狄,《信仰時代的文明 ―中西文化的趨同与差异》(武漢: 武漢大學出版社, 2008).
77) 閃德亮,《中國古代神話的文化觀照》(北京: 人民出版社, 2008).
78) 魯剛,《文化神話學》(北京: 社會科學文獻出版社, 2009).
79) 楊利慧,《神話與神話學》(北京: 北京師範大學出版社, 2009).
80) 李豊楙,《神化與變異 ― 一個常與非常的文化思維》(北京: 中華書局, 2010).
81) 閃德亮,《中國古代神話文化尋踪》(北京: 人民出版社, 2011).
82) 宮立江,《文化視角下的神話新解》(北京: 中國書籍出版社, 2012).
83) 楊楝,《神話與歷史 ― 大禹傳說硏究》(東北師範大學 博士學位論文, 2010).
84) 朱天順,《中國古代宗教初探》(臺北: 麥芽文化, 年度未詳).

• 중국 출판 번역서

1) Henri Maspero(馬伯樂) 著/馮元君 譯,《書經中的神話》(北京: 商務印書館, 1939).
2) Ernst Cassier 著/黃龍保·周振選 譯,《神話思維/*Mythical Thought*》(北京: 中國社會科學 出版社, 1992).
3) Karen Armstrong 著/胡亞豳 譯,《神話簡史/*A Short History of Myth*》(重慶: 重慶出版社, 2005).
4) Alan Dunds 著/朝戈金 等譯,《西方神話學讀本/*Sacred narrative: readings in the theory of myth*》(桂林: 廣西師範大學出版社, 2006).

논문류

• 한국어 논문

1) 김현자,〈잃어버린 낙원을 찾아서〉,《종교학연구 20집》(서울: 종교학연구회, 2001).
2) 유재원,〈신화학의 어제와 오늘, 그리고 내일〉, 건국대학교대학원 학술연구단체연합 편,《새천년 인문학의 新패러다임》(서울: 도서출판 오름, 2002).
3) 서경호,〈신화에 나타난 중국인의 우주관적 공간 인식〉,《공간의식과 중국 문화》(중국인 문학회 2006년 추계정기학술대회 논문집, 2006).
4) 신현숙,〈신화적 사고와 인식 ― 카시러의 신화 이해〉,《독일언어문학 제37집》(2007. 9).
5) 曺喜雄,〈說話硏究의 諸側面〉,《고전 문학을 찾아서》(서울: 文學과 知性社, 1981).

• **외국어논문**

1) 武世珍,〈神話研究的對象和範圍〉,《西北師範大學報(社會科學版)》, 1986年 第3期.
2) 潛明玆,〈神話與原始宗教源于一個統一體〉, 馬昌儀 編,《中國神話學文論選萃(下)》(中國廣播電視出版社, 1994).
3) 曾廣開,〈社稷之神的起源與演化〉,《尋根》, 1996年 1期.
4) 賈雯鶴,〈徐偃王神話傳說辯誣〉,《中華文化論壇》, 1998年 第2期.
5) 鄧君華,〈漫話社稷, 社日〉,《語文知識》, 1998年 11期.
6) 何江勝,〈西方神話研究綜述〉,《西安外國語學院學報》, 第7卷 1999年 第4期(總第16期)
7) 常金倉,〈中國神話的基本問題 — 神話的歷史化還是歷史的神話?〉,《陝西師範大學學報(哲學社會科學版)》, 2000年 第3期.
8) 董楚平,〈中國上古創世神話鉤沈 — 楚帛書甲篇解讀兼談中國神話的若干問題〉,《中國社會科學》, 2002年 第5期.
9) 黃朴民,〈孔門造神運動〉,《文史知識》, 2003年 第11期.
10) 金海心,〈造神運動〉,《雜文選刊》, 2004.10(下).
11) 叶舒憲,〈中國神話的特性之新詮釋〉,《中國社會科學院研究生院學報》, 2005年 5期.
12) 鄧時忠,〈巴金和納古布·馬哈富玆的文化選擇〉,《社會科學研究》(2005.4).
13) 王開元,〈論中國神話之分類〉,《新疆大學學報(哲學·人文社會科學報)》, 2007年 5月 第35卷 第3期.
14) 胡詳琴,〈十六國時期政治感生神話與民族融合〉,《西北第二民族學院學報(哲學社會科學版)》, 2007年 第6期.
15) 高强,〈人格的黃帝與神格的黃帝〉,《寶鷄文理學院學報(社會科學版)》, 第27卷 第6期, 2007年 12月.
16) 劉愛琳·李倩,〈論中外神話的保存和流傳〉,《求索》(2007/4).
17) 唐果,〈論列維斯特勞斯的結構主義神話學〉,《廣西民族大學學報(哲學社會科學版)》, 2009年 6月.
18) 郭建,〈坎貝而的英雄歷驗神話模式解析〉,《商丘師範學院學報》, 第27卷 第10期, 2011年 10月.

인터넷 자료

1) http://synnic.com.ne.kr/my1.htm

2) http://100.naver.com/100.nhn?docid=2585

3) http://book.daum.net/detail/book.do?bookid=KOR97889718439635

4) http://www.sohoxiaobao.com/chinese/bbs/blog_view.php?id=288865

5) http://www.zgxl.net/change/xtbg.htm

6) www.library.ln.edu.hk/etext/chi/chi305/2002_3/pdf/chi305_0315.pdf

7) http://z.baidu.com/question/1976621.html?fr=qrl3

8) http://www.henanedu.com/

9) http://rcf08211.blog.163.com/blog/static/13438524220103296054848/

10) http://www.literature.org.cn/Article.aspx?id=54012

11) http://zhidao.baidu.com/question/292589125.html

12) http://100.naver.com/100.nhn?docid=67667

13) http://www.enweiculture.com/culture/dsptxt.asp?file=03/0301/20021017030104050079. htm&lmdm=03010304

14) http://zhidao.baidu.com/question/17576348.html

15) http://navercast.naver.com/contents.nhn?contents_id=5807

16) http://100.naver.com/100.nhn?docid=116752

17) http://blog.naver.com/mim00/90107714839

18) http://100.naver.com/100.nhn?docid=102577

19) http://blog.roodo.com/g_m/archives/4111443.html

20) http://web4.c2.cyworld.com/myhompy/board/retriveBoardPrint.php?home_id=a109...2012_0http://cafe.naver.com/jongkyo.cafe?iframe_url=/ArticleRead.nhn%3Farticleid=15&

21) http://web4.c2.cyworld.com/myhompy/board/retriveBoardPrint.php?home_id=a109...2012_02_01

22) http://terms.naver.com/entry.nhn?docId=730810

23) http://synnic.com.ne.kr/prelogical_mind3.htm

24) http://blog.daum.net/peterban/7763371

찾아보기

가

나

다

라

마

바

사

아

자

차

카

타

파

하

인문사회과학총서 78

여와의 오색돌

초판 발행	2013년 9월10일
초판 2쇄	2014년 9월23일
지은이	선정규
펴낸곳	**고려대학교출판부**
	www.kupress.com
	kupress@korea.ac.kr
	136-701 서울특별시 성북구 안암동
	02-3290-4230, 4232
	Fax 923-6311
찍은곳	경주문화인쇄

ISBN 978-89-7641-827-2 94200
ISBN 978-89-7641-359-8 (세트)

값 23,000원
* 잘못 만들어진 책은 바꿔드립니다.